현 대 외 교 론

정치외교학총서 16

현대외교론

송영우

1998
평민사

개정판을 내면서

『현대외교론』이 출간된 지도 벌써 8년의 세월이 지났다. 그 동안 이 책은 두 차례나 인쇄되어 보급되었다. 하지만 현재는 시중에서 찾아볼 수 없게 되어 다시 만들어야 할 필요성이 제기되어 부분적으로 수정하고 보완하여 다시 출판하기로 했다.

내 스스로 이 책을 보면서 부족하거나 불만족스러운 부분을 모두 고쳐 쓰려면, 상당히 많은 부분을 다시 써야 할 것이다. 또 그렇게 하려면 더 많은 시간이 필요할 것이나, 사실 현실적으로 그렇게 하기에는 어려움이 많았다. 우선 독자의 필요를 충족시켜 주기 위해 문맥 및 내용상의 잘못이 있거나 또 이해하기 어려운 부분 등만 수정하고 보완했다. 따라서 이 개정판은 먼저 출간한 책의 내용이 근본적으로 수정되지는 않았다.

이 책에서는 1부의 내용을 조금 수정했으며 배열을 다시 했다. 배열을 다시 한 이유는 외교에 있어 행위자의 중요성을 강조하기 위해서였다. 또한 오늘날 외교에 있어 크게 대두되고 있는 국민에 대한 외교 부분을 따로 독립시켰다. 그 중요성을 강조하는 만큼 내용이 충실하지 못해 아쉽지만, 언젠가는 내용을 충실히 보완할 수 있기를 기대해 본다.

이 책은 외교의 현상을 확인하고 설명하는 것이 아니라, 오늘날 각국에서 전개되는 외교를 이해하고, 설명하고, 예측할 수 있는 하나의 틀을 제시하고 있다. 그리하여 이 책은 날로 그 중요성이 커지고 있는 외교에 대한 연구가 더 활성화되고 발전하는 데 도움이 되었으면 하는 생각에서 씌어졌다. 개정판을 내는 지금도 이러한 생각에는 변함이 없다. 독자 여러분의 끊임없는 지도 편달을 바란다.

머 리 말

　시·공간적으로 세계는 짧고 좁아지고 있다. 이 말은 지구상에 존재하는 국가나 사람간의 접촉과 교류가 많아지고 또 밀접해지고 있다는 것을 단적으로 표현한 것이다. 이러한 접촉과 교류는 순수하게 개인의 이익이나 특수한 목적을 달성하기 위해 이루어지기도 하고, 자국의 통치권이 미치지 않는 지역에서 그리고 자국의 관할권이 행사될 수 없는 사람들과 이루어진다. 그런 중에서도 이러한 행위들이 자국민과 자국에 유리하게 전개되도록 하기 위해서는, 국가의 이름으로 정부가 직접 또는 간접적으로 참여하여 자국과 자국인이 보다 유리한 여건하에서 많은 것을 얻을 수 있도록 여러 조치들을 강구해야 한다. 이런 조치들을 추진하는 행위가 곧 외교이다. 그리하여 오늘날 외교의 영역과 범위는 매우 넓다.

　이처럼 실제의 외교는 매우 광범위하고 다양해졌지만, 그 이론은 실제에 크게 미치지 못하고 있다. 이론과 실제는 모두 상호 보완적이어야 발전할 수 있다. 마치 수레의 두 바퀴 중 어느 하나가 제대로 기능하지 못하면 그 수레는 수레로서의 제 역할을 다하지 못하는 것과 같다. 오늘날 외교의 경우도 두 바퀴 중의 하나인 이론이 제대로 기능할 수 있을 만큼 실제와 조화를 이루지 못하고 있다. 이러한 사실의 근거로는 대학에서 외교학을 공부하고 있는 학생들이 참고할 만한 교재가 제대로 갖추어져 있지 않다는 데에서도 알 수 있다. 이러한 상황은 국내외를 막론하고 거의 비슷하다. 오늘날 모든 국가가 국제화를 지향하고 외교의 중요성을 그 어느 때보다 강조하고 있음에도 불구하고 그에 관한 이론적 뒷받침은 매우 취약하다. 그리하여 이 책의 취지는 외교에 관한 이론과 실제의 간격을 좁히는 데 조금이나마 보탬이 되고 또 외교를 공부하는 학생들의 길잡이 노릇을 하려는 데 그 뜻이 있다.

　이 책에서는 우선 외교의 전통적인 의미에 얽매이지 않고 현실적인 감각에 입각하여 그 의미를 실체화했다. 특히 이 책에서는 가시적이고 구체적인 행위를 중심으로 하여 국제 정치 체제에서의 국가의 여러 행위들을 설명했으며, 시기적으로는 제2차 세계대전 이후의 국제 정치 상황에 맞추어 외교를 조명했다. 핵무기의 등장은 모든 국가로 하여금 군사적 행위나 무력 행사를 통해 자국의 목적을 달성하려는 야망을 가질 수 없게 만들었다. 이러한 사실이 외교의 영역을 더욱 넓혔고, 그 기능과 역할을 다양하게 만들었다. 이와 함께 외교를 성공적으로 전개시킬 수 있는 비폭력적인 수단들을 발달시켜, 오늘날의 외교는 국제 정치에 있어 총칼을 대신하는 무기가 되었다.

이 책은 외교를 이론화하거나 분석의 틀을 제공하기보다는 읽는 사람들로 하여금 현실 외교를 더 잘 이해하고 설명할 수 있는 안목을 갖게 하는 데 주안점을 두고 씌어졌다. 그리고 이 책을 통해 외교의 이론이 더 체계적으로 발전, 현실 외교를 앞서 나갈 수 있었으면 하는 것이 나의 바램이다.

이 책이 씌어지고 여러 사람이 읽을 수 있기까지에는 많은 분들의 지도와 도움이 있었다. 이 자리를 빌어 그분들께 감사드리고, 이 책을 출간해 주신 평민사에 사의를 표한다.

송 영 우

목 차

Ⅱ. 국가간의 외교

부록

현대 외교의 위상

오늘날 지구상에 존재하는 모든 국가는 자국의 국가 이익을 극대화하여 국가 발전을 도모하기 위해 대외적으로 문호를 크게 개방하고 있다. 이와 같은 현상은 자연적으로 국가간의 접촉과 교류를 활발하게 하고 더 나아가 국가간의 상호 의존을 심화시키며 상호 작용을 폭넓고 다양하게 만든다. 이와 같이 국가간 접촉과 교류가 많아지면서 국가간에는 상호 협력하여 이해를 나누어 갖는 경우도 있고, 다른 한편으로는 경쟁하고 대립하는 경우도 있다. 즉 국가간에는 이해가 조화를 이루어 우호적이고 협조적인 관계를 유지하는 경우도 있고 어떤 경우에는 국가간 이해가 상충되어 갈등적이고 대립적인 관계를 갖는 경우도 있다. 어느 국가를 막론하고 다른 국가와 갈등적이고 대립적인 관계를 유지하는 것은 국가 이익이나 국제 평화의 차원에서 바람직한 관계는 아니다. 그러므로 모든 국가는 다른 국가와 협조적인 관계를 견지하여 이해(利害)를 나누어 가지며 국가 이익을 극대화할 수 있기를 기대하고 있다. 오늘날 이러한 것을 가능하게 하는 수단은 외교이다.

과거에는 국가가 전쟁으로, 무력 행사로 또는 다른 국가를 식민지로 만들어 국가 이익의 극대화를 도모했다. 제2차 세계대전 이전까지 국제 정치에 있어 전쟁은 한 국가의 목표 성취의 수단이었고 방법이었으며 구체적으로 대외 정책 실현의 방편이었다. 이러한 현상은 세계평화와 많은 국가들에게 도움이 되지 않기 때문에 여러 국가의 지도자들은 국제 정치의 수단으로 전쟁을 이용하지 못하도록 하기 위해 유럽 국가들을 중심으로 1928년 8월 소위 '부전 조약'(Pact of Paris 또는 Kellogg - Briand Pact)을 체결했다. 이 조약에는 다음과 같은 내용을 담고 있다. "이 조약의 모든 당사국은 그 국민의 이름으로 국제 분쟁을 해결하기 위해 전쟁이라는 수단을 사용하지 않을 것 그리고 국가간 상호 관계에 있어 국가 정책 실현의 수단으로 전쟁이라는 수단을 사용하지 않을 것을 엄숙히 선언하고 모든 당사국은 어떤 분쟁의 본질과 근원에 관계없이 국가간에 발생하는 모든 분쟁의 해결은 언제나 평화적인 수단에 의해서만 모색되어야 한다.”1)고 강조하고 있다. 역사적으로 볼 때 실제로 많은 국가들이 전쟁을 국제 정치의 수단으로 이용했다. 1480년부터 1941년까지는 278건의 전쟁이 발생했고 제2차 대전 이후인 1945년부터 1967년까지 전쟁 및 무력 충돌은 82건 발생했다.2) 이처럼 국가간의 전쟁 및 무력 충돌은 크게 줄어들고 있다. 이와 같은 사실은 국제 정치에 있어 전쟁이나 무력 행사가 정치적으로 효과적인 수단이 아니라는 것을 설명해 주는 것으로 보인다. 실제로 오늘날은 무력 행사 없이도 국가의 이익을 극대화할 수 있는 수단은 많이 있다. 이와 같은 현실이 외교를 더욱 중요하게 만들고 있다. 오늘날은 외교가 국가간에 발생된 문제 해결의 수단으로만 이용되는 것이 아니라 한 국가의 외교 정책을 실현하고 또 국가의 대외적 목표를 실천하는 수단이다. 특히 오늘날 전쟁이 외교 정책 실현 수단으로서의 존재 의미를 상실한 현 시점에서 외교는 국제 정치의 수단으로 이해되어야 한다. 실질적으로 한 국가의 정책을 대외적으로 추구하고 실현시키는 도구는 전쟁이나 무력 행사가 아니라 외교이다. 오늘날 어떠한 군사적 강대국도 전쟁이나 무력 행사로 다른 국가의 영토를 정복하지 않으며 식민지를 갖고 있지 않다. 이와 같은 사실이 군사력이나 무력의 행사가 외교 정책 실현의 도구가 아니라는 것을 단적으로 설명해 주고 있는 것이다. 이제 모든 국가는 외교 정책 목표나 대외 정책을 전쟁이나 무력 행사가 아니라 가시적 또는 비가시적인 행위로 이들을 실현시키고자 한다. 그렇기 때문에 국가의 가시적 행위는 매우 다양하고 수준 높게 행해지고 있다. 그러므로 우리가 관심을 갖고 보아야 할 부분은 모든 국가의 가시적 또는 비가시적 대외 행위이며 이러한 행위들이 국가의 이익을 극대화하고 국가

---

1) Rene Alfrecht-Carrie, *A Diplomatic History of Europe*(New York: Harper & Row, Publishers, 1973), p. 442 참고.

2) Quincy Wright, *A Study of War*, vol. 1(Chicago: University of Chicago Press, 1942), p. 650.; K. J. Holsti, *International Politics,* 5th. ed.(Englewood Cliffs, N. J.: Prentice Hall, 1988), p. 271.

를 발전시키는 원동력이 된다. 이러한 행위들이 다른 국가에 대해 국가의 이름으로 국가 관리에 의해 행해지기 때문에 이러한 행위는 국제 정치적 행위이다. 그러므로 외교는 한 국가의 국제 정치적 행위이다.

오늘날 이러한 행위는 외교관만이 행하는 것은 아니다. 외교의 영역이 광범하고 대상이 매우 다양하기 때문에 외교는 모든 관리에 의해서 행해진다. 대외적으로 군사적인 문제는 군에 관련된 업무에 종사하는 사람이 담당하고, 경제 문제는 경제 분야에 종사하는 관리가 또 문화적인 문제는 이 분야에 종사하는 관리가 담당한다. 오늘날 한 국가의 외교 행위는 어떤 특정인 또는 특정 분야에 속해 있는 사람만 행하는 것이 아니라, 국가의 관리는 누구나 외교 행위를 한다.

국제 사회가 복잡해지고 국가간의 상호 관계나 상호 작용이 다양해지면서 외교 행위도 함께 발전하고 있다. 이러한 대외 행위는 사안에 따라 또 국가간의 관계에 따라 간접적으로 행해지기도 하고, 직접적으로 적나라하게 행해지기도 한다. 그뿐 아니라 문제의 중요성이나 목표 혹은 정책의 비중에 따라 일방적인 외교 행위가 전개되기도 하고 쌍무적으로 이루어지기도 한다.

특히 현대의 외교는 의사 표시나 의사 전달 행위로 전개되는데, 이것만으로 국가가 원하는 것을 얻는 것은 불가능하다. 이러한 외교 행위들이 효력을 발생하고 목적을 달성하기 위해서는 튼튼한 외교적 기초가 확립되어야 한다. 그렇기 때문에 모든 국가들은 그들의 외교적 기초를 다지기 위해 끊임없이 노력하고 있으며, 국가의 모든 역량을 총동원한다. 오늘날은 이러한 외교적 기초를 확실히 갖고 있는 국가만이 그의 목적이나 정책을 구현시킬 수 있고 국력을 극대화할 수 있다. 이러한 능력이 크고 강한 국가가 오늘날의 강대국이라 할 수 있다. 반면 외교 행위의 기초를 갖고 있지 않은 것은 물론이고, 다른 국가에 외교 행위의 기초를 크고 강하게 제공하고 있는 국가가 약소국이다. 이러한 국가는 다른 국가에 의해 영토를 점령당하지는 않았더라도 대외적 행위를 제한받는다. 이로써 자국의 이익을 증대시킬 수 없게 되므로 이러한 굴레를 벗지 못하는 한 약소국의 지위를 면하기 어려울 것이다. 재론할 필요도 없지만, 외교는 한 국가의 흥망성쇠를 결정 지을 수 있는 중요한 국제 정치의 수단이다.

이와 같은 외교 행위의 중요성은 모두 인정되고 있다. 한편 외교 행위 못지않게 중요한 것은 국가간의 외교 관계이다. 국가간의 외교 관계는 외교 행위의 질과 양, 그리고 폭과 깊이를 결정한다. 다시 말하면, 어떤 한 국가에 의해 다른 국가에 행해지는 외교 행위의 정도는 외교 당사국간의 관계의 정도에 따라 결정된다. 외교 당사국들이 같은 상황과 사안에 처하더라도 우호적이고 협조적인 관계를 가진 국가간에 전개되는 외교 행위와 비우호적이고 경쟁적이며 갈등적인 외교 관계를 갖고 있는 국가간에 행해지는 외교 행위는 질적·양적으로 달리 전개된다. 전자의 경우에는 적어도 상호 적응해야 한다는 정신이 내재되어 있어 극단적인 외교 행위는 배제될 수 있으나, 후자의 경우는 어떠한 행위도 제한받지 않고 행해질 수 있다. 이렇게 보면 약소국은 말할 나위도 없고, 강대국의 경우도 어떠한 국가와도 우호적이고 협조적인 외교 관계를 갖는 것이 바람직하다. 이와 같은 국가간의 관계는 시간이 흐르면 자연적으로 우호적이고 협조적인 관계로 발전되는 것이 아니라 외교적인 행위에 의해 결정된다.

국제 사회는 무정부적인 상태와 같다고 한다. 그러나 국제 정치는 진공 상태에서 전개되는 것이 아니라, 국제 정치 환경 또 국제 정치 체제의 틀 속에서 전개된다. 19세기의 국제 정치 양태가 다르고, 제2차 세계대전 이후에도 1970년대 전·후의 국제 정치의 양태가 다른 까닭은 각 시대가 국제 정치 체제를 달리하고 있기 때문이다. 따라서 이러한 체제의 변화는 외교가 전개되는 환경을 바꾸어 놓을 뿐만 아니라 국가간의 외교 관계를 과거와 달리 갖게 해준다. 즉, 체제의 변화에 따라 협조적 관계를 가졌던 국가가 갈등적 관계로 변할 수 있고, 그 반대의 경우도 있을 수 있다. 예를 들면, 제2차 세계대전 이전에 미국과 소련은 무관심한 관계를 그리고, 전시중에는 협조적 관계를 갖고 있었으나 전후에는 극단적인 갈등 관계를 갖게 되었다. 또 1970년대 이전에 미국과 중국은 국교도 없는 적대적 관계를 갖고 있었으나, 그 이후는 외교 관계도 갖고 특정 부분에 대해서는 어느 정도 협조적 관계로 발전할 수 있을 정도로 커다란 변화를 가져왔다.

　국제 정치 체제는 외교 관계와 밀접한 관계에 있으며, 어느 면에서 특히 강대국간의 외교 관계의 질적 변화는 국제 정치 환경이나 체제의 변화를 초래할 수 있는 변수로 작용될 수 있다. 이러한 측면에서 보면, 외교는 문제 해결의 수단으로서만 중요한 것이 아니라 국가간 외교의 기본적인 바탕이 되는 외교 관계를 결정 짓는 수단이나 방책으로 더 중요한 의미를 갖는다. 각국이 다른 국가와 바람직한 외교 관계를 갖고 있지 못하다면, 어떠한 외교적 수단도 효력을 발휘하지 못할 것이고 국가 이익의 증대는 기대하기 어렵다. 이스라엘과 중동의 국가들 간의 관계에서 볼 수 있듯이 외교에 있어 가장 중요한 것은 국가간의 관계이다.

　이렇게 외교가 전개될 수 있는 상황이 명확하게 만들어진 것은 제2차 세계대전 이후이다. 그 이전에는 이러한 것들이 전혀 전개되지 않았던 것은 아니지만, 그 이전의 외교는 대체로 외교 정책이나 목표를 실현시키는 부수적인 수단에 불과했다. 그러나 오늘날의 외교는 이러한 것들을 실현시키는 주된 수단이 되고 있다. 오늘날은 어떠한 국가도 대외 정책이나 그 목표를 성취시키는 수단으로 외교 이상의 결정적 수단을 가질 수 없게 되었다.

　이제 한 국가가 그의 주권이 미치는 지역 밖에서 얻고, 성취시키고자 하는 모든 것은 오직 외교에 의해서만 가능하게 되었다. 외교의 성공과 실패는 그 국가의 흥망과 직결된다고 해도 지나친 말이 아니다. 그러므로 이제는 그 어느 때, 어떠한 것보다도 외교의 가치와 중요성이 더욱 강조되어야 할 것이다.

Ⅰ. 국가의 외교

1. 외교의 본질

외교의 의미

오늘날 사용되고 있는 영어의 diplomacy란 말은 그리스 어의 diploun에서 유래되었다. 이의 의미는 '접는다'(fold)는 뜻이다. 로마제국시대에 외국인의 타국 통행을 허가하는 증서에 2개의 금속 도장을 찍고 그것을 특수한 방법으로 접어서 꿰매어 사용하던 수첩 모양의 통행증(passport)이 있었다. 이때의 이 통행증을 diplomas라 했다. 오늘날 외교란 의미로 사용되고 있는 diplomacy라는 말은 바로 diplomas가 그 어원이다. 그로부터 서양에서 diplomas는 외국인이 다른 나라를 자유롭게 통행할 수 있는 통행증으로, 뿐만 아니라 이의 소지자는 신분상의 특권을 인정받게 되어 그는 타부족이나 타사회 (community)와 약속된 일을 구체화시키는 사람으로 생각되었다. 17세기까지 이 diplomas의 소지자는 외교 문서를 관리하는 사람 또는 외국에 관한 일을 하는 사람으로 부르게 되었다. 18세기까지도 외교란 말이 대외 관계에 국한되어 사용되지는 않았다. 외교란 말이 대외 관계를 행하는 일에만 국한시켜 쓴 시기는 비교적 최근의 일이다. 영어의 'diplomacy' 또는 'diplomatic'이라는 말이 공문서를 연구한다는 의미가 아니라 국제 관계의 관리 또는 행위라는 뜻으로 사용된 것은 비교적 최근의 일이다. 영국에서는 1796년 버크(Edmund Burke)가 처음으로 'diplomacy'나 'diplomatic'을 위와 같은 의미로 사용했다. 그리고 1815년 비엔나 회의(the Congress of Vienna) 이후에 비로소 외교 업무에 종사하는 사람이 정치가(a stateman)나 또는 정략가 (a politician)와 다른 직업인으로 인정되었고 외교의 규칙, 관례 및 규범도 비엔나 회의 이후에 만들어졌다. 그 후 상당 기간 동안 외교라는 표현은 문서를 보관하는 일, 과거의 조약을 분석하는 일, 국제 교섭의 역사를 연구하는 일 등으로 인식되어 왔다.[1)

이렇게 시작된 외교라는 말은 오늘날까지도 매우 다양한 의미로 사용되고 있다. 그 예를 들어 보면, 외교라는 말은 외교 정책이라는 의미로도 사용되고, 국가간의 분쟁을 해결하기 위한 교섭을 의미하기도 하며, 교섭을 행하는 과정 및 기구나 대외 업무를 담당하는 기관 또는 교섭의 기술이라는 의미로도 사용되고 있다.[2] 이외에도 외교는 교섭에 의한 국제 관계의 관리, 국가간의 업무를 처리하는 기술, 국가간의 관계를 다루는 일, 국가가 국제 환경에서 그의 목표·이익·정책 등을 실천함에 있어 다른 국가와 직접 또는 간접적으로 공공 관계를 개설하고 유지하는 정치적 과정 등 매우 다양한 의미를 갖고 있다.[3]

인류사에 있어 전쟁과 함께 긴 역사를 갖고 있는 외교가 오늘날까지 그 의미조차 구체적으로 정의되지 못하고 있는 이유는 우선 외교의 전래적인 의미인 교섭(negotiation) 중심으로만 외교를 생각하고 있기 때문이다.

외교가 처음 시작되었을 때는 국가간에 발생된 분쟁을 해결하는 일이 그 주된 업무였으므로, 과거의 외교란 교섭이 전부였다고 해도 지나친 말은 아니다. 그렇기 때문에 외교를 말할 때 교섭의 범주를 크게 벗어나지 않으려는 것이 일반적인 현상이었고, 그래서 외교를 국제 정치의 측면에서 보는 것이 아니라 문제 해결의 수단·기술 또는 과정으로 보려는 경향이 농후했던 것이다. 전쟁이 외교 정책이나 외교 정책 목표를 달성하는 수단이었던 시기에 있어 외교의 이러한 의미는 어느 정도 적절한 면이 없지 않았다. 국가의 문제 해결 방법은 교섭 아니면 전쟁뿐이었기 때문에, 외교는 정적인 의미의 교섭이나 그 기술·과정 등의 범위를 크게 벗어나지 못했다.

---

1) Harold Nicolson, *Diplomacy*, 3rd ed.(London: Oxford University Press, 1969), pp. 11-12.; Sir Ernest M. Satow, "Diplomacy/Diplomat-Derivation of the Concepts," in Elmer Plischke(ed.), *Modern Diplomacy*(Washington, D.C.: American Enterprise Institute, 1979), pp. 24-25.

2) Harold Nicolson, *op. cit.*, pp. 3-4.

3) Elmer Plischke, "Diplomacy-Search for Its Meaning," in Elmer Plischke(ed.), *op. cit.*, pp. 27-33.

그러나 과학 기술 등 문명의 발달로 인류사회가 질적·양적으로 변화 발전함에 따라, 또 한 국가의 대외 업무가 다양하고 복잡해짐에 따라 국가의 대외 행위도 다양해졌다. 그럼에도 불구하고, 일반적으로 사용되는 외교의 의미는 전통적인 의미를 그대로 사용하고 있는 것이 사실이며, 외교의 의미는 좁고 실제의 범위는 넓어 조화를 이루지 못하고 있다. 그렇기 때문에 그 의미가 너무 넓고 다양하게 쓰이고 있다.

실제로 오늘날은 외교가 교섭 등의 정적인 측면에서만 설명될 수 없을 정도로 폭넓게 행해지고 있다. 예를 들면, 정상 외교·인권 외교·등거리 외교 또는 한국의 제6공화국이 표방했던 북방 외교 등 여러 형태의 외교가 전개되고 있는 것이다. 때문에 오늘날 다양하게 행해지는 외교를 교섭의 수단이나 방법 등 전통적 외교의 의미만으로 설명하기는 어렵다.

위에서 본 바와 같이 교섭의 수단, 과정, 기술 등을 의미하는 정적인 측면의 외교가 있는가 하면 북방 외교, 등거리 외교 등 교섭의 한계를 훨씬 넘는 정치적 성격을 띤 동적인 외교도 있다. 현대는 정적인 측면의 외교와 동적인 외교의 측면의 외교가 동시에 전개되고 있다. 정적인 외교란 어떤 문제가 발생했을 때 이 문제의 당사국들이 문제의 발생과 해결의 필요성을 같이 인지하고, 호혜적이고 평등한 입장에서 문제의 해결을 위해 행하는 대외 행위를 말한다. 한편 동적인 측면의 외교란 한 국가가 자국의 정책이나 목표를 실현하기 위해 그 대상이 되는 국가에 대해 행하는 모든 대외 행위를 말한다.

한 국가의 대외적인 행위에는 반드시 상대가 있다. 국가간의 문제나 분쟁이 발생하거나 한 국가가 그의 정책이나 목표를 실천하려 할 때, 당사국간에 합의가 이루어진다면 이러한 일들은 원만하게 해결될 수 있다. 이러한 경우는 정적인 측면의 외교로 설명이 가능하다. 그러나 상대국의 동의를 얻지 못하거나 합의에 이르지 못했음에도 불구하고, 어느 한 당사국이 반드시 문제 해결이나 목적을 달성하려 할 때 이 당사국은 상대 국가를 움직여 자국의 뜻에 따르도록 만들어 그의 목적을 달성하려는 대외 행위를 한다. 이러한 대외 행위는 외교의 동적인 측면에서 설명되어야 한다.

정적인 측면에서 행해지는 외교는 정치적인 의미나 수단으로 또는 일방적으로 목적을 달성하려 하지 않고 합리적이고 합법적으로 문제를 해결하려는 취지에서 행해지는 대외 행위이다. 동적인 측면에서 행해지는 외교는 소위 정치적으로, 다시 말하면 힘에 기초하고 그것을 수단으로, 자국의 목적을 달성하기 위해 그 대상이 되는 국가에 대해 일방적으로 행하는 대외 행위를 의미한다.

제2차 세계대전 이후에는 각국이 전쟁이나 무력의 행사로 자국의 외교 정책이나 목표를 실현하려는 경향이 과거에 비해 크게 줄었다. 군사적으로 초강대국인 미국이나 소련이 무력 행사나 전쟁으로 그들의 대외 문제를 해결하려는 경우는 흔히 볼 수 있는 일이 아니다. 이러한 사실은 군사력이나 무력의 행사가 외교적 수단으로서의 이용가치가 상대적으로 줄었다는 것을 설명해 주는 것이다.

동·서양을 막론하고 19세기까지는 전쟁이나 무력 행사로 중요한 문제들을 해결했다. 심지어 20세기에 접어들어서도 두 차례의 큰 전쟁을 치렀을 뿐만 아니라 무력을 앞세워 다른 국가들의 영토를 점령하고 주권을 빼앗아 식민지를 확장했다. 그러나 제2차 세계대전 이후 이와 같은 행위는 크게 줄었다. 1945년 이후, 지구상에서 전쟁이나 무력의 행사로 다른 국가의 영토를 점령하여 식민지화한 예는 거의 없다. 그 이유는 우선 다른 국가를 식민지화하거나 영토를 점령하는 것이 국력을 신장시키는 유일한 방법은 아니라는 것이 강대국의 현실적인 인식이기 때문이다. 제2차 세계대전 이후 지구상의 어떤 국가도 다른 국가에게 주권을 침탈당하고 식민지가 된 예는 없다. 또 전쟁이나 군사력의 행사로는 이를 행하는 국가가 뜻하는 바를 성취시키지 못한다는 것을 입증한 예도 있다. 1960년대 미국은 막강한 군사력으로도 베트남 전쟁에서 승리하지 못했고, 소련의 아프가니스탄에 대한 군사 행동도 그 목적을 충분히 달성하지 못하고 말았다. 이러한 사실들은 이제 전쟁이나 무력 행사가 외교의 수단으로서의 의미를 상실했음을 증명해 주고 있는 것이다.

오늘날은 외교가 외교 정책이나 외교 정책 목표를 달성하는 데에 절대적인 수단이 되고 있다. 이제 외교는 국가의 이익을 극대화하고 외교 정책을 실천하는 중요한 수단이 되었다. 그러므로 외교는 국제 정치의 한 방편으로 이해되고 설명되어야 한다. 다시 말해서, 외교는 국제 정치의 가장 중요한 수단이다.

이렇게 볼 때, 오늘날의 외교는 한 국가의 외교 정책 또는 외교 정책 목표뿐만 아니라 다른 국가와의 우호 및 협력 관계의 증진, 국가 간의 분쟁 해결 등을 위해 국가의 관리가 국가의 이름으로 행하는 모든 대외 행위를 의미하는 것이다.

외교 행위

외교는 구체적인 행위로 표현된다. 즉 외교는 국가와 국가간에 행위를 통하여 목적을 달성하거나 정책을 실현시키려는 대외 행위이다. 외교에는 주도적이고 능동적으로 행위하는 외교의 주체 국가가 있고, 다른 한편으로는 이 주체 국가가 행하는 대외 행위의 대상으로 수동적이고 소극적으로 행위하는 객체 국가가 있다. 외교란 주체가 되는 국가와 객체가 되는 국가간에 구체적인 행위를 통한 의사 교환으로 전개된다. 외교의 주체가 되는 국가는 그의 목표나 정책을 실현시키기 위해서 또는 문제를 해결하기 위해 어떠한 형태이든 상대 국가에 자국의 의사나 정책을 직접 전달하거나 공개적으로 표시한다. 다시 말하면 기본적으로 외교는 주체 국가가 그의 목적을 달성하기 위해 외교 정책을 실현시키기 위해 또는 문제를 해결하기 위해 객체가 되는 국가에 대해 어떤 정책이나 행위를 유지시키거나 변경시키기 위해, 또는 주체 국가가 객체 국가로 하여금 어떤 정책을 채택하거나 어떤 태도를 갖게 하기 위해 정책이나 의사를 직접 전달하는 행위 또는 의사를 표시하는 행위를 의미한다.

이러한 외교 행위 중에는 외교의 주체가 되는 국가가 자국의 의사나 정책을 객체가 되는 국가의 정책 결정자에게 구두로 또는 서면으로 직접 전달하는 직접 외교 행위가 있고, 주체 국가가 객체 국가의 정책 결정자에게 간접적으로 주체 국가의 의사나 정책을 알리는 간접 외교 행위가 있다. 직접 외교 행위나 간접 외교 행위는 외교의 주체가 되는 국가가 사안의 중대성, 시간적 여유, 자국 및 상대방 국가의 국내외 상황에 따라 결정한다. 예를 들어 외교의 주체 국가 입장에서 사안이 중대하거나 또 문제의 신속한 처리를 필요로 하는 경우에는 본국에서 보내지는 특사 또는 주재국의 공관장을 상대 국가의 정책 결정자에게 보내 주체 국가의 의사나 정책을 구두나 서면으로 직접 전달하는 직접 외교 행위 방식을 채택한다.

간접적 외교 행위는 문제를 해결하는데 시간적 여유가 있는 경우, 또는 국가간에 해결해야 할 문제가 복잡한 경우, 또는 상대 국가의 반응을 알아보기 위해 자국의 의사나 정책을 상대 국가들이 알거나 느낄 수 있도록 하는 외교 행위이다. 이러한 간접적인 외교 행위는 정부 대변인들을 통한 성명서 발표, 또는 외교를 담당하는 부서의 정기적 또는 부정기적 기자회견, 자국 외교 관리의 철수, 타국 외교관의 추방, 신문, 방송 등 대중매체 등을 통해 외교의 객체가 되는 국가에 자국의 의사나 정책을 간접적으로 알리는 대외 행위이다. 어떤 경우에는 외교의 주체 국가가 객체 국가 국경에 갑자기 많은 병력을 집결시키거나 또는 상대 국가의 해역에 항공모함 등 함대를 파견하는 군사적 시위 행위로 주체 국가의 의사나 정책을 객체 국가에 알린다. 이것은 간접적인 외교 행위이다. 주체 국가의 이러한 행위는 외교의 객체 국가에 무력 침공을 한다는 의미보다는 객체 국가에 대해 주체 국가의 의사나 정책을 알리는 외교 행위이다. 미국은 이라크 등 중동의 국가들이 미국의 정책이나 뜻에 어긋나는 행위를 하거나 반미적인 정책을 취하면 미국은 이 지역에 항공모함 등을 파견해 미국의 의사를 이 지역 국가의 정책 결정자에게 알리는 간접적인 외교 행위를 한다. 1998년 초 미국은 이라크가 유엔의 무기 사찰을 거부하자 중동 지역에 미국의 항공모함 전단을 파견해 이라크로 하여금 미국의 의사를 수용하도록 하는 간접적인 외교 행위를 취했다.

간접적인 외교 행위로서, 중국은 1972년 2월에 미국과의 관계 개선(rapprochement)이 이루어지자 곧 이어 관계 정상화를 이룬 동시에 대만에 주둔하고 있는 미군의 철수와 대만과의 상호 방위 조약이 폐기될 것을 기대했다. 그러나 이러한 일들은 중국이 뜻하는 대로 이루어지지 않았다. 그리하여 중국은 미국에 대해 불만을 갖게 되었다. 이런 가운데 1977년 8월 카터 행정부의 국무장관 벤스(Cyrus R. Vance)가 중국을 방문했을 때 중국은 과거 키신저 국무장관이 중국을 방문했을 때와는 달리 벤스 장관에 대한 예우를 소홀히 했다. 벤스 장관을 맞이하는 중국 공항에서의 행사를 매우 간단하게 했을 뿐만 아니라 공항에서 그를 맞이하는 관리도 직급이 높지 않은 중국공산당의 비정치국원이었으며, 그를 위해 베푼 만찬도 매우 소홀하게 격을 낮추어 베푸는 것으로 미국에 대해 중국이 갖고 있는 불만족스러움의 의사 표시를 했다.4) 이러한 처사는 불만스러운 뜻을 미국에 전달하는 수단으로 행해진 간접적인 외교 행위이다.

단순한 의사 표시 행위인 간접적인 외교 행위의 예로 북한은 1985년경까지 로마 교황청에 대해 지극히 냉담한 관계를 유지해 왔다. 그러나 북한은 1985년 교황이 아프리카 여러 국가를 순방하기 위해 공항에서 출국 의식을 거행할 때 현지에 주재하고 있던 북한 외교관을 이 의식에 참가시켰다. 북한의 이러한 행위는 로마 교황청에 대한 우호적인 의사 표시 행위이며 앞으로 로마 교황청의 관계 변화를 희망한다는 의사 표시 행위로 볼 수 있다. 이러한 북한의 행위는 로마 교황청과의 관계 증진을 의식한 일방적인 외교 행위이다. 이는 북한이 앞으로 로마 교황청과 관계 개선 내지 우호적인 관계 설정의 의지가 있음을 보여 주는 간접적인 의사 표시 행위이다.

외교 행위에는 일방적인 행위도 있지만 교호적(交互的) 외교 행위도 있다. 한국과 모리셔스는 1987년 8월에 모리셔스의 수도 포트루이스에서 문화협정을 체결했다. 이는 양국의 동의와 필요에 의해 행해진 교호적인 외교 행위이다. 국가 원수가 외국을 방문하여 양국의 이름으로 공동성명을 발표하는 것도 교호적인 외교 행위이며, 조약이나 행정협정 등의 체결도 교호적인 의사 표시 행위이다.5)

---

4) Robert L. Wendgel, *International Politics*(New York: John Wiley & Sons, 1981), pp. 308-309.

5) Herman F. Eilto, "Diploamacy-Contemparary Practice," in Elmer Plischke(ed.),

구체적인 외교의 수단으로는 다음과 같은 것들을 들 수 있다.6)

<table>
<tr><td>양보(yield)</td><td>논평(comment)</td></tr>
<tr><td>협의(consult)</td><td>찬성(approve)</td></tr>
<tr><td>약속(promise)</td><td>허용(grant)</td></tr>
<tr><td>보상(reward)</td><td>합의(agree)</td></tr>
<tr><td>요청(request)</td><td>제의(propose)</td></tr>
<tr><td>거부(reject)</td><td>비난(accuse)</td></tr>
<tr><td>항의(protest)</td><td>부정(deny)</td></tr>
<tr><td>질의(demand)</td><td>경고(warn)</td></tr>
<tr><td>위협(threaten)</td><td>시위(demonstrate)</td></tr>
<tr><td>관계 축소(reduse relationship)</td><td>강탈(seize)</td></tr>
<tr><td>추방(expel)</td><td>힘의 행사(force)</td></tr>
</table>

이러한 외교 행위를 유형별로 나누어 보면 첫째 협조적 행위 (cooperative behaviors), 둘째 일상적인 행위(routine interaction-named participation) 그리고 셋째로 비우호적인 행위 (conflictive nature)가 있다.7) 외교 행위의 수단 가운데 양보, 약속, 보상, 찬성, 허용, 합의 등은 협조적인 외교 행위이고 협의, 요청, 논평, 제의 등은 일상적인 외교 행위이며, 거부, 항의, 비난, 경고, 위협, 추방, 힘의 행사 등은 비우호적인 외교 행위이다.8)

지금까지 살펴본 바와 같이 외교의 본질은 행위이며, 외교는 직접적 또는 간접적 행위로 표현된다. 외교는 한 국가가 얻고자 하는 것 또 행하고자 하는 것 등을 구체적으로 실현시키는 수단이다. 이 수단

---

op. cit., p. 13.

6) James Lee Ray, *Global Politics*(Boston: Houghtoon Mifflin Company, 1979), p. 158.

7) Charles McClelland and Gary Hoggard, "Conflict Patterns in the Interaction among Nations," in James N. Rosenau(ed.), *International Politics and Foreign Policy*(New York: Free Press, 1969), pp. 71ff.

8) *Ibid.*, pp. 70ff.

은 행위로 표현되며 외교는 궁극적으로 국제 정치의 수단이다.

외교의 발생 동기

모든 국가가 외교 행위를 행하지만 그 동기는 상대국 또는 현안에 따라 각기 다르다. 외교는 국제 정치의 수단으로 행해지고, 국제 정치는 국력에 기초해서 전개되고 있으므로 각기 외교의 동기를 달리하고 있다. 그러나 대체로 외교 행위가 발생되는 동기는 세 가지 경우로 나누어 볼 수 있다.

첫째는 주도적이고 능동적인 동기에서 발생되는 경우, 둘째 다른 국가의 외교에 대해 수동적으로 대응함으로써 발생되는 경우, 그리고 셋째, 외교의 각 당사국이 같은 인식, 같은 필요에 의해 호혜적인 동기에서 시작하는 외교가 있다. 외교의 동기는 그 성패와 밀접한 관계가 있고, 따라서 동기는 국가 이익에 중대한 영향을 미칠 수 있다.

첫째, 외교가 주도적이고 능동적인 동기에서 전개된다면 그 외교의 성공 가능성은 매우 크다. 왜냐하면 이러한 동기에서 시작되는 외교는 이를 성공시키기 위한 여러 필요한 조치들을 구사할 수 있는 준비를 충분히 할 수 있기 때문이다. 그뿐만 아니라 이러한 외교를 전개하는 국가는 가능한 범위 내에서 외교의 대상 국가나 문제를 스스로 적절히 선택할 수 있기 때문에 외교를 비교적 손쉽게 전개할 수 있다. 그러므로 능동적이고 주도적인 동기에서 시작되는 외교는 우선 상대 국가보다 유리한 입장에서 외교를 전개할 수 있다. 능동적인 동기에서 외교를 전개하는 국가가 상대 국가보다 국력이 강한 국가라면 이 외교의 성공 가능성은 더욱 크다. 비록 상대 국가보다 국력이 약하더라도 능동적인 외교를 전개하는 국가는 사전에 충분한 준비를 갖추고 외교에 임할 수 있으므로 수동적인 동기에서 출발하는 외교보다는 성공의 가능성이 더 크다. 예를 들어, 미국이 한국에 대해 시장 개방 관세 인하 등을 요구하고 외교적 압력을 가하며 이에 대한 협상을 요구하는 경우, 미국은 한국보다 우월한 힘을 갖고 있는 것이다. 또 나아가 능동적·주도적으로 협상을 전개하는 입장에 설 것이며, 한국은 그 반대의 입장이 될 것이다. 이 경우 미국의 외교는 성공할 가능성을 많아지는 것이다. 그러나 한국이 비록 미국과 경제적으로 대등한 입장을 갖고 있지 않으며 국력 또한 약하지만, 미국과의 통상 문제에서 무엇이 문제이고 또 미국이 무엇을 요구할지를 사전에 알아내어 협상을 준비한다면 미국에 대해 주도적이고 능동적인 협상을 전개할 수 있을 것이다. 그러면 수동적인 경우보다는 훨씬 유리한 입장에서 외교를 전개할 수 있을 것이다. 그러므로 모든 국가는 주도적이고 능동적인 동기에서 외교를 전개해야 하고, 그렇게 할 수 있도록 외교적 기초를 갖추어야 한다.

둘째, 수동적이고 소극적인 동기에서 전개되는 외교는 자국의 필요에 의해서 행하는 외교라기보다는 다른 국가의 필요와 강요에 의해서 행해진다. 다시 말하면, 다른 국가로부터 주어지는 의사 표시나 요구 등을 거절할 수 없어 행하는 외교를 말하는 것이다. 국가간에 행해지는 외교에는 공세적인 당사국과 수세적인 당사국이 있다. 공세적인 당사국은 수세적인 당사국의 희생 위에 자국의 목적을 달성하기 위한 외교를 전개한다. 이런 경우 공세적인 당사국은 외교적 성공을 거둘 수 있다. 이 당사국의 외교가 성공한다는 것은 수세적인 당사국이 공세적인 당사국의 요구를 전부 혹은 부분적으로 수용했다는 것을 의미한다. 이 경우에 수세적인 당사국은 수동적인 동기에서 외교를 전개하면 득(得)보다 실(失)이 많다는 것을 알면서도 이 외교에 임하게 된다. 그 이유는 그래도 능동적이고 공격적인 외교에 응하는 것이 그것에 저항하는 것보다는 그나마 손실을 적게 할 수 있기 때문이다. 즉 수세적인 당사국이 이와 같은 공세적인 외교에 부응하는 것은 비록 상대국에 양보하여 손실이 있더라도 공세적 당사국과 우호적·협조적인 기존의 관계라도 지속되는 것이 오히려 손실을 줄이는 것이기 때문이다. 만약 공세적인 당사국의 요구를 전혀 수용하지 않을 경우 자국의 의사와는 관계없이 상대 당사국으로부터 보다 큰 요구를 수용하지 않으면 안 될 경우도 상정할 수 있다. 그러므로 오히려 공세적 당사국의 최초의 요구를 수용하는 편이 손실이 적다.9)

세 번째 동기는 각 당사국의 필요성에 의해서 발생되는 경우로 일반적으로 어떤 문제에 대해 당사국들이 인식을 같이하고 그리하여 이해를 분담할 의사가 있을 때 이루어지는 외교 발생의 가장 바람직한 동기이다. 이러한 동기에서 시작된 외교는 문제 해결의 과정·결과 등이 어느 당사국에 편중되지 않고 공평하게 이루어질 수 있다. 이런 경우는 대체로 외교의 동기가 어느 한쪽이 공세적이거나 수세적이 될 수 없다. 이러한 외교는 대체로 강대국간 또는 약소국간에 비교적 많이 전개될 수 있는 국가간 외교의 동기이다. 이와 함께 국가간에 다루어질 사안들이 비정치적인 것들, 예를 들면 문화협정, 통신협정 등은 호혜적인 동기에서 전개될 수 있는 외교이다.

외교의 동기는 외교의 성공 여부와 직결되며, 이는 곧 국가 이익에 영향을 미친다. 그러므로 외교의 동기를 유리하게 갖는 것은 매우 중요하다. 비록 국력이 약하더라도 외교를 적극적이고 능동적으로 전개하는 것은 그 국가가 가진 외교 역량의 하나이다. 그와 함께 국력이 약한 국가는 가능한 한 다른 강한 국가에게 공세적인 외교의 동기를 부여할 만한 기회를 최소화하는 것이 국가적 손실을 줄이면서 국가의 명예를 실추시키지 않는 길이다. 예를 들면, 약소국이 강대국과 무역 마찰을 야기시키는 일은 강대국에게 공세적인 외교의 동기를 부여하게 된다. 그러므로 약소국은 가급적 이러한 무역 마찰이 생기지 않도록 해야 국가 이익을 증진시킬 수 있다. 또 약소국은 국내 정치에서도 정치·사회·경제적 혼란을 미연에 방지하거나 모험적인 외교를 자제하여, 약소국에 대한 깊은 이해를 갖고 있는 강대국이 우려나 불안을 느끼지 않도록 해야 한다. 이렇게 하는 것도 강대국에 외교의 공세적인 동기를 부여하지 않는 방법이 된다. 강대국을 포함한 많은 국가들이 중동에 대해 깊은 이해와 관심을 갖고 있다. 그런데 중동의 주요 산유국이 그의 국내 정치 상황이 불안해져 석유 생산에까지 영향을 미친다고 하자. 그렇게 되면 우선 강대국들이 이에 어떤 형태로든 개입하려 할 것이며, 또 이것은 그들에게 다른 국가에 공세적인 외교의 동기를 부여하는 계기를 만들 것이다. 따라서 정치적으로 불

---

9) Fred Charles Ikle, *How Negotiate*(New York: Harper and Row, Publishers, 1985), pp. 30-34.

안한 중동 국가에게 정치적으로나 물질적으로 불리하고 해로운 결과를 가져올 것이다.

모든 국가는 외교의 성공을 위해 공세적이고 능동적인 동기를 갖는 것이 무엇보다도 중요하지만, 이것이 여의치 않다면 수동적이고 수세적인 외교의 동기를 최소화해야 한다. 특히 강대국으로부터 약소국에 어떤 의사를 표시하거나 전달할 때, 그 동기가 상대국에게 자생적으로 생겨난 동기인지를 정확히 파악하는 것은 중요하다. 이 외교의 동기가 자생적인 것이라면 가능한 한 적극적으로 대응하는 것이 바람직하다. 그러나 외교의 동기가 다른 국가가 아닌 자국으로부터 주어졌다고 판단되면, 그 원인을 파악하여 외교 발생의 동기를 제거해야 한다.

한 국가가 전개하는 외교가 성공하는 데에는 여러 조건과 수단이 있다. 물론 강한 국력을 갖는 것이 외교를 성공시키는 선행 조건이다. 그러나 이는 하루 아침에 이루어질 수 있는 일이 아니다. 설령 이러한 기초적인 조건이 열악하다고 하더라도 성공적인 외교를 전개할 수 있는 중요한 조건 중의 하나는 주도적이고 능동적인 외교의 동기를 갖는 일이다. 또한 다른 한편으로 수세적이고 수동적인 외교의 동기를 갖지 않는 것도 매우 중요하다.

외교의 범위

모든 외교는 실제로 사람에 의해 행해진다. 사람에 의해서 행해진다는 것은 사람의 행위를 통해서 과정이 이루어지고, 기술도 다루어진다는 뜻이다. 외교는 국가의 이름으로 행해지더라도 국가 자체가 외교를 행하는 것이 아니라 국가의 관리가 행하는 것이다. 즉 외교는 사람이 행하는 행위가 그 핵심이다. 그렇기 때문에 외교는 사람에 의해서 행해지는 행위가 이해와 설명의 중심이 되어야 하고 연구 대상이 되어야 한다. 한 국가가 행하는 외교의 성패는 무엇보다도 누가 무엇을 어떻게 행하느냐에 달려 있다. 제2차 세계대전 후 적대 관계를 지속하던 미국과 중국이 이런 관계를 청산하고 1972년 양국의 관계 개선(rapprochement)을 이룩할 수 있었던 데에는 변화된 국제 환경, 그리고 미국과 중국의 외교 정책도 중요하게 작용했지만, 궁극적으로 관계 개선의 성공은 양국 관리들의 행위에 의한 결정체였던 것이다.

이러한 대외적인 행위는 국가 원수를 포함한 모든 관리에 의해 행해진다. 영국의 상징적 존재이며 국가 원수인 영국 국왕의 공식적인 외국 방문 행위는 의례적인 행위일 뿐만 아니라, 실질적으로 영국 관리들이 외교를 성공시키는 데 필요한 국민과 관리들 사이에 이해를 증진시키고 아울러 우호 관계를 증대시키는 대외적인 행위이다. 그러므로 영국 국왕의 공식적인 외국 방문 행위는 외교적인 행위이다. 1957년 미국 백악관 기자회견에서 국가 원수의 외국 방문의 실효성 문제가 제기되었을 때, 아이젠하워(Dwight D. Eisenhower) 대통령은 "국가 원수의 외국 방문은 형식이 아니라 미국의 고위 관리들이 외국인, 외국의 문화 그리고 외국의 지도자들을 이해하는 데 매우 중요한 일"10)이라고 답했다. 그러므로 외교는 우선적으로 행위에 초점을 맞추어 이해되고 설명되어야 한다.

원칙적으로 모든 대외 행위가 국가의 이름으로, 그리고 국가의 관리에 의해 행해진다면 그것은 외교 행위이다. 이 행위가 의사 표시 행위나 의사 전달 행위 또는 군사적인 행위이든 간에 그것이 위의 원칙에 입각해서 행해진 것이라면 그것은 외교 행위이다. 또한 이러한 행위를 하는 사람이 외무부에 속해 있지 않더라도 국가의 관리이고 국가의 이름으로 대외 행위를 한다면 그 행위도 외교 행위이다. 다른 국가에 대한 군사적 시위 행위는 군인에 의해 국가의 이름으로 행해진다. 군인도 넓은 의미로 관리의 범주에 들어가기 때문에 그 행위도 외교 행위라 하지 않을 수 없다. 그러므로 그 관리가 어떤 부서에 소속되어 있든 국가를 대표해서 행하는 대외 행위는 외교이다.

정부가 관료가 아닌 특정인에게 특별한 임무를 부여하여 국가의 이름으로 대외 행위를 하게 할 때, 이 사람에 의해서 행해지는 행위도

---

10) Elmer Plischke, *Diplomat in Chief* (New York: Praeger, 1986), p. 156.

외교 행위이다. 예를 들면, 국가의 원수가 다른 국가에 대해 특별히 우호적인 예의를 표시하기 위해 관리가 아닌 사람을 대통령의 특사로 임명해서 이 사람을 외국에 파견했을 때, 이 사람이 그 국가에 가서 행하는 행위는 외교 행위이다. 그러나 어떤 개인이 개인 자격으로 다른 국가의 원수를 접견하고, 고위 관리들과 회견하는 행위는 외교 행위가 아니다. 왜냐하면 이 사람들이 국가의 관리가 아니고, 또 이 사람의 행위가 국가나 정부의 이름으로 행해지는 것이 아니기 때문이다.

외교는 국제 정치의 수단이며, 국제 정치의 주체는 국가이다. 또 국제 정치는 원칙적으로 국가간의 정치적 상호 관계와 작용에 의해서 전개된다. 세계보건기구(WHO) 또는 국제노동기구(ILO)의 회원 국가는 이 기구의 규정에 의해서 행위한다. 이에 의한 행위는 정치적 의미를 갖고 정치적 목적으로 행해지는 것이 아니다. 정치적 의미와 목적을 갖지 않고 행해지는 행위는 국제 정치 범위 밖의 행위이며, 이러한 범위 밖의 행위는 외교가 아니다. 물론 국가가 대외적으로 행하는 모든 행위는 어떤 의미에서 보면 정치적 의미나 목적을 전혀 갖지 않은 것은 없다고 할 수 있다. 그러나 국제 정치에서 다루어야 할 문제는 직접적인 정치적 합목적성을 가진 것이어야 한다. 즉 어떤 행위가 국제 정치의 수단으로 행해져야 외교라 할 수 있다. 그러므로 비정치적인 대외 행위는 국제 정치와 외교의 범위에서 배제되어야 한다. 그러나 국제연합이나 북대서양 조약기구 또는 바르샤바 조약기구 등과 같이 주권 독립 국가들만이 회원국이 될 수 있고, 또 정치적 성격을 띠고 있는 국제 기구에 대한 대외 행위는 외교 행위이다.

한편 국제 기구 가운데에도 비정치적 성격을 가진 국제 기구가 있다. 예를 들면, 만국 우편 연합(Universal Postal Union) 또는 국제 전기통신 연맹(International Telecommunication Union)과 같은 기구들이 비정치적 기구들이다. 이 기구들은 기술적·사회적·문화적 편의를 도모하기 위해 만들어진 국제 기구이다. 그러므로 이들 기구 자체는 정치적으로 행위하고 결정하지 않는다. 따라서 이런 국제 기구에 대한 국가의 대외 행위는 물론 국가의 이름으로 국가 관리에 의

해서 행해지지만 국제 정치적 성격을 띤 행위가 아니므로 외교 행위
가 아니다.

인권 외교를 미국 외교의 기조로 선언하며 미국 대통령에 취임한
카터 대통령은 소련과 동유럽 국가들의 인권정책을 비난하며, 취임
약 1개월 후인 1977년 2월 17일 소련의 반체제인사인 사하로프
(Andrei Sakharov)에게 소련 내에서의 인권운동을 지지하는 서한을
직접 보냈다.11)

이 경우 카터 대통령의 서한의 수신인은 정부도 관리도 아닌 개인
이었다. 그러나 카터 대통령이 소련 내에 거주하는 소련 인에게 미국
대통령의 이름으로 서한을 보낸 행위는 사하로프의 인권운동을 격려
함과 동시에 소련 정부에 대한 미국 정부의 의사 표시 행위이며, 동
시에 카터 대통령이 선언한 인권 외교의 전개 행위이다. 그의 이러한
행위는 실질적으로 소련 정부의 비민주적 정책에 대한 소련을 대상으
로 한 행위이고, 미국 정부가 인권 외교를 전개하기 위한 정치적 합
목적성을 갖고 있는 행위이므로 카터 대통령의 행위는 외교 행위이다.
이 경우 카터 대통령의 행위 대상은 비정치적인 존재라고 할 수 있으
나 행위의 주체는 미국의 대통령이다. 그리고 그 행위는 그의 이름으
로 행해졌을 뿐만 아니라 그의 외교 정책 기조에 입각해서 행해졌기
때문에 이는 외교 행위이다. 외교는 행위 중심으로 보아야 하고 행위
의 초점은 행위 주체에 맞추어야 한다.

한 국가의 어떤 정책 노선의 선언은 얼핏 보아 대상이 없는 것으로
생각되기 쉽다. 예를 들면, 1947년에 선언된 소위 '트루먼 독트
린'(Truman Doctrine)이나 1969년에 선언된 '닉슨 독트린'(Nixon
Doctrine) 등은 대상이 없는 선언처럼 보인다. 그러나 '트루먼 독트린'
은 그리스와 터키를 공산주의의 위협으로부터 보호한다는 미국의 의
지 표명인 동시에, 소련을 대상으로 하는 봉쇄 정책(the policy of
containment)의 천명이었다. '닉슨 독트린'은 주로 아시아 국가들에
대해 미국의 새로운 외교 정책 노선의 채택을 알리는 의사 표시 행위

---

11) Raymond L. Garthoff, *Détente and Confrontation*(Washington, D.C.: The
    Brookings Institution, 1985), p. 569.

로 이러한 독트린의 선언 행위도 외교 행위이다.

한 국가의 어떤 대외적 행위를 외교의 범주에 넣을 수 있는 기준은 대체로 다음과 같은 것이라 할 수 있다.

행위의 주체를 중심으로 생각해야 한다. 우선 주체가 국가의 이름으로 행위하는 대표성을 가져야 한다. 그 다음으로 그 행위의 내용이 넓은 의미로 국가의 외교 정책이나 외교 정책의 목표를 실현하기 위한 국제 정치의 수단으로 행해져야 한다. 이 중에는 국가간의 우호 및 협력 관계의 증진, 현안 문제의 해결 등 직접·간접적으로 외교 정책과 그 목표 실현에 관련된 것이 포함되어야 한다. 외교의 대상에 있어 한 국가가 일방적인 행위를 하는 경우에 그 대상은 외교 행위 여부를 판가름하는 기준이 아니다. 행위의 주체가 외교 행위를 할 수 있는 사람이라면 그 행위의 대상이 어떤 사람이나 단체라도 그 행위는 외교 행위이다. 한편 쌍무적 또는 다변적인 행위를 하는 경우에 이 행위에 참여하는 사람 등이 모두 외교 행위를 할 수 있는 자격과 권리를 가진 존재여야 그 행위를 외교 행위라 할 수 있다. 외교 행위 여부를 가늠하는 데에는 형식과 내용을 모두 고려해야 한다. 형식은 외교 행위를 하는 사람이 국가를 대표하는 관리이고, 내용은 국제 정치적인 것으로 외교 정책과 그 목표를 실현하는 수단이어야 한다.

외교의 시간적 범위는 원칙적으로 선 관계 후 행위(先 關係 後 行爲)이다. 다시 말하면, 국가간에 공식적 외교 관계가 수립되어야 비로소 공식적인 교류 및 접촉이 이루어질 수 있다. 국가간에 공식적 외교 관계를 갖는 목적은 서로 이익이 되는 폭넓은 상호 작용을 직접 갖기 위해서이다. 오늘날 공식적인 외교 관계를 갖고 있지 않다는 사실은 실질적으로는 어떻든 간에 형식적으로 국가간의 관계가 우호적이라고 할 수 없고 협조적인 관계는 상상할 수도 없다. 외교 관계를 갖고 있다는 것은 원칙적으로, 또 일차적으로 적대적이 아닌 원만한 관계를 가질 수 있다는 것을 말해 주고 있다. 따라서 국가간에 상부 상조도 할 수 있다는 것을 의미한다. 바꾸어 말하면, 공식적 외교 관계가 없다는 것은 상호 보완적으로 서로의 이익을 도모할 수 없다는 뜻으로 해석될 수 있다. 과거 한국과 소련 및 중국이 공식적 외교 관계를 갖고 있지 않은 것은 양국 관계를 우호적이라고 할 수 없고, 또 상호 이익을 도모할 수 없다는 의미로 볼 수 있다. 그러므로 한국과 이들 국가간에 공식적인 상호 작용을 가질 수 없었다. 1986년 10월 소련 근해에서 한국의 어선과 선원이 소련 군함에 의해 나포된 일이 있었다. 이때 한국 정부는 소련과의 공식적인 외교 관계를 갖고 있지 않았기 때문에, 소련과 이들의 송환을 위한 교섭을 할 수가 없었다. 그리하여 한국 정부는 일본을 통해 이들의 송환 교섭을 벌였다. 이와 같이 외교 관계가 없으면 일상적이고 비정치적인 외교 행위도 이루어 질 수 없다. 공식적인 외교 관계가 수립되어 있지 않으면 국가간의 공식적 상호 작용은 이루어질 수 없다.

1989년 한국과 중국은 공식적인 외교 관계를 갖고 있지 않아 경제 관계에 있어서 간접적인 교류만 행해지고 있었으며, 무역 협정·관세 협정 등 국가간 또는 정부 차원의 법적·정치적 효력을 갖는 외교 행 위도 이루어지지 않고 있었다. 1989년 12월 한국의 서해안에서 조업 을 하던 양국 어선간에 해상사고가 발생했을 때, 한국과 중국은 서울 에서 피해 보상과 피해액 산정 등 사고 처리를 위한 기본 원칙을 협 의해야 했다. 그러나 양국은 외교 관계를 정상화하고 있지 않아 공식 적으로 국가 대표가 이 원칙을 협의할 수가 없었다. 그리하여 한국의 수산업협동조합중앙회 그리고 중국의 동황해어업협회(東黃海漁業協 會)가 각각 자국을 대표해서 이 문제를 논의하고 문제 처리에 합의했 다. 이와 같은 합의는 당연히 정부 차원에서 이루어져야 하며, 그래야 그 합의가 국제법적 효력을 가질 수 있으며 외교적 의미도 가질 수 있다. 그러나 양국은 아직 공식적 외교 관계를 갖고 있지 않았기 때 문에 정치적이고 외교적인 의미를 갖는 합의를 할 수 없었다. 이런 합의가 국가나 정부 차원에서 이루어질 때에는 이 합의된 내용의 그 것을 보장할 수 있지만 민간단체에 의해 합의가 이루어질 때에는 그 렇지 못할 수도 있다. 국제법적 효력을 갖는 조약이나 국가간의 협정 도 보장이 어려운데 하물며 민간단체간의 합의나 약속의 실천 보장이 더욱 어려운 것은 당연하다. 한국과 중국간에 국가나 정부 차원의 상 호 작용이 이루어질 수 없는 것은 공식적 외교 관계가 없었기 때문이다. 그러므로 국가간의 공식적 외교 행위는 외교 관계가 수립된 다음에야 공식적으로 이루어질 수 있다.

그러나 일방적인 정치적 외교 행위는 외교 관계 수립에 관계없이 행해질 수 있다. 한국 정부는 1988년 7월 7일 노태우 대통령의 소위 '7·7 특별 선언' 이후부터, 중국 대륙에 수립된 국가의 호칭을 중공(中共)에서 중국(中國)으로 고쳐 부르기 시작했다. 중공이란 표현은 중국공산당(中國共産黨)을 지칭할 뿐, 사실 국호가 아니다. 이는 중국 대륙에 수립된 정권을 국가로 승인하지 않는다는 의미로 해석할 수 있다. 그러나 중국이란 표현은 국가 명칭이며, 중국을 국가로 인정한다는 뜻인 동시에 한국의 중국에 대한 관계 개선의 왕성한 의사 표시이므로 이는 한국의 중국에 대한 정치적 의미의 외교 행위라 할 수 있다. 1987년 3월 미국은 자국 외교관에게 제3국에서 북한 외교관과의 접촉을 허용하고, 4월에는 의약품이나 식량을 중심으로 북한과 인도적 교역을 할 수 있음을 밝혔다. 같은 해 7월 21일 뉴욕의 외교 정책 협의회에서 한반도를 주제로 연설한 미 국무성 동아시아 및 태평양담당차관보는 북한을 조선민주주의인민공화국(DPRK)으로 호칭하고, 미국은 북한과의 관계 개선의 의사가 있음을 시사했다. 이러한 미국의 대북한 의사 표시는 비록 공식적 외교 관계 수립 이전이지만, 이는 미국이 북한과의 관계 개선을 목적으로 행한 대외적인 의사 표시 행위이므로 이 역시 정치적 의미의 외교 행위이다. 국가간에 공식적 외교 관계가 없더라도 국가의 정치적 목표의 실현 수단으로서 한 국가에 의해 일방적으로 행해진 대외 행위는 외교 행위이다.

한국과 일본은 1952년부터 청구권(請求權)에 관한 교섭이 시작되었는데 이 교섭은 양국이 상대방을 국가로 승인하기 전의 행위였다. 그러나 이것은 청구권에 대한 금액의 정도를 논의한 교섭일 뿐 정치적 목표를 달성하기 위한 국제 정치적인 행위가 아니기 때문에 외교 행위가 아니다. 그러나 한국과 일본이 공식적 외교 관계를 갖기 전인 1964년 당시 한국의 중앙정보부장과 일본의 외상(外相)이 양국 외교 관계의 정상화에 합의하고 외교각서(memorandum)를 교환한 것은 외교 행위이다. 왜냐하면 이 행위는 정치적 합목적성을 갖고 있기 때문이다. 또한 미국과 중국은 1955년부터 1970년 1월까지 제네바와 바르샤바에서 1950년 한국전쟁으로 중국의 포로가 되어 있는 미군의 석방 등을 논의하기 위해 대사급 회담을 진행했다. 이 역시 양국의 정치적 목적 달성을 위한 회담이 아니었고, 상호 국가 승인 이전이었을 뿐만 아니라 승인 의사도 갖고 있지 않았으므로 외교 행위가 아니다. 그러나 1970년 1월에 개최된 미국과 중국간의 제135차 회담에서 미국 측 대표는 "미국은 중국을 적대국으로 하여 소련과 공모할 의사는 추호도 없다……미국은 보다 발전적인 문제를 서로 협의하기 위해 미국 대표를 중국에 파견하고 또 중국의 대표가 워싱턴으로 와서 여러 실질적인 문제에 관해 논의하기를 희망한다."[12]고 말했고, 제136차 회담에서 중국 대표도 미국의 제의를 수락했다. 따라서 제135차 회담부터 그 이후에 진행된 미국과 중국의 바르샤바 회담은 외교적 행위이다. 이때부터 의사 표시가 있었으며, 정치적 합목적성을 갖고 진행되었다. 이것은 미국과 중국간 관계 개선의 실질적 계기가 되었으므로 제135차 이후에 이루어진 회담은 모두 외교적 행위라 할 수 있다. 이와 함께 미국과 중국간의 관계 개선이 이루어지기 전인 1971년 7월, 미국의 대통령 안보 담당 보좌관 키신저(Henry A. Kissinger)가 중국에 비밀리에 방문해 주은래(主恩來) 수상과 회담하고 관계 개선에 합의한 것도 역시 외교 행위이다. 이는 관계 개선을 전제로 한 정치적 목적, 즉 미국의 대외 정책 및 그 목표를 실현하기 위한 행위였기 때문에 이 행위는 외교 행위이다.

국가간 공식적 외교 관계 수립 이전의 행위가 외교인지 아닌지를 가늠하는 가장 중요한 기준은 그 행위의 정치적 합목적성이다. 언제 어떤 경우를 막론하고 한 국가가 정치적 합목적성을 갖고 행하는 행위는 외교 행위이자 외교이다. 한 국가가 갖고 있는 외교 정책 및 그 목표를 실현하는 맥락에서 행해진 대외 행위도 외교이다.

원칙적으로 국가간의 외교는 공식적인 외교 관계가 수립되어야 행해진다. 그러나 어떤 국가에 대한 일방적인 외교 행위, 예를 들면 관

---

12) Henry A. Kissinger, *White Years*(Boston: Little, Brown and Company, 1979), pp. 684ff.

계 개선을 위한 의사 표시나 어떤 국가의 결정 또는 행위에 대한 의사 표시 등은 상대 국가의 의사와 관계없이 행해질 수 있고, 그러한 대외적 행위를 하는 국가의 입장에서 보면 그것은 외교 행위이다. 이러한 행위는 공식적인 외교 관계의 수립과 관계없이 행해질 수 있다.

한편 일방적인 행위가 아닌 쌍무적 외교 행위도 공식적인 외교 관계 수립 이전에 행해질 수 있다. 1964년의 한국과 일본간의 국가를 대표하는 사람에 의한 외교 문서 교환, 1971년 7월에 키신저가 비밀리에 중국을 방문해 중국 고위 당국자와 협의한 행위 등은 모두 외교 관계 수립 이전의 행위이지만 외교 행위이다. 이러한 행위들은 모두 정치적 목적을 갖고 있고 그들의 외교 정책 목표를 성취시키려는 행위이기 때문에, 또 형식상으로도 국가의 이름으로 국가 관리에 의해서 이루어진 행위이므로 비록 공식적 외교 관계 수립 이전이라 하더라도 형식상으로나 내용상으로 외교의 요건을 갖추고 있으므로 이는 외교 행위로 간주해야 한다.

국가의 대외 행위를 넓게 보면, 한 국가의 모든 대외 행위는 국가 이익이나 외교 정책 및 그 목표와 무관한 것이 없다. 그러나 외교 행위는 정치적 의미를 갖고 정치적 목적을 달성하기 위해 행하는 행위를 지칭하는 것이다. 그렇기 때문에 국가의 이름으로 행하는 대외적 행위를 모두 외교라고 할 수는 없다. 다른 국가에서 천재지변으로 인해 생긴 이재민에게 구호금품을 국가의 이름으로 보내는 행위, 세계보건기구(WHO)에 가입해 인류의 건강을 증진시키는 일에 참여하는 행위 또는 국제노동기구(ILO)의 회원국이 되어 근로자의 근로 조건과 생활 안정을 도모하는 행위 등도 어떤 측면에서 보면 국가의 대외적 행위라 할 수 있겠지만, 이러한 행위들은 정치적 의미를 갖고 정치적 목적을 위해 행해지는 행위가 아니므로 외교 행위는 아니다.

그러므로 모든 대외 행위는 어떤 경우에도 정치적인 의미를 갖고, 정치적 목적을 위해 행해져야 외교의 범주에 포함시킬 수 있다.

2. 정치적 외교

정치적 외교의 의미

강대국이나 약소국을 막론하고 그의 대외 목표나 외교 정책이 모두 물 흐르듯 자국의 의도대로 실현되는 것을 생각하기는 어렵다. 그러나 각 국가는 자국의 목표나 정책이 전부는 아니더라도 최대한 그것이 구현될 수 있도록 최선을 다하게 된다. 특히 자국의 목표나 정책이 다른 국가의 그것들과 대립되거나 상충된다면 이 국가는 이런 것들을 극복하기 위한 방책을 강구해야 한다. 만일 A라는 국가가 X라는 외교 정책 목표를 설정하고 이를 실천하려 할 때, 이 X라는 목표가 B국의 Y라는 정책과 상충된다고 해보자. 그 때문에 그 목표의 실현이 불가능하다고 판단되면, A국은 B국에 대해 Y라는 정책을 포기하고 서로 상충되지 않는 정책을 결정하도록 해야 한다. 그래야 그 목적을 달성할 수 있을 것이다. 이때 외교의 주도적인 국가는 대상이 되는 국가에 대해 그 정책을 변경하거나 포기하도록 직접 또는 간접 외교 행위를 할 것이다.

이와 같이 직접 또는 간접 외교 행위로 소기의 목적을 달성할 수 있다면, 이는 가장 바람직한 외교 행위라 할 수 있다. 그러나 이러한 외교 행위로 그 뜻을 이룰 수 없다면, 외교의 주체 국가는 경고, 위협 등의 방법으로 상대 국가의 행위(behaviors)를 자국에게 바람직한 방향으로 유도하기 위한 행위를 할 것이다.[1] 그뿐만 아니라 직접 또는 간접 외교 행위에 그치지 않고 군사적 시위, 정치·경제적 보복 등 구체적인 행동을 통해 대상 국가에 영향을 미치고 압력을 행사하여 그 국가를 움직이려 할 것이다. 이와 같이 자국의 이익이나 안전 또는 외교 정책이나 그 목표의 실현을 위해 다른 국가의 정치·경

---

1) M. H. Halperlin and A. Kanter, "The Bureaucratic Perspective: A Preliminary Framwork," in M. H. Halperlin and A. Kanter(eds.) *Reading in American Foreign Policy*(Boston: Little, Brown and Company, 1973), p. 40.

제·군사·사회 등 여러 분야에 걸친 목표·정책·행위·태도 등을
계속 유지 또는 변경시킬 목적으로 행해지는 대외 행위를 정치적 외
교라 한다.

　1987년 2월 미 국무장관 슐츠(George P. Shultz)는 중국을 방문하
여 중국의 외교부장 등 고위관리들과 회담했다. 이 방문은 중국내의
정치적 상황의 변화로 그의 개방 정책이 위축되거나 후퇴하여 미국의
이익에 손상이 오지 않도록 하기 위해 미국의 의사를 전달하고 중국
의 개방 정책의 지속을 격려하기 위한 정치적 외교 행위였다. 또
1979년 12월 소련이 아프가니스탄을 침공하자 카터 대통령은 "소련
의 아프가니스탄 침공 행위는 세계평화를 위협했고 미·소 양국의
관계에 근본적이고 결정적으로 영향을 미쳤다……만일 현재 행하고
있는 행위를 취소하지 않는다면 이는 틀림없이 미국과 소련간의 관계
를 위협하게 될 것[2]"이라고 그의 대통령 재직중 가장 강력한 의사를
소련에 표시했다. 그러나 이러한 의사 표시 행위로도 미국의 뜻이 관
철되지 않자 카터는 1980년 1월 소련과의 모든 정상적인 업무를 계
속할 수 없다고 판단하고 소련에 대해 구체적인 조치를 취했다. 예를
들면, 뉴욕과 키에프에 설치하려던 소련 총영사관 개설의 연기, 경
제·문화적 교류의 중지, 소련에 대한 고급 기술 및 전략적 기술의
이전 중지, 곡물 수출 중지 등의 조치가 취해졌다.[3]

　이상에서 살펴본 바와 같이 한 국가가 자국의 목적이나 정책을 실
현시키기 위한 대외 행위는 정치적 목적으로 또 정치적인 수단에 의
해 행해지고 있으며, 이러한 대외 행위는 모두 정치적 외교 행위이다.

정치적 외교의 본질

　국제 사회의 본질이나 속성으로 보아 국가간의 정치적 문제는 정치
적 방법으로써만 해결이 가능하다. 정치적 해결이란 주로 합리적이거

---

2) Jimmy Cater, *Keeping Faith: Memoirs of a President*(New York: Bantam
　Books, 1982), p. 472.

3) *Presidential Documents*, vol. 16(January 14, 1980), p. 27.

나 합법적으로보다는 국제 정치의 생리인 힘을 바탕으로 문제 해결을 도모하는 것을 의미한다. 정치적 외교는 정치적 문제를 정치적으로 해결하려는 수단이다.

정치적 외교는 국가간의 이익, 목표, 정책 등의 대립, 모순, 경쟁 관계에서 시작된다. 이는 국가간에 양보·타협 등으로 이익의 공동 분담이 실현 불가능한 경우에 전개되는 외교이다. 만약 국가간에 불일치 또는 양립불능(兩立不能)의 문제들이 존재하지 않는다면 정치적 외교가 전개될 여지는 없을 것이다.

정치적 외교는 힘의 그늘 아래에서 이루어지므로 외교에 있어 국가간 힘의 평등 또는 불평등이 가장 중요한 고려 사항이다.4) 여기서 말하는 힘이란 다른 국가의 행위(behavior)를 지배할 수 있는 한 국가의 총체적인 능력(general capacity)을 의미한다.5) 정치적 외교에서 국력의 현격한 차이가 있는 국가간에는 양보나 타협 등을 통한 이익의 조화라는 이상적인 외교의 형태는 쉽게 생각할 수 없다. 그러나 국가간의 힘의 불균형 상태 그 자체가 반드시 정치적 외교의 성공을 가능케 하는 것이 아니라 그 힘이 압력이나 영향력으로 작용될 수 있는 바탕을 가지고 있어야 정치적 외교는 성공적으로 전개될 수 있다.

1961년 중반 이후 쿠바는 미국과의 협조적 관계를 청산하고 소련과 새로운 협조적 관계를 수립했다. 그 후부터 쿠바는 경제적으로 소련에 크게 의존하게 되어 이제 그의 주요한 공업 및 군사 장비를 소련에서 가져오게 되었고, 소련과 동유럽 국가들이 쿠바의 주요 무역 대상 국가가 되었다. 이러한 상황에서 소련은 자국의 정치적 목적을 위해 쿠바에 경제적 압력을 가했다. 1967년 12월과 1968년 1월 소련은 몇몇 국제문제에 대한 쿠바의 태도에 불만의 뜻을 표시한 다음 쿠바에 석유 공급을 동결하고 연차적인 무역협정의 서명을 연기했다.

---

4) Herman F. Eilts, "Diplomacy-Contemporary Practice," in Elmer Plischke (ed.), *Modern Diplomacy*(Washington, D.C.: American Enterprise Institute, 1981), p. 11.

5) K. J. Holsti, *International Poltics*, 5th ed.(Englewood Cliffs, New Jersey: Prentice-Hall, Inc., 1983), p. 141.

그 후 쿠바는 1968년 여름 소련이 체코슬로바키아를 침공했을 때 소련 위성국가 이외에 소련의 침공 행위를 지지한 유일한 국가였으며, 또 1974년 소련을 지원하기 위해 시리아에 군대를 파견하는 국가가 되었다.6) 이 경우 소련이 쿠바보다 힘이 강해 불균형 상태였을 뿐만 아니라, 소련과 쿠바간에 경제적인 의존 관계가 형성되어 있었다. 따라서 소련은 쿠바를 움직일 수 있었으며 자국의 정치적 목적을 달성할 수 있었다.

힘이 강한 국가와 약한 국가간에 의존적이고 불평등한 관계가 형성되어 있을 때 힘이 강한 국가가 상대 국가에 행하는 행위는 적극적인 정치적 외교 행위이다. 반면 다른 국가에 의존하고 있는 약한 국가가 그의 상대 국가에 대해 행하는 대외 행위는 특정한 정치적 목적을 위해 대외 행위를 행하는 것이 아니다. 다만 의사 표시 그 자체를 목적으로 한 것으로 실효성이 의심스러운 소극적인 정치적 외교 행위라 할 수 있다. 즉 약한 국가는 그가 의존하고 있는 강한 국가를 움직일 수는 없지만 그 국가 나름대로 약한 국가도 강한 국가에 대해 유감의 뜻, 또는 불만스러운 의사를 표시할 수는 있다. 약한 국가의 이러한 의사 표시 행위가 얼마나 효력을 발휘할 수 있을지 의심스럽다. 하지만 약한 국가의 이러한 행위도 소극적이기는 하지만 정치적인 외교 행위이다.

모든 국가의 대외 행위는 합목적적이고 실리적이어야 한다. 만약 어떤 외교 행위가 이를 충족시키지 못한다면, 이러한 외교 행위는 진정한 외교의 의미를 상실할 것이다. 그것은 두 말할 것도 없이 외교 행위란 국가의 이익 극대화, 안전보장 등을 도모하기 위해 행해지는 것이기 때문이다.

정치적 외교란 상대 국가의 동의 없이 또는 동의를 인위적으로 도출해서 자국의 정치적 목적을 달성하려는 대외 행위이다. 즉 외교의 대상 국가를 정치적으로 지배(control)하려는 것이 정치적 외교의 본질이라고 말할 수 있겠는데, 여기서 정치적 지배란 직접적 또는 간접

---

6) Michael Handel, *Weak States in the International System*(London: Frank Cass and Company Limited, 1981), p. 240.

적 외교 행위로 상대 국가의 여러 행위들을 자국에 순응시키거나 적응시키는 것을 의미한다. 이러한 정치적 지배는 제2차 세계대전 이후 외교의 자원(resources)이 다양하고 풍부해지면서 직접 다른 국가의 영토를 지배하거나 주권을 빼앗지 않고도 원격 조종으로 가능해졌다. 이것이 현대 외교의 핵심이며 이러한 정치적 외교 행위를 구사할 수 없는 국가는 오늘날 강대국의 범주에 넣을 수 없게 되었다.

정치적 외교는 다른 국가에 대한 정치적 지배의 측면에서만 전개되는 것이 아니라 상호 적응의 측면에서도 전개된다. 국가간에 중대한 현안이 발생했을 때 각 당사국은 일차적으로 교섭을 통해 문제 해결을 도모할 것이다. 그러나 발생된 현안이 각 당사국에게 모두 중요한 것이기 때문에 실무적인 교섭으로는 그 해결이 불가능할 때, 이 문제를 정치적으로 해결할 수 있는 돌파구를 정치적 외교가 마련하기도 한다.

한국과 일본이 국교 정상화를 하는데 장애가 된 문제 중의 하나가 대일 청구권 자금 문제(對日請求權資金問題)였다. 1950년대 중반부터 양국의 실무자가 이 문제의 해결을 위해 회의 외교의 형식으로 교섭했으나, 이 문제는 양국 모두 국가의 이익과 명예가 걸려 있는 문제였기 때문에 실무자간의 교섭으로는 해결이 불가능했다. 결국, 당시 한국의 중앙정보부장과 일본 외상(外相)이 막후 접촉을 통해 청구권 문제를 정치적으로 절충함으로써 문제 해결의 바탕을 마련했고, 그 결과 양국의 현안인 청구권 문제가 비정치적 외교로 해결될 수 있었다.

이와 함께 비정치적 외교로는 이루어질 수 없는 일들이 정치적 외교를 통해 성공을 거두기도 한다. 일례로, 20여 년 이상 적대적 관계를 유지해 온 미국과 중국이 이러한 관계를 청산하고 국교를 정상화시키는 일은 정치적 외교만이 할 수 있는 일이다. 1971년 7월에 닉슨 대통령의 안보 담당 보좌관인 키신저가 비밀리에 중국을 방문하여 중국의 실권자들과 과거의 모든 관계를 청산하고 새로운 외교 관계를 수립할 수 있도록 추진할 수 있었던 수단은 정치적 외교뿐이었다.

정치적 현안들을 상호 적응하여 풀어 갈 수 있도록 여건을 조성할 수 있는 역량을 갖고 행해지는 대외 행위는 정치적 외교이다. 이와 같이 정치적 외교가 정치적 문제를 해결할 수 있는 이유는 국제 정치의 속성에 따라 외교를 전개하기 때문이다. 국제 사회에서 국가간의 정치적 문제는 정치적으로만 해결이 가능하다. 국가간의 정치적 문제는 힘에 근거해서 해결하지 않으면 문제의 해결이 매우 어렵다. 외교 행위 가운데 힘을 바탕으로 행하는 것은 정치적 외교이다. 그러므로 외교에서 정치적 외교는 정치적 문제를 해결할 수 있는 가장 좋은 방법이다.7)

정치적 외교의 행태

정치적 외교는 일정한 틀이나 원칙하에서 인정된 형식을 갖고 행해지는 것은 아니다. 정치적 외교는 이를 전개하는 국가의 능력, 정치적 문화, 전통 등에 의해 다양한 형태로 이루어진다. 그뿐만 아니라 외교의 대상 국가 또는 사안에 따라서도 다른 형태를 갖는다.

미국은 제2차 세계대전 이후 세계 최대의 강국으로 주요 외교 상대국인 소련을 겨냥하여 행하는 정치적 외교 행위 중에는 소위 '독트린'(doctrine)이라는 선언적인 의사 표시 행위를 많이 사용했다. 예를 들면, '트루먼 독트린', '아이젠하워 독트린', '카터 독트린' 등이 소련에 대한 의사 표시 행위로 선언된 것들이다. 이는 미국의 행정부가 행하는 대외 행위에 대해서 의회의 승인 또는 전폭적인 지원을 받아야 하는 미국적인 정치의 특색을 반영한 것이다.

그런가 하면, 소련과 같이 공산당이 지배하는 사회주의 국가는 모든 것을 공산당 중앙의 정치국에서 결정해야 행동에 옮길 수 있다. 그러므로 흔히 소련의 경우는 프리우다, 중국의 경우는 인민일보(人民日報) 등 흔히 공산당 기관지들을 통해 외교 행위를 하기도 한다.

일반적으로 행해지는 정치적 외교에는 직접적 형태의 외교 행위와 간접적 형태의 외교 행위가 있다.

---

7) Bruce Russett and Starr, *World Politics*: The Menu for Choice(San Francisco: W. H. Freeman and Company, 1981), p. 160.

직접적인 형태의 정치적 외교 행위는 자국의 의지·정책·목표 등을 알리고 수용하기 위해, 상대국을 이해시키거나 이견을 조정하고 문제 해결의 정보나 방법(ideas)을 교환할 목적으로 행해진다. 이러한 경우에 행해지는 수단으로는 공식 또는 비공식 회합(meeting), 회의(conference), 협의(consultation), 대화(dialogue) 등이 있다.8) 이 같은 외교 행위들은 외형적으로는 단순한 의사 전달 행위로 보여진다. 그러나 이를 주도적으로 행하는 국가들의 본래 목적은 상대국으로 하여금 자국의 의사나 정책을 수용하게 하고, 자국의 것에 적응할 것을 음으로 양으로 강요하려는 것이다. 이와 같은 쌍무적인 의사 전달 행위와 함께 국가 원수간에 교환되는 공식 문서로써 상대국에게 의사를 전달하는 방법도 있다. 이러한 문서에 의한 방법은 문서 내용의 비중에 따라 일반 관리에 의해 문서가 전달되기도 하지만 중대 사안에 대한 문서로는 대통령의 공식 서한이 전달되기도 한다.9)

이와 같은 직접적 형태의 정치적 외교 행위 이외에 간접적인 형태의 정치적 외교 행위도 있다. 각국은 강제적이고 적나라하게 다른 국가의 행위나 정책 등의 변화를 강요하기보다는 대상 국가가 스스로 느끼고 또는 인지하도록 만들기 위한 정치적 외교 행위를 행한다. 간접적인 형태의 정치적 외교 행위가 행해지는 가장 전형적인 수단은 암시(signals)의 형태다. 이 암시는 자국에 바람직한 방향으로 대상 국가의 태도·정책·행위 등을 지속 또는 변경시키기 위한 설득용으로 구사된다.10) 이를 위해 정책 결정자들은 '실체 없는 도구'(intangible instruments)를 사용한다. 이 실체 없는 도구 가운데 가장 전형적인 것 중의 하나가 암시적인 의사 표시 행위이다. 이 의사 표시 행위가 외교 정책 대상 국가의 정책 결정자를 겨냥하여 행해질 때 이를 암시라고 한다.11) 이 암시는 어떤 구체적인 행위(signaling via actions)로 또는 글이나 말(signaling via language)

---

8) Herman F. Eilts, *op. cit.*, pp. 12-13.

9) *Ibid.*, p. 12.

10) M. H. Halperlin and A. Kanter, *op. cit.*, p. 40.

11) *Ibid.*, p. 299.

로 행해진다. 예를 들면, 1970년 요르단에 내란이 발생했을 때 미국이 동지중해(東地中海)에 제6함대를 진입시켜 요르단에 사태의 더 이상의 악화를 방관하지 않겠다는 의지를 보이면서 이 사태에 개입할 가능성이 있는 국가에 미국의 의사를 암시한 경우가 있다. 또 1973년 중동전쟁(中東戰爭)이 발생했을 때 예비적인 군사적 경고를 발한 것은 소련의 간섭을 허용하지 않겠다는, 언어를 통한 미국의 정치적 외교 행위였다.12)

이와 같은 의사 표시 행위(communication or signals)에는 몇 가지 형태가 있다.

불특정 대상 국가에 대한 준공식적인 형태의 공개성명(a form of an unattributed semiofficial satement)을 발표해 여러 국가의 반응을 얻으려 할 때 이와 같은 형태의 외교 행위를 한다. 또 다른 하나는 일반적인 대중매체를 이용하여 기자회견이나 의회에서 또는 국민에 대한 연설 등을 통해 특정 정부에 대해 특정 문제에 대한 자국의 의사를 분명하게 밝히는 방법으로 공식성명(official public statement)이 있다.13) 의사 표시 행위는 사안의 중대성에 따라 공식성명의 격을 달리하겠지만, 이러한 형식의 공식성명은 대체로 비중 있는 사안에 대해 발표되는 것이 일반적이다.

선전이나 선언도 자국의 의지를 간접적으로 표명하고, 아울러 외교의 대상 국가의 태도·행위·정책 등을 자국의 이익에 부합시키기 위한 행위이다.14) 1969월 7월 닉슨 대통령은 괌도에서 미국의 대외 문제 접근 방법과 복합적인 외교 정책을 담고 있는 소위 '닉슨 독트린'을 선언했고, 1986년 7월에는 소련공산당 서기장 고르바초프는 블라디보스토크에서 소련 대외 정책의 변화를 의미하는 '블라디보스토크 선언'을 발표했다. 이와 같은 선언 행위는 자국의 입장이나 새로

---

12) Robert L. Wendzel, *International Politics*(New York: John Wiley & Sons, 1981), p. 308.

13) Hermann Elits, *op. cit.*, pp. 11f.

14) Terrence H. Qualter, *Propaganda and Psychological Warfare*(New York: Random House, 1962), p. 27.

운 대외 정책 노선의 선언으로 다른 국가의 행위 또는 정책 등에 영향을 미치려는 간접적인 형태의 정치적 외교 행위이다.

한편 정치적 외교 행위로서의 의사 표시 행위가 단순한 의사 표시가 아니라 구체적인 행위로 자국의 의사를 나타내는 경우도 있다.

소련은 1987년 8월 20일 제2차 세계대전 후 처음으로 모스크바 주재 일본대사관에 근무하고 있던 일본 해군 무관이 간첩 행위에 관련되었다는 이유로 그의 추방을 명령했다. 그러자 일본 정부도 그 소식을 들은 직후, 동경에 있는 소련 무역 대표부의 부대표 유리 포크로프스키에게 추방을 명령했다. 그 이유를 그에게 일본의 항공 자료 절취에 관련된 혐의가 있어 일본 정부 당국이 소환하여 조사하려 했으나 조사에 불응했기 때문이라고 발표했다. 이러한 소련과 일본의 외교관 추방 행위는 국가의 이익을 증대시키려는 직접적인 행위는 아니다. 그러나 두 국가가 각기 해외공관에 근무하는 사람들의 행위뿐만 아니라 상대 국가에 대한 불만스러운 의사를 이런 방식으로 표시한 것이다. 이러한 두 정부의 외교관 추방 결정은 행위를 통한 상대 국가에 대한 의사 표시 행위이다.

또한 1987년 11월 한국의 민간 항공기가 북한이 파견한 간첩에 의해 공중 폭파된 사건이 발생했다. 이에 한국 정부는 직접적인 대북한(對北韓) 행위 대신 제3국인 미국·일본 등을 통한 국제연합 안전보장 이사회에 북한 규탄 결의안의 제출했다. 그 내용은 미국이 1987년 3월에 취한 북한 외교관 접촉 완화 지침 및 북한에 대한 인적·물적 교류 추진의 철회와 북한인에 대한 입국 조정 발급 중지를 촉구했다. 아울러 미국과 일본에는 소련과 중국에 사건의 진상을 설명하고, 북한에 대해 이와 같은 사건이 재발하지 않도록 영향력을 행사해 줄 것을 요청했다. 또한 일본도 북한과의 인적 및 물적 교류를 중단해 줄 것을 요청했다. 이러한 것들은 북한의 행위에 대한 한국 정부의 유감스러운 의사 표시로 이것도 한국의 정치적 외교 행위이다.

군사적인 행위를 이용하여 정치적인 의사 표시를 하기도 한다. 군사적 위협으로 어떤 국가의 행위를 저지하거나 어떤 행위를 강요하는 경우는 흔히 있다. 소련은 1968년 봄과 초여름에 체코슬로바키아 정부의 정치적 민주화를 저지시키기 위해 군사적 위협을 가했다. 또 1970년 이집트에 전투기 조종사와 미사일 부대 요원을 파견해 소련과 이집트간 우호 관계가 돈독하다는 것을 과시함과 함께 이스라엘 전투기의 이집트에 대한 공격을 저지시키려 했다.

이러한 군사적 행위를 통한 의사 표시 행위는 위협적인 것만이 아니라 건설적인 것도 있다. 소련은 폭력을 행사하지 않고 다른 국가간의 관계를 증진시키거나 대외 정책 목표를 성취하기 위해 군을 이용한다. 소련은 1971년, 소련공산당 서기장 브레즈네프(Leonid I. Brezhnev)와 수상 코시긴(Aleksei N. Kosygin)이 프랑스에 방문하기 직전에 소련의 미그 전투기 부대를 프랑스에 방문하게 하여 양국간의 관계가 우호적이라는 것을 암시했다. 그리고 1975년에는 유도 미사일을 장치한 두 척의 구축함(Boyki와 Zhguchy)으로 하여금 보스턴 항구를 방문케 하여 미국과 소련간의 긴장 완화(détente)를 더욱 촉진시키려는 의사 표시를 했다.15) 미국도 중국에 공산정권이 수립된 이후 처음으로 1986년 11월 5일 중국을 친선 방문키 위해 미군함 3척을 중국 북해함대의 모항인 청도(靑島)에 기항시켰다. 이러한 미국의 행위는 미국과 중국의 관계가 친밀하다는 것을 표시하고, 특히 양국의 군사적 관계를 상징적으로 표시한 간접적인 형태의 정치적 외교 행위였다.

표면적으로는 정치적 의미가 없어 보이지만, 실제로는 정치적 의미를 크게 담고 행해지는 의사 표시 행위도 있다. 1969년 4월 일본 나고야에서 세계 탁구 선수권 대회가 개최되었다. 그런데 이 대회가 끝난 후 중국의 탁구팀은 미국 탁구팀에게 중국에 방문해 친선경기를 갖자고 제의했다. 물론 미국팀을 초청한 중국팀이나 초청을 수락한 미국팀은 모두 자국 정부의 승인을 받고서 친선경기를 가졌다. 중국의 탁구팀이 미국팀을 초청한 것은 곧 미국에 대해 중국의 우호의 뜻을 표시함과 동시에, 미국과의 관계를 개선하고자 하는 의지를 나타낸 외교적인 의사 표시라고 할 수 있다. 이러한 중국의 의사 표시는

---

15) Stephen S. Kaplan, *Diplomacy of Power*(Washington, D. C.: The Brookings Institution, 1981), p. 33.

미국 정부에게 중국이 미국과의 관계를 개선할 의지가 있다는 것을 분명히 인지하게 했다. 이 탁구팀의 초청은 미국과 중국 양국의 관계 개선을 촉진시키는 계기가 되었는데, 이러한 양국의 외교를 일명 핑퐁 외교라고 한다. 정치적 외교 행위는 의사 전달 행위도 다양하지만 특히 의사 표시 행위가 여러 측면에서 다양하게 행해진다.

정치적 외교의 효능

정치적 외교는 제2차 세계대전 이후 국제 정치의 가장 중요한 수단으로 자리를 굳혀 가고 있다. 이러한 현상은 전쟁이나 무력 행사가 외교 정책 목표를 실현시키는 수단으로서의 가치를 크게 상실하면서 비롯되었다.

라이트(Quincy Wright)는 "19세기 세력 균형 체제하에서의 외교는 언제나 우단(velvet) 장갑 속에 무력을 감추고 있어 그 속에는 항상 전쟁이 들어 있었다."[16]고 하여 19세기의 외교의 본질을 단적으로 설명했다. 이 말은 평화적 방법인 외교로 문제를 해결하지 못하거나 어떤 목표를 달성하지 못하면 전쟁이나 무력 행사를 통해 그 목적을 달성하려 했다는 의미이다. 다시 말하면, 전쟁이 외교 정책을 실현시키는 최선의 수단이었다는 것이다. 이러한 현상에서 알 수 있는 것은 외교가 존재하기는 했지만 그것은 형식에 불과했고 실제로 문제의 해결은 무력 행사나 전쟁에 의해서 이루어졌다는 사실이다. 정도의 차이가 약간 있었지만, 이러한 양상은 제1차 세계대전 이후에 20세기 전반까지 크게 변하지 않았다. 20세기 초의 제1차 세계대전은 말할 것도 없고 전쟁이 발생하기까지 유럽에서 각국간에 전개되었던 무력 충돌은 외교 부재 현상과 함께 전쟁이나 무력 행사가 모든 문제의 해결사였다는 것을 잘 설명해 주고 있다. 이러한 양상은 제2차 세계대전 이전까지 매우 빈번했다.

1938년 히틀러는 체코슬로바키아로부터 독일어 사용 지역인 수데

---

16) Quincy Wright, *A Study of War*(Chicago: University of Chicago Press, 1965), p. 693.

텐랜드(Sudetenland)를 얻기 위해 무력을 사용했고, 1939년에도 체코슬로바키아를 해체시키고 이 지역을 병합하기 위해 무력을 사용하여 그의 외교적 목표를 달성했다.17) 또한 독일을 포함한 제2차 세계대전 이전의 강대국인 영국·프랑스·이탈리아·일본 등은 무력이나 전쟁으로 아시아 및 아프리카 대륙의 여러 국가의 영토를 정복하고, 이들 지역을 식민지화하여 자국의 국가 이익 및 국력의 신장을 도모했다. 제2차 대전 이전 각 강대국들은 모든 대외 문제를 폭력 행사로 해결하려고 했다. 이러한 상황에서라면 외교를 논의할 여지가 없다.

　제2차 세계대전 이후에도 전쟁이나 무력 행사가 없었던 것은 아니다. 군사적 강대국이 직접 또는 간접적으로 참여한 전쟁이 있었다. 1950년대의 한반도에서의 전쟁, 그리고 1960년대의 베트남 전쟁이 그 대표적인 예다. 그 외에도 4차례에 걸친 중동전쟁, 10여 년이나 지속되었던 이란-이라크 간의 전쟁, 그리고 아프리카 대륙에서 여러 차례의 내전 또는 국가간의 국경 충돌이 있었다. 뿐만 아니라 1950년대 헝가리와 1960년대 폴란드에서 정치적 변화를 모색하려 했을 때 소련이 이를 군사적으로 개입해 저지했고, 1989년 12월 미국도 파나마의 독재자를 제거하기 위해 무력을 사용했다. 이러한 행위들의 결과를 보면 몇몇 경우를 제외하고 전쟁이나 무력 행사가 어느 측에도 만족할 만한 결과를 가져다 주지 못했음을 알 수 있다. 특히 군사적 강대국인 소련과 중국은 1960년 이후 여러 차례 있었던 국경 충돌에서 어느 측도 목적을 달성하지 못했고, 1979년 1월에 있은 중국과 월맹간의 무력 충돌에서도 전력상으로 월등히 우세한 중국이 오히려 불명예를 안았다. 특히 군사적 초강대국으로 군사력을 외교의 수단으로 사용하고 있는 소련도 1979년 12월부터 10년간 아프카니스탄에 무력을 행사하며 자국의 정치적 목적을 달성하려 했으나 결국 실패하고 말았다.

　이러한 사실들은 제2차 세계대전 이전의 국제 정치 상황과 그 이후의 상황이 달라졌음을 설명해 주고 있다. 그리고 전쟁이나 무력 행사

---

17) Peter Bernhalz, *The International Game of Power*(Berlin: Walter de Gruyes & Co., 1985), p. 155.

대신 효율적인 외교의 방법을 요구해 등장한 것이 정치적 외교이다. 그리하여 오늘날에는 군사력이 무력의 실제 행사나 전쟁을 위해 이용되는 것이 아니라 정치적으로 이용되고 있다. 이제 군사력은 폭력 행사의 수단보다 정치적 외교의 수단으로 더 많이 이용되고 있는 것이다. 이것은 앞의 예에서 보았듯이 군사력의 실제 행사가 국가의 정치적 목적을 실현시키는 데 적합하지 않기 때문이다. 오늘날 군사력은 실제 행사보다는 정치적으로 이용될 때 더 효과적이다.

오늘날 군사력은 실제로 폭력을 행사하지 않고 다른 국가에 영향력을 행사하거나 압력을 가하기 위해 정치적으로 이용된다. 구체적으로 영구적 또는 잠정적인 해외 주둔군을 새로 배치하거나 철수시키는 것, 군사력의 시위 행위, 군부대의 외국 방문 행위, 정기적인 것이 아니라 갑자기 다른 국가를 정찰하거나 그 국가의 주위를 순찰하는 행위 또는 특정 지역으로 군부대를 이동하거나 예비군을 소집하는 행위 등을 말한다. 이러한 행위들은 다른 국가에 대한 위협적인 행위로 이런 행위를 인지시켜 다른 국가의 행위에 영향을 미치려는 정치적 목적을 가진 행위들이다.18)

이와 같이 군사력이 위협의 수단으로 사용되고 있으나, 군사력의 실제 행사가 오히려 효력이 없다면 그것을 통한 위협도 그다지 효력이 크지 않을 것이다. 군사력을 통한 위협이란 곧 군사력을 실제로 행사하겠다는 의사 표시이다. 그러나 실제로 행사하더라도 위협하는 것보다 더 큰 효과를 거둘 수 없는 상황이라면 무력을 행사하려는 국가는 그러한 의지를 갖기 어려울 것이다. 즉 위협으로 목적을 달성할 수 없다는 것은 군사력의 실제 행사를 두려워하지 않는 것으로 해석할 수 있다. 그러므로 오늘날 군사적 위협이나 그것의 실제 행사는 외교에 있어 사용할 만한 가치가 있는 수단이 아니다.

1979년 1월 중국은 베트남과 소련과의 밀착 관계를 저지하고, 인도차이나 반도에서 베트남의 영향력을 약화시키기 위해 베트남에 무력을 행사했다. 중국과 베트남의 군사적 충돌이 계속되는 동안 소련

---

18) Stephen S. Kaplan, *op. cit.*, pp. 15-16

은 제한적이나마 중국에 여러 차례 구도 경고를 하고 남중국해(南中
國海)에 10여 척의 군함을 파견해 중국의 군사적 행위를 자제시키려
고 압력을 가했다. 그러나 중국의 무력 행사나 소련의 영향력 행사는
모두 그들의 정치적 목적을 달성하는 데 실패했다.[19] 이와 같은 사실
로 미루어 보아 이제 군사력이나 폭력의 행사는 정치적 목적을 위한
수단으로는 한계에 도달한 것이다.

한 국가가 자국의 정치적 목적을 위해 행사해야 할 효과적인 수단
은 군사력에 기초하지 않은 정치적 외교이다. 이 정치적 외교가 성공
적으로 전개되기 위해서는 외교 행위의 바탕이 마련되어야 하는데,
이것은 정치적 투자로 만들어질 수 있다. 정치적 투자란 다른 국가에
영향력을 행사하고자 하는 국가가 영향력 행사의 기초를 만들기 위해
국가가 갖고 있는 힘을 영향력 행사의 대상 국가에 투자하는 것을
말한다. 가장 대표적인 정치적 투자는 영향력 행사의 기초를 만들려
는 국가의 경제 성장을 촉진시키고, 과학 기술을 발전시키고 또는 국
민의 교육 수준을 높이기 위해 물질적 투자를 제공하는 것이다. 또한
약한 국가가 강한 국가와 무역 및 원조 관계를 가지면 강한 국가는
삭감·취소·철회 등의 수단을 이용할 수 있다. 따라서 이러한 관계
는 영향력 행사의 기초가 된다. 이처럼 한 국가가 다른 국가에 의존
을 하면 외부에 대해 취약해져서 다른 국가의 영향력 행사의 대상이
된다. 특히 경제력을 가진 국가가 그것을 갖지 않은 국가에 영향력을
행사한다.[20] 또 정치적 투자로 한 국가가 다른 국가에 일방적으로 의
존하여 불평등 관계가 형성되면, 의존 국가는 정치적 투자를 제공한
국가에 영향력 행사의 기초를 제공한다. 따라서 이 국가에서 행사되
는 영향력에 굴복하지 않을 수 없다. 정치적 투자를 제공한 국가는
이미 형성되어 있는 영향력의 기초를 이용해 위협하거나 압력을 가해
그것을 제공한 국가를 쉽게 지배할 수 있다.

국가간에 상호 작용이 이루어질 때, 근본적으로 상대 국가의 힘의

---

19) Joseph Camilleri, *Chinese Foreign Policy*(Seattle: University of Washington
   Press, 1980), pp. 235-237.

20) Bruce Russett and Harvey Starr, *op. cit.*, pp. 134 & 178.

강약·의지·약속·목적 등은 교섭하거나 의사를 교환하는 사람의 반응·대응·교섭 과정에 영향을 미친다. 다시 말해, 교섭 당사자가 상대 국가로부터 어떤 위협을 인지하고 있을 때와 그 국가로부터 어떤 압력을 받을 때, 당사자를 심리적으로 위축시키고 그의 입장이나 태도를 후퇴시킬 수 있다. 또한 이는 상대방으로 하여금 보다 더 공격적인 자세를 취하게 할 수 있다.21) 그러므로 다른 국가에 정치적 투자를 많이 하고 있는 국가는 이처럼 공격적 자세를 갖고 다른 국가에 영향력을 행사해 자국의 정치적 목적을 어렵지 않게 달성할 것이다.

냉전 체제하에서 미국은 서유럽 국가와 다른 동맹국에 많은 가치를 부여하고 혜택을 베풀었다. 미국은 이 국가들의 안전보장을 책임지고 있었고, 전쟁으로 인한 폐해를 복구하고 경제 발전을 이룩하도록 많은 원조를 했다. 미국의 지원은 이들 동맹국들과 의존적 관계 또는 불평등한 관계를 형성하고, 이러한 관계가 정치적 관계에 이어져 미국의 이들 국가에 대한 정치적 영향력 행사의 기초를 마련했다.

1956년 10월 이집트의 나세르 대통령은 수에즈 운하회사를 국유화하고 그것을 봉쇄했다. 이 운하는 영국·프랑스·이스라엘에게는 생명선과 같은 것이었다. 그렇기 때문에 이들 국가는 무력을 사용해 수에즈 운하를 원상 회복코자 했다. 이때 미국은 이 국가들에게 이집트에 대한 무력 공격을 중지하지 않는다면 미국이 영국·프랑스 등에 경제적 제재를 가하겠다고 경고했다. 영국·프랑스 등은 미국의 요구를 받아들여 이집트의 수에즈 운하의 국유화를 기정 사실로 인정했다.22) 미국이 영국·프랑스 등의 무력 행사를 자제시킬 수 있었던 것은 이들 국가에 정치적 외교가 성공될 수 있는 정치적 투자가 충분히 제공되어 영향력 행사의 기초가 마련되어 있었기 때문이다. 영국이나 프랑스가 자국의 생명선과 같은 수에즈 운하의 원상 회복을

---

21) Bertram I. Specton, "Negotiations as a Psychological Process," Journal of Conflict Resolution, vol. 21. no.4(December 1977), p. 609.

22) John Spanier, *American Foreign Policy since World War Ⅱ*(New York: Rinehart and Winston, 1980), p. 86.

포기할 정도로 미국은 영국·프랑스 등과 상당히 불평등한 관계를 갖고 있었다. 따라서 이것은 미국의 경제적 제재의 의사 표시가 효력을 발휘할 수 있었던 예다.

앞의 두 경우 중국과 베트남간의 무력 충돌과 군사적 위협, 그리고 미국과 영·불간에 있었던 경제적 위협에서 전자는 실패한 경우이고 후자는 성공한 경우였다. 이 단적인 예에서 볼 수 있는 것은 오늘날의 외교에서는 비군사적 수단이 군사적인 수단보다 더 효율적이라는 사실이다. 1980년대 들어 군사적 초강대국인 미국과 소련이 중거리 핵 미사일 폐기 조약(intermediate-range nuclear force treaty)을 체결하고 화학무기의 폐기에도 합의하는 등 군비 축소에 박차를 가하고 있는 것도 이러한 맥락에서 설명이 가능하다.

이상의 사실들에서 얻을 수 있는 결론은 현대 외교, 특히 정치적 외교의 성공을 보장할 수 있는 것은 결코 막강한 군사력이나 무력의 행사가 아니라 정치적 투자라는 것이다. 이 투자가 다른 국가와 일방적·의존적·불평등 관계를 형성할 때 영향력 행사의 기초를 만들 수 있고, 정치적 외교의 성공적인 결과도 가져올 수 있다. 이것을 역설적으로 말하면 어떠한 국가든 적어도 다른 국가와의 외교에서 패배하지 않기 위해서는 정치적 투자로 인해 일방적·의존적·불평등 관계를 만들지 않아야 한다는 것이다. 어떤 국가에 의해 정치적 투자가 이루어지더라도 그것으로 인해 의존 또는 불평등 관계가 형성되지 않으면 이것은 정치적 외교의 기초를 제공하지 않는다. 그러나 이러한 경우는 쉽게 상정할 수 있는 일이 아니다.

3. 행정적 외교

행정적 외교의 실체

한 국가가 자국의 이익을 극대화하고 안전을 보장하기 위해 채택하는 외교 정책과 그의 목표는 매우 다양하고 복잡하다. 따라서 이들을 직접 추진하고 실현하기 위해 행해지는 외교 역시 단순하지만은 않다. 그리하여 외교에 의해 추진되는 문제의 중대성이나 성격에 따라 적절한 행위와 수단을 강구해야 한다. 외교가 다루어야 할 사안이 절차적이거나 형식적이라면 당사국간의 이해를 나누어 가질 수 있고, 서로 타협할 수 있는 사안이라면 절차적인 외교 행위로 그 목적을 달성할 수 있다. 이러한 경우에 행해지는 외교가 바로 행정적 외교이다.

행정적 외교는 각 당사국간에 해결해야 할 문제가 발생했을 때 공동의 이익을 실현시키거나 공동으로 이해(利害)를 나누어 갖기 위한 합의에 도달하고자, 그것의 방안을 명백하게 제시하여 문제를 해결하는 외교 행위를 말한다.1) 그러므로 행정적 외교는 외교 정책을 실천하기 위해 다른 국가의 정책·행위·태도 등의 유지나 변경을 목적으로 하는 정치적 외교와는 다르다.

행정적 외교의 가장 전형적인 형태는 공개적인 교섭 행위이다. 특히 행정적 외교는 구체적인 사안에 대한 합의가 주목적이다. 이러한 합의에 이르기 위해서는 당사국 상호간에 명시적이고 묵시적인 동의가 전제되어야 한다. 행정적 외교가 전개되기 위해서는 해결해야 할 사안은 절차적이거나 국가의 정치적 이익이나 안전에 직접적인 영향을 미치지 않는 비정치적인 것이어야 한다. 또한 정상적인 외교 관계가 전제되어야 한다.

예를 들어, 한 국가의 선박이 실수로 타국의 영해를 침범해 억류되

---

1) Fred Charles Ikle, *How Nations Negotiate*(New York: Harper & Row, Publishers, 1985), pp. 3-4.; Glenn H. Snyder and Paul Diesing, Conflict among Nations(New Jersey: Princeton University Press, 1977), p. 22.

어 있을 때 이 선박과 선원의 송환을 위한 국가간의 외교 행위는 공개적인 교섭을 통해 전개된다. 이러한 사안은 절차적인 것이므로 행정적 외교로 처리가 가능하다. 그 외에도 입국사증(入國査證) 면제에 대한 협정, 영사협정, 문화협정 등과 같은 것은 중대한 국가 이익에 직접적으로 영향을 미치는 사안들이 아니므로 이러한 문제 역시 행정적 외교로 처리가 가능하다.

국가가 어느 때를 막론하고 군비를 축소한다는 것은 국가 이익과 안전에 직접적인 영향을 미칠 수 있다. 그러므로 군비 축소 문제는 중대한 정치적 사안이다. 그러나 이러한 군비 축소 문제도 각 당사국이 군비 축소의 의지가 강하다면 이것도 행정적 외교로 해결이 가능하다. 제2차 세계대전 이후 군사적 초강대국으로 군림해 온 미국과 소련이 1972년 5월 제1차 전략 무기 제한 협정(SALT I)을 체결하고, 1987년 12월에 미국과 소련이 중거리 핵 미사일 폐기 조약(INF)을 체결한 것이 그 일례이다. 이처럼 정치적으로 중대한 사안도 경쟁적 관계의 미국과 소련 두 강대국이 합의에 의해 행정적 외교로 처리할 수 있었던 것은 양측 모두 협정 체결의 필요성을 동시에 인식해 명시적으로 이 문제 처리에 합의할 수 있었기 때문이다. 이 경우는 미국이나 소련이 각각 상대방에 대해 영향력을 행사하거나 압력을 가할 수 없어서 정치적 사안을 순수하게 행정적 외교로 즉, 공개적인 교섭으로 처리한 좋은 사례이다.

그러나 행정적 외교가 동의나 합의에 의해서만 이루어지는 것은 아니다. 다시 말하면 형식은 행정적 외교의 모양을 갖추고 있으나 실제로는 압력을 가하거나 영향력을 행사하는 정치적 수단을 이용해 이루어지는 것도 있다. 이는 강대국과 약소국간의 상호 작용에 있어 동의·양보 등을 구할 수 없거나 이해의 분담이 불가능한 경우, 강대국이 약소국에 압력과 위협을 가하고 여러 수단을 동원하여 강제로 양보나 동의를 끌어 내 형식만 행정적 외교를 갖추는 경우를 말한다. 한국과 미국간의 1980년대 후반의 시장 개방 협상이 그 예이다. 1986년과 1987년 2년간 한국은 미국과의 무역에서 100억 달러 이상의 흑자를 얻었다. 미국은 한국과의 무역 역조를 시정하기 위해 농산물, 보험 등의 시장 개방을 요구했으나 한국 정부의 대응은 미국을 만족시키지 못했다. 그리하여 한국과 미국은 이러한 문제들을 협의하기 위해 공개적인 협상을 전개했다. 그러나 미국은 이 협상에서 더 많은 것을 얻기 위해 한국에 여러 형태의 경제적 보복과 위협 등을 가했다. 그리하여 미국은 한국의 농산물, 보험 등의 시장을 일부 개방하는 데 성공했다. 이 경우 표면적으로는 행정적 외교였으나 외교의 성공을 위해 미국이 정치적인 수단을 사용한 것이다. 대체로 국가간 협상의 대상이 되는 사안이 정치적으로 중요한 것일 때, 위와 같은 형태의 외교가 특히 강대국과 약소국간에 흔히 행해진다.

행정적 외교의 범위

어떠한 외교 행위를 행정적 외교의 범주에 넣기 위해서는 다음과 같은 요건을 충족시킬 수 있어야 한다.

우선 각 당사국이 해결해야 할 문제가 발생했다는 인식을 같이해야 한다. 예를 들어, 일본은 사할린의 귀속 문제가 일본과 소련간에 해결해야 할 문제로 생각하고 있다고 하자. 그러나 소련이 사할린은 자신의 영토이므로 이것을 해결해야 할 문제가 아니라고 한다면, 이 문제에 대해서 일본과 소련간의 행정적 외교는 이루어질 수 없다. 반면에 1980년대 소련과 중국은 양국간에 국경 문제가 해결되어야 할 문제임을 공동으로 인식하고 그것의 해결을 위한 회담을 개최해서 양국간에는 행정적 외교가 전개되었다.

교섭 등과 같이 문제 해결을 위한 행정적 외교를 전개하기 위해서는 각 당사국이 함께 해결해야 할 사안이 있고 또 그 사안을 해결할 필요성이 있음을 인식해야 한다.[2] 그뿐만 아니라 각 당사국은 서로 타협할 의지도 갖고 있어야 한다. 어느 측이나 일방적인 외교적 승리를 원한다면 행정적 외교는 전개되기 어려울 것이다. 과거 외교적 기초가 빈약하고 그 수단이 단순할 때에는 강한 국력을 가진 국가가 일방적인 승리를 위해 행정적 외교를 전개했지만, 오늘날은 외교적

---

2) Fred Charles Ikle, *op. cit.*, p. 2.

수단이 많이 있기 때문에 타협의 의지가 없으면 굳이 행정적 외교를 문제 해결 방법으로 택하지 않을 것이다. 다시 말해서, 어느 한 당사국이 모든 것을 다 얻으려 한다면 행정적 외교는 이루어질 수 없다.[3] 그러므로 오늘날의 행정적 외교는 일방적이 아닌 쌍무적이고 호혜의 원칙에 입각해 접촉이 이루어질 수 있어야 한다. 이와 같은 요소를 갖춘 틀 속에서 이루어지는 국가간의 대외적 행위를 행정적 외교라 할 수 있다.

이와 같이 행정적 외교는 상호 보완적인 입장에서 전개되는 외교이므로 대체로 공개적이며 일정한 형식을 갖추고 있다. 대표적인 예로 다변적인 국제회의 형식을 갖춘 외교가 행정적 외교이다. 1975년 7월 30일부터 8월 1일까지 헬싱키에서 35개국이 참가한 가운데 '유럽의 안전과 협조에 관한 협정'(Final Act on European Security and Cooperation)을 체결하기 위해 개최되었던 회의가 전형적인 행정적 외교이다. 이 회의는 모든 참가국들이 합의해야 할 일이 있고 또 그렇게 해야 한다는 공통된 인식을 갖고 있었기 때문에 행정적 외교의 전개가 가능했다.

행정적 외교는 우선 공개적이고 대체로 일방적이 아닌 호혜적인 성격을 띠고 있다. 다시 말하면 행정적 외교는 어느 일방의 완전 승리를 전제로 하지 않는 특징을 가진다. 일방적이고 완전한 승리를 얻으려면 정치적 외교를 전개해야 할 것이다. 행정적 외교는 이것이 전개되기 전에 행정적 외교를 위한 예비 단계를 거치기 때문에, 이 과정에서 양국의 합의 여부에 대한 대체적인 윤곽이 드러나므로 대개 결과를 예측할 수 있다.

행정적 외교의 또 다른 예로 정상회담을 들 수 있다. 이는 공개적이고 일정한 형식을 갖추어 이루어지며 양국간에 논의된 내용은 양국 국가 원수의 이름으로 공동성명의 형식을 갖추어서 발표된다. 이 정상회담이 이루어지기까지는 복잡한 절차를 거치는데, 이 과정에서 정상회담에서 논의될 내용과 대체적인 결과 등을 논의한다. 그러나 정

---

3) *Ibid.*, p. 1.

상회담 그 자체는 공개적이고 호혜적인 성격을 갖고 행해지므로 이는 행정적 외교이다. 행정적 외교를 가늠하는 기준은 그 내용보다는 형식으로 각 당사국이 공개적으로 자리를 함께 해 현안을 논의하는 형식이어야 한다.

행정적 외교의 과정

행정적 외교는 각 당사국의 명시적이거나 묵시적인 동의가 있어야만 전개될 수 있다. 이는 당사국 중의 하나가 어떤 사안에 대해 공식적으로 또는 사적인 경로를 통해 어떤 특정 국가와 협의를 갖고 싶다는 의사 표시를 함으로써 시작된다. 이렇게 시작되는 행정적 외교는 당사국의 동의로부터 문제의 해결에 이르기까지 두 단계를 거쳐 전개된다.

첫 단계로 어떤 국가의 특정 사안에 대한 협의 의사가 다른 국가에 전달되고, 이 국가 역시 그 특정 사안이 해결되어야 할 문제라는 점과 이에 대한 협의의 필요성을 인정하면 행정적 외교가 전개될 수 있는 바탕이 마련된다. 이렇게 행정적 외교가 전개될 수 있는 터전이 마련되면, 이것이 절차상 원만히 해결될 수 있도록 하기 위한 준비회담 또는 예비회담이 필요하다. 이것이 행정적 외교의 첫 단계이다.

이 첫 번째 단계에서는 본회담을 순조롭게 진행하기 위한 절차에 관한 교섭(talks about talks)을 갖는데, 이 회담 자체도 행정적 외교이다. 본회담은 예비회담에서 회담 진행에 필요한 사항들에 대해 각 당사국이 합의해야만 비로소 정식회담이 개최될 수 있다. 예비회담에서 논의되고 결정되는 사항은 첫째로 회담 장소를 어느 국가의 어느 도시에서 가질지 결정해야 한다. 둘째로 회담에 참가하는 각 당사국의 범위, 회담 대표의 격, 대표단의 규모를 결정하고, 셋째로 각국 대표단의 좌석 배치, 사용할 언어 그리고 넷째로 회담의 공개 여부 및 회담 내용의 발표 여부, 회담의 의제, 일정 등 회의 절차상의 문제를 결정해야 한다. 회담의 장소를 결정할 때에는 국가간의 관계에 따라 결정되는데 우호국간의 회담인 경우에는 당사국 중의 한 국가의 도시에서 개최하는 것이 일반적인 관례이다. 그러나 적대국 또는 비우호국 간의 회담은 중립국의 도시에서 개최하는 것이 관례로 되어 있는데, 이들간의 회담은 대체로 스위스의 제네바, 오스트리아의 비엔나 또는 핀란드의 헬싱키 등 중립 국가의 도시에서 많이 개최된다.

1950년대와 1960년대 미국과 소련은 적대적이고 경쟁적인 관계였다. 이 기간 동안 미국과 소련의 정상회담도 중립국에서 개최되었다. 그러나 1972년 5월 미국의 닉슨 대통령이 소련을 방문해 모스크바에서 정상회담을 가졌다. 이 정상회담에서 미·소 양국은 핵무기 시대에 평화 공존에 기초한 상호 협력 관계를 유지하는 것이 양국에 모두 중요하다는 내용을 골자로 하는 '미·소 관계 기본 원칙'(Basic Principle of Relations Between the United States of America and the Union of Soviet Socialist Republics)에 관한 협정을 체결했다. 또한 1973년 6월에는 소련 공산당 서기장 브레즈네프(Leonid I. Brezhnev)가 미국을 방문해 워싱턴에서 미·소 정상회담을 가졌다. 적대적이고 비우호적 관계에 있던 양국의 국가 원수가 서로 상대국을 방문하고 상대국의 수도에서 정상회담을 가졌다는 사실은 정치적으로나 외교적으로 큰 의미를 가진다. 이와 같이 양국이 정상회담을 중립국의 수도에서 갖지 않고 당사국의 수도에서 개최한 것은 적대 관계의 해소 내지는 완화를 의미한다. 1970년대 미국과 소련의 정상회담은 동·서 냉전 체제를 데탕트 체제로 바꾸어 놓을 수 있다는 것을 암시한 것이었다. 그리하여 중요한 정치적 회담의 장소는 정치적으로 큰 의미를 갖는다.

회담의 공개 여부는 회담 결과에 크게 영향을 미칠 수 있다. 회담을 공개적으로 하는 경우 회담은 자칫 어느 당사국의 선전장이 되기 쉽다. 회담장이 문제를 해결하고 합의에 도달하기 위한 장소가 선전장이 된다면 이 회담은 어떠한 결정이나 합의에 도달할 수 없다.4)

또 회담 내용의 공개 여부도 회담의 과정이나 결과에 중대한 영향을 미칠 수 있다. 회담 내용을 공개하지 않기로 하면 당사국간에 감

---

4) K. J. Holsti, *International Politics,* 5th ed.(Englewood Cliffs, New Jersey: Prentice-Hall, Inc., 1983), pp. 173-175.

출 것 없이 솔직히 의사를 교환함으로써 해결해야 할 문제에 대한 견해를 충분히 개진하고 토의해 상호 이해를 도모함으로써 쉽게 문제 해결에 도달할 수 있지만, 회담 내용을 공개하기로 예비회담에서 합의한다면 각 당사국은 솔직한 의견을 개진하지 않아 서로를 잘 이해할 수 없고 충분한 토의를 할 수 없으므로 원만한 문제의 해결을 기대할 수 없다. 이와 같이 본회담을 열기 위한 예비회담이 본회담 결과에 영향을 미칠 수 있기 때문에 예비회담은 중요하다.

당사국간 예비회담에서 절차 문제가 합의되면 실질적으로 문제를 토의하기 위해 본회담이 이루어진다. 본회담에서는 첫 번째로 각 당사국이 각각 그의 기본 입장과 목표를 밝힌다. 이때 각 당사국은 각자 최대로 유리한 입장과 목표를 제시할 것이다. 그래야만 협상 과정 중 내용의 거래가 가능하기 때문이다. 둘째로 각 당사국은 상징적인 행위나 어떤 암시를 나타내면서 목표 달성을 위해 상대국을 설득하고 장래에 대한 약속이나 공약도 하고 그 외에 필요한 여러 수단을 강구할 것이다. 이때 국가간의 관계 또는 사안에 따라 극단적인 수단인 무력 행사의 위협 등도 동원될 수 있다. 그러나 오늘날의 행정적 외교는 과거와는 달리 이미 예비회담의 결과나 의제의 성격을 보아 이해의 분담, 타협 등 어느 정도의 양해가 이루어질 것을 전제로 한다 따라서 극단적인 수단이 동원되는 경우는 많지 않다.

각 당사국들은 이와 같은 과정과 방법들을 통해 의견의 일치를 보면 조약이나 협정 등을 체결하고, 만약 합의에 도달하지 못하면 회담을 연기하거나 아니면 교섭을 종결 짓는다.5) 합의에 도달하지 못하면 각 당사국들은 대체로 이 교섭 실패의 책임을 다른 당사국에 전가하며 상대방을 비난한다. 행정적 외교에 있어 모든 교섭이 반드시 이러한 절차나 과정을 거쳐 이루어지는 것은 아니지만, 이러한 과정을 거치는 것이 일반적이다. 경우에 따라서는 예비적 절차를 거치지 않고 바로 본회담을 갖기도 한다. 이것도 행정적 외교의 방법일 수는 있겠다. 그러나 본회담을 원만히 진행시킬 수 있는 준비가 없기 때문에

---

5) *Ibid.*, p. 176.

역시 예비회담 없이 개최되는 본회담은 실효성을 크게 기대하기 어렵다.

행정적 외교의 목적

행정적 외교의 일차적인 목표는 두 말할 나위도 없이 국가간에 상충되는 문제를 해결하기 위해 각 당사국들이 협상하고 타협하여 합의에 도달하려는 것이다. 그러나 행정적 외교는 국가간의 외교 관계 정도에 따라 어느 정도 그 목적을 달리한다. 국가간에 돈독한 우호 및 협조적 관계를 갖고 있는 경우에는 절충·타협·양보 등을 통해 합의에 도달하려는 의지가 강하게 작용하기 때문에 행정적 외교의 본래 취지나 목적에 비교적 쉽게 접근한다. 그러나 국가간의 관계가 적대적이거나 비협조적인 경우에는 행정적 외교가 합의에 도달함을 목적으로 하는 본래의 뜻과는 달리 상대 당사국의 입장에 손상을 입히고 적의(敵意)를 표시하거나 선전만을 목적으로 전개되기도 한다.

또한 해결해야 할 문제의 성격에 따라 그 목적을 달리하기도 한다. 비정치적 문제를 다루는 행정적 외교의 경우엔 대체로 문제 해결을 위한 합의를 목적으로 하기 때문에 실질적인 협의가 가능하다. 그러나 정치적인 문제를 해결하기 위한 행정적인 외교는 문제의 해결보다는 다른 효과를 염두에 두고 행하는 경우가 많기 때문에, 특별한 경우를 제외하고는 각 당사국들이 합의에 도달하기가 쉽지 않다. 정치적 문제는 중대한 국가 이익과 직결되어 있기 때문에 외교 당사국들에게는 타협하고 양보하는 것이 매우 어렵다. 다행히 당사국들이 이해를 나누어 가질 수 있는 것이라면 행정적 외교로 문제 해결이 가능하겠다. 그렇지 않으면 정치적 문제를 행정적 외교로 해결하는 것은 거의 불가능하다. 정치적 문제를 행정적 외교로 해결하려는 국가가 있다면 그 국가는 문제의 해결보다는 다른 목적, 예를 들면 선전 또는 국내 정치에 이용하기 위한 수단(자국민의 주의를 국제 문제로 돌리려는 것 등)을 위해 그것을 이용하려는 것으로 볼 수 있다. 정치적 문제를 행정적 외교로 해결하려는 경우는 주로 강대국간의 외교에서 많이 이용될 수 있다. 강대국간의 정치적 문제는 정치적 외교나 행정적 외교로 해결하는 것이 거의 불가능하다. 그러므로 실제로 문제의 해결보다는 다른 목적으로 이 행정적 외교를 이용한다. 약소국간에도 해결해야 할 것이 정치적 문제라면 문제 해결, 그 자체보다는 다른 목적으로 행정적 외교를 이용하는 경우가 있다. 그러나 강대국과 약소국간에는 정치적 문제를 해결하기 위해 행정적 외교를 전개하는 경우는 많지 않다. 약소국에 대해 영향력 행사의 기초를 갖고 있는 강대국이라면 정치적 문제는 정치적 외교로 해결하려 할 것이다. 비록 약소국에 영향력 행사의 기초를 갖고 있지 않은 강대국이라도 정치적 문제의 해결을 위해 행정적 외교를 수단으로 택하지는 않을 것이다. 우리는 국가간에 행해지는 행정적 외교를 전망할 때 이 외교에서 다루는 현안이 정치적인가 아닌가, 또 이 외교의 당사국이 어떠한 국가들이고 이들 간의 관계가 의존적이거나 불평등한가 등을 보고 그 행정적 외교의 성패를 판가름할 수 있을 것이다.

실제로 행정적 외교가 국가간의 현안을 해결하기 위한 것이 아니라 다른 목적으로 전개되는 경우가 있다.6)

첫째, 각 당사국은 대화나 의견 교환을 통해 표면적인 협상의 주제 이외의 다른 문제에 대해 지속적이고 간헐적으로 접촉을 유지하고, 또 협상자 간의 회동을 통해 국가간의 위기 관리(emergency communication and crisis bargaining)를 위한 잠재적인 대화의 창구를 갖기 위해 서로 접촉을 유지시킨다. 또 국가간에 접촉을 갖는 목적은 정상적인 외교 관계가 없거나 있다고 하더라도 그 관계를 통한 접촉이 적절하지 않다고 생각될 경우에는 거창한 목표를 위한 협상보다 단순한 접촉을 위해 대화를 갖는 것이 더 유익한 경우도 있기 때문이다.

둘째, 국가간에 협상을 유지하고 있다는 사실은 서로 공격 행위나 바람직하지 못한 행위를 삼가거나 자제할 수 있게 하는 효과를 가질 수 있다. 적어도 협상이 진행되고 있는 동안은 상대국에 의해 행해질

---

6) Fred Charles Ikle, *op. cit.*, pp. 43ff.

지도 모르는 적대 행위가 예방될 수 있다. 만약 한 당사국이 다른 당사국에 대해 무력 행사와 같은 바람직하지 못한 행동을 취한다면 상대 당사국은 교섭을 중단할 것이다. 또 그렇게 되면 바람직하지 못한 행위를 자행한 당사국은 교섭 파기의 책임을 면할 수 없기 때문에 무력 행사 등의 행위를 자제할 것이다.

셋째, 교섭하고 협상하는 과정 중에 각 당사국은 상대방에 대한 정보를 얻어 낼 수 있는 효과를 얻을 수 있다. 각 당사국은 교섭을 통해 상대국의 장기적인 목표, 국내 여론 또는 상대국과 동맹 관계를 갖고 있는 국가와의 견해 차이 등 상호간의 의지를 명백하게 교환할 수 있다. 1935년 이탈리아의 무솔리니는 당시 아비시니아를 침략하기 전에 영국·프랑스 등과의 회담을 통해 이탈리아가 아비시니아에 무력 행위를 하는 것에 대해 양국이 크게 반대하지 않을 것이라는 것을 확인할 수 있었다고 한다.

넷째, 원래의 외교 정책 목표나 군사 행동을 감행하기 위한 위장전술로 협상을 전개해, 상대 국가의 주의를 다른 곳으로 돌리기 위한 수단으로 협상을 이용하기도 한다. 1956년 10월 31일부터 11월 3일까지 헝가리와 소련은 헝가리로부터 소련군의 철수 문제를 협의하고 있었다. 그러나 소련은 실제 소련군의 철수를 위한 목적으로 이 협상을 진행한 것이 아니라 헝가리의 민주 혁명을 분쇄하기 위한 시간을 얻기 위해 이 협상을 진행했다. 또 1956년 이집트의 나세르 대통령이 수에즈 운하회사를 국유화했을 때 영국과 프랑스는 이집트에 무력을 사용하려 했다. 이때 미국 국무장관 덜레스(John F. Dulles)는 콘스탄티노플 협정을 이용해 운하에 관한 국제회의를 소집하고, 운하의 운영을 위한 국제 기구를 설립하는 등 여러 형태의 외교 행위를 취했다. 덜레스 장관이 취한 이러한 조치들은 어떤 국가에 대해서도 무력 행사를 반대하는 의지를 표명해 영국과 프랑스의 무력 행사를 자제시키기 위함이었다.

다섯째, 교섭 자체를 선전 목적으로 이용하는 경우가 있다. 어떤 문제의 해결보다는 선전 그 자체에 더 큰 비중을 두는 경우를 말한다. 이 경우는 세 가지 의미가 있다. 그 하나가 전향판(傳響板)의 효과

(sounding-board effect)로, 회의나 회담을 통해 자국의 입장과 정책 목표를 공표해 이 사실들을 제3국에 알리고, 이들로부터 이에 대한 가치를 인정받기 위해 협상을 하는 경우이다. 1950년대와 1960년대 중국이 제3세계 국가들과 회의를 자주 개최했던 것은 중국이 갖고 있는 제3세계에 대한 관심도와 정책을 이들에게 알리고 인정받기 위해서였다. 또 미국과 소련이 군비 축소 회담을 하며 해외 군사 기지 철폐를 주장하는 것은 각기 평화를 사랑하는 마음이 서로 더 많다는 것을 널리 알리기 위함이었다. 그 외에 또 다른 효과로, 경륜이 많지 않거나 국민들로부터 많은 지지를 받지 못하고 있는 정치인들이 다른 국가의 대통령과 회견을 하고 있는 장면이 사진으로 찍히기를 원하는 것처럼, 큰 국제회의나 정상회담 등에 참여하는 것 그 자체를 목적으로 하는 경우도 있다. 그뿐만 아니라 회담에서 실제로 합의를 기대할 수 없는 문제를 제기해 그 협상이 실패로 돌아가면 그 책임을 상대방에게 전가해, 상대국은 옳지 않고 자국이 옳다는 인상을 보이기 위해 협상을 하는 경우도 있다.

그리고 여섯 번째로 협상 행위 그 자체로 제3국에 영향을 미쳐 유리한 협상 결과를 얻기 위한 수단으로 협상을 이용하는 경우도 있다. 상반되는 두 개의 협상을 동시에 개최해 한 개의 협상은 실제로 어떤 합의를 얻고자 하는 것이 아니라 다른 하나의 협상에 영향을 미쳐 자국이 유리한 결과를 얻을 수 있도록 영향을 미치려는 경우도 있다. 1939년 8월 소련 외상 몰로토프(V. A. Molotov)는 영국 및 프랑스와 독일의 공격에 대응하기 위해 상호 원조 조약의 체결을 위한 협상을 공개적으로 진행했다. 그러면서 다른 한편으로는 비밀리에 독일과 불가침 협정을 위한 교섭도 동시에 진행시키고 있었다. 이때 소련의 주된 목적은 영국 및 프랑스와 상호 원조 조약을 반드시 체결하려는 것이 아니라 사실은 히틀러와 불가침 협정을 체결하는 데 유리한 입장을 갖기 위한 수단으로 영국과 프랑스와의 조약 체결 협상을 이용하려 했다. 이때 소련은 리벤트로프(Joachim von Ribbentrop)가 협정에 서명하기 위해 모스크바에 오는 날까지 영국·프랑스와 협상을 계속하고 있었다. 1980년대에도 이런 경우를 찾아볼 수 있다. 중국은 미국과 무기 판매 교섭을 전개하며 더 유리한 입장에서 교섭하고 또 더 많은 것을 얻어 내기 위해 다른 한쪽에서 소련과의 정치회담을 진행하고 있었다. 중국은 미국과의 무기 판매 교섭 과정에서 미국보다 자신들이 외교적 역량이나 교섭의 역량(bargaining power)이 취약해 불리할 것으로 판단했다. 그래서 미국과 소련이 중국에 대해 경쟁 관계라는 점과, 두 강대국의 외교적 고충을 이용해 중국은 미국과의 교섭을 유리하게 전개했다. 그 결과 중국은 미국의 대 중국 무기 판매 완화 조치를 결정하게 했다.

이처럼 행정적 외교는 선전 등과 같은 정치적 목적을 위한 수단으로 활용되기도 하고 겉으로 보이지 않는 숨어 있는 목적을 달성하기 위한 수단으로 이용되기도 한다. 특히, 상대적으로 외교적 역량이 취약한 국가는 앞에서 말한 바와 같이 행정적 외교를 외교적 역량을 강화시키는 방법으로도 이용하고 있다.

행정적 외교의 성공 조건

행정적 외교가 표방하는 본질은 각 당사국이 서로 절충하고 타협해서 이해나 견해를 달리하는 문제를 해결하자는 데에 있다. 이렇게 하기 위해서는 우선 형식과 격을 갖춘 행정적 외교 행위가 시작되기 전에 진행되는 예비회담에서 합의된 사항을 충실히 이행해야 한다. 본격적인 행정적 외교에서 이미 약속된 일정, 논의할 항목, 각 당사국간의 양해 사항 등 예비회담에서 합의한 내용을 준수하지 않는다면 회담은 원만히 진행될 수 없다. 약속된 절차적인 사항들을 지키지 않거나 또는 이런 사항들을 재론해야 한다면 본질적인 문제는 거론도 못하고 지엽적인 문제로 시간만 낭비할 것이다. 결국은 본질적인 문제의 해결에는 접근도 하지 못하고 회담이 종결되기 쉽다. 또 모든 교섭에 있어 각 당사국이 모두 만족할 수 있게 목표를 달성하는 것이 가장 이상적인 행정적 외교이다. 그러나 모든 당사국들이 만족할 만한 결과를 얻을 수 없는 경우도 생각할 수 있다. 이런 경우 행정적 외교의 궁극적인 목표는 합의에 도달하는 것이므로, 각 당사국은 교

섭을 깨뜨리지 않기 위해 각각 달성 목표에 융통성을 가져야 하고 또 타협의 여지를 가져야 한다.7)

행정적 외교를 전개하는 국가는 모두 그가 갖고 있는 목표 전부를 달성하기 원할 것이다. 다행히도 각국의 목표들이 서로 상충되는 것이 아니라면 그의 목표는 모두 달성할 수 있을 것이다. 그러나 이러한 경우는 흔하지 않을 것이다. 대체로 당사국들이 갖고 있는 목표들이 서로 상충되기 때문에 이러한 문제의 해결을 위해 행정적 외교를 전개하는 것이다. 그러므로 어떤 상대국이 그가 갖고 있는 목표를 모두 성취시키려 한다면 이 행정적 외교는 성공하기 어렵다. 모든 당사국이 부분적이나마 목표 달성을 유보하거나 또는 목표의 수정 의지가 있다면 그 행정적 외교는 성공 가능성이 매우 높다.

행정적 외교는 다루는 현안의 성격에 따라 그 전개 방법이나 양상을 달리해야 한다. 즉, 정치적 문제를 다루는 경우와 비정치적 문제를 다루는 경우가 달라야 한다. 비정치적 문제는 각 당사국의 편의나 절차적인 문제들이 대부분이다. 예를 들면, 문화·통신·교통에 관한 문제 및 영사적 또는 교육에 관한 문제들로, 이 문제들은 각 당사국의 명예, 국가의 중대한 이익이나 정책에 직접 영향을 미치는 것은 아니다. 그러므로 비정치적 문제를 다루는 행정적 외교에 있어서는 정치적인 영향력이나 수단들의 이용 없이도 쉽게 합의에 도달할 수 있다. 더욱이 이런 문제들은 어느 한쪽에만 양보를 강요하거나 손해를 보게 하는 경우는 거의 없기 때문에, 가장 합리적이고 이상적인 행정적 외교가 전개될 수 있다.

그러나 정치적 문제를 다루는 행정적 외교는 문제의 성격상 앞의 경우와는 많이 다르다. 정치적 문제에 대한 행정적 외교의 결과는 국가의 이익이나 명예에 커다란 영향을 미칠 수 있다. 외교는 국제 정치의 수단이므로 행정적 외교에 있어서도 어떠한 형태든 힘의 행사는 배제될 수 없다. 즉, 행정적 외교에 있어서도 정치적 문제의 해결을 위한 교섭을 하는 경우에는 국력의 뒷받침이 전제되어야 유리한 입장

---

7) *Ibid.*, pp. 95ff.

에서 교섭을 진행시키고 좋은 결과를 얻을 수 있다. 1980년대 후반 한국이 미국과의 무역에서 흑자를 얻었을 때 한·미 양국은 이 무역 역조를 시정하기 위해 행정적 외교를 전개했다. 이 과정에서 미국은 한국의 시장 개방, 환율 인상 등의 일방적인 요구와 함께 보복 조치 등으로 한국을 위협하기도 했다. 그 결과 미국은 어느 정도 한국의 양보를 얻어 낼 수 있었던 반면, 한국은 미국의 일방적인 요구를 상당 부분 수용하지 않을 수 없었다. 이것이 행정적 외교에 적용된 힘의 행사가 적용된 예이다.

행정적 외교에 있어 정치적 문제를 다루는 경우, 자국이 달성하고자 하는 외교의 목표가 상대 당사국의 목표와 어느 정도나 양립될 수 있는가를 고려해야 한다. 예를 들어, 자국의 목표가 상대국에 결정적으로 중대한 영토의 일부를 할양한다거나 한 국가의 경제 기반을 근본적으로 파괴시키는 문제 등을 행정적 외교를 통해서 해결하려 한다면, 아무리 큰 힘을 갖고 그것을 행사한다고 하더라도 문제 해결은 기대할 수 없을 것이다. 행정적 외교에 있어서는 각 당사국이 어느 정도 타협하고 양보할 수 있는 문제를 다루어야 한다. 그러나 이 과정에서 상대 국가로부터 양보나 타협을 얻어 내기 위해서는 상대 당사국에게 가치를 부여하거나 박탈할 수 있는 능력을 갖고 있을 때, 보다 더 유리한 결과를 얻을 수 있다.

이와 함께 행정적 외교를 성취시키기 위해서는 적절한 시기를 선택하는 일도 중요하다. 상대 당사국이 정치적·사회적으로 불안하거나 어떤 문제에 대해 국민들이 예민한 반응을 나타내며 여론이 좋지 않은 시기라면 행정적 외교는 성공하기 어려울 것이다.[8] 예를 들어, 한 정부가 국민들로부터 신임을 얻지 못해 반정부운동이 심각하게 전개되고 있을 때, 다른 정부가 이 정부와 중요한 문제를 해결하고자 한다면 그 외교는 성공할 수 없을 것이다. 만일 이 두 정부간에 해결해야 할 문제가 그 곤경에 처해 있는 정부에 중요하며, 또 그것을 해결함으로써 그 정부가 어려운 입장에서 벗어날 수 있다면, 그리고 상

---

8) Hans J. Morgenthau, *Politics among Nations*, 3rd ed.(New York: Alfred a. Knopf, 1960), pp. 539ff.

대 정부가 그렇게 할 의지가 있다면 문제 해결은 가능할 것이다. 그러나 이러한 경우가 아니라면 일반적으로 문제 해결은 불가능하다. 문제 해결의 시기는 각 정부가 대내외적으로 운신의 폭을 넓게 가질 수 있을 때가 보다 적절한 것이다. 민주주의 국가의 경우 총선거 또는 대통령 선거가 임박했을 때 또는 정부가 바뀔 시기에는 각국이 대외 행위, 특히 중대한 문제의 해결 등을 가급적 회피하려 할 것이다. 한편 공산국가의 경우 당 대회와 같이 중요한 국내 행사가 있을 경우에 외교 행위를 폭넓게 행하려 하지 않을 것이다.

또 행정적 외교에 있어 특히 정치적 사안이 논의 대상이 된다면 상대국으로 하여금 타협이나 양보의 여지가 있어야 문제 해결의 가능성이 높다. 이러한 여건으로 각 당사국은 실리나 명예 둘 중의 하나를 나누어 가질 의지가 있어야 한다. 행정적 외교는 이해의 분담이 전제가 되어야 한다. 따라서 실리와 명예 모두를 독점하려면 일방적인 외교 행위, 즉 정치적 외교를 통해 목적을 달성해야 할 것이다. 그러므로 행정적 외교는 각 당사국이 실리 아니면 명예 어느 하나를 선택할 수 있을 때 성공할 수 있다.

1986년 9월 한국과 일본 외무장관이 자리를 함께 하고 소위 '후지오 망언'에 대해 의견을 교환했다. 이때 일본 측은 한국의 강력한 항의 요구를 받아들여 일본 고위관리의 발언으로 한국인들에게 일본의 기본 정책에 의혹을 심어 준 것은 일본 정부와 국민들에게도 유감이며, 두 번 다시 이런 일이 반복되지 않을 것이라고 외교적으로 항복에 가까운 사과를 한국 측에 전달했다. 동시에 일본 정부는 이런 사과에 대한 일본 국내외의 불명예를 덜기 위한 관심 사항으로 일본의 독도 영유권 주장을 기록에 남겼다.9) 물론 독도는 한국의 영토이다. 이러한 독도에 대해 일본이 영유권을 주장하도록 한국 정부가 양해한 것은 바람직한 일은 아니다. 그러나 행정적 외교에 있어 실리와 명예의 독점은 실제 쉬운 일이 아니므로 한국은 일본으로부터 공식적 사과라는 실리를 얻었고, 일본은 외교적으로 불명예를 덜기 위한 수단

---

9) 『東亞日報』, 1986년 9월 11일.

으로 독도 영유권 주장을 활용해 체면을 유지하며 이러한 내용을 기록으로만 남겼다. 만약 한국이 일본의 양해 사항을 용납하지 않아 일본의 체면 유지를 거부했다면, 일본의 사과를 받아 내는 외교적 성공을 거두기는 어려웠을 것이다.

또 다른 예로 1962년에 쿠바 내에 소련 군사 기지 설치로 미국과 소련 양국간에 긴장이 극도로 고조되었던 일을 들 수 있다. 쿠바 내에 소련의 군사 기지가 존재한다는 사실은 미국의 안전을 실질적으로 위협할 수 있으며 강대국인 미국의 명예를 훼손시키는 일이다. 이에 대해 미국의 케네디 대통령은 쿠바로부터 소련 미사일과 비행기의 철수를 흐루시초프에게 강력히 요구하며, 이것이 관철되지 않으면 무력 행사도 불사한다는 강경한 입장을 천명했다. 그러나 당시 미·소 냉전하에서 공산권의 종주국인 소련이 이러한 미국의 요구를 아무 조건 없이 받아들이는 것은 미국에 굴복한다는 인상을 풍기므로 소련에게는 매우 불명예스러운 일이었다. 이때 미국은 그의 목표, 즉 소련이 쿠바에서 기지를 철수시키는 일을 성취하고, 대신 (소련의 명예를 손상시키지 않게 하기 위해) 절대로 쿠바를 무력으로 공격하지 않을 것이라는 뜻을 밝혔다. 그럼으로써 소련에게 쿠바의 군사 기지 철수 명분을 제공해 양 강대국간에 문제를 원만히 해결할 수 있었다.

행정적 외교에 있어 각 당사국이 합의에 도달하기 위해서는 첫째, 진정으로 합의에 도달할 의지가 확고해야 하고, 둘째, 각 당사국이 추구하는 실질적 이익과 목표가 조화를 이루어야 한다. 셋째, 협상의 과정과 결과가 당사국 어느 측에도 불명예스러워서는 안 되며, 넷째, 각 당사국이 그의 목표를 달성하기 위해 협상자가 협상의 기술을 잘 활용하고 충분한 기량을 발휘할 수 있어야 한다.[10] 동시에 정치적 문제를 다루는 행정적 외교에 있어서도 영향력 행사나 압력을 가할 수 있는 외교의 기초를 갖는 것은 중요한 요소 중의 하나이다.

---

10) Robert L. Wendzel, *International Politics*(New York: John Wiley & Sons, 1981), p. 332.

행정적 외교의 도구

원칙적으로 행정적 외교는 당사국간의 해결해야 할 현안에 대한 합의를 목적으로 한다. 그러나 각 국가간의 현안이 항상 누구에게나 만족스럽게 해결되지는 않는다. 해결해야 할 문제들이 문화·예술에 관한 문제이거나 각 당사국에게 똑같이 유익하다고 생각되는 통신·건강 등에 관한 문제와 같은 비정치적 현안들이라면 서로 쉽게 합의에 도달할 수 있다. 그러므로 이런 경우에는 합의에 도달하기 위한 수단을 강구할 필요가 없다. 비정치적 문제를 다루는 행정적 외교의 경우 이해의 분담이 각 당사국에게 만족스럽게 이루어져 모든 당사국이 수용할 수 있기는 쉽지 않을 것이다. 이렇게 문제의 해결이 어려운 경우에 각 당사국은 협상을 유리하게 전개하고 좋은 결과를 얻기 위해서는 필요한 수단을 강구하는 경우도 있다.

우선 생각할 수 있는 수단은 무력 행사 또는 그 행사의 위협이다. 제2차 세계대전 이전까지는 무력이 한 국가의 정책 실현의 수단으로 흔히 사용되었다. 1930년대 히틀러의 세력 확장 정책은 모두 무력을 수단으로 행해졌다. 그러나 행정적 외교는 정책을 실현하려는 대외 행위라기보다는 현안을 해결하기 위한 것이므로 그것이 정치적 현안일지라도 무력으로 해결하는 것은 지나치다. 무력을 행사할 의사가 있으며 반드시 자국에 유리하게 문제가 해결되기를 희망할 때, 행정적 외교를 그 방법으로 선택하는 것은 적절하지 않다. 다시 말해서 오늘날의 국제 상황으로 미루어 볼 때, 무력을 행사하면서까지 해결되어야 하는 문제라면 행정적 외교가 아닌 다른 방법을 통해 문제를 해결해야 한다.

오늘날 해결하려는 문제가 정치적 현안일지라도 이 현안이 어느 한 쪽 국가의 중대한 이해가 얽혀 있는 문제라면 행정적 외교를 통해 해결하려 해서는 안 된다. 행정적 외교가 성립될 수 있는 요건은 적어도 어느 한 당사국이 일방적 또는 완벽한 승리를 전제로 하지 않는다는 것이다. 그러나 오늘날에도 경우에 따라서는 행정적 외교에서도 무력의 사용 및 그의 행사 위협이 효력을 발휘할 수도 있을 것이다. 실제로 국경을 접하고 있는 두 국가 가운데 한 국가는 강한 군사력을 갖고 있고 다른 국가는 그렇지 못한다면 이런 경우에 전자 국가는 행정적 외교에서 만족스러운 결과를 얻기 위해 무력의 행사 또는 위협을 생각할 수 있을 것이다. 이러한 상황을 관념적으로 상정할 수는 있겠지만 현실적으로 이러한 일들이 얼마나 가능할지는 매우 의심스럽다. 1991년 1월 이라크가 쿠웨이트를 정복하는 데 실패했다. 이와 같은 사실은 오늘날에는 무력이 국제 정치적으로 효과적인 수단은 아니라는 것을 보여 주고 있는 것이다.

그렇기 때문에 행정적 외교에 있어 가장 기본적인 도구는 설득과 타협이다.11) 행정적 외교에 임하는 국가들은 모두 상대 당사국보다 유리한 결과를 얻으려 하기 때문에 아무런 뒷받침이 없는 설득은 무의미하다. 따라서 타협도 쉽게 이루어질 수 없다. 그리하여 각국은 자신들의 능력의 범위 내에서 설득과 타협을 자국에 유리하고 용이하게 작용할 수 있는 수단으로 생각해 이것들을 이용하려 한다. 행정적 외교에서 설득과 타협이라는 수단을 이용하려면 국력이 뒷받침되어야 효과적이다. 우선 설득과 타협으로 행정적 외교에서 목적하는 바를 얻으려는 국가는 다른 국가에 정신적 및 물질적 가치를 부여할 수 있고 그것을 박탈할 수 있는 능력이 있어야 한다. 상대 국가와의 교섭 과정에서 자국이 보다 더 유리한 결과를 얻도록 설득 또는 타협하기 위해 여러 측면에서 상대 국가에 대해 혜택을 베풂으로써, 예를 들면 경제 원조·기술 지원·무역 특혜·국제 사회에서의 정치적 지지 또는 안전보장의 약속 등의 수단을 이용하기도 한다. 반대로 불이익을 가하거나 이미 주어진 가치의 박탈을 위협함으로써 상대국을 움직여 협상 테이블에서 보다 많은 것을 얻으려 한다.

행정적 외교에 있어 가치의 부여나 박탈은 상대국의 선택에 영향을 미치고 그의 기대를 변화시킬 목적으로 사용하는 수단이다. 한 국가가 다른 국가에 대해 가치 박탈을 경고하거나 위협하는 목적은 상

---

11) Joseph Frankel, *International Relations*(London: Oxford University Press, 1979), p. 52.

대 국가의 득(得)과 실(失)에 대한 기대를 변화시키려는 것이다. 그리고, 가치의 부여를 수단으로 이용한다면 그것은 위협을 받는 당사국에게 위협을 가하는 국가의 요구를 거절하지 못하게 하거나 그것을 수용하지 않으면 더 많은 것을 잃을지도 모른다는 것을 깨우쳐 주기 위한 것이다.12) 실제 행정적 외교에 있어 각 당사국들은 협상에서 보다 유리한 결과를 얻기 위해 여러 가지 방법이나 수단들을 적절히 구사한다.13)

첫째, 각 당사국이 현안을 해결하는 데 있어 이해를 분담해 모든 것을 해결하려는 의지가 확고할 경우에는 어떠한 외교적 수단을 강구하는 것도 요구되지 않는다. 이 경우에는 설득과 타협이 필요하지 않기 때문이다.

둘째, 문제 해결의 필요성은 인정하지만 이해의 분담에 대해 견해를 달리하는 경우, 다시 말해 어느 한쪽이 상대 국가보다 더 크고 유리한 결과를 얻고자 할 때는 설득이라는 방법을 이용해야 한다. 이때 설득의 목적은 상대 당사국에 대해 추측 가능한 어떤 평가를 바꾸고 상대 당사국이 이 결과에 부여하는 가치를 변경시키려는 것이다. 한마디로 말해 이 경우의 설득은 상대 당사국의 가치 체계와 상대국이 갖고 있는 가치에 대한 인식에 영향을 주려는 것이다. 이런 경우에는 가치의 박탈이라는 위협적인 수단보다는 가치의 부여 또는 그것의 약속이라는 긍정적인 수단을 통해 합의에 도달하도록 유도하는 것이 더 바람직하다.

셋째, 문제 해결의 당위성은 각 당사국이 똑같이 인식하고 있으나 결과에 대한 의견이 크게 다를 뿐만 아니라 결과의 비중에 대해서도 인식을 달리하는 경우를 말한다. 어느 한 당사국은 행정적 외교의 결과에 그다지 큰 비중을 두지 않는 반면, 다른 당사국은 상당히 비중을 두는 경우가 있다. 후자는 반드시 그리고 크게 유리한 결과를 가져야 한다고 생각하는 경우이다. 이때 후자는 상대 당사국에 대해 자

---

12) Fred Charles Ikle, *op. cit.*, p. 62.

13) Glen H. Snyder and Paul Diesing, *Conflict among Nations*(Princeton, New Jersey: Princeton University Press, 1977), pp. 195-198.

신의 의사를 가능한 한 많이 또는 전부 수용하도록 하기 위해 강하고 확고한 의지를 밝히는 동시에 위협이나 경고도 할 것이다. 또 필요한 경우에는 압력을 가해 상대국에 희생이나 손해를 입혀서라도 합의에 도달하려 한다. 즉, 이 경우에는 일방적으로 이용이 가능한 모든 수단을 동원해 최대의 효과를 얻으려 할 것이다.

행정적 외교에 있어 상대방의 힘의 강약, 의지의 정도, 약속의 질량, 목표에 대한 인지와 기대, 교섭하는 사람의 반응, 개인간 의사 표현의 강약의 정도 등은 전 교섭 과정에 영향을 미친다. 예를 들어, 상대 당사국이 일방적인 위협을 느끼거나 그것을 인지한다면 이 교섭 당사자는 협상에 소극적으로 임할 수밖에 없을 것이다.[14] 그러므로 회의 초기 단계부터 상대국을 압도할 수 있도록 분위기를 이끄는 것도 행정적 외교를 성공적으로 이끄는 방법이 될 것이다. 교섭을 위한 회합에서 연약한 의지를 보이거나 소극적으로 상대국에 대응한다면 유리하고 성공적인 결과를 기대할 수 없을 것이며, 외교의 실패라 아니할 수 없다.

행정적 외교와 힘

모든 외교는 군사적·경제적·기술적·심리적 힘의 그늘하에서 행해진다.[15] 역사적으로도 협상하는 사람이 설득에만 의존하는 경우는 많지 않다. 한 국가가 협상에 실패하는 경우엔 상대국에게 그 책임을 물을 수 있는 법칙에도 의존한다. 더욱이 협상이 실패할 우려가 있다면 압력은 가중된다.[16] 일반적으로 자국이 강하다고 생각되면 상대국을 일방적으로 설득시키기 위해 실제로 무력을 사용하는 대신 무력

---

14) Bertram I. Spector, "Negotiations as a Psychological Process," *Journal of Conflict Resolution*, vol. 21, no. 4(December 1977), p. 609.

15) Herman F. Eilts, "Diplomacy-Contemporary Practice," in Elmer Plischke(ed.), *Modern Diplomacy*(Washington, D.C.: American Enterprise Institute for Public Policy Research, 1980), p. 11.

16) Henry A. Kissinger, "On Negotiation and Bargaining in the Modern World," in Elmer Plischke(ed.), *op. cit.*, p. 373.

행사를 위협한다. 심지어 위협이 협상의 성공에 불충분하거나 긴장
관계가 폭력으로 발전한다면, 전쟁이 최소한의 대가로 외교 정책을
합법적으로 완벽하게 성취시킬 수 있는 수단이 되기도 한다.17) 특히
제2차 세계대전 후의 군사력의 주요 목적은 전쟁시보다는 평시에 다
른 국가를 위협하고 움직이는 데 사용하려는 것이다.18)

국제 사회에서 국가간의 문제 해결에 있어 어떠한 형태이든 힘이
작용하고 있는 것은 분명한 사실이다. 그러나 한 사회의 발전이 분쟁
의 해결을 위한 평화적 방법과 협력 전개의 정도로 측정된다면 국제
사회는 아직도 미개한 사회라고 하지 않을 수 없다.19) 그리하여 국제
사회에서는 합리성이나 정당성, 합법성 등은 문제 해결의 요소가 아
니고, 그보다는 힘이 중요한 관건이다.

행정적 외교도 국제 사회에서 이루어지는 국가간의 행위이기 때문
에, 힘을 배제하고는 논의할 수 없는 것이 사실이다. 그러나 제2차 세
계대전 이후, 행정적 외교에 있어 군사력이나 무력이 합의에 도달하
는 데 주요 수단이 되고 있지 않다. 일단 각 당사국이 문제의 해결을
위해 탁자에 마주앉는다면, 무력의 행사나 그 위협을 수단으로 삼지
않는다.

첫째로 오늘날 국가간의 중대한 문제는 대체로 행정적 외교가 아닌
정치적인 수단을 통해 해결을 도모한다. 행정적 외교에 있어 국가간
에 어느 한쪽의 일방적이고 절대적인 승리를 전제로 한다면 합의에
도달하기란 매우 어려운 일이다. 그러므로 절대적인 승리가 보장되지
않는다면 행정적 외교를 통한 국가의 중대 문제 해결은 시도하지 말
아야 할 것이다. 물론 예외적으로 일방적이고 절대적인 승리를 분명
히 얻을 수 있다면 행정적 외교를 통한 문제 해결을 모색할 수 있다
그렇지만 오늘날의 일반적인 경향은 무력 행사나 그의 위협이 아니면

---

17) Paul Gordon Lauren, "Theories of Bargaining with Threats of Force: Deterrence
and Coercive Diplomacy," in Paul Gordon Lauren(ed.), *Diplomacy*(London:
Collier Macmillan Publishers, 1979), p. 185.

18) *Ibid.*, p. 183.

19) Joseph Frankel, *op. cit*, p. 90.

문제의 해결이 불가능하다고 생각되는 경우엔 이 문제를 행정적 외교의 대상에서 제외한다. 둘째로 제2차 세계대전 이후 미국과 소련을 중심으로 하는 양극화 현상으로 인해 무력의 행사가 제한되지 않을 수 없었다. 동·서 진영간은 물론 같은 진영 내의 국가간에도 미국과 소련이 각 진영의 경찰 역할을 해 무력 행사가 억제될 수 있었다. 또 1970년대 이후는 동·서간 그리고 미·소간의 긴장 관계 완화로 모두가 현상을 인정하고 또 모든 국가의 국경을 인정하고 외교를 전개하고 있다. 셋째로 외교에서 이용되는 자원(diplomatic resources)이 그 어느 때보다 풍부하게 발달되어, 특히 행정적 외교에 있어 문제의 해결을 위해 여러 자원이 충분히 활용될 수 있기 때문에 무력이 행정적 외교의 수단으로 이용될 수 있는 가능성과 기회는 많이 줄었다.

현대의 행정적 외교는 대체로 절대적이고 일방적인 승리를 전제로 하지 않고, 이해의 분담을 전제로 하는 경향이 크다. 그렇기 때문에 오늘날 행정적 외교에 있어 군사력은 제2차 세계대전 이전에 비해 상대적으로 크게 약화된 것이 사실이다.

1986년부터 소련과 중국이 국경회담을 시작했다. 국경에 관한 문제라면 어떤 문제 못지않게 중요한 문제이므로, 만일 군사력을 포함한 국력이 중국보다 월등한 소련이 반드시 자국에게 유리하도록 문제가 해결되어야 한다고 생각했다면, 협상을 통한 문제의 해결은 생각지도 않았을 것이다. 소련이 중국보다 월등한 군사력을 포함한 국력, 국제적 지위, 외교적 자원을 갖고 있음에도 불구하고 정치적 수단이 아닌 행정적 외교의 방법을 택한 이유는 소련이 중국과의 이해의 분담·설득·양보 등을 할 수 있다고 생각했기 때문이다. 소련으로서는 무력의 행사보다는 이러한 이해의 분담이나 양보가 정치적으로 더 큰 것을 얻을 수 있는 계기가 될 것으로 판단한 것이다.

오늘날은 적어도 군사력이 행정적 외교의 수단은 아니며, 군사력이 전제되는 행정적 외교는 전개되지 않는다. 그러므로 군사력의 강약이 행정적 외교에 있어 문제 해결의 결정적 요인이 되는 것은 아니다.

4. 국민에 대한 외교

국민과 외교

외교는 원칙적으로 국가의 이름으로 관리에 의해 다른 국가의 관리 또는 정부를 대상으로 전개된다. 외교는 국가의 정책을 실현시키는 수단이므로 주로 정부 또는 정책 결정자 간에 전개되는 것이 일반적이다. 그리하여 과거 일반 국민은 외교에서 크게 고려되지 않았다. 오늘날은 많은 국가들이 점진적으로 민주국가 또는 민주정치를 지향하고 있다. 이렇게 되면 정치는 국민을 주인으로, 그리고 국민 위주로 전개되지 않으면 안 된다. 이처럼 민주정치가 발달하면서 국민의 정치 참여가 확대되고, 교통·통신의 발달로 자국인과 외국인과의 사적인 교류 및 접촉이 확대되며 국민의 외교 정책에 대한 관심 및 여론의 위력이 증대하고 있다. 또 여러 사회 계층의 시민운동, 이익 집단의 단체행동 등은 한 국가의 대외 정책 결정에 커다란 영향을 미친다. 그러므로 오늘날 각국 정부는 다른 국가 국민의 태도와 행위에 영향을 미치는 일들을 수행하고 있다. 그뿐만 아니라 이러한 행위를 통해서 다른 국가의 국민이나 집단들이 그들의 정부에 영향을 끼치게 한다.[1] 오늘날 국민의 뜻은 여론으로 수렴되어 정책에 반영되기도 하고 또 많은 국가들의 대의 기관이 국민의 의사를 직접 반영하고 있어 국민은 이제 정책 결정에 지대한 영향을 주고 있다. 다시 말하면 오늘날 정부는 국민의 다수 의사와 일치하지 않는 정책을 결정하는 것은 거의 불가능하다. 실제로 36여 년간 한국을 식민 통치해온 일본은 한국인의 뇌리 속에 매우 나쁜 존재로 각인되어 있다. 그렇기 때문에 한국 정부의 일본에 대한 정책 결정의 폭은 대단히 좁다. 오늘날 교통·통신이 발달되어 국가 및 국민간의 교류와 접촉은

---

1) K. J. Holsti, *International Politics,* 5th ed.(Englewood Cliffs, New Jersey: Prentice-Hall, 1988), p. 191.

활발히 전개되고 있고 문화 교류도 손쉽게 이루어지고 있다. 한국과 일본은 지리적으로도 가깝고 정치 및 경제 교류도 폭넓게 이루어지고 있지만, 양국간의 문화교류는 장애를 받고 있다. 예를 들면 일본의 대중음악을 한국의 방송 매체를 통해 한국인들이 들을 수 없고, 일본의 영화가 한국의 극장에서 공개적으로 상영되지 못하고 있다. 이와는 달리 과거 한국과 적대 관계를 갖고 있던 구소련, 중국 등의 대중문화는 합법적으로 공개되고 있다. 한국 정부가 일본에 대한 정책을 자유롭게 결정할 수 있으려면 한국 국민이 일본에 대해 갖고 있는 나쁜 인상을 씻고 좋은 인상을 바꾸어 가져야 할 것이다. 오늘날 다른 국가의 국민이 자국 및 자국민에 대해 좋은 인상을 갖도록 하는 일은 외교가 해야 할 중요한 일 중의 하나이다.

왓츠(William Watts)가 1980년 7월 2일과 1985년 3월 3일에 실시했던 미국인의 한국인에 대한 의식 조사에 의하면 미국인은 대체로 한국과 한국인에 대해 부정적인 생각을 갖고 있다고 한다. 우선 미국인이 한국을 생각할 때 1950년의 6·25사변, 저개발, 국토의 황폐 등으로 묘사한다. 또 한국은 정치적으로 불안하고, 대통령이 암살되고, 군이 정권을 담당하고, 광주사태, 학생들의 시위, 그리고 반체제 인사의 감시 및 체포를 생각하고 있다. 특히 인권 문제에 대해 미국인들은 한국에 대해 관심을 많이 갖고 있으며 의회는 특별히 한국의 인권에 대해 감시자의 역할을 계속할 정도였다. 미 국무성에서 의회로 보내 오는 보고서도 의회에서 폭넓게, 그리고 매우 신중하게 읽혀졌다. 그리고 미국인들에게 아시아의 일본, 대만, 중국 그리고 한국 등 4개 국가의 인권과 자유에 대해 물어 보면 한국의 상황이 가장 나쁘다고 응답했다.[2]

민주주의 국가인 미국의 국민들이 이처럼 한국과 한국인에 대해 부정적인 생각을 갖고 있다면 미국 정부나 의회도 한국에 크게 도움이 되는 정책을 결정하는데 제한이 따르지 않을 수 없다. 한국 정부가

---

2) Willian Watts, "Americans Look at Korea: Some Observations," in Robert A. Scalapino and Han Sung-joo(eds.), *Uinted States-Korea Relations*(Berkeley: Institute of East Asian Studies University of California, 1986). pp. 94ff.

일본에 대한 정책을 결정할 때 한국 국민의 대일 감정과 정서를 고려해야 하는 것처럼, 미국 정부나 의회도 한국에 대한 정책을 결정할 때 미국 국민의 한국과 한국인에 대한 감정 및 정서를 고려하지 않을 수 없다. 그러므로 한국 정부는 (한국인과 마찬가지로) 미국 정부와 의회가 한국에 도움이 되는 정책을 결정할 수 있도록 하기 위해, 미국 국민들이 한국과 한국인에 대해 긍정적이고 호의적인 생각을 갖도록 필요한 일들을 해야 할 것이다.

이와 같이 다른 국가의 국민들이 자국과 자국인을 호의적이고 긍정적으로 생각하게 해야 성공적인 외교를 전개할 수 있다. 오늘날 모든 국가는 다른 국가의 국민들로 하여금 자국과 자국인에 대해 호의적인 생각이나 태도를 갖게 하는 대외 행위를 한다. 그뿐만 아니라 각국 정부는 다른 국가의 외교 정책의 결정 및 집행에 대한 국민의 태도에 영향을 미치는 행위를 한다. 이와 같이 한 국가의 관리가 정부의 이름으로 다른 국가의 국민에 영향을 미치기 위해 행하는 외교를 미국에서는 대중 외교(public diplomacy)라 한다. 이 대중 외교는 과거 전통외교에서는 찾아볼 수 없는 대외 행위이다. 이것은 정부가 다른 국가의 여론에 영향을 미치며, 자국의 사적 집단과 다른 국가의 사적 집단간의 이익을 증진시키기 위해 상호 작용시키고, 다른 국가 국민에 대해 자국의 해외 업무와 정책의 효과를 알려 준다. 여기에는 외국의 언론인들과 자국의 외교관과 많은 의견 교환을 할 수 있게 하고, 문화교류를 촉진시키는 일 등이 포함된다.

일찍이 사다트(Anwar Sadat) 이집트 전 대통령, 지스까르데스땡(Valery Giscard d'Estang) 프랑스 전 대통령, 그리고 쉬미트(Helmut Schmit) 독일의 전 수상이 미국 정부의 교육 교환 프로그램에 의해 방문했을 때, 이미 (이들에 대한) 미국의 대중 외교가 시작된 것이라고 볼 수 있다. 또 중남미 사람들이 불법적인 마약 밀매가 위험하다는 사실을 담은 '여행'(The Trip)이라는 텔레비전 프로그램을 보고 있다면, 그들은 미국 공보처(U. S. Information Agency)가 제작하고 미국의 대중 외교관이 배포한 작품을 보고 있는 것이다. 또 개발도상국의 학생이나 학자들이 그들의 수도에 설치된 아메리카

센터에서 공부할 때 미국의 대중 외교관에 의해 제공되는 서비스를 받는 것, 또 미국의 연주자가 정부의 주관하에 해외 연주를 위해 다른 국가의 도시로 보내지면 미국의 대중 외교관(U. S. Public diplomats)들이 그의 연주 여행을 알리고 일정을 만든다. 또 필요한 경우에는 연주 계획을 알리는 안내장을 만들어 배포하는데, 이러한 행위들 모두는 대중 외교의 일환으로 전개되는 것이다.3)

뿐만 아니라 해외공관에 근무하고 있는 외교관들의 중요한 업무 중 하나는 주재국의 여러 계층의 인사들과의 친분을 두텁게 갖는 일이다. 주재국의 여러 계층의 인사란 사회 지도급 인사로, 다시 말하면 한 사회의 여론을 선도할 수 있는 사람들을 말한다. 외교관들이 이들과 두터운 친분을 갖는 것은 이들과의 접촉과 교류를 통해서 자국을, 또 자국의 국민, 정책 등을 알리고 이해시키기 위함이다. 그리하여 주재국 인사로부터 호의적인 반응을 얻으며 앞으로 이 국가의 자국에 대한 정책 결정 및 집행에 영향을 미칠 수 있게 하기 위함이다.

오늘날은 대부분의 국가에서 국민의 정치 참여의 폭이 확대됨에 따라, 정부의 정책 결정의 자유는 상대적으로 줄고 있다. 이처럼 국민의 정치에 대한 관심과 참여가 커지면 커질수록 정책 결정 및 집행에 대한 국민의 영향력은 커지기 때문에 모든 정부는 자국 및 다른 국가, 국민에 대해 지대한 관심을 가져야 한다.

목적

한 국가가 다른 국가의 국민들에게 외교 행위를 전개하는 목적은 이 국민들로 하여금 자국의 외교 정책과 정치적 주장을 지지하게 만들려는 것이다. 이렇듯 다른 국가의 국민에 대해 적극적이고 직접적으로 외교를 전개하는 목적은 이들과의 대화를 통해 외교 정책에 대한 지지 기반을 확고히 해 이 국가에 대한 외교를 효율적으로 전개하기 위해서이다. 그 목적을 좀더 구체적으로 말하면 첫째 다른 국가

---

3) Allen C. Hansen, *USIA, Public Diplomacy in the Computer Age*(New York: Praeger Publishers, 1984), pp. 1-3.

의 국민들에게 자국의 가치관, 체제 및 여러 정책들을 보다 정확히 이해시키는 것, 둘째 자국 국민들에게 다른 국가 및 자국과의 상호 관계를 정확히 알리는 것, 셋째 국가간 문화의 국경을 초월해 개인적 또는 집단적으로 체제간 상호 관계를 증진시켜 상호 이해의 폭을 넓히는 것, 그리고 넷째 자국 정부가 외교 정책을 결정할 때, 그 정부가 다른 국가의 가치관, 이익, 우선 순위를 충분히 고려할 수 있도록 만들기 위한 것이다. 한 마디로 말해 한 국가가 다른 국가의 국민들에게 외교를 전개하는 것은 이들로 하여금 자국에 호의적인 태도를 갖고 자국을 잘 이해하도록 해 자국의 외교 정책을 지지하도록 만드는 것이다.4)

이와 같은 외교는 눈앞의 현안을 해결하거나 또는 외교 정책을 직접 실현시키려는 것이라기보다는 앞으로 자국의 외교 정책과 외교가 순조롭고도 효과적으로 전개될 수 있는 바탕을 마련하기 위한 간접적인 외교 행위이다. 다시 말하면 다른 국가의 많은 국민들이 자국을 높이 평가해 자국 외교 정책을 지지하도록 만들려는 것이 이 간접적인 외교의 주된 목적이다.

다른 국가의 국민들에게 행하는 외교는 한 국가의 대외 정책이나 대외 행위의 기초를 강화하려는 대외 행위이다. 외교 정책은 정부에 의해 결정된다. 이때 정부는 국민의 의사를 수렴하지 않을 수 없다. 특히 국민의 집약된 의사는 한 정부의 정책 결정에 지대한 영향을 미친다. 그러므로 다른 국가의 국민에 대한 외교의 목적은 그 국가가 자국에 대한 정책을 결정할 때 자국에 유익하게끔 여론에 영향을 미치려는 것이다. 예를 들면 한국인은 일본에 대해 좋지 않은 감정을 갖고 있다. 그러므로 한국 정부의 일본에 대한 정책 결정은 매우 신중하고 소극적이다. 일본이 한국 정부로 하여금 일본에 대해 우호적이고 적극적인 문화정책을 결정하도록 만들기 위해서는, 일본 정부가 한국인들에게 적극적인 외교를 전개해서 한국인들로 하여금 그들에게 갖고 있는 나쁜 감정을 씻게 하고 호의적인 생각을 갖도록 해야 한다.

---

4) *Ibid.*, pp. 3ff.

그리하여 한국 국민이 일본에 대해 좋은 감정을 가지면 한국 정부의 일본에 대한 정책 결정의 폭은 크게 넓어질 것이다.

만일 다른 국가의 국민이 자국이나 자국인에 대해 부정적인 태도나 생각을 갖고 있다면, 이 국가는 다른 국가 국민들로 하여금 긍정적인 태도나 생각을 갖도록 적극적인 외교를 전개해야 한다. 그러므로 한국은 미국 국민들에게 적극적인 외교를 전개해서 미국 국민들이 한국과 한국인에 대해 좋은 생각을 갖고 한국을 높이 평가할 수 있게 해야 한다. 그래야 미국 정부나 의회가 한국에 유익한 정책을 결정할 수 있을 것이다.

한 국가가 다른 국가의 국민들에게 영향을 미칠 수 있다면 그 국가는 외국의 국민들이 자국에 대해 호의적인 태도나 생각을 갖게 하고, 이러한 것을 자국에 대한 정책에 유익하게 할 수 있다. 이것이 다른 국가의 국민들에게 행하는 대외 행위인 간접 외교의 주된 목적이다.

방법

다른 국가의 국민에 대해 행해지는 외교의 기초적인 방법은 개인 간의 접촉, 라디오 방송, 도서관의 설립, 도서의 출판 및 배포, 영화, 텔레비전, 각종 전시회 등을 이용한다. 뿐만 아니라 교육 및 문화 프로그램도 외국 국민들로 하여금 자국을 정확히 이해하도록 하고 또 외국인들에게 자국의 정책과 행위의 근본을 이해하게 만드는 데 이용되고 있다.[5]

다른 국가의 국민들에게 행해지는 외교는 자국, 자국인, 문화, 체제 등에 대한 이해를 넓힐 수 있는 것이면 무엇이든 이용한다. 미국의 경우 1969년 최초로 사람을 달에 착륙시켰다. 이 사실은 모든 세계인을 놀라게 했다. 동시에 이 사실은 미국의 과학 기술이 어느 정도인가를 모든 사람에게 인식시켜 주었다. 그리하여 미국은 자국의 능력을 세계에 알리기 위해 달에 착륙했던 우주인들로 하여금 여러 국가를 방문케 했다. 과거 공산주의의 종주국이었던 소련도 그에 대한 다

---

5) *Ibid.*, pp. 20-22.

른 국가의 나쁜 인상을 제거하고 좋은 인상을 갖게 하기 위해 자국에도 높은 수준의 문화가 있다는 사실을 알리려 했다. 이를 위해 소련은 국립 무용단, 오케스트라 등을 외국에 보내 외국인들에게 이들의 연주를 감상케 했다. 이와 같이 모든 국가들은 자국이 갖고 있는 자산들을 활용해 대외적으로 자국과 자국 국민의 훌륭함을 알리고, 외국인들로부터 높은 평가와 지지를 받기 위해 노력한다.

특히 오늘날은 과학 기술의 발달로 교통 및 통신 수단이 발달되어 국가간 문화교류가 활발하기 때문에 자국을 다른 국가에 알리는 일이 매우 편리해졌으며, 그 영향 또한 대단히 위력적이다. 이런 측면에서 볼 때, 한 국가가 다른 국가에 대해 자국 문화의 수출을 소홀히 한다는 것은 국가가 간접적 외교 행위를 소홀히 하는 것이다.

국가가 다른 국가 국민에 대해서 행한 대외 행위는 제1차 세계대전 동안 경제 전쟁과 함께 심리전을 전개하면서 처음으로 시작되었다. 이 심리전의 목적은 자국 국민의 사기는 진작시키고 상대국 국민의 사기는 저하시키는 것이었다. 그 당시 전시 심리전의 수단으로 이용된 것으로, 적대국 지역에 선전 삐라(leaflets)를 살포하는 것이었다. 그리고 이와 같은 행위는 전시에 또는 다른 국가와 적대 관계에 있는 동안에만 시행되었다. 전시가 아닌 평화시에 외국 국민에 대한 대외적인 선전 행위는 소련이 처음으로 실시했다. 소련은 볼셰비키 혁명 이후 공산주의를 선전하기 위해 정부 내에 상설 기구를 설치해 다른 국가에 공산주의를 선전했다. 영국도 1935년에 '영국 협의회'(British Council)를 만들어 영국인의 생각과 생활을 외국에 알렸다. 또 1938년에는 '영국 방송 공사'(British Broadcasting Corperation)를 만들어 여러 개의 외국어 방송을 실시했다. 그리고 1939년 6월 영국 수상은 외교부에 '해외 선전국'(Foreign Publicity Department)을 설치해 다른 국가에 영국을 알렸다.6)

국민에 대한 외교를 체계적이고 다양하게 전개한 국가는 미국이다.7)

---

6) E. H. Carr, *The Twenty Years' Crisis*(London: Macmillan & Co. LTD., 1958), pp. 132ff.

미국은 1948년 '미국 정보 및 교육 교환법'(United States Information and Educational Exchange Act-일명 Smith-Mundt Act)을 제정했다. 이 법을 제정한 의회는 다른 국가의 국민들로 하여금 미국을 더 잘 이해하게 하고 미국 국민과 외국 국민간의 이해를 증진시키는 것이 이 법의 목적이라고 했다. 미국은 1953년 미국 공보원(U. S. Information Agency - USIA)을 만들어 국무성 산하에 두고 여러 국가에 이를 설치하고 있다. 미국 문화원은 언론, 출판, 영화 등 여러 대중매체를 이용해 미국을 외국인에게 알리는 일을 하고 있다. 미국 문화원의 모은 교육 및 문화 계획을 통해 미국의 정책과 행위의 근간이 되는 문화를 외국인들에게 올바로 이해시켜서 궁극적으로 미국 정부의 목적과 정책을 그들에게 알리려는 것이다. 미국은 이와 같은 목적을 위해 약 120여 개국에 200여 개의 미국 공보원을 두고 체계적으로 다른 국가 국민에 대해 외교를 전개하고 있다.[8] 또 미국 의회는 1973년 '국제 방송 위원회법'(Board for International Broadcasting Act of 1973)을 제정했다. 이 법에 근거해서 '국제 방송국'을 설립하고 이 방송을 통해 외국인에게 미국인과 미국의 정책, 목표 등을 알려 미국을 이해하는 데 도움을 주고 있다.

오늘날 많은 국가들이 다른 국가의 국민들에게 자국의 가치관, 목표, 정책 등을 알리고 이해시키는 일을 매우 강조하고 있다. 이러한 목적을 위해 이용되는 방법으로는 사람이나 물건을 직접 외국에 소개하는 방법이 있다. 예를 들어 한 국가에 유명한 예술가가 있다면, 그를 외국에 보내 그들에게 자국의 우수성을 알리고, 국보급 문화재를 해외에 전시해 자국의 문화를 자랑하기도 한다. 특히 부유한 국가들은 외국인들을 자국에 초청해 이들에게 장학금을 주어 공부시켜 자국을 많이 이해하고 귀국하면 좋게 선전해 줄 것을 기대한다. 이렇게 공부한 사람이 만약 장차 그 사회의 지도급 인사가 되거나 정책 결정자의 자리에 오른다면 오히려 그 부유한 나라는 이 학생에게 지급한 장학금으로 더 좋은 효과를 거둘 수 있을 것이다.

---

7) 미국의 국민에 대한 외교는 Allen C. Hansen, *op. cit.*, pp. 1ff 참고.

8) *Ibid.*, p. 15.

오늘날 국가적으로 부유한 국가들은 해외공관과 함께 문화원 또는 홍보관을 두고 있다. 이 기관은 주재국 국민들에게 자국을 소개하는 여러 가지 문화행사를 실시한다. 자국을 소개할 수 있는 영화도 상영하고, 강연회도 하며 학술회의를 개최하기도 한다. 그와 함께 자국을 이해할 수 있는 기초 수단으로 자국의 언어를 공부할 수 있는 기회를 제공하기도 한다.

또 국가들은 자국을 소개하는 데 도움이 되는 국제적인 행사도 유치해서 자국에 대한 평가를 높게 하고 위상을 제고시킨다. 독재국가는 세계미인대회를 자국에 유치해서 미인의 인상과 함께 자국의 독재국가의 나쁜 인상을 씻으려 한다. 또 국제통화기금(IMF), 세계은행(IBRD) 등의 국제적으로 영향력이 있는 국제 기구의 회의를 유치해 이 회의를 통해 자구의 위상을 제고시키려 한다.

5. 외교 역량

외교 역량의 의미

국제 정치의 가장 주된 행위 주체는 배타성을 강하게 갖고 있는 민족을 기초로 하고 있는 주권 독립 국가들이다. 이 국가들은 각기 다른 국가보다 더 많은 것을 가지려 하고, 심지어는 다른 국가의 희생 위에 더 많은 것을 얻으려 하는 경우도 있다. 그렇기 때문에 국가 간의 이해 관계는 조화보다 상충되는 부분이 더 많아 각국은 서로 경쟁하고 대립하며, 상대 국가를 압도하려 한다. 이러한 국제적 환경 하에서 한 국가가 자국의 대외적 목표를 달성해서 국가 이익을 극대화하려면 자국이 원하는 방향으로 다른 국가가 행위하고 결정하도록 만들 수 있어야 한다. 오늘날 국제 정치에 있어 진정으로 강한 국가는 군대의 지휘관처럼 한 국가가 다른 국가에게 어떤 의사를 표시하거나 전달했을 때 이것이 명령으로 받아들여져 복종시킬 수 있는 능력을 가진 국가를 의미한다.[1]

이러한 측면에서 볼 때, 오늘날 어떤 국가가 대외 관계나 대외적 목적을 위해 무력이나 군사력을 행사하는 것은 외교에서 실패했다는 것을 의미한다. 즉 한 국가가 군사적 수단을 사용하는 것은 다른 국가를 설득하는 데 실패했음을 뜻한다는 것이다. 미국은 오늘날 가장 힘이 강한 국가로 인정되고 있다. 그러나 1989년 12월 파나마의 독재 정권을 제거하기 위해 군사적 행동을 감행한 것은 미국이 파나마에 대한 외교의 실패를 인정하는 행위이다. 파나마가 미국의 정책이나 뜻과 다르게 결정하고 행위를 한다는 것은 파나마에 대한 미국의 정치적 외교가 전개될 수 있는 바탕을 갖고 있지 못해 미국의 외교가 효력을 상실했다고 생각해도 좋을 것이다. 비폭력적인 외교 행위로

---

1) Bruce Russett and Harvey Starr, *World Politics*(San Francisco: W. H. Freeman and Company, 1981), pp. 137 & 172.

미국이 그의 목적을 달성할 수 있었다면 군사적 수단은 사용되지 않았을 것이다.

오늘날 어느 국가도 자국의 목적을 달성하기 위해 군사적인 수단을 사용하는 것이 바람직하다고는 생각지 않을 것이다. 어떤 국가가 평화적인 방법으로는 목적을 달성할 수 없다고 판단하거나 그 수단밖에는 없다고 생각할 때 무력을 행사한다. 물론 이러한 것도 외교의 한 수단이기는 하지만 이것은 최후의 수단이다. 군사적인 방법으로도 그 목적을 달성할 수 없으면 그 국가의 외교는 더 이상 전개될 수 없다. 군사력이 정치적 수단으로 효력을 가지려면, 실제 그것을 사용하는 것보다는 외교의 대상이 되는 국가에 영향력을 행사하는 수단으로 사용해야 한다. 어떤 국가에 대해 그 국가가 하지 않으려는 일을 하게 하거나 그 반대의 경우, 실제 무력을 행사하지 않고 군사력을 이용해 영향력을 행사할 때 군사적 수단이 효과를 발휘하는 것이다.[2]

모든 국가들은 보다 더 효과적이고 바람직한 외교 수단을 가지려 하는데, 이러한 외교적 수단은 외교를 뒷받침하는 힘이 있을 때 도출될 수 있다. 이 외교적 힘이란 한 국가가 다른 국가에 의사 전달 또는 의사 표시 행위로 자국의 목적이나 뜻하는 바를 달성할 수 있는 능력을 말한다. 이 능력 가운데에는 한 국가가 평화적인 방법으로 그의 대외 목표나 대외 정책을 실현시켜 국가 이익을 극대화하는 적극적인 능력이 있다. 또 다른 한편으로는 다른 국가로부터 자국의 국가 이익을 보호할 수 있는 소극적 능력이 있다. 전자는 적극적이고 공세적인 것으로 적극적 외교 역량이라 하고, 후자는 소극적이고 수세적인 것으로 소극적 외교 역량이라고 한다. 이 소극적 외교 역량은 적극적이고 공세적으로 가해지는 외교 행위에 굴복하지 않고 자국의 이익을 보호할 수 있는 능력을 말한다.

---

2) Stephen S. Kaplan, *Diplomacy of Power*(Washington, D.C.: The Brookings Institution, 1981), p. 16.

적극적 외교 역량

적극적 외교 역량이란 한 국가가 자국의 외교 정책이나 그 것을 성취시킬 수 있는 국가의 능력을 말한다. 국제 사회에서 언제 어디서나 힘의 뒷받침 없이 외교 행위가 성공하는 경우는 흔하지 않다. 국력이 강한 국가는 약한 국가에 비해 외교의 성공률이 높은 것이 사실이지만, 그렇다고 강대국의 외교가 언제나 성공적인 것은 아니다.

오늘날 강대국인 미국의 리비아에 대한 정책은 실효를 거두지 못하고 있다. 1980년대 리비아는 미국의 군사 기지에 테러 행위를 자행했고, 미국인을 납치해 인질로 삼았다. 1986년 4월 미국은 리비아에 무력을 사용하기도 했으나, 리비아에 미국의 뜻에 어긋나는 행위를 저지시키거나 미국의 정책에 동의하도록 만들지는 못했다.

소련 역시 공산권 국가의 종주국으로 군림하고 있었고, 바르샤바 조약기구(Warsaw Treaty Organization)를 통해 동유럽 국가들을 그의 휘하에 거느리고 있다. 그러나 1968년 불가리아의 수도 소피아에서 개최된 이 기구 회원국 회의에서 소련이 이 기구의 군사령부를 더욱 강화시키려 하자 루마니아가 소련의 입장에 반대했다. 그 후 루마니아는 수시로 바르샤바 조약기구의 해체를 주장했다.[3]

리비아와 루마니아가 각각 미국과 소련에 저항하며 순응하지 않는 태도를 갖는 것은 미국과 소련의 영향력이 각기 이 두 국가에 통용되지 않고 있음을 나타내는 것이다. 동시에 미국과 소련도 이 두 국가에 적극적 외교 역량이 발휘될 수 있는 기초를 갖고 있지 못한 것으로 판단할 수 있다. 이와 같이 강대국이라고 하더라도 어느 국가에 대해서나 적극적인 외교 역량이 발휘될 수 있는 것은 아니다.

한 국가의 힘은 땅 속에 매장되어 있는 원유와 같다. 땅 속에 많은 양의 원유가 매장되어 있다는 것은 국가의 큰 자산이다. 그러나 이

---

3) Raymond L. Garthoff, *Detente and Confrontation*(Washington, D.C.: the Brookings Institution, 1985), pp. 112-113.

땅 속에 묻혀 있는 원유가 곧 자동차나 공장 기계 등을 움직이는 에너지가 되는 것은 아니다. 이 원유가 채굴되어 정유공장에서 사용 가능한 기름으로 만들어져 필요한 곳으로 공급될 때에야 그 가치가 발휘되는 것이다. 이처럼 국가가 갖고 있는 힘 자체가 자동적으로 외교 역량으로 발휘되는 것이 아니다. 국력이 외교 역량으로 변모되기 위해서는 그것이 적절히 활용되어야 한다. 국가가 큰 힘을 품속에 간직하고만 있다면, 소극적 외교 역량은 될 수 있을지 모르나 적극적 외교 역량이 될 수는 없다. 국력이 외교 행위의 기초를 형성할 때에만 적극적 외교 역량이 되는 것이다. 외교 행위의 기초는 외교 행위가 행해지기 전에 외교의 대상이 되는 국가에 뿌리내려져야 한다.

한 국가로부터 다른 국가로 유형 및 무형의 자산이 계속해서 제공되면, 이 두 국가간에는 필연적으로 후자 국가가 전자 국가에 일방적으로 의존하게 되어 정치적으로 의존적 관계가 형성된다. 이러한 의존적 관계는 전자 국가로 하여금 후자 국가에게 영향력이나 압력을 행사할 수 있는 근거를 제공한다. 이 근거는 전자 국가로 하여금 영향력이나 압력 행사를 통해 후자 국가를 전자 국가의 뜻대로 결정하고 행동하게 만든다. 이러한 능력이 곧 적극적 외교 역량이다. 이처럼 한 국가가 다른 국가와 깊고 넓은 정치적인 의존적 관계를 형성해서 적극적 외교 역량을 확대하고 강화하기 위해 다른 국가에 지속적으로 유형 및 무형의 자산을 제공하는 행위를 정치적 투자라 한다. 정치적 투자의 수단으로 주어지는 유형, 무형의 자산 가운데 가장 분명하고 일반적인 것이 경제 발전의 지원, 과학 기술의 제공, 군사 원조, 국민의 교육 수준을 향상시킬 수 있도록 지원하는 물질적 투자이다. 그 외에도 여러 형태의 경제 관계, 예를 들어 무역, 관세, 환율 등도 적절한 정치적 투자의 형태이며, 교육 및 문화적 교류도 그의 일종이 될 수 있다.4)

국제 사회에서 국가간에 이루어지고 있는 지원, 교류 등이 모두 정치적 투자로 이루어지는 것은 아니다. 국제 정치의 속성상 한 국가의

---

4) Bruce Tussett and Harvey Starr, *op. cit.*, p. 134.

다른 국가에 대한 지속적인 지원에는 이러한 의미가 다분히 담겨 있다고 보아야 한다. 국제 사회에서 각국은 서로 경쟁하고 상호 배타적인 입장을 견지하는 것이 일반적인 현상이다. 그런데 한 국가가 다른 국가를 지속적으로 지원한다는 것은 자비와 박애의 정신에 입각해서라기보다는 정치적 의미를 담고 있는 것으로 보아야 한다.

물론 정치적 투자는 국력이 강하고 풍부해야만 가능하다. 그러나 이러한 능력이 있는 국가라고 해서 원칙 없이 무계획적으로 다른 국가에 정치적 투자를 제공하는 것이 아니다. 미국은 강하고 풍부한 국력을 갖고 있으나 세계 모든 국가에 유형・무형의 자산을 제공하고 있지 않다. 능력이 있는 국가들이 정치적 투자를 제공하는 국가는 외교 행위의 주된 객체가 되는 국가들이다. 많은 사람들이 기아에 허덕이고 있는 아프리카의 빈민국에 강대국이 정부 또는 국가 차원에서 지속적으로 물질적 지원을 하는 경우는 거의 볼 수 없다. 이런 사실은 곧 정치적 투자나 물질적 지원은 이를 제공하는 국가의 정치적 필요에 의해 이루어진다는 것을 말해 주고 있다. 이렇게 볼 때, 유형・무형의 자산이 지속적으로 제공되는 것은 정치적 투자의 성격을 강하게 띠고 있고, 이러한 정치적 투자는 적극적 외교 역량을 위해 이루어지는 것이라고 결론 지을 수 있다. 특히 오늘날은 경제가 국제 정치의 결정적인 요소로 작용하기 때문에 경제를 수단으로 하는 정치적 투자가 특히 효력을 발휘한다. 모든 국가가 경제 발전을 국가의 지상 목표로 삼고 있기 때문에 경제를 통한 일방적인 의존적 관계의 형성은 매우 쉽게 볼 수 있다. 어떤 국가가 수출 물량의 절반을 특정 국가의 시장에 팔고 있다면, 이 국가는 그 특정 국가와의 무역에서 일방적으로 의존하게 된다. 이 의존 현상은 수출시장을 제공하는 국가에게 영향력이나 압력을 행사할 수 있는 근거를 제공하며 곧 이러한 관계가 정치적으로 의존적 관계를 형성한다. 이런 관계는 수출 시장을 제공한 국가에게 상품을 자국에 수출하는 국가에 대해 강하고 적극적인 외교 역량을 갖게 해줄 것이다. 이처럼 오늘날은 경제적인 요소가 정치적 투자의 요소로 이용되고 적극적 외교 역량을 강화시키는 수단으로 활용되고 있다.

이와 같이 적극적 외교 역량의 기초를 강하게 구축하기 위해 제공되는 정치적 투자가 효력을 갖기 위해서는 영향력이나 압력이 미칠 수 있고 작용될 수 있어야 한다. 그러기 위해서는 이 정치적 투자가 무기로서 위협이나 징벌을 가할 수 있어야 한다. 이를 위해 정치적 투자를 제공하는 국가는 이러한 측면을 염두에 두고 있다. 이는 정치적 투자를 제공받는 국가로 하여금 이를 제공하는 국가에의 의존도를 깊고 넓게 만들려 할 것이다. 정치적 투자를 제공하는 국가는 이를 제공받는 국가와 일방적인 의존 관계를 형성해서 언제나 전자가 후자에 대해 원하는 것을 성취시킬 수 있도록 해야 한다. 그리고 더 나아가서는 경제적 징벌 또는 그의 위협으로 전자의 외교가 성공할 수 있는 기초의 강화를 도모할 것이다.5) 적극적 외교 역량을 확대·강화시키고 있는 국가로서, 보다 더 효과적이고, 위력적인 외교 행위의 바탕을 갖기 위해서는 다음과 같은 조건들이 충족되어야 한다.6)

첫째, 영향력 행사나 압력을 받는 국가의 경제가 매우 취약해서 징벌을 가하는 국가의 위협에 쉽게 굴복할 수 있을 만큼 양측의 경제 관계가 커다란 불균형 관계에 있어야 한다.

둘째, 징벌을 받는 국가가 다른 공급처나 시장을 구할 수 없어야 한다.

셋째, 징벌을 받는 국가가 징벌을 가하는 국가로부터 제공받는 기술이나 자원을 다른 국가로부터도 구할 수 없어야 한다.

넷째, 징벌을 받는 국가가 불매동맹과 통상 정지로 경제적 어려움이 발생했을 때 정치적 압력을 증가시킬 수 있는 요소로서, 경제적 어려움에 불만을 가진 사람들이 징벌을 받는 국가 내에 많이 있어야 한다.

다섯째, 압력이나 징벌을 가하려는 기도가 개별적이기보다는 집단적으로 이루어져야 더 효과적이다. 국가 그룹이나 전 공동체가 제재를 가할 때, 징벌의 대상이 되는 정부의 정통성은 치명상을 입는다.

---

5) *Ibid.*, p. 136.

6) K. J. Holsti, *International Politics*(Englewood Cliffs, N. J.: Prentice-Hall International, Inc., 1988), p. 227.

여섯째, 이러한 압력이나 징벌은 가하는 측보다 이를 받는 국가의 손실이 더 커야 한다.

일곱째, 압력이나 징벌의 대상이 되는 정부가 국제적으로 동정을 받지 않아야 한다.

여덟째, 경제적 압력은 다른 징벌 수단과 병행되어 행해져야 더 효력이 있다.

적극적 외교 역량의 효력을 증대시킬 수 있는 다른 하나의 수단으로는 무력 행사가 아닌 무력 행사의 위협이 있다. 이 수단은 정치적 투자 없이도 행사될 수 있다. 직접적인 무력 행사는 정치적 의미를 갖지 못하지만, 이의 위협은 압력이나 영향력의 의미를 전달할 수 있기 때문에 정치적 의미를 가질 수 있다. 그러나 모든 무력 행사의 위협이 효력을 갖는 것은 아니다. 실제로 행사될 수 있는 무력을 보유하고 있어야 함은 물론이고, 이를 행사할 수 있다는 확고한 의지가 상대 국가에 인지되어야 한다.

중국의 대만해협에 대한 포격이 있기 전인 1958년 1월, 만약 중국이 대만해협에 무력을 행사한다면 미국은 중국에 대해 핵무기로 보복 공격을 하겠다고 선언했다. 그럼에도 불구하고 중국은 대만해협의 여러 섬에 대한 포격을 계속 했다. 중국이 미국의 위협에 굴복하지 않은 이유는 중국이 미국의 보복 의지를 믿지 않았기 때문이다. 이렇게 미국의 의지가 효력을 갖지 못했던 이유는 1958년 7월 흐루시초프가 아이젠하워 대통령에게 "중국은 소련의 동맹국이고 우방이다. 미국의 중국에 대한 공격은 소련에 대한 공격으로 간주한다."[7]고 경고했기 때문이다. 따라서 이 경고가 중국으로 하여금 미국의 보복 의지를 무시할 수 있게 했다.

다른 한편으로 1962년 10월 미국 해안으로부터 90마일 떨어져 있는 쿠바에 설치한 소련의 미사일 기지가 발견되었을 때 이 같은 소련의 행위를 미국의 국가 이익에 대한 중대한 위협이고 도전이라고 판단했고, 이에 대해 케네디(John F. Kennedy) 대통령은 쿠바 내에 설

---

7) John R. Thomas, "Soviet Behavior in the Quemoy Crisis of 1958," *ORBIS*, vol. 6, no. 1(Spring 1962), pp. 41-42.

치된 미사일 기지에 대한 공중 공격을 내용으로 하는 최후 통첩을 소련에 전달했다. 이러한 미국의 확고한 의지를 인지한 소련은, 미국으로부터 쿠바를 공격하지 않겠다는 보장을 받고 쿠바에서 미사일 기지를 철수했다. 소련의 미사일 기지 철수 결정은 미국의 위협에 굴복했기 때문에 이루어진 것으로, 이 경우는 미국의 소련에 대한 위협이 성공한 예이다. 미국의 위협에 소련이 굴복한 것은 미국의 확고한 보복 의지를 인지한 동시에, 미국의 군사적 능력을 알고 있었기 때문이다.

경제적이든 군사적이든 어떤 국가의 위협이 효력을 발휘해서 정치적 목적을 달성하려면, 위협을 가하는 국가의 능력과 의지가 위협의 대상이 되는 국가에 대해 확실하게 인지되어야 한다. 경제적 또는 군사적 수단이 적극적 외교 역량으로 활용되기 위해서는 그 국가의 힘이 상대국보다 우월해야 하고, 이에 맞추어 불평등하고 의존적인 관계가 형성되어야 하는 것이다.

소극적 외교 역량

어떤 국가든 대내외적으로 자국이 견지하고자 하는 노선, 정책, 태도 등을 유지하려면 최소한의 소극적 외교 역량을 보유해야 한다. 여기서 의미하는 소극적 외교 역량이란 다른 국가로부터 가해지는 압력이나 영향력 행사의 대상이 되지 않거나 이러한 것이 가해질 때 이에 굴복하지 않을 수 있는 능력을 말한다.

이러한 능력은 우선 다른 국가에 정치적으로 또는 경제적으로 의존하지 않거나 의존성을 최소화할 때 가질 수 있다. 의존성 가운데 가장 중요한 것은 영토적 안전보장이다. 만일 어떤 국가가 자국의 안전보장을 전적으로 다른 국가에 의존한다면 이 두 국가간에는 일방적인 의존 관계가 형성되어 이를 보장하고 있는 국가는 피보호국가에 영향력을 행사해서 원하는 대로 그 국가를 움직일 수 있는 여건이 될 것이다. 어떠한 국가든 자국의 생존보다 더 중요한 일은 없기 때문에, 이러한 피보호국가는 그를 보호하는 국가에 대해 저항 능력을 가질

수 없다. 그러므로 자국을 보호하는 국가에 대해 소극적 외교 역량을
가질 수가 없다.

1950년대와 1960년대 서유럽 국가들이 외교권의 행사를 부분적이
나마 미국에 의해 제한받았던 이유 중의 하나는 그들에 의해 이들
국가의 영토적 안전이 보장되었기 때문이다. 그러나 1960년대 말부터
미국과 소련간 핵무기 능력 면에서 미국의 압도적인 우위가 무너지기
시작했다. 그러면서 양국이 새로운 핵전쟁의 위험성을 같이 인식해
긴장이 완화되었다. 이와 같은 인식은 전쟁 불가피론을 제거했고,
1969년 양국간 전략 무기 제한 협정을 체결하기 위한 교섭을 시작했
다. 또 1972년에 유럽의 현상(Status quo)을 인정하려는 '유럽의 안
전과 협력에 관한 회의'(Conference on Security and Cooperation
in Europe) 등이 시작되면서 소련의 서유럽 국가들에 대한 위협이
감소되었다. 그리하여 서유럽 국가들은 북대서양 조약기구의 회원국
이지만 안전보장상 미국에 의존하는 정도가 약화될 수 있었다. 이는
서유럽 국가들로 하여금 어느 정도 미국에 대한 저항 능력을 갖게
하는 계기가 되었다. 따라서 외교의 측면에서도 부분적이긴 하지만
미국을 맹목적으로 따르지는 않았다. 이제 이 국가들은 미국과의 동
맹 관계에 대해 그 의미와 가치에 대한 이해를 달리하게 되었다. 따
라서 미국과 캐나다에 대항해서 지역적 경제기구(the European
Economic Community and the European Free Trade
Association)를 만들었다. 그리고 쿠바, 도미니카 공화국 등에 대한
미국의 많은 중남미 정책을 공개적으로 반대하며 이들 국가들에 대한
미국의 제재 요구를 거부하고, 미국 중심이 아닌 새로운 세계 문제의
해결책을 요구하는 등 미국에 저항했다.8) 서유럽 국가들은 안전보장
면에서 미국의 의존도를 줄일 수 있게 되면서 미국에 대한 저항력,
즉 소극적 외교 역량을 제고할 수 있었다.

냉전 체제하에서 인도·인도네시아·유고슬라비아 등은 강대국으
로부터의 영토적 안전보장에 직접적인 위협을 느끼지 않았다. 그들은

---

8) Cecil V. Crabb, Jr., *Nations in a Multipolar World*(New York: Harper & Row,
  Publishers, 1968), pp. 635-639.

동서간의 이념 투쟁에 개입하는 것을 원하지 않았고, 강대국으로부터 보다 많은 원조를 얻기 위해 비동맹 외교 노선을 걸었다. 이 비동맹 국가들은 미국이나 소련과 군사적 동맹 관계를 갖지 않고 더욱이 자국의 안전보장을 강대국에 의존하지 않았기 때문에 이들의 민족주의는 외부의 식민 세력으로부터 제한받지 않고 자유를 누릴 수 있었으며, 군사적으로도 외부로부터 영향을 받지 않았다.9) 그러므로 이들 국가들은 강대국과 동맹 관계를 갖고 있는 다른 국가보다 더 큰 소극적 외교 역량을 가질 수 있었다.

그러나 한국은 미국과 동맹 관계를 맺고 있고, 한국 땅에 미국군이 주둔해 영토적 안전을 보장해 주고 있기 때문에 자국의 안전보장을 한국은 미국에 크게 의존하고 있다. 이 경우 한국의 미국에 대한 소극적 외교 역량은 매우 취약하다고 하지 않을 수 없다. 한 국가의 안전보장은 가장 중요한 요소이다. 그런데 이것을 다른 국가에 의존한다면, 그 국가는 안전을 책임지고 있는 국가로부터 압력이나 영향력이 행사될 수 있는 기초를 제공하는 것이다.

오늘날 소극적 외교 역량을 약화시키는 또 하나의 요소는 경제적 요소다. 19세기와 20세기 전반까지는 각국의 대외적 경제 활동 및 관계가 활발하지 못했고, 경제적 상호 의존 관계도 긴밀하지 않았기 때문에 경제적 요소는 국제 정치나 외교에 영향을 미치는 주요 변수가 되지 못했다. 동시에 이 시기에는 대체로 정치와 경제가 국제 사회에서 별개의 영역으로 전개되었다. 그러나 현대는 경제 활동의 영역이 광범위해지고 경제 행위가 다양해지면서 국가간의 경제적 상호 관계와 작용이 빈번하고 밀접해짐에 따라 경제적 행위의 중요성이 매우 높아졌다. 그리하여 이제 경제는 국제 정치에 있어 국력 신장의 절대적인 요소인 동시에 국가간의 경제 행위나 경제 관계가 정치와 분리되어 존재할 수 없게 되면서 그 수단으로 이용되고 있다.

국제 정치에 있어 경제적 행위는 정치적 목적을 위해 조직적으로

---

9) J. W. Burton, *International Relations*(London: Cambridge University Press, 1965), pp. 177-178.; Michael Handel, *Weak States in the International System*(London: Frank Cass, 1981), p. 229.

조작된다. 한 국가가 다른 국가의 경제적 행위를 조작하는 것은 국내적이든 대외적이든 목표의 대상이 되는 국가의 정책이나 행위 등을 변경 또는 유지시킬 필요가 있을 때 행해진다.10) 경제적 규모나 경제력은 한 국가의 대외 문제 수행에 필수적이고 중요한 능력이다. 오늘날은 식민지가 모두 독립해 어떤 국가도 영토적 식민지를 갖고 있지 않다. 그 대신 신식민지가 생겼다. 제2차 세계대전 이후 국가간의 경제 교류가 활발하게 전개될 때, 한 국가가 외국 경제에 의존하면서 대외 정책 수행을 방해받는다는 것은 널리 알려진 사실이다. 다시 말하면, 경제적으로 우월한 국가가 의존적인 국가에 대해 자국의 외교 정책을 따르도록 강요할 수 있다는 것이다. 국가간의 국제적 경제 관계(economic ties)는 외국 원조·무역·투자·차관 등 다양한 형태로 이루어진다. 부유한 국가는 가난한 국가를 경제적으로 자국에 의존하게 만들며, 이러한 의존성은 다른 국가로부터 영향을 받게 만든다. 다른 국가와의 경제적인 불평등 관계가 형성되어 공격당할 만큼 취약한 국가는 우월한 국가의 정치적 압력이나 영향력 행사의 대상이 된다. 이러한 정치적 영향력은 의존적인 국가의 굴욕적이거나 맹종적인 외교 정책으로 나타난다.11)

오늘날 국가간의 경제 행위나 경제 관계는 한 국가의 대외 행위에 결정적인 영향을 미친다. 특히, 경제적 의존도와 외교 정책이나 외교 행위의 제한은 정비례한다. 그러므로 한 국가가 경제적으로 다른 국가에 의존하면 소극적 외교 역량을 상실하고 외교 정책이나 외교 행위를 크게 제한받는다. 이런 상태에 이른 국가는 대외적인 명예나 신뢰도가 크게 실추되는 것은 말할 것도 없고, 대외 행위나 대외 정책에 있어 자주권을 상실해 국가의 이익을 증대시키는 일은 생각할 수도 없다.

---

10) K. J. Holsti, *op. cit.*, pp. 216-219.

11) Neil R. Richardson, "Economic Dependence and Foreign Policy Compliance: Bringing Measurement Closer Conception," in Charles W. Kegley, Jr. and Pat McGowan (eds.), *The Political Economy of Foreign Policy Behavior* (Beverly Hills: Sage Publication, 1981), pp. 87-90.

국가는 적어도 소극적 외교 역량을 상실하지 않아야 외교적 자주권을 향유할 수 있다. 그러므로 소극적 외교 역량을 갖추기 위해서는 어떤 분야에서도 다른 국가에 의존하지 않거나 아니면 의존도를 최소화해야 한다. 다른 국가로부터 자국의 영토적 안전을 보장받고 있는 국가, 군사 및 경제 원조를 한 국가로부터 일방적으로 많이 받고 있는 국가, 무역의 3분의 1 이상을 오직 한 국가에만 의존하고 있는 국가, 외채가 많은 국가, 외국 기업에 투자를 많이 허용한 국가 들은 경제적 의존성이 커진다. 그렇게 되면 정치적으로도 쉽게 의존하게 되어[12] 소극적 외교 역량을 상실한다. 그러나 소극적 외교 역량을 갖지 않고서는 적극적 외교 역량은 절대로 가질 수 없다.

당장 외교 행위나 외교 정책에 직접적으로 크게 영향을 미치는 것은 아니지만 장기적인 안목에서 볼 때, 근본적으로 소극적 외교 역량을 취약하게 만드는 또 다른 하나의 요소는 문화적 요소이다. 문화적 요소란 인간의 정신세계를 지배하는 것들을 말한다. 어떤 한 국가가 다른 국가 국민들의 정신세계를 지배할 수 있다면, 이는 그 국가의 모든 것을 지배할 수 있다고 말할 수 있다. 어느 한 국가에서 다른 국가의 언어를 공용어로 사용하거나 모국어 다음으로 많이 사용해 그 국가의 문화에 심취하면, 타국의 문화가 자국인에게 뿌리내릴 염려가 있다. 이와 같은 현상은 외국 문화에 의해 자국인의 정신세계가 잠식되거나 지배될 가능성이 많아지고, 이런 결과는 정책 결정 등에 크게 영향을 미칠 수 있어 궁극적으로 다른 국가의 영향력 행사나 압력에 굴복하는 결과를 낳게 할 것이다. 언어 이외에도 오늘날은 교통 및 통신의 발달로 외국의 문물이 손쉽게 유입될 수 있다. 인류사회에 있어 문물의 교류는 당연하고 필연적인 것이지만 강한 문화의 과다한 유입 또는 어떤 특정 문화의 일방적인 유입 등은 위와 같은 결과를 초래할 수 있다.

과거 식민지 시대에는 말할 나위도 없고 오늘날 영토적 식민지가 없는 시대에도 각국은 국제 관계 또는 외교의 기초로 문화의 수출에

---

12) Marshall R. Singer, *Weak States in a World of Power*(New York: The Free Press, 1972), p. 328.

큰 관심을 갖고 이를 실천에 옮기고 있다. 외교에 있어 경제적 침투나 군사적 위협 등은 일시적일 수 있고 또 상황이 바뀌면 개선의 여지가 있을 수 있다. 그러나 타국의 문화가 유입되어 그것이 깊이 뿌리내리고 확산된다면 이러한 현상의 제거나 개선에는 많은 시간과 노력이 요구될 것이다. 만일 한 국가의 문화가 다른 국가에 지나치게 유입되어 그 나라의 고유 문화를 훼손시킨다면 이는 그 나라 국민들의 정신 세계까지 지배할 것이고, 이러한 결과는 그 나라의 모든 것을 잃게 만들 것이다. 이러한 상황에서는 소극적 외교 역량의 발휘를 기대할 수 없다.

두말할 나위 없이 소극적 외교 역량이 취약한 국가는 약소국이다. 그러나 약소국이라고 해서 모두 소극적 외교 역량이 취약한 것은 아니다. 대체로 약소국의 경우, 강대국과 정치·경제·문화적 관계가 깊을 때 의존적 관계가 형성되기 때문에 소극적 외교 역량이 강하게 작용할 수 없다. 약소국의 입장에서 강대국과 깊은 관계라는 것은 의존적 관계를 말한다. 모든 국가는 다른 국가와 어떤 형태이든 상호 관계를 갖고 서로 작용하며 살아가고 있다. 이러한 상호 의존적 관계는 당연하고 필수적인 것으로, 그 관계가 어느 한쪽에 지나치게 기울지 않고 형평을 이룰 수 있다면 국가의 소극적 외교 역량에 영향을 미치지 않는다. 그러나 국가간의 관계에 있어 정치·경제·군사 등 어느 한 부분에서라도 상호 의존적 관계가 아닌 일방적인 의존적 관계가 형성된다면 이는 소극적 외교 역량을 약화시키는 원인이 된다.

외교 역량의 강화

성공적인 외교는 한 국가를 부강하게 하고 그 국가의 명예를 제고시킬 수 있다. 그런데 이러한 성공적인 외교는 그 국가의 외교 역량이 크고 강할 때 가능하다. 그런 의미에서 보면 크고 강한 외교 역량을 갖는 것은 한 국가의 운명을 결정 짓는 요소라고 할 수 있다. 그렇기 때문에 모든 국가는 외교 역량을 제고하기 위해 노력한다.

적극적 외교 역량의 강화

다른 국가에 대해 적극적 외교 역량을 강하게 갖기 위해서는 영향력이나 압력의 행사가 효과적으로 작용할 수 있도록 깊고 폭넓은 의존적 관계를 형성하는 것이다. 국가간의 의존적 관계는 정치적 투자가 합목적적으로 이루어질 때 형성될 수 있고, 이는 정치적 영향력이나 압력 행사가 효력을 발휘할 수 있는 근거를 제공한다. 강대국에 의해 제공되었던 정치적 투자는 대체로 그를 제공하는 국가의 필요에 의한 것이다. 예를 들면, 소련의 대부분의 원조는 그 동맹국인 중국 또는 동유럽 국가들과 제3세계 국가 중에서 소련을 추종하는 국가에, 그리고 석유 수출국 기구(OPEC)의 원조도 주로 회교국에 제공되었으며, 미국 원조의 대부분도 개발도상국이 아닌 이스라엘·이집트·터키 등에 제공되었다. 1980년대에 각국이 제공한 원조의 통계를 보면 원조가 제공되는 기준은 그의 필요성 여부보다는 그것을 제공하는 국가의 정치적·전략적 고려에 의해 제공한 것으로 나타나 있다. 이러한 원조의 경향은 강대국에 의해 제공되는 원조의 특징이다.13)

일반적으로 강대국의 정치적 투자도 원조의 경우와 같이 정치적·전략적 기준에 의해 제공된다. 특히 강대국들에 의해 행해지는 정치적 투자는 원조의 대상이 되는 국가의 필요성보다 오히려 투자를 행하는 국가의 필요에 의해 제공된다. 미국이나 소련 등이 동맹 국가들에 제공하는 정치적 투자는 냉전 체제하에서 이 동맹 국가들의 결속과 미국이나 소련에 대한 충성심을 제고시키기 위해 제공되는 정치적 투자이다. 이렇게 볼 때 미국과 소련의 정치적 투자는 이것을 제공하는 두 강대국의 필요에 의해 제공되었기 때문에 그 효과는 그다지 크지 않았다. 이들이 제공한 정치적 투자는 미국과 소련의 정치적 및 전략적 필요에 의해 제공되었기 때문에 미국 및 소련과 정치적 투자를 제공받은 국가간에 일방적인 의존적 관계를 형성할 수 없었다. 그리하여 이러한 정치적 투자는 영향력이나 압력을 행사할 수 있는 근

---

13) K. J. Holsti, *op. cit.*, p. 234.

거를 크게 만들지 못했고 이러한 정치적 투자는 적극적 외교 역량은 강화시키는 데 성공적이지 못했다.

냉전 체제하에서 미국과 소련이 동맹국에 제공한 정치적 투자는 무엇보다도 동맹 의무의 충실한 이행을 목적으로 주어졌다. 즉 맹주가 되는 미국과 소련에 대한 충성심만을 위한 투자가 제공되었다. 그렇기 때문에 이러한 투자는 그 대상이 되는 국가의 절대적 욕구를 충족시키는 데 미흡했을 뿐만 아니라, 영향력이나 압력 행사의 기초를 확고히 하는 데 실패한 면도 없지 않았다. 미국이나 소련이 제공한 정치적 투자의 폭이 넓어서 그 투자가 그 대상 국가에 넓고 강한 영향력 행사의 기초를 형성했더라면 중국·프랑스·쿠바·루마니아 등의 반동맹적 행위는 없었을 것이다.

모든 정치적 투자의 목적은 그 대상이 되는 국가를 제공하는 국가에 일방적으로 의존하게 만들고 불평등한 관계를 형성하게 하는 것이라고 할 수 있다. 그러나 이 불평등 관계나 의존 관계의 질과 성격이 모두 같지는 않다. 이러한 의존적 관계에는 감성적 의존성(sensitivity dependence)과 취약한 의존성(vulnerability dependence)이 있다. 감성적 의존성이란 불균형 관계의 형성으로 다른 국가에 의존하고 있는 국가가 정치적 투자의 제공 국가로부터 자본·상품·무역·시장 등을 무기로 해서 불이익을 강요받아, 어려움과 고통이 있더라도 이를 극복하며 어려움에 적응할 수 있는 정도의 의존 관계가 형성된 것을 말한다. 그리고 취약한 의존성이란 이러한 불이익이나 어려움을 강요받을 때 이를 극복할 수 없는 의존성을 말한다.14)

냉전 체제하에서 미국이나 소련의 동맹국에 대한 정치적 투자는 대체로 감성적 의존성을 형성했기 때문에 이들은 동맹국에 영향력이나 압력 행사의 근거를 넓고 강하게 갖지 못한 측면이 있다. 그러므로 적극적 외교 역량을 강화하기 위해서는 '감성적 의존성'보다는 '취약한 의존성'을 만들 수 있는 정치적 투자가 이루어져야 한다. 강대

---

14) R. Keohane and J. Nye, *Power and Interdependence*(Boston: Lettle, Brown and Company, 1977), pp. 11ff.

국이 다른 국가에 취약한 의존 관계를 갖게 하려면 거시적이고 다변적이 아닌 미시적·쌍무적 관계에 입각해 정치적 투자를 제공하고 투자의 대상이 되는 국가의 필요를 충족시키는 정치적 투자가 이루어져야 한다. 이렇게 될 때 정치적 투자는 일방적인 의존 관계가 형성되어 영향력이나 압력 행사의 근거를 만든다.

양극 체제하에서 미국과 소련에 의해 대상 국가에 주어진 정치적 투자인 안전보장, 원조, 여러 경제 관계(economic ties) 등은 감성적 의존 관계에 초점이 맞추어져서 이루어졌다고 할 수 있다. 이러한 모든 투자는 미국과 소련이 각각 그들의 동맹 체제 또는 양극 체제의 유지만을 위해 행한 것이었다. 특히, 미국과 소련은 그들이 구축한 양극 체제나 동맹 체제가 매우 견고하다고 생각했기 때문에 이 두 강대국의 정치적 투자는 매우 소극적이고 거시적으로만 이루어졌다.

이러한 미국과 소련의 생각을 실증하려는 듯 1948년에 유고슬라비아가, 1960년엔 중국이 소련으로부터 이탈해 소련을 추종하지 않았고, 1962년에는 쿠바가 미국을 버리고 소련을 택했다. 그리하여 미국과 소련은 이들 국가에 각기 경제적 제재를 가했으나 아무런 효력이 없었기 때문에 마침내 이들 국가간의 관계가 악화되었다. 이 국가들이 각기 다른 입장이나 노선을 갖게 된 이유는 이들에 대한 미국과 소련의 정치적 투자가 소극적이었기 때문에 그 정치적 투자가 효력을 발휘할 수 없었다.

한편, 동·서 진영간 그리고 미국과 소련간의 긴장이 완화된 1970년대에는 미·소 중심의 냉전 체제가 와해되어 국제 정치 환경을 바꾸어 놓았다. 이 새로운 국제 정치 환경의 등장으로 국가간의 상호 관계와 작용이 이념을 초월해 전개될 수 있었다. 국제 정치 환경은 국제 정치의 냉전적인 체제나 동맹 체제 유지의 의미나 가치를 반감시켰다. 한때 미국은 북대서양 조약기구, 소련은 바르샤바 조약기구라는 동맹 체제를 갖고 있었지만, 미국과 소련에 의해 이들 동맹국에 주어지는 정치적 투자는 활발하지 않았다. 이들 동맹의 회원국들은 국제 정치 환경이 바뀌면서 동맹 체제의 유지보다는 자국의 실질적 국가 이익을 극대화시키기 위해 개별적인 대외 행위를 했다. 그렇기 때문에 이제 강대국들이 그들 동맹국에 정치적 투자를 제공하는 것은 영향력 행사의 기초를 만드는 데 적절하지 않아 동맹 체제의 유지를 위한 투자는 효력을 발생하기 어려워졌다.

오늘날의 국제 정치 환경하에서는 앞에서 말한 바와 같은 미시적이고 쌍무적인 정치적 투자를 제공하는 것이 바람직하며, 정치적 투자는 그것을 제공하는 측보다는 이를 제공받는 측의 관점에서 제공되어야 할 것이다. 오늘날의 국제 정치 환경에서 강대국은 어떤 체제를 유지하기 위해서가 아니라, 일방적인 의존적 관계를 형성해서 정치적 영향력 행사의 기초를 형성할 수 있는 정치적 투자만이 효력을 발휘할 수 있다. 이러한 측면에서 보면 강대국으로서는 양극 체제보다는 다극 체제하에서 그들의 정치적 투자가 더욱 큰 가치를 가질 수 있다. 왜냐하면 다극 체제하에서는 어느 한 강대국이 어떤 체제를 유지할 수도 없고, 또 유지해야 할 필요성도 양극 체제보다 많이 감소되었기 때문이다. 뿐만 아니라 동맹 체제도 양극 체제하에서보다 그 유용성이 줄어들었고 결속력이 약화되어 그 가치가 크게 떨어졌기 때문이다.

오늘날 경제적 강국은 경제를 수단으로 불평등 관계를 조성하고 일방적인 의존적 관계를 설정하는 것이 적극적 외교 역량을 극대화하는 데 매우 효과가 있을 것이다. 한 국가가 경제 행위를 순수하게 경제 행위 차원에서 행하는 것이 아니라 정치적 투자의 차원에서 행한다면, 오늘날의 국제 정치 환경하에서는 매우 성공적으로 적극적 외교 역량을 강화할 수 있을 것이다.

한 국가가 적극적 외교 역량을 강화시킬 수 있는 다른 하나의 방편으로는 잠재적 영향력(potential influence)을 갖는 것이다. 잠재적 영향력이란 한 국가가 갖고 있는 유형 및 무형의 자산이 이것을 필요로 하는 국가들에게 영향력이나 압력을 행사할 수 있는 근거가 되는 힘을 의미한다. 이 잠재적 영향력은 지정학적 위치, 자연자원과 같이 인위적으로 만들어 가질 수 없는 것도 있지만, 인위적으로 만들 수 있는 것으로 높은 수준의 첨단기술, 높은 구매력과 넓은 시장, 과거 비동맹 국가 가운데 정치적으로 영향력이 큰 인도나 이집트처럼 한 지역이나 국제 기구에서 강한 정치적 지도력을 갖는 것 등이 있다. 과거 냉전 체제하에서 그리스, 터키 등이 미국에게는 전략적으로 중요하여 이 두 국가는 미국에 대해 잠재적 영향력을 갖고 있었다. 그리고 사우디아라비아와 같이 석유를 많이 생산하는 국가는 이것을 절대적으로 필요로 하는 일본, 한국 등에 역시 잠재적 영향력을 갖고 있어 일본과 한국의 이스라엘 정책에 크게 영향을 미쳤다. 그 외에도 경제적으로 발전하고 있는 중국의 넓은 시장은 경제 대국들에게는 잠재적 영향력으로 기능할 수 있고 역시 양국체제하에서 인도나 이집트는 미국과 소련에 대해 잠재적 영향력을 갖고 있었다. 이집트가 1956년 프랑스와 영국이 소유하고 있던 수에즈 운하 회사를 국유화할 수 있었던 것은 이집트의 잠재적 영향력이 미국에 크게 작용해 미국이 영국과 프랑스로 하여금 수에즈 운하 회사를 포기하도록 설득했기 때문이다. 또 식량을 풍부하게 생산하는 국가는 상당량의 식량을 외국으로부터 수입해야 하는 국가에 대해 잠재적 영향력을 행사할 수 있는 국가이다. 식량이라는 것은 수입이 되어도 좋고 안 돼도 그만인 물품이 아니기 때문에, 식량을 생산하는 국가는 그것을 수입하는 국가에 대해 상당한 잠재적 영향력을 행사할 수 있다.

한 국가가 특정 국가에 대해 정책이나 태도를 결정할 때에는 그 대상 국가의 여러 상황을 알고 적절하게 결정을 한다. 그런데 어떤 정책이나 태도를 결정할 때 그 대상국이 자국에 대해 상당한 잠재적 영향력을 가진 국가라면 그 결정은 매우 신중하게 이루어질 것이다. 자국에 강하고 큰 잠재적 영향력을 갖고 있는 국가에 대해 어떤 정책을 결정한다면 그것의 성공 여부는 불확실하거나 아니면 자칫 커다란 희생을 강요당할 수도 있다. 자국에 상당한 잠재적 영향력을 갖고 있는 국가에 불리한 정책이나 태도를 결정하는 것이 오히려 자국의 외교적 입장을 불리하고 어렵게 만들 수 있다. 과거 1960년대 한국의 이스라엘과의 수교 결정은 이러한 어려운 외교의 좋은 예이다. 더욱이 잠재적 영향력이 실제로 행사되어 성공한 사례가 있다면 이 잠재적 영향력은 더욱 위력이 있을 것이다. 영향력이란 실제로 행사되는 것보다 행사되지 않고 감추어져 있을 때 그 위력은 더욱 크다.[15] 그런 의미에서 잠재적 영향력은 정치적 투자에 근거한 영향력은 직접적으로 행사하지 않고도 적극적 외교 역량의 기능을 수행할 수 있기 때문에, 잠재적 영향력을 크게 갖는 것이 적극적 외교 역량을 극대화할 수 있는 최선의 길이다. 잠재적 영향력을 극대화하는 길은 여러 분야에서 강하고 사용 가능한 능력을 보유하는 것이다.

소극적 외교 역량의 강화

소극적 외교 역량을 강화하는 일은 두말할 나위 없이 다른 국가에 의존하지 않는 것 또는 의존하더라도 그 의존도를 최소화하는 것이다. 물론 모든 국가는 다른 국가에 의존하는 것을 원치 않으며, 다른 국가에 의존하면 대내외적인 행위의 자유를 제한받을 수 있다는 것도 잘 알고 있다. 한 국가가 다른 국가에 의존하는 것은 필요성과 함께 그 불가피성 때문일 것이다. 특히 약소국가는 힘있는 국가와 긴밀한 관계를 가지는데, 여기서 중요한 것은 강대국과의 관계를 불평등하지 않게 갖는 방법을 강구하는 것이다.

한 국가가 다른 국가에 의존하게 되더라도 일방적인 의존은 지양하는 것이 중요하다. 다른 국가에 일방적으로 의존하지 않는다는 것은 상호 평등한 의존 관계를 가지는 것이다. 이렇게 하기 위해서는 정치적 투자를 제공받지 않는 것이 가장 좋다. 그러나 만약 이런 투자가 필요한 경우라면 투자의 질과 양을 조절해서 받으려는 노력이 필요하다. 다른 국가로부터 제공되는 정치적 투자의 질과 양을 조절한다면 다른 국가의 적극적 외교 역량이 발휘될 수 있는 바탕은 최소화될 수 있을 것이다. 일반적으로 정치적 투자를 제공하는 국가들은 자국의 필요에 따라 투자를 제공한다. 따라서 그 대상 국가의 필요 충족을 위해 정치적 투자를 제공하지 않기 때문에 투자의 질과 양을 조절할 필요성이 있다. 즉 불요불급한 것이 아니라면 약소국은 강대국으로부터 제공되는 정치적 투자를 제한해야 할 것이다.

약소국이 강대국과 불평등 관계나 일방적인 의존적 관계를 갖게 될 때는 적어도 2개 이상의 강대국과 이러한 관계를 갖도록 노력해야 한

---

15) Bruce Russett and Harbey Starr, *op. cit.*, pp. 128-129.

다. 양극 체제하에서도 이러한 관계를 갖는 것이 가능했으므로 다극 체제하에서는 그 가능성이 더욱 클 것이다. 왜냐하면 다극 체제는 우선 강대국의 수가 증가되었을 뿐만 아니라 어떤 국가와 협조적 관계를 갖는 데 있어 이를 방해하는 이념적 장벽이 제거되었기 때문이다. 2개 이상의 강대국과 의존적 관계나 불평등한 관계를 갖게 되면 강대국의 약소국에 대한 영향력이나 압력의 위력은 반감된다. 이러한 상황은 상대적으로 강대국에 대한 약소국의 소극적 외교 역량을 강화시킬 것이다.

강대국으로 하여금 경쟁적으로 정치적 투자의 제공을 유도하는 것은 자연적인 여건, 예를 들어 석유와 같은 중요한 경제 자원이나 지리적으로 전략적 가치를 갖고 있는 국가들의 경우엔 특별한 정책적·외교적 노력 없이도 가능하다. 그러나 문제는 이러한 자연적 여건을 갖고 있지 않은 국가의 경우에 인위적으로 강대국의 경쟁적인 정치적 투자 대상 국가를 만드는 일이다. 이러한 인위적 여건의 형성은 그 국가의 정치 지도자의 능력으로 만들어질 수 있다. 그 예로 1948년 유고슬라비아의 티토 대통령의 독자적 노선 결정, 냉전 체제하의 인도의 네루 수상 등을 들 수 있다. 그런데 이 국가들이 인위적으로 강대국들로 하여금 경쟁적으로 자국에게 정치적 투자를 제공하게 만들었으며 그것을 자국 중심적으로 제공하게 만들었다. 약소국가이지만 강대국에 대해 적극적 외교 역량에 버금가는 강한 소극적 외교 역량을 가졌던 국가가 있었다. 1960년 중국과 소련이 실질적으로 모든 관계를 단절했다. 이때부터 북한은 중·소 두 국가에게는 정치적으로 중요한 존재가 되었다. 중국과 소련이 경쟁하고 대립하고 있는데 어느 한쪽에 북한을 빼앗긴다는 것은 명예롭지 못한 데다 경쟁에서 패배한 것으로 간주되었다. 따라서 북한은 양국에 대해 정치적으로 매우 가치 있는 존재가 되었다. 이러한 상황을 파악한 북한은 중·소의 경쟁적이고 대립적인 관계를 십분 활용했다. 북한은 1960년부터 1980년대 후반 중·소 관계가 정상화될 때까지 20여 년간 북한은 중·소 양국의 국내외적 상황에 따라 양국에 대한 친소(親疎) 관계를 활용했다. 예를 들면 1960년대 후반 중국이 문화혁명의 소용들이 속에 휩싸여 있었을 때에는 소련에 접근해 소련으로부터 경제 및 군사 원조를 제공받았고, 1970년대 중국이 안정을 되찾자 북한은 다시 친중국적인 입장을 견지했다. 그러나 1970년대 후반 중국이 미국 등과의 외교 관계를 정상화하자 북한은 다시 소련 쪽으로 기울어졌다. 이러한 상황을 간파한 중국은 1978년 5월 중국공산당 총서기로서는 처음으로 화국봉(華國鋒)이 북한을 직접 방문해 북한을 회유했다. 그뿐만 아니라 1981년 11월에는 국무원 총리 조자양(趙紫陽)이 북한을 방문했고, 1982년 4월에는 김일성의 70회 생일을 전후해 중국의 실력자 등소평과 중국공산당 총서기 호요방(胡耀邦)이 북한을 방문했다. 1984년 5월과 1985년 5월 총서기 호요방이 북한을 거듭 방문했다. 그리고 중국은 10여 년간 중단했던 북한에 대한 군사 원조를 1982년 재개해 중국이 만든 전투기 수십 대를 북한에 제공했다. 소련도 1980년대 초 북한이 주장하는 미군 철수 및 북한의 통일 정책을 지지했고, 1985년 김일성이 23년 만에 처음으로 소련을 공식 방문해 친소적인 태도를 보이며 소련에 원조를 요구했다. 이에 대해 소련은 1985년 8월 북한에 MIG-23 40여 대를 제공했다.16) 이처럼 북한은 중국과 소련 두 강대국의 관계를 충분히 이용해 소극적 외교 역량을 강화했을 뿐만 아니라 두 국가를 경쟁하게 만들어 더 많은 원조를 북한에 제공하게 했다.

운동 경기에서는 최대의 공격이 최선의 방어라고 한다. 북한의 소련 및 중국에 대한 공격적인 외교는 두 강대국으로부터 가해질 수 있는 공격 즉, 정치적인 영향력이나 압력의 행사를 미연에 방지한 행위였다. 북한이 두 강대국에 대해 공격적인 외교를 전개했기 때문에 두 강대국은 북한에 공격적인 외교를 전개할 여지가 없었다. 그러므로 북한은 이러한 외교를 통해 그의 소련 및 북한에 대한 소극적 외교 역량을 강화할 수 있었다.

약소국가로서 소극적 외교 역량을 향상시킬 수 있는 또 다른 방법은 소위 남남 협력 관계, 다시 말하면 여러 측면에서 다른 약소국과

---

16) 宋永祐 외 공저, 『韓中關係論』(서울: 지영사, 1983), pp. 11ff 참고.

의 긴밀한 관계를 확대 및 강화하는 것이다. 이 약소국간의 관계는 일방적인 의존 관계 또는 불평등한 관계를 만들 여지가 없으며 약소국간의 교류는 상호 부족한 부분을 보충할 수 있고 공동 번영을 구가할 수 있다. 따라서 약소국간의 폭넓은 관계 발전은 약소국의 강대국 일변도의 관계를 줄일 수 있는 효과도 가져올 수 있다. 물론 강대국이 아닌 중진국 및 약소국간의 관계, 특히 경제적 관계는 그들간의 욕구를 만족스러울 만큼 충족시킬 수 있는 경지에까지는 도달하지 못할 것이다. 그렇다고 강대국과 약소국간의 관계가 반드시 약소국가의 모든 욕구를 충족시키고 경제적으로 장래의 번영을 보장하는 것도 아니다. 따라서 약소국간의 여러 관계가 비록 모든 것을 만족스럽게 하지는 못하겠지만 정치적으로는 비교적 폭넓은 자유를 누리게 해줄 것이다. 약소국간의 폭넓은 관계는 약소국의 강대국에 대한 의존도를 낮출 수 있다. 모든 것을 반드시 강대국으로부터 얻어야 하는 것이 아니고 약소국으로부터도 필요한 것을 어느 정도 얻을 수 있다면, 약소국의 강대국에 대한 일방적인 의존은 면할 수 있으므로 소극적 외교 역량을 강화시킬 수 있다.

외국 원조를 예로 들어 본다. 외국 원조는 돈·상품·기술 등을 다른 국가에 제공하는 것으로, 이는 국제 관계에서 사용되는 정책적 수단이다. 1985년 1년 동안에 강대국이 개발도상국에 제공한 원조액은 약 360억 달러였다. 이 액수는 개발도상국에서 쓰이는 개발 자금의 5%에 불과한 것이므로 극히 적은 액수이다. 지난 20여 년간의 경우를 보면, 강대국 원조의 주요 대상국은 이집트, 이스라엘, 인도, 인도네시아, 방글라데시, 파키스탄, 터키, 탄자니아 등이다. 이 국가들은 강대국들로부터 정치적으로나 전략적으로 매우 가치가 있는 국가로 인정받고 있는 국가들이다. 이 중에도 특별히 가치가 있다고 평가되는 이스라엘, 이집트, 그리고 터키 3개국은 미국이 제공하는 해외 원조의 30%를 제공받았고, 소련의 경우는 전체 원조의 80%를 베트남·쿠바·에티오피아·몽고리아 그리고 캄푸치아 5개국에 제공했다.17) 이 하나의 예에서 보듯이 강대국들이 외국에 제공하는 원조는 정치적·전략적으로 가치 있는 국가에, 그것도 몇몇 국가에만 집중적으로 주어진다는 것을 알 수 있다. 약소국과 개발도상국이 강대국과 어떤 관계를 갖는다고 해서 필요한 원조가 반드시 주어지는 것이 아니라, 원조를 제공하는 국가가 필요하다고 생각하는 국가에 원조가 주어진다는 것을 위의 예에서도 알 수 있다. 더욱 특이한 것은 외국의 원조를 집중적으로 제공받은 국가들이 거의 대부분 개발도상국의 위치에서 벗어나지 못하고 있다는 사실이다. 이 역시 외국 원조가 제공받는 국가의 필요에 의해 주어지는 것이 아니라 원조를 제공하는 국가가 정치적 목적을 위해 정책적 수단으로 제공되기 때문이다. 따라서 그 원조를 제공받는 국가의 번영이나 발전에는 크게 기여하지 못했다. 강대국으로부터 제공되는 원조가 개발도상국의 경제 발전에 절대적으로 공헌한다면 그것은 진정한 의미의 정치적 투자가 아니다. 이 정치적 투자는 이것을 제공받는 국가의 경제 발전에 이바지하기 위해 제공되는 것이 아니라 이것을 제공하는 국가와 제공받는 국가간에 일방적인 의존 관계를 형성해 영향력이나 압력 행사의 근거를 마련하려는 것이 주된 목적이다. 그렇기 때문에 약소국이나 개발도상국들은 강대국과의 관계 개선에만 치중할 것이 아니라 그들간의 협력 관계를 증진하는 것이 긴 안목에서 볼 때 정치적·경제적으로 더 바람직하다.

약소국이나 개발도상국 간의 협력 관계는 의존적이거나 불평등한 관계를 설정하지 않는다. 힘의 절대적 우열 관계는 불평등한 관계를 설정하지만, 힘의 비교 우위는 의존적이거나 불평등한 관계를 쉽게 형성하지 않는다. 그러므로 약소국간의 관계는 약소국의 정치적 자유가 보장된다. 그리고 많은 약소국가와 협력 관계를 가지면 조금씩이나마 부족한 것을 보완할 수 있기 때문에 경제적으로도 어느 정도 도움이 되고 이러한 것을 약소국들로 하여금 강대국에 대한 소극적 외교 역량을 강화시킬 수 있는 방법이 될 것이다.

약소국과 강대국과의 깊은 관계는 대부분이 약소국을 위한 실리보다는 의존적 관계를 생성시켜 약소국은 강대국에게 영향력의 기초를

---

17) K. J. Holsti, *op. cit.*, pp. 230-232.

제공할 것이다. 그러므로 약소국가의 소극적 외교 역량의 강화 방법
은 가능한 범위 안에서 강대국과의 관계를 최소화하고 약소국간의 협
력 관계를 증진시키는 것이다. 이러한 일에는 단기적으로 어려움이
따르겠지만, 장기적으로 보면 정치·경제적으로, 외교의 자주권을 갖
는 데 도움이 된다. 이와 함께 약소국은 하나의 강대국과 깊은 의존
적 관계를 갖는 것을 지양하고, 모든 부분에서 여러 강대국과 다변적
인 관계를 갖는 것도 정치, 경제 외교의 자주와 자유에 크게 도움이
될 것이다.

6. 외교의 수행자

　오늘날은 세계의 거의 모든 국가들이 문호를 개방하고 있어 국가간의 상호 관계 및 상호 작용이 폭넓고 다양하게 전개되고 있다. 따라서 국가가 대외적으로 수행해야 할 일들이 많아졌고 실제로 대외 행위를 수행하는 국가의 관리가 다양해졌다. 그렇기 때문에 오늘날은 외교관만이 외교 행위를 하는 것이 아니라 모든 국가의 관리가 대외 행위를 하지 않을 수 없다.

　그리하여 오늘날 대외 행위는 외교관의 전유물이 아니라 모든 관리가 국가의 이름으로 대외 행위를 할 수 있었는데, 이들 모두를 외교의 수행자라고 할 수 있다. 오늘날의 외교는 발생된 문제를 해결하거나 국가간의 문제 발생을 예방하는 소극적인 행위만 하는 것이 아니다. 국가의 안전과 이익을 극대화하기 위한 적극적인 정치적 행위, 다시 말하면 다른 국가의 의지·태도·정책 등을 유지 또는 변경시키고, 다른 국가와 일방적 의존 관계를 만드는 일, 또 외국 국민에게 자국의 태도와 정책을 알리는 일도 행한다. 오늘날의 외교 또는 대외 행위를 해외공관에 상주하는 외교관만 수행해서는 국가의 외교 정책 목표를 완벽하게 성취할 수 없다. 아무리 잘 훈련된 외교관이라 할지라도 오늘날의 세계는 넓고 복잡해 외교관이 여러 가지 문제들을 모두 취급할 수는 없다. 대사가 농업 문제에 관해 협상하려면 농업 전문가에 의존해야 하고, 경제 문제는 경제 전문가의 자문을 구해야 한다. 국가간에 해결해야 할 현안이 전문적인 문제라면 이 분야의 전문적인 식견을 가진 국가 관리가 직접 교섭 행위를 수행하기도 한다.

　오늘날 외교 분야에서 외교관의 비중은 과거에 비해 많이 적어졌다. 외교 정책 결정에 대사 등 외교관이 제외되는 경우도 많다. 1960년대 말 미국이 베트남에서 전쟁을 하는 동안 베트남 문제에 대한 정책을 결정할 때 주월미대사(駐越美大使)는 큰 역할을 하지 못했다. 이 대사의 일은 고작 워싱턴에서 오는 미국 관리들에게 베트남의 상황을 설명하는 것이 전부였다. 과거와 다른 현상으로 국가 원수가 어떤 국가에 대해 더 많은 정보를 필요로 할 때 주재국의 대사를 부르기보다 국내에 있는 관리를 현지에 파견해 그로부터 그곳의 사정을 듣는 일은 흔히 있다.[1] 또한 오늘날은 교통·통신의 발달로 외국에 주재하는 외교관의 기능과 책임이 상대적으로 많이 줄었다. 그 대신 중요한 일이나 문제가 발생했을 때에는 관계 부서의 책임자가 직접 개인적인 접촉을 통해 협상하는 일이 많으며, 어떤 경우에는 국가 원수가 직접 외교 행위를 수행하는 경우도 있다.[2] 그리하여 현재는 대사가 최고의 외교관이 아니라 국가 원수가 최고의 외교관(diplomat in chief)이라 할 수 있었다.[3] 오늘날 대외 행위 가운데 특히 중요한 것은 다른 국가에 대한 정치적 행위를 수행하는 것이다. 이런 일들은 너무 중요하고 어려운 일이기 때문에 이 일들을 외교관에게만 맡길 수 없는 것이 오늘의 현실이다. 이와 같이 대외 행위가 질적·양적으로 확대되었기 때문에 대외 행위를 수행하는 사람도 다양해졌다. 그리하여 이제 외교 행위는 더 이상 외교관의 전유물이 될 수 없다.

과거의 외교 행위 수행자

그리스의 도시국가가 다른 도시국가에 웅변가를 보내어 타국의 많은 청중 앞에서 자국의 입장을 웅변으로 대변하고, 또 자국 국왕의 의사를 타국의 국왕에게 전달하는 임무를 수행하기 위해 사자(使者)를 파견했던 것이 외교관의 효시였다. 이러한 형태의 외교관은 로마 제국시대에 이르기까지 계속되어 외교관의 역할이나 임무는 크게 변하지 않았다. 그리스 시대 외교의 틀에서 다소나마 벗어나기 시작한 것은 15세기경이다. 이때 이탈리아 도시국가들이 외국에 상주공관을

---

1) David W. Ziegler, *War, Peace and International Politics*, 3rd ed.(Boston: Little, Brown and company, 1948), p. 275

2) Lincoln Gordon, "Expanded Foreign Relations Functions," in Elmer Pischke(ed.), *Modren Diplomacy*(Washington, D.C.: American Enterprise Institute, 1981.), p. 347.

3) Elmer Pischke, *Diplomat in chief*(New York: Praeger, 1986), pp. 3-7.

설치하고 외교관을 상주시키면서 외교관의 성격·임무·역할 등이 달라졌고, 비로소 실질적인 외교관이 등장했다. 특히 해외공관이 생기면서 외교활동이 활발해지고, 외교관은 사자나 웅변가의 역할 이상의 활동 범위를 갖게 되었다. 이때부터 가장 강조된 외교관의 임무는 '명예로운 첩자'의 역할이었다. 이즈음 외교관의 사적 도덕과 공적 도덕은 별개라고 생각되었고, 공적으로 행하는 거짓은 도덕적으로도 문제되지 않는 것으로 치부되었다. 자국을 위해서라면 외교관의 어떠한 행위나 말도 정당하다는 것이었다. 그리하여 16~17세기경부터 외교관의 주요한 임무 중 하나로 외국에서의 독직, 반란군의 지원, 반대당의 격려, 내정 간섭 등이 간주되었다. 17세기 영국의 유명한 외교관 워턴 경(Henry Wotton)은 대사란 "조국의 이익을 위해 거짓말을 하도록 타국에 파견되는 정직한 사람이다."라는 말을 하기도 했다.4)

이와 함께 중세 이후의 외교관들의 주요한 임무는 국왕의 의사를 타국의 국왕에게 신속하고 정확하게 전달하고 상대 국가의 견해를 본국에 알리는 것이었다. 이 시기는 절대군주제여서 국가와 군주는 일치되었고, 외교관은 국가를 대표하는 것이 아니라 군주의 개인적인 대표였다. 대사의 호칭도 프랑스 국왕의 대사(ambassadeur du roi France) 또는 영국 왕의 대사(ambassdeur du roi d'Angleterre)라고 했다.5) 이와 함께 중세 외교관들은 그 국왕의 이름으로 협상했고, 협정을 체결할 수 있도록 특권을 부여받았다. 또 교통·통신이 발달하지 못했으므로 그가 전권을 갖고 외교 행위를 수행했다.6) 대체로 18세기까지 대사 또는 외교관은 국가가 아니라 국왕을 위해 수단과 방법을 가리지 않고 무엇이든 자행했고 명실공히 전권대사였다. 외교관은 임지로 떠나기 전에 명문화된 지침서를 갖고 떠났다. 그러나 본국을 떠난 외교관은 통신이 발달되지 못해 본국과의 연락이 불가능했으므로 그가 갖고 떠난 지침서의 내용과 다른 상황이 전개되어도, 외

---

4) Harold Nicolson, *Diplomacy*(London: Oxford University Press 1969), pp. 7ff.

5) 金洪喆, 外交制度史(서울: 民音社, 1985), p. 106.

6) Herman F. Eilts, "Diplomacy-Contemporary Practice," in Elmer Pischke(ed.), *op. cit.*, p. 6.

교관이 모든 것을 결정하고 실행할 수밖에 없었다. 그리하여 어떤 경우에는 국왕의 뜻과 다른 외교 행위를 하기도 했다.7)

19세기 입헌군주제의 등장으로 궁중 외교는 다소 쇠퇴했다. 군주나 귀족을 위해 행해지던 상호 관계나 작용이 줄어들고, 국가의 이익을 위한 외교가 시행되기 시작했다. 19세기 초 나폴레옹 전쟁을 마무리 짓고 유럽의 평화와 안정을 위한 국제회의를 개최하기도 했다. 그리고 이를 위해 유럽 협조 체제를 구축하기도 했다. 그러나 19세기와 20세기 초까지 외교는 국왕의 전유물처럼 국왕에 의해 모든 것이 행해졌다. 특히, 과거에 비해 교통 수단이 발달되어 국왕 등 국가 원수가 직접 외교 행위를 수행하는 기회가 많아졌다. 그리하여 상대적으로 외교관의 행동 반경과 권한이 축소되기 시작했다. 독일 황제 윌리엄 2세는 그 자신이 외무장관인 것처럼 행동해 스스로 직접 외교사절을 파견하고, 외교 문서를 발송해 외교 지침을 시달했다. 뿐만 아니라 그는 1905년 7월 러시아와 동맹 조약을 체결할 때 자신의 조카로 하여금 독로조약(獨露條約)에 서명하도록 했다. 1918년 영국의 에드워드 3세도 스스로 모든 대외 문제를 장악했고, 자국의 대사를 그 자신의 개인 대표로 생각하며 많은 외교 행위를 직접 수행했다.8) 19세기 초 이미 국왕이나 재상들이 외교 행위를 직접 행했는데, 1814년에 개최된 비엔나 회의(Congress of Vienna)에는 오스트리아의 재상 메테르니히(Klemens von Metternich), 러시아 황제 알렉산더 1세 등을 비롯해 전 유럽의 국왕 및 재상(宰相)들이 참석했다. 이로부터 유럽에서는 국왕이나 재상이 외교 행위를 직접 수행하는 것이 외교의 한 행태로 자리잡게 되었다.

대외적인 업무를 수행하는 사람들은 시간이 흐를수록 다양해졌다. 이러한 경향은 무엇보다도 교통·통신의 발달에서부터 시작되었다. 이것의 발달은 국가간의 접촉이나 내왕을 빈번하게 해 국가간에 좋은

---

7) Kurt London, *The Making of Foreign Policy*(New york: J. B. Lippincott Company, 1965), p. 224. ; Kurt London, *The Permanent Crisis*, 2nd ed.(Walthan, Massachusetts: Blaisdell Publishing Company, 1968), pp. 187-188.

8) Harold Nicolson, *op. cit.*, pp. 32-33.

일이건 나쁜 일이건 많은 문제들을 만들어 냈다. 이러한 문제점들은 질적·양적으로 크게 확대되어 여러 분야의 많은 사람들이 대외 문제에 참여하지 않을 수 없었다. 이는 결과적으로 외교관만이 하던 일들을 다른 분야의 여러 사람들이 함께 분담해 수행하도록 만들었다.

현대의 외교 행위 수행자

오늘날 외교는 단순히 발생된 문제의 해결을 도모하는 것만이 아니다. 모든 국가는 하나 또는 그 이상의 대외 목표를 달성하기 위해 대외 행위를 하는데,9) 바로 이 행위가 현대 외교의 본질이다. 제2차 세계대전 후에는 절대군주제가 사라지고 많은 국가들이 정도의 차이는 있지만 민주적인 정치를 추구하고 이를 지향하고 있다. 모든 국가는 여러 국민의 계층의 이익을 충족시키기 위해 자연히 다양한 정책을 갖고 이를 추진했으며, 이 다양한 정책은 대외 정책에 있어서도 예외가 아니어서 국가의 대외 행위도 깊고 넓어지게 되었다. 그래서 모든 정책이나 문제들이 더욱 세분화되고 전문화되어 국가 원수도 독단적으로 대외 행위를 수행하거나 결정하기가 어렵게 되었는데, 이는 외교관의 경우에도 마찬가지이다. 그리하여 이제는 어느 특정인만이 외교 행위를 할 수도 없고, 또 해서도 안 된다. 국가 관리는 그가 종사하는 분야에서 필요하면 누구나 외교 정책을 성취시키기 위해 대외 행위를 하지 않을 수 없었다. 경제적인 분야에서는 이에 전문적 지식과 경험을 가진 전문 관리가 대외 경제 문제를 담당해야 한다. 어떤 국가와 경제 관계를 증진시키려 하거나 경제 문제가 발생한 경우 이 문제들을 외교관에게만 맡길 수 없다. 이 문제들은 경제 분야에 종사하는 사람들이 담당해야 한다. 예를 들어, 한국과 미국 또는 일본간에 무역에 관한 문제가 발생하면 각국의 무역 업무 담당자들에 의해 조정되고 해결되어야 한다. 과거에는 문제의 성격에 관계없이 모든

---

9) Charles F. Hermann, "Foreign Policy Behavior: That Which is to Explained, " in Maurice A. East, Stephen A. Salmore and Charles F. Hermann(eds.), *Why Nations Act*(Beverly Hills: Sage Publication, 1978), p. 33

대외 행위가 외교관의 전유물이었다. 그러나 오늘날은 사안의 성격과 중대성에 따라 문제를 맡아 대외 행위를 수행하는 사람들이 달라진다.

과거에는 교섭과 함께 전쟁과 무력 행사가 국제 정치의 최고 수단이었다. 그러나 오늘날의 국제 정치나 외교에 있어서 교섭만으로 국가의 모든 대외적인 문제들을 해결하는 데에는 한계가 있었다. 동시에 전쟁이나 무력 행사가 완전히 배제되고 있는 것은 아니지만 이들 폭력적 수단은 더 이상 국제 정치나 외교의 효과적인 수단이 되지 못하고 있다. 오늘날 군사력이 강한 국가들이 그의 대외 정책이나 목표를 만족스럽게 성취시키지 못하고 있는 사실이 위의 의미를 증명하고 있다. 핵무기를 갖고 있는 국가들이라고 해서 모든 대외 정책을 성공적으로 실현시키는 것은 아니다. 실제로 과거에 전쟁이나 무력이 행하던 몫을 오늘날은 외교가 대신 실천하고 있다. 그러므로 외교의 수행자는 다양해질 수밖에 없다. 그래서 오늘날은 대통령 등 국가 원수는 말할 것도 없고 외무부에 근무하는 관리만이 아니라 외교 정책을 실천하는 데 필요한 사람이면 누구나 외교 행위를 수행하는 데 참여한다.

현대 외교의 수행자의 특징 중의 하나는 해결해야 할 사안이 중대하면 중대할수록 최종 정책 결정자의 측근 인사를 보내어 문제의 해결을 도모한다. 1960년대 한국의 박정희 정권은 일본과의 국교 정상화라는 난제를 풀기 위해 그의 측근이며 이 정권의 제2인자라는 당시 중앙정보부장 김종필을 일본에 보내어 한일 국교 정상화 문제를 타결 짓도록 했다. 미국의 경우도 1971년 중국과의 관계 개선을 추진하기 위해 닉슨 대통령은 안보 담당 특별 보좌관인 키신저를 중국에 보내어 이 문제를 해결토록 했다. 이 사안의 중요성 때문에 닉슨 대통령은 외교관을 파견하지 않고 그의 측근 인사를 파견해 이 문제를 처리하도록 했다.

한국 역시 1980년 비정상적인 절차에 의해 대통령의 자리에 오른 전두환은 그의 입지를 강화하기 위해 1981년 1월에 대통령에 취임한 레이건과의 회담을 추진했다. 이때 전대통령은 그의 측근 인사인 당시 합참의장 유병현 대장, 안기부 차장 김성진, 육군특전 사령관 등에게 전대통령의 방미 문제를 추진하도록 했다. 이들이 미국 측과 전대통령의 미국 방문에 원칙적으로 합의한 다음 실무적인 일들은 주미 한국대사가 마무리하도록 했다.[10]

이와 같은 일들을 본국에서 파견된 최고 정책 결정자의 측근 인사가 추진하도록 하는 데는 이유가 있다. 오늘날 통신 수단이 발달했더라도 이러한 문제를 처리하는 사람들이 일일이 본국에 문의해 문제의 해결을 도모한다면 효과적으로 문제를 처리하기가 쉽지 않을 것이다. 이러한 특수한 문제들은 보안을 요하며 은밀히 추진해야 하기 때문에 일일이 본국 정부의 지시에 따라 움직이는 것은 바람직하지 않다. 그렇기 때문에 최종 정책 결정자가 문제의 해결을 도모하는 사람에게 폭넓은 재량권을 부여한다. 그리고 이러한 재량권을 부여받고 파견된 측근 인사는 최종 정책 결정자의 의중을 잘 알고 있기 때문에 이 인사는 어느 정도 융통성을 갖고 자기 재량에 따라 교섭을 전개할 수 있다. 해외공관에 근무하는 외교관에게도 이러한 교섭의 임무를 부여하고 재량권을 주어서 교섭하게 할 수 있겠지만 이 외교관들은 본국으로부터 직접 파견된 사람에 비해 융통성의 발휘가 제한적일 수밖에 없다. 왜냐하면 이 외교관들은 재량권을 부여받았다 해도 최종 정책 결정자의 의중을 정확히 파악할 수 없기 때문에 재량권 행사에 한계가 있을 수밖에 없다. 대체로 특별한 임무를 부여받고 최종 정책 결정자에 의해 본국에서 파견되는 사람은 그의 신임도 두터울 것이고, 책임 추궁의 한계도 외교관과는 다르기 때문에 이들의 교섭을 상대적으로 폭넓게 갖기는 어려울 것이다.

이와 같이 중대한 사안은 본국에서 사람을 파견해 문제의 해결을 도모하는 것이 오늘날 외교의 특징이라 할 수 있다.

외교 행위 수행자가 다양해진 요인

외교 행위의 수행자가 다양해진 첫 번째 요인은 국가 이익의 질적

---

10) "全斗煥 정권과 레이건의 밀약," 月刊 朝鮮, 1992년 8월, pp. 336ff에서 인용.

·양적인 확대로 인해 외교 행위의 범위가 커졌기 때문이다. 국가 이익이 질적·양적으로 커진 이유는 많은 국가들이 민주정치와 복지국가를 지향하기 때문이다. 각국의 국내 사회는 다양한 계층으로 구성되어 있고 이들의 이해도 다양해서 국가는 이들의 욕구를 충족시키기 위해서 다양한 목표와 정책을 갖지 않을 수 없었다. 또 오늘날은 이러한 목표와 정책들이 자국 내에서 모두 충족될 수 없기 때문에 자연스럽게 다른 국가와의 상호 관계나 작용이 많아져 이러한 일들을 수행하는 사람들도 자연히 다양해졌다. 오늘날엔 해외공관에 주재하는 외교관만으로는 다양한 목표나 정책을 추진할 수 없었기 때문에 문제의 성격에 따라 대외 행위의 수행자가 다양해진 것이다.

두 번째로 해외공관에 상주하는 외교관만이 아니라 정부의 구성원 모두가 대외 행위에 참여하게 된 요인은 교통·통신의 발달이다. 과거 이런 수단들이 발달되지 못했을 때에는 부득이 외교관이 많은 일을 하지 않을 수 없었다. 그러나 1938년의 비행기의 시속은 158마일이었고, 1950년대 초에는 시속 370마일이었다. 1960년대에는 제트 여객기가 등장해 수백 명의 승객을 태우고 시고 600마일 이상으로 비행할 수 있게 되었고, 1970년대에는 초음속 여객기가 지구를 누벼 세계가 1일 생활권을 형성하게 되어 해외여행이 매우 편리하고 신속해졌다. 통신 역시 크게 발달해 오늘날은 언제 어디서나 누구와도 의사 교환이 가능하게 되었다. 그리하여 상대적으로 외교관의 독립성은 줄었고 훈령에 의한 외교가 일반화되었다.11) 외교관의 기능 축소는 상대적으로 대외적인 업무를 담당하고 수행하는 사람들을 다양하게 만들었다.

셋째 과거에는 협상자들이 설득 또는 타협으로 어떤 합의에 도달하려는 경향이 많지 않았다. 또한 교섭이나 협상을 할 때 의견 교환을 논리적으로 전개해 문제를 해결하기보다는 물리적이거나 폭력적인 수단을 동원해 해결하려는 경향이 농후했다. 그리하여 협상이나 교섭이 실패하면 다른 물리적인 수단을 사용했다. 그러나 무기가 발달되

---

11) 外交研究院, 外交官, 1974, pp. 103-105.

면서 교섭만으로 평화적으로 문제를 해결하는 것은 점점 어려워졌다. 모든 국가는 협상에 임하면서 상대방을 설득할 논리도 갖고 있었고 또한 협상이 실패했을 때 상대방을 강제할 폭력적인 수단도 갖고 있었다. 그렇기 때문에 진정한 외교 교섭은 전개되기 어려웠다.[12] 다시 말하면 국가간의 문제는 협상으로 해결되지 않으면 물리적인 힘을 이용해 해결했다. 그러나 오늘날은 더 이상 폭력이나 전쟁이 국가간 문제 해결의 수단이 될 수 없었다. 그러면서 외교상의 기술이 발달되었다. 또 여러 가지 유·무형의 자원도 개발되어 외교에 이용되고 있다. 이제는 총칼 아닌 다른 방법으로 다른 국가를 움직일 수 있는 힘이 필요했다. 한 국가가 다른 국가에 정치적 투자를 제공해 영향력이나 압력을 행사할 수 있는 근거를 만들어야 국가의 목적과 정책을 실현시킬 수 있다. 그러므로 한 국가가 다른 국가에 영향력을 행사해 상대 국가를 자국의 뜻대로 움직일 수 있게 하기 위해서는 정부 구성원 모두가 외교에 참여해야 한다.

넷째 오늘날은 외교가 전개될 수 있는 환경이 크게 달라졌다. 무엇보다도 대외 정책이나 외교 행위가 국민적 동의를 필요로 하게 되었다. 그렇기 때문에 국가 관리간의 외교도 중요하지만 국가 관리에 의한 외국 국민을 상대로 하는 외교가 그 어느 때보다 중요해졌다. 다시 말하면 긴 안목에서 자국 외교의 성공을 보장하기 위한 초석을 구축하고 자국과 자국민에 대한 이해와 지지의 폭을 넓히기 위해 다른 국가의 국민들에게 자국의 위상을 제고시키기 위한 다양한 대외 행위가 요구되고 있다. 이러한 목적을 위한 대외 행위를 수행하려면 당연히 다양한 외교 행위의 수행자가 있어야 할 것이다. 그리하여 오늘날 선진국가들은 외국의 국민을 상대로 하는 외교를 담당할 만한 전문적인 관리를 해외공관에 상주시키고 있다. 특히 외국의 국민을 대상으로 하는 대외 행위의 내용은 교육, 문화, 예술 등의 다양한 것들을 담고 있기 때문에 이러한 분야의 대외 행위를 수행하려면 많은 대외 행위의 수행자가 필요하다.

---

12) Henry A. Kissinger, "Of Negotiation and Bargainning in the Modern World," in Elmer Pischke(ed.), *op. cit.*, pp. 373ff.

해외공관13)

오늘날 해외공관에 근무하고 있는 외교관의 기능과 임무는 제2차 세계대전 이전에 비하면 상대적으로 축소되고 약화된 면이 없지 않다. 노르웨이 정부는 한때 모든 해외공관의 폐쇄를 고려한 일이 있었다. 그 이유는 해외공관이 없는 외국에서 노르웨이의 국가 이익과 관련된 문제가 발생해도 사안의 전문가들을 그곳에 파견해 문제 해결을 도모할 수 있다고 생각했기 때문이다. 오늘날 국가간에 발생되는 문제들은 대체로 복잡하고 전문적이기 때문에 전래적인 외교관이 아무리 잘 훈련되었다 할지라도 이런 문제들을 해결할 때에는 언제나 전문가의 도움을 받아야 한다고 생각하기 때문이다. 또 필요시엔 교통의 발달로 어느 누구든 목적하는 지역으로 쉽게 갈 수 있기 때문이라는 것이 노르웨이 정부의 뜻이다.14) 이와 같은 노르웨이 정부의 생각이 오늘날 전혀 의미 없는 것은 아니다. 그러나 세계 모든 국가들이 많은 경비와 인원을 들여 해외공관을 유지하고 활용하는 까닭은 아직 모든 국가들이 해외공관의 필요성과 가치를 매우 크게 생각하기 때문이다.

국가간에 상설 해외공관을 설치하는 것은 상징적 및 현실적으로 우호 관계를 갖고 있음을 표시하는 대외 행위이며, 실질적으로 국가간의 정상적이고 지속적인 외교 관계는 상설 외교공관이 설치되고 외교 사절을 교환함으로써 이루어진다. 국가간의 외교 관계를 정상화했는데도 불구하고 해외공관을 상호 교환하고 있지 않다는 것은 다른 것도 생각할 수 있지만 우선 국가간에 돈독한 우호 관계를 갖고 있지 않다는 것을 의미하며, 공식적인 접촉·교류·상호 작용이 많지 않다는 것을 뜻하기도 한다. 만일 해외공관이 없다면 외교 행위를 행해야 할 필요가 있을 때에 이들 국가간에 외교 행위를 행할 수 없는 경우

---

13) 부록 참고.

14) David W. Ziegler, *War, Peace and International Politics*(Boston: Little, Brown and Company, 1984), p. 275.

가 발생할 수 있고, 그로 인해 불이익이 발생하더라도 그것을 감수하지 않을 수 없다. 해외공관이 없는데도 부득이 외교 행위를 행해야 할 필요가 있을 때에는, 상설공관을 설치하고 있는 국가가 동의하는 경우에 그 국가에 부탁해 자국 대신 외교 행위를 행해 줄 것을 요청해야 하는 불편을 겪어야 한다.

교통·통신이 발달하고 외교 행위의 수행자가 다양해졌다고 해도 해외공관이 해야 할 일은 따로 있다. 해외공관이 거의 모든 대외 행위를 수행했던 과거에 비해 오늘날은 상대적으로 그 행위의 폭이 좁아졌을 뿐이다. 따라서 그 임무와 역할은 축소되었지만, 그 대신 보다 전문화되고 체계화되었다. 오늘날 해외공관에는 여러 부서의 관리들이 상주하고 있다. 외교 행위를 수행하는 기관과 사람이 외국에 상주하지 않으면 수행할 수 없는 일이 있다. 예를 들면, 주재국에서 상징적 또는 정치적으로 국가를 대표하는 일과 자국인과 그들의 이익을 보호하는 일, 지속적으로 주재국을 이해하고 주재국의 유력한 인사들과 교분을 두텁게 하는 일 등은 해외공관의 고유한 임무이다. 그렇기 때문에 외교의 질적·양적 변화와 발전에 관계없이 해외공관의 필요성은 변화되지 않고 있다.

과거에는 해외공관을 설치할 때, 그 대상국의 국력이나 국제적 지위 또는 우호 관계의 정도 등에 따라 해외공관의 직급을 결정했다. 대체로 우호적 관계를 가진 당대의 강대국간에는 대사를 교환하고 그렇지 않은 국가에는 공사를 교환했다. 1958년까지 미국은 약 74개국과 대사를 교환했으나, 헝가리·루마니아·예멘 3개국과는 공사를 교환했다. 그러나 오늘날 이런 관행은 거의 없어졌다.[15] 그 이유는 우선 파견국에 직급이 낮은 해외공관장을 파견하면 얻는 것보다는 잃는 것이 많을 수 있기 때문이다. 낮은 직급을 교환하는 것은 스스로 일등 국가가 아니라는 것을 인정하고 다른 국가에 그렇게 보이게 되며 또한 주재국으로부터 높은 직급의 공관장보다 예우상 낮은 대접을 받는다. 더욱이 주재국 정부와 협의할 필요가 있을 경우 높은 직급의

---

15) Frederick L. Schuman, *International Politics*, 6th ed.(New york: McGraw-Hill Book Company, Inc., 1958), pp. 168-169.

공관장은 그에 상응하는 관리를 접하나, 낮은 직급의 공관장이 협의에 나서면 상대의 직급도 낮을 것이다. 파견국의 입장에서 볼 때, 주재국에서 타국의 공관장은 높은 직급의 주재국 관리를 상대로 외교적 활동을 전개하고 있는데, 자국의 공관장은 낮은 직급의 관리를 상대한다면 우선 상징적인 면에서 보더라도 타국보다 명예롭다고 할 수 없다. 정치적으로나 실질적으로 해외공관장이 외무부의 담당 과장이나 국장급 관리를 상대로 외교 활동을 하는 경우보다는 차관 또는 장관을 상대로 외교 활동을 전개하는 것이 문제 해결의 효과 면에서 훨씬 좋다. 그렇기 때문에 오늘날 모든 해외공관의 직급은 모두 대사로 하고 있다.

모든 국가의 해외공관장의 직급은 대외 직명으로는 대사이지만, 파견국과 주재국의 관계 또는 파견국이 생각하는 주재국의 비중에 따라 공관장의 비중을 달리한다. 미국과 소련이 각각 상대국에 파견하는 공관장은 다른 약소국에 파견하는 공관장보다 정치적으로 비중이 큰 사람들이다. 우리 나라의 경우도 우리와 여러 측면에서 밀접하고 중요한 관계를 갖고 있는 미국이나 일본에 파견되는 해외공관장은 대체로 장관급 이상의 인사들이다. 국력이나 규모가 작고 한국과 교류가 많지 않으며 정치·경제적으로 중요하지 않은 국가에는 직급이 낮은 관리를 대사로 임명한다.

해외공관의 임무

국제법(여기서 말하는 국제법이란 1961년 4월 오스트리아의 비엔나에서 개최된 외교 관계 및 면책권에 관한 국제연합 회의에서 결정된 Vienna Convention on Diplomatic Relations를 말함)으로 규정하고 있는 해외공관의 임무는 다음과 같다.

① 주재국에서 자국을 대표하는 일
② 주재국에서 국제법이 허용하는 범위 내에서 자국과 자국인의 이익을 보호하는 일
③ 주재국 정부와 협상하는 일
④ 주재국의 현황 및 변화되는 상황을 합법적인 수단을 이용해 확

인하고, 그 내용을 본국 정부에 보고하는 일
⑤ 자국과 주재국간의 우호 관계를 증진시키고, 양국간의 경제·문
  화·과학 분야에 대한 관계를 발전시키는 일
그리고 해외공관의 구성원은 영사 업무를 수행할 수 있다.

해외공관장(head of mission)

공관장은 위의 임무들을 주도적으로 수행하며, 공관의 모든 일을
지휘·감독한다.
공관장의 직급은 3개의 등급으로 나뉘어져 있다. 공관장의 직급은
관계 정부간의 상호 협정에 의해 결정된다.
① 국가 원수에게 신임장을 제정(提呈)하는 대사(ambassadors or
  nuncios accredited to head of state and other heads of
  mission of equivalent rank)
② 국가 원수에게 신임장을 제정하는 공사(envoys, ministers and
  internuncios accredited to Head of state)
③ 외무 장관에게 신임장을 제정하는 대리 대사(chargé d'affairs
  accredited to Ministers for Foreign Affairs)
이와 같이 공관장을 파견하려면 파견 국가는 반드시 파견하고자 하
는 인물을 접수국에 알려 동의(agrément)를 얻어야 한다. 접수국은
파견국으로부터 통고된 인물의 접수를 동의하지 않을 수 있으며, 그
이유를 밝혀야 할 의무는 없다. 접수국으로부터 동의를 얻은 공관장
은 접수국에 도착해 국가 원수에게 신임장(Letters of Credence
Letters of Commission for High Commissioners)을 제정한 후 그
사본을 외무장관에게 제정한 다음에 임무를 수행할 수 있다.
해당 국가에서 반대하지 않으면 공관장은 한 개국 이상의 국가의
공관장을 겸직할 수 있다. 이 경우 공관장이 상주하지 않는 국가의
수도에는 대사 대리(chargé d'affairs ad interin)를 둘 수 있다.

해외공관의 구성

국제법상 인정된 것은 없지만 일반적으로 해외공관은 다음과 같은

기구로 구성되어 있다.16)

공관장
대사국
무역부
언론 및 정보부
무관 및 참사
영사관

공관장

공관의 규모에 관계없이 공관장이 관심을 갖는 일은 다음과 같다.

첫째, 외교 정책을 수립하는 일.

둘째, 파견국과 접수국이 모두 중요하다고 생각하는 공통 관심사와 정책에 대한 파견국(본국) 정부의 견해를 접수국(주재국) 정부에 전달하고, 이러한 문제에 대한 두 정부간 의사 소통의 가교 역할.

셋째, 주재국의 정치·경제적으로 중요한 문제, 예를 들면 직접적인 문제로 국가 예산, 각료의 변동 또는 간접적인 문제로 사회 또는 경제적 상황의 추세 및 변화 등을 자국 외무부에 보고하고, 주재국에서 발행되는 간행물과 타국 외교관의 견해에 대한 공관의 입장을 표명하는 일.

넷째, 주재국의 국력의 원천을 알아내는 일.

다섯째, 주재국 내에서 자국이 신망을 얻을 수 있도록 공적·사적인 행위를 하는 것.

여섯째, 공관장이 그의 임무를 잘 수행할 수 있도록 가능한 여러 계층의 인사들과 친분을 두텁게 하는 일.

사무국

해외공관의 사무국에는 행정조정질, 비서실, 문서실, 안전실, 통신 및 기술실, 지방실 그리고 회계실이 있다.

---

16) R. G. Felthan, *Diplomatic Handbook*, 4th ed.(London: Longman, 1982), pp. 15ff.

· 행정조정실

행정조정실의 책임자는 모든 공문서를 신속히 처리하고, 각 부서의 임무를 적절히 조정하며, 공관 건물과 통신의 안전을 도모한다. 그리고 공관장이나 다른 외교관들에게 필요할 모든 자료를 정리하고 보관하는 일을 책임진다.

· 비서실 및 문서실

이 부서에서는 비밀문서를 체계적으로 관리·보관하는 일을 한다.

· 안전실

이 부서에서는 모든 공관의 건물 및 부속 건물의 안전을 유지하고, 비밀 문서의 안전을 도모하는 일을 한다.

· 기술 및 통신실

여기서 일하는 사람들은 일차적으로 통신 문제를 전담한다. 이들은 암호를 판독하고, 일반 문장은 암호로 고쳐 쓰고 그것을 보내고 받는 일을 하며, 필요한 경우에는 무선 통신시설과 기타 통신 장비를 수리하기도 한다.

· 지역 담당실

이 부서에서는 주재국의 관습, 주요 인사, 정치 등의 정보를 수집해 공관의 업무 수행을 보조하는 일을 한다.

· 회계실

공관의 모든 재정 문제를 다루는 곳이다.

무역부

자국의 무역을 증진시키는 일을 한다. 구체적으로 주재국을 방문하는 자국 기업인을 지원해 주고, 이들의 문의에 회답해 주며, 자국의 적절한 무역 정책의 수립을 돕고, 자국 기업인이 주재국의 시장을 정확히 평가하며 유리한 기업활동을 하도록 필요한 정보를 제공한다. 예를 들면, 관세의 변동, 수입의 양 및 규제 등에 관한 것을 알아보고 주재국이 자국에 불리한 정책을 수립하면 그 내용을 공관장에게 보고해 대책을 권고하기도 한다.

언론 및 정보부

이 부서에서는 주재국에서 어떠한 것이 특별한 뉴스이고, 누가 그 뉴스를 만드는가를 알아야 하며, 동시에 자국에 관한 뉴스를 제공하기도 한다. 또 언론계에 종사하는 사람들과 좋은 유대 관계를 유지해야 한다. 이 일에 종사하는 사람은 현지인의 통역을 필요로 하므로 이들의 도움을 받는다.

무관

무관은 해외공관의 정식 구성원이며, 주재국의 군사적인 일에 관심을 갖고 그 분야를 본국 정부에 보고하는 일을 한다. 파견국은 공관의 직원으로 누구라도 임명할 수 있다. 그러나 육군, 해군 및 공군무관은 이들의 승인을 검토하기 위해 접수국은 이들의 명단을 제출해 줄 것을 요구할 수 있다. 경우에 따라서는 군수품 및 장비의 판매 및 구입을 지원하기도 한다.

교육 및 문화참사

오늘날은 대중 외교17)(public diplomacy)의 발달로 교육문화참사의 중요성이 그 어느 때보다도 크다. 이 부서에서는 국가간 이해를 증진시키고 친선을 도모하기 위해 예술가, 전문인 등의 인적 교류를 알선하고 장학금 지급과 외국어 교육 등을 실시한다.

그 외에도 각국은 필요에 따라 농업, 어업, 과학, 공공 관계, 이민 문제 등을 다루는 참사를 두는 경우도 있다.

---

17) 대중 외교란 일반 국민이 참여하는 국제적 의견 교환, 문화적·교육적 행위를 일컫는 것이다. 대중 외교는 한 국가의 외교 정책을 결정하고 이를 수행하는 데 있어 다른 국가 국민의 태도 및 여론 형성에 중요한 영향을 미치는 수단이다. Allen C. Hansen, *USIA-Public Diplomacy in the Computer Age*(New York: Praeger, 1984), p. 2.

외교적 특권 및 면책권

일반적으로 모든 국가들은 1961년에 체결된 비엔나 협정의 규정에 따라 외교관의 특권과 면책권을 인정하고 있다. 외교관이 법적·신체적·도덕적인 위협이나 압력을 받지 않고 국가를 대표해 외교관의 임무를 수행할 수 있도록 하기 위해 특권과 면책권을 상호 인정하고 있다. 특권과 면책권은 해외공관, 공관의 임무 그리고 개인에 적용된다.

공관의 건물 및 재산에 대한 불가침성과 면책

공관의 건물과 부속건물은 공관장의 허락 없이 접수국의 관원(官員)이 출입할 수 없다. 또 접수국은 이들 건물에 대한 외부의 침입 손상을 방지하는 적절한 조치를 강구할 의무가 있으며, 공관의 안전과 그 권위를 손상시키지 않도록 보호할 의무가 있다. 그리고 공관의 건물, 건물 내에 있는 가구 및 공관의 운송 수단은 수색·징발·차압 또는 처분될 수 없다. 그리고 공관 건물 및 부속 건물은 주재국의 국세 및 지방세를 면제받는다.

언제 어디서나 공관의 문서 및 서류는 절대 불가침이다. 또한 접수국은 해외공관의 임무 수행을 위한 통신의 자유를 허용하고 보호해야 한다. 그리고 공관은 모든 통신 수단을 이용할 수 있으나, 무선통신은 접수국의 동의를 얻어 사용할 수 있다. 해외공관이 고용한 공관의 고용원(diplomatic courier)의 임무 수행 행위도 접수국은 보호해야 하며, 이 고용원이 체포 또는 구금되지 않는 불가침 특권을 향유할 수 있다.

외교관의 특권 및 면책권

외교관(diplomatic agents)은 어떠한 형태로든 체포 또는 구금되지 않으며, 접수국은 그의 신체적 자유 및 권위를 보호할 수 있는 적절한 조치를 강구해야 한다. 외교관의 사저 및 그가 사용하는 모든 문서는 불가침이며 보호되어야 한다. 외교관은 접수국 형법의 관할권으로부터 면책권을 가지며, 모든 국세 및 지방세를 면제받는다. 그리고 외교관의 개인 행낭(personal baggages)은 수색할 만한 중대 근거가 없는 한 검색받지 않는다.

외교관의 가족도 외교관과 같은 면책권을 향유한다. 동시에 공관의 행정 및 기술직 종사와 그의 가족들도 특권과 면책권을 갖는다. 공관의 사적 고용인(private servants)도 접수국의 국적을 갖고 있지 않거나 또는 영주권을 갖고 있지 않은 사람은 접수국의 동의에 의해 외교관이 누리는 특권과 면책권을 가질 수 있다.

외교관 및 공관원의 특권과 면책권은 그의 임지인 접수국의 영토에 들어오면서부터 향유하게 된다. 그리고 이러한 특권과 면책권의 향유가 끝나는 시기는 외교관으로서의 임무가 끝나거나 임기를 마치고 접수국을 떠나는 때부터이다.

접수국이 '기피인물'(Person non grata or not acceptable)로 선언한 공관장 및 외교관은 외교적 특권과 면책권을 상실하게 된다. 모든 국가는 타국의 공관장이나 공관의 직원을 기피인물 또는 받아들일 수 없는 사람으로 언제나 선언할 수 있고, 그 결정 이유는 설명할 필요도 없이 이루어질 수 있다. 이 선언은 외교관이 임지에 부임하기 전이나 후에 할 수 있다. 접수국은 이 결정을 파견국에 통지해야 한다 자국 외교관이 이렇게 선언되면 파견국은 그를 소환하거나 그 외교관의 기능을 정지시켜야 한다. 만일 파견국이 일정한 기간 내에 이러한 조치를 취하지 않으면, 접수국은 그 사람을 외교관으로 인정하지 않고 일반 외국인으로 취급할 것이다. 그렇게 되면 이 사람은 특권과 면책권이 상실되므로 접수국에서 보호받을 수 없다.

이렇게 '기피인물'로 선언될 수 있는 근거18)는 첫째, 외교관이 개인적 과오로 형사적 책임을 져야 할 행위를 하거나 반사회적 행위를 했다고 판단될 때, 둘째로, 접수국의 이익과 안전을 해치는 행위를 했다고 판단될 때이다. 그 외에 보복적 수단으로 특정 외교관을 기피인물로 선언하는 경우도 있다.

---

18) R. G. Felthan, *op. cit.*, p. 6.

외교관의 특권과 면책권은 국가간에 무력 충돌이 발생하는 경우에도 보장되어야 하며, 국교가 단절되거나 외교적 임무가 영원히 또는 잠정적으로 중지되더라도 접수국은 공관과 외교관이 완전히 철수할 때까지 공관의 모든 자산과 문서를 포함해 공관의 건물들을 보호하고 존중해야 한다. 국교 단절 또는 공관 폐쇄로 외교관이 접수국을 떠날 때까지 이들의 특권과 면책권을 존중하도록 비엔나 협정에 규정되어 있다.

외교관의 가족이 주재국의 국적을 갖고 있지 않다면 그들도 면책 특권을 갖는다. 또 해외공관에 근무하고 있는 행정 및 기술직 직원의 가족들은 주재국의 국적을 갖고 있지 않거나 주재국에 영주권을 갖고 있지 않다면 이들 역시 면책 특권을 갖는다. 이러한 특권의 효력은 특권을 향유하는 사람이 임지에 부임하기 위해 주재국의 영토에 들어온 때부터, 그리고 주재국에 이미 와있던 사람이라면 공관에 근무 명령이 주재국의 외교부에 통고된 때부터 발효된다.

만일 외교관이 제3국에 입국하거나 또 통과하려 할 때 입국사증이 필요하면 그 제3국은 사증을 발부해 주어야 하며 외교관이 그의 본국으로 귀국하거나 그의 근무지로 귀환할 때 그 제3국은 외교관에 대한 신성 불가침 및 면책권을 인정해야 한다.

영사관

영사 업무가 외교 업무와 영역을 달리해 독자적으로 그 본연의 업무를 수행한 시기는 대체로 19세기 초이다. 영사 및 외교 업무가 분리되면서 상설 영사관이 필요하게 되어, 1825년 영국은 처음으로 유럽의 강대국에 상설 영사관을 설치했다. 미국이 처음으로 해외에 상설 영사관을 설치한 것은 1924년이다. 이처럼 영사관이 그 고유의 업무를 독자적으로 수행한 역사는 그다지 오래되지 않았다. 그 이유는 국가간의 인적 및 상업적 교류가 빈번하고 활발하게 전개된 역사가 오래되지 않았기 때문이다.

국가간의 영사 관계는 원칙적으로 상호 동의에 의해 이루어진다.

그러나 국가간 외교 관계의 수립에 동의하는 경우에는 별도의 언급이 없는 한, 영사 관계의 수립에도 동의한 것으로 간주된다. 국가간에 외교 관계가 단절되더라도 영사 관계는 자동적으로 끝나는 것이 아니며, 국가간에 외교 관계가 수립되지 않더라도 필요에 의해 별도의 영사협정을 체결하면 영사 관계를 가질 수 있다.

한 국가가 영사관을 설치하려면 영사의 종류, 영사관의 위치, 관할 지역을 주재국에 통고해 승인을 얻어야 한다.

영사관(consular post)에는 총영사관(consulate-general), 영사관(consulate), 부영사관(vice-consulate) 또 대리 영사관(consular agency)이 있다. 영사 영역(consular distinct)은 영사 기능을 수행하도록 지정된 구역을 의미한다. 영사관 직원에는 2개의 범주가 있는데 하나는 전문적인 영사관 직원이고, 다른 하나는 명예 영사관 직원이 있다.

영사관은 주재국의 동의를 얻어 주재국의 영토 내에 설치한다. 이 영사관의 위치, 영사관의 등급, 영사 업무의 관할 구역은 주재국 정부의 승인을 얻어 파견국이 이들을 결정한다. 이러한 것들의 변경도 주재국의 동의에 의해서 파견국이 결정한다. 만일 파견국의 총영사관 또는 영사관의 다른 지역에 부영사관 또는 대리 영사관의 개설을 원하는 경우에도 주재국의 승인을 받아야 한다. 또 영사관 직원은 특별한 경우에 주재국의 동의를 받아 기존의 영사관 관할 밖의 지역에서 영사관의 기능을 수행할 수 있다. 주재국의 반대가 없다면 주재국에게 적절히 통고하고 파견국의 영사관은 주재국에서 제3국의 이름으로 영사 업무를 수행할 수 있다. 영사관의 규모에 대해 합의가 없다면 주재국은 일반적이고 합리적인 수준이라고 생각하는 규모의 영사관 직원을 요구할 수 있다.

영사관의 기능

영사관이 행하는 기능 중에는 주재국에서 법이 정하는 범위 내에서 본국과 본국의 개인 및 법인의 이익을 보호하는 일, 본국 및 주재국과의 상업, 경제, 문화 및 과학 관계를 증진시키고 양국간의 우호 관계를 증진시키는 일, 적법한 방법으로 주재국의 상업, 경제, 문화 및 과학적 생활을 정확히 파악하고 그것을 본국 정부에 보고하고 이 정보를 필요로 하는 사람에게 제공하는 일, 본국인에게 여권 및 여행 서류를 발부하고 본국을 방문하려는 사람에게 입국사증 또는 입국에 필요한 서류를 발급하는 일, 본국의 국민 및 법인을 돕고 지원하는 일, 공증인 및 사무적인 업무의 처리, 또 이와 유사한 일들 그리고 자국민을 위한 행정적인 일들을 대행하는 일, 주재국의 법과 규정이 정하는 범위 내에서 특별히 후견인 또는 보호자를 필요로 하는 미성년자 및 장애가 있는 사람의 이익을 보호하는 일, 본국 국적의 선박, 본국에 등록된 항공기와 승무원을 본국의 법과 규정에 따라 조사하고 감독하는 일 등이다.

공식적 외교 관계가 없어 대사관을 갖고 있지 않은 국가 내에서 또는 제3국에 있는 해외공관에 의해서 외교 업무가 대행되지 않는 국가 내에서 영사관의 직원은 주재국의 동의를 얻어, 그리고 영사 신분에 영향을 미치지 않는 범위 내에서 외교 행위를 할 수 있다. 이때 영사관 직원에 의해서 외교 행위가 수행되는 경우에 영사관 직원에게 면책 특권을 요구할 권리는 주어지지 않는다.

영사관은 불가침이며 주재국의 누구도 영사, 또는 공관장의 승인 없이 영사관에 들어갈 수 없다. 그러나 긴급한 보호를 필요로 하는 경우인 화재 또는 다른 재난이 발생했을 때에만 영사가 외부인의 출입을 승인할 수 있다. 주재국은 외부의 침입 또는 피해에 대해 영사관을 보호해야 할 특별한 의무를 갖고 있으며, 동시에 영사관의 품위를 훼손하는 일 또는 안정을 해칠 수 있는 일을 예방할 의무가 있다 또 영사관의 모든 서류는 언제 어디서나 신성 불가침이다. 주재국은 영사관의 모든 직원의 이동 및 여행의 자유를 보장해야 한다. 주재국은 영사관의 통신의 자유를 보장해야 하며 영사관의 우편 행낭을 강제로 억류하거나 그 내용을 검색할 수 없다. 이 우편 행낭은 목적지에 보내질 수 있도록 선박의 선장이나 항공기의 기장에게 맡겨진다.

영사

국제법상으로 엄격히 말하면 영사관원은 외교관(diplomatic agents)의 범주에 들어가지 않는다. 1961년 '외교 관계에 관한 비엔나 협정'에는 영사관원을 외교관의 범주에 넣지 않아 이들에 대한 규정은 없다. 그리하여 외국에서 임무를 수행하는 영사관원의 신변 및 업무 수행의 안전과 영사관원의 자유를 보장하기 위해 1963년 '영사 관계에 관한 협정'(Vienna Convention on Consular Relation)이 별도로 체결되었다. 영사관의 장은 총영사(consuls-general), 영사(consuls), 부영사(vice-consuls) 그리고 영사 대리(consular agents)가 있다. 영사에는 파견국의 국가 원수 또는 외무장관이 임명해 자국 정부를 위해 전적으로 영사 업무를 수행하는 직업적인 영사가 있고, 또 필요한 경우에만 영사 업무를 수행하는 비직업적인 명예 영사가 있다.

한 국가가 다른 국가 내 영사관의 장(the head of consular post)을 파견하고자 할 때에는 영사로 임명한 사실, 그의 직급, 자격, 이름 영사관의 위치 및 활동 범위를 기록한 서류를 주재국에 보내야 한다. 영사관의 장은 주재국으로부터 인가장(exequatur)을 받아야 그의 임무를 수행할 수 있다. 주재국이 이 장에 대해 인가장의 발부를 거부하더라도 파견국에게 거부 이유를 설명해야 할 의무는 없다. 영사관의 장은 주재국으로부터 인가장을 받기 전에는 어떠한 의무도 발생하지 않는다.

영사관 직원의 국적은 원칙으로 파견국의 국적을 소유해야 하고 주재국이 언제든지 취소할 수 있다는 전제하에 주재국이 승인한 사람을 예외적으로 영사관의 직원으로 임명할 수 있다.

주재국은 언제나 영사관 직원을 기피인물이라고 파견국에 통고할 수 있고 또 영사관의 어느 누구도 받아들일 수 없는 사람이라고 파견국에 통고할 수 있다. 이러한 통고를 받은 파견국은 그 기피인물을 본국으로 소환하거나 또는 영사관의 직무 수행을 정지시켜야 한다. 만일 파견국이 주어진 시간 내에 기피인물에 대해 소환을 거부하거나 또는 직무 수행을 정지시키지 않으면, 주재국 정부는 그 기피인물에 대한 인가를 취소하거나 그를 영사관 직원으로 승인하지 않을 수 있다. 또 영사관 직원으로 임명된 사람이 주재국 영토에 들어오기 전에 받아들일 수 없다고 선언할 수 있고, 만일 이미 입국했다면 영사관의 임무를 수행하기 전에 받아들일 수 없다고 선언할 수 있다.

주재국은 영사관 직원을 적절히 대우해야 하고 그의 신변, 자유, 권위를 보호하기 위해 적절한 조치를 취해야 한다. 영사관의 직원은 상당한 범법 행위를 하지 않는 한, 그리고 사법 당국의 결정이 없는 한 주재국에서 체포 또는 구금될 수 없다. 영사관의 구성원은 주재국 영토에 입국하면서 면책 특권을 갖는다. 그리고 영사관 구성원의 가족 및 구성원의 사적 보조원도 면책 특권을 갖는다.

7. 외교의 변천

　모든 사회 제도, 정치, 경제, 문화 등은 모두 그 역사를 가지고 있다. 이들의 역사란 이것들이 언제부터 시작되어 어떤 과정을 거쳐 어떠한 모습으로 현재에 이르고 있는가 하는 전 과정을 말하는 것이다. 모든 것의 역사를 이야기할 때 가장 어렵고 중요한 것은 그것이 언제부터 시작되었느냐 하는 것을 파악하는 일이다. 모든 것의 기원은 사람에 따라 각기 다르게 규정될 수 있다. 왜냐하면 어떤 것의 시작을 결정 짓는 기준은 그에 대한 개념을 어떻게 갖느냐에 따라 설정되기 때문이다. 어떤 현상이나 사건을 볼 때, 사람들의 입장이나 시각이 다르기 때문에 그에 대한 개념도 각기 다르다. 이 개념이 다르면 그 기원 역시 달라진다. 예를 들어, 정치가 언제부터 시작되었는가를 이야기하려면 정치에 대한 개념을 가져야 하는데, 이 개념은 정치적 현상을 어떤 입장과 측면에서 보느냐에 따라 달라진다. 사람들이 각기 입장과 시각을 달리하기 때문에 정치에 대한 개념을 다르게 가져서 각자의 기원도 달라진다. 어떤 사람은 정치를 지배와 복종의 측면에서 보고, 또 어떤 사람은 사회 복지적인 측면 또는 권력의 측면에서 보기도 한다. 이와 같이 시각을 달리하면 개념도 달라지고 그 기원 또한 달라진다. 외교의 경우도 마찬가지로 외교를 어떻게, 그리고 무엇으로 보느냐에 따라 그 기원이 다르게 결정된다.

　과거에 있었던 모든 일들이 모두 역사적인 사실이 되는 것은 아니다. 어떤 사실이 역사적 사실이냐 아니냐 하는 것은 역사를 기술하는 사람의 필요에 따라 결정된다.[1] 이 필요는 그 사람이 사건이나 현상에 대해 갖고 있는 개념에 의해 결정된다. 인간은 이 지구상에 집단을 이루고 살았고, 이 집단간에는 어떤 형태이든 접촉이나 교류를 갖고 살아 왔다. 이러한 것들이 외교냐 아니냐 하는 것도 외교의 역사를 기술하는 사람이 갖고 있는 견해와 외교에 대한 개념을 어떻게

---

1) E. H. Carr, *What is History*(Middlesex: Penguin Books, Ltd., 1965), p. 11.

갖느냐에 따라 결정된다.

오늘날 국제 사회에서 가장 주된 국제 정치의 주체는 주권을 가진 독립 국가이다.2) 그리하여 국제 사회에서 국가가 행하는 모든 정치적 행위는 이들에 의해 행해진다. 외교도 국제 정치의 수단이므로 외교는 국제법상 국가로 승인된 국제 사회의 정치적 주체에 의해 행해지는 대외 행위를 의미한다. 그러므로 외교는 주권을 가진 독립국이 지구상에 존재하면서 대외 행위를 전개하였으므로 이 시점부터 기술되어야 한다. 그런데 주권을 가진 독립 국가가 등장하면서 외교가 전개되었지만 이러한 국가들이 발달하고 또 국가간의 상호 작용 및 상호 관계가 복잡해지고 다양해지면서 외교의 행태도 변했다. 또 국제 사회의 정치, 경제, 군사 등 여러 분야가 발전되고 변모되면서 외교도 다양한 형태로 전개되었다.

외교의 행태를 크게 둘로 나누어 보면, 먼저 외교는 협상 또는 교섭의 수단 과정, 기술 등을 의미하는 정적인 측면의 외교가 있고, 북방 외교, 핑퐁 외교, 등거리 외교 등 교섭이나 협상의 한계를 훨씬 넘는 정치적 성격을 띠고 전개되는 동적인 외교도 있다. 오늘날 동적인 외교에는 무력 행사 없이 평화적인 방법으로 자국의 외교 정책을 실현시키며 국가 이익을 극대화하는 실질적이고 실리적인 대외 행위도 있다. 외교는 과거 정적인 외교에서 시작해 동적인 외교로 발전했다.

정적인 외교의 역사

동양에서는 기원전 4세기경 중국 대륙에 춘추전국시대가 시작되면서 주권을 가진 7개의 정치적 집단이 처음으로 등장했다. 이때 7개의 국가(sovereign units) 가운데 진(秦)나라가 가장 강대했다. 진을 제외한 다른 6개 국가들은 자신들이 군사적으로 연합해서 진나라를 공격할까, 아니면 진나라와 연합해 다른 나라를 공격할까 하는 문제로 각각의 접촉과 의사 교환 행위가 있었다. 그들의 입장에서 보면 이것

---

2) Joseph Frankel, *International Relation*(London: Oxford University Press, 1964), p. 22.

이 바로 대외 행위이고 외교이다. 그러나 결국 진나라에 의해 이 6개 국가가 통일되면서 정치적 집단인 이들 국가가 소멸되어 중국 대륙에서는 더 이상 외교가 전개될 수 없었다. 이렇게 중국 대륙에 하나의 주권 독립국이 탄생한 기원전 221년부터 아편전쟁으로 남경조약이 체결된 1842년까지 약 2,100여 년 동안 아시아에는 독자적으로 대외 행위를 할 수 있는 독립 국가가 몇몇 있긴 했지만 거의 실질적인 외교가 전개되지 않았다.3)

이러한 사실로 미루어 보아 동양에서 행해진 체계적이고 실질적인 외교는 19세기 중엽 서양 국가와 청(淸) 등 아시아 국가들이 접촉하고 교류하면서 시작되었다고 말할 수 있다. 이러한 관점에서 동·서양 외교의 역사를 비교하면, 약 2,600여 년의 시간적 차이가 발견된다. 19세기 중엽에 동양에서 시작된 실질적 외교는 모두 서양에서 만들어지고 발전된 관행·원칙에 따라 행해졌다. 오늘날의 관점에서 볼 때, 동양 외교의 기원이나 역사는 오늘날 외교를 논의하는 데 큰 의미가 없을 것이며, 서양 외교의 발자취를 더듬어 보는 것이 더 가치있을 것으로 생각된다.

서양에서는 기원전 6세기경 유럽 대륙에 여러 도시국가들이 탄생되면서 외교가 전개될 수 있는 터전을 마련했다. 그 당시의 도시국가들은 오늘날과 같은 민족국가는 아니지만 독자적으로 주권을 행사할 수 있는 독립 국가였다. 이들 국가들의 규모는 작았지만 이들이 주권 독립 국가라는 데에는 의심의 여지가 없으며, 이들간의 상호 관계와 작용은 외교의 범주에 포함될 수 있는 최소한의 필요 요건을 갖추고 있었으므로 이들의 대외 행위를 서양 외교의 기원이라 할 수 있다.

이들 도시국가들은 대체로 국력이 비등해 특히 경쟁 대립이 심각했다. 그리하여 이들 국가간에는 필연적으로 상호 관계 및 작용이 많을 수밖에 없었다. 이 당시 각 도시국가 간에는 상호 불가침 조약·방위동맹 등과 같은 대외 행위가 대부분이었다. 각 도시국가 간의 외교는 대립과 경쟁 속에 전쟁과 평화를 되풀이하면서, 그들의 도시(都

---

3) 傅啓學編, 中國外交史(上)(臺北: 臺灣商務印書館, 1972), pp. 1-2.

市) 수호신(守護神) 간의 결맹사업(結盟事業)과 여러 도시국가들 간의 연맹 및 식민 도시의 건설 사업으로 도시국가 간의 국제 관계가 존립되고 유지되었다.4) 이들 도시국가들은 국가의 이익을 증대시키기 위함보다는 오로지 살아 남기 위해, 또 힘이 강한 도시국가는 약한 국가를 정복하기 위해 전쟁을 했다. 그런 중에도 그리스 도시국가들의 상호 작용이나 관계를 의미 있게 다루는 이유는 이들이 전쟁을 끝내고 평화 조약을 체결해 전쟁을 마무리 지었고, 또 수시로 동맹 조약을 체결했다는 사실이 오늘날 정적 외교의 요람이라고 생각되기 때문이다.

이와 같은 형태의 외교는 유럽 대륙이 로마제국에 의해 통일될 때까지 계속되었다. 그러나 중국 대륙이 진나라에 의해 통일되었던 것처럼 신성로마제국이 유럽 대륙을 지배하면서부터 약 1,000년간 유럽 대륙에는 주권을 행사할 수 있는 독립 국가가 없어서 국가간 외교는 전개될 수 없었다. 중세 유럽은 교회 중심의 봉건체제였으므로 이들 봉건국가들은 신의 평화를 위해, 그리고 기독교 사회의 통일과 안녕을 위해 존재했다. 그리하여 교황은 이를 위해 각 봉건국가의 군주에게 교황의 정치·종교적 입장을 따르도록 강요했다. 그리고 각 봉건국가의 군주들 위에 로마 교황이 군림하고 있어 중세 유럽의 군주는 누구도 외교 문서·포고문·공문회장 등에 '정치'란 용어를 사용할 수 없었으며, 로마 교황도 그의 많은 교황 문서나 통신문 등에 정치란 낱말을 사용한 일이 없었다.5) 교황이나 각 군주들이 정치란 낱말을 사용하지 않은 이유는 봉건국가들이 주권을 행사할 수 있는 국가가 아니었기 때문이고, 교황과 이들간의 관계는 오늘날의 의미로 정치적 관계가 아니라 행정적 관계에 불과했다는 것을 의미한다. 교황과 군주와의 관계는 중앙 정부와 지방 정부의 관계에 지나지 않는다는 뜻이다. 그래서 중세 유럽에 외교가 존재할 수 없었던 것이다. 이처럼 국가가 없으면 외교도 없다는 것이 하나의 원칙으로 확립될 수 있다.

---

4) 金洪喆, 外交制度史(서울: 民音社, 1985), p. 76
5) 위의 책, pp. 93-97

그러나 그리스 도시국가에서부터 시작된 외교가 더욱 발달될 수 있었던 곳은 이탈리아 반도였다. 이 반도는 신성로마제국의 지배 밖에 있었다. 그리하여 이탈리아 반도 내에 있던 도시국가들은 독립적인 주권을 행사할 수 있었다. 특히 13~14세기경부터 월등한 강대국이 없이 각 도시국가들의 국력이 비슷해 각각 첨예하게 경쟁하고 대립했을 뿐만 아니라 심각한 이해의 상충으로 이들간에는 상호 밀접한 작용과 관계를 가져서 자연히 활발한 외교가 전개될 수 있었다. 14세기 이래 이탈리아 반도의 도시국가들은 약육강식하는 전쟁 상태를 논의하고, 실로 무법천지에 가까운 당시의 혼란과 형언할 수 없는 일상생활의 긴장으로부터 벗어나서 살아 남기 위해 전쟁 이외의 다른 방법을 강구했다. 이러한 방법으로 이탈리아의 도시국가들이 가장 많이 사용하고 발전시켜 놓은 수단이 교섭이었다.6) 이 시기에 교섭이 가장 많이 사용되었던 이유는 이탈리아 반도에 있던 도시국가들의 주된 대외 행위는 전쟁 아니면 전쟁을 마무리 짓는 평화 조약 체결 또는 전쟁의 원인을 제거하기 위한 교섭 행위가 대종을 이루었기 때문이다. 이와 함께 이들 도시국가 간에는 심각한 패권 경쟁이 벌어졌고, 다른 도시국가보다 더 강한 국력을 갖기 위해 동맹이나 국가연합을 통한 활발한 대외 행위를 전개해 이탈리아 도시국가 간의 대외 행위는 오늘날 외교가 발달될 수 있는 기틀을 마련했다.

중세 이탈리아의 도시국가들은 오늘날에도 활용되고 있는 상주공관 제도를 창출했다. 최초의 상주공관은 1455년 밀라노(Milano)의 대공 스포르자(Francesco Sforza)에 의해 제노바에 설치된 공관이다. 그 후 5년 뒤 사보이의 대공은 마르가리아(Eusebio Margaria)를 대표로 임명해 로마에 파견해 상주공관을 설치했다. 이로부터 이탈리아 반도의 다른 도시국가들도 런던·파리 등에 상주공관을 설치했다. 이때 이들 도시국가들은 해외에 파견되는 공관 대표의 명칭을 직급에 따라 사절(legates), 세객(orators), 성사(nuncios), 대표(commisars), 대리인(procurators), 대리 대사(agents), 또는 대사(ambassadors)라

---

6) 위의 책, pp. 141ff.

고 불렀다.7) 이와 같이 이탈리아 도시국가들은 외교적 관행까지 확립시킬 정도로 외교 발전에 크게 기여했다.

유럽에서 외교를 더욱 발전시키고 일반화시킬 수 있었던 계기는 '30년 종교전쟁'(1618-1648)을 끝내고 이 전쟁을 마무리 짓는 평화조약인 웨스트팔리아 조약이 체결되면서부터이다. 이 전쟁은 중세의 마지막 종교전쟁이었고, 종교적 혁명이었을 뿐만 아니라 중세 최초의 세속적 전쟁이었다. 이 전쟁은 인간의 신분을 태어날 때부터 결정 짓는 형이상학적인 관념을 불식시키고, 인간을 중세사회의 속박으로부터 해방시켰다. 또한 이 전쟁은 국내 정치를 세속화시켜 국내 정치가 기독교에 의해 지배되지 않게 했다. 이와 함께 웨스트팔리아 조약은 유럽 대륙 내에 있는 모든 국가가 주권을 갖고 행사할 수 있게 했고, 모든 군주의 지위를 평등하게 만들어 정치의 세속화를 규정했으며, 교황에 대한 주권 국가의 의무를 크게 경감시켰다. 또한 웨스트팔리아 조약에서 모든 군주는 상호 권리를 존중하며 국제법에 의해서만 국가와 군주에 의무와 책임을 지울 수 있다고 규정했다. 이 조약의 체결로 각 군주는 독자적인 외교 정책을 실행할 수 있었고, 이로부터 외교와 국내 정치가 서로 다른 영역에 속하여 각각 상이한 수단을 행사할 수 있었다. 이 조약은 국제 사회가 어떻게 조직되어야 하는가 하는 17세기적인 관념을 규정했다.8) 이 조약에 근거해 신성로마제국은 해체되었고, 유럽에 여러 주권 국가를 탄생시키면서 주권 국가들은 자국의 국내법에 따라 행동할 수 있게 되어 주권 독립 국가임을 인정받고 외교사절도 파견·접수할 수 있었다. 그리고 주권 국가들은 평화와 전쟁을 자유롭게 선택할 수 있었으며, 동맹도 국가의 뜻대로 체결하고 해체할 수 있게 되어 종교나 정부 형태 또 국가의 대소에 관계없이 유럽의 모든 국가를 명실상부하게 평등한 주권 독립 국가로 인정했다.9) 이제 신성로마제국의 해체에 따라 각국이 독립되어 활발

---

7) Harold Nicolson, *Diplomacy*(London: Oxford University Press, 1969), pp. 12-13.

8) Edward L. Morse, *Modernization and The Transformation of International Relations*(New York: The Free Press, 1976), p. 24.

9) W. Scott Thompson, "Toward A Communist International System," *ORBIS*,

한 외교를 전개할 수 있는 기틀이 마련된 것이다.

그러나 17, 8세기 유럽 대륙의 국제 질서는 절대군주를 옹립하고 있는 국가와 군주를 일치시켰고, 모든 대외 관계는 왕가(王家) 중심으로 이루어졌다. 이때 모든 국가간의 관계는 군주간의 관계가 전부였고, 혼인 동맹(matrimonial alliance)은 외교의 일반적인 수단이었다. 또한 이때 유럽의 군주들은 동일한 언어·전통·가치관·이해를 갖고 있었다. 이 시기의 외교는 국가나 국민적 차원의 외교가 아니라 궁정간의 외교가 전부였으며, 오직 외교는 군주와 왕가의 평화와 번영, 그리고 이들의 이익을 위해 행해졌다. 동시에 유럽 각국이 주권 독립 국가였으나 이들은 세계주의적 의식으로 강하게 결속(cosmopolitan bond)되어 있었고, 공통의 정신문화를 갖고 있었다. 또 각 군주는 각기 한 지역을 지배하는 통치자인 동시에 그리스도교 국의 합동 통치자(Joint rulers of Christendom)라고 생각하며, 서로를 모두 한 가족으로 인식하고 있었다. 이 당시의 외교관과 군인들은 귀족의 명예와 부를 얻기 위해 국적에 관계없이 각 군주에게 봉사했고, 각 군주의 왕가와 그 가족들 그리고 귀족들은 서로 결혼을 통해 모두 한 가족처럼 지냈다. 각 군주들은 서로 왕가의 정통성과 합법성을 존중하고 있어, 정치적 목적의 달성을 위한 다른 국가에 대한 전복과 같은 폭력적 수단은 이용되지 않았다. 이 시기 유럽의 각 군주들은 각국의 정치적 가치의 일체성(consensus of political values), 귀족 계급의 세계주의(cosmopolitanism of the upper class), 왕가의 권위, 기독교 정신에 입각해서 상호 관계를 지속시켜 왔기 때문에 이들간에 분쟁이 발생하더라도 전쟁이나 전복으로가 아니라 평화적 방법인 외교 교섭, 영토 교환 또는 동맹의 결성 등의 방법으로 문제를 해결한다는 대전제를 갖고 있었다. 이러한 것들에 기초해서 각 군주들은 상호 공존 및 공익을 도모했기 때문에, 사람들은 유럽 대륙의 17세기와 18세기를 외교의 황금시대(golden age of diplomacy)라고 부르기도 한다.10)

---

vol. 21. no. 4(Winter 1977), p. 841

10) K. J. Holsti, *International Politics,* 5th ed.(Englewood Cliffs, New Jersey:

　　유럽의 17세기와 18세기를 외교의 황금시대라 하지만 외교가 괄목할 만큼 발전된 면을 찾아보기는 어렵다. 현대적인 의미의 외교가 전개될 수 있게 유럽의 봉건국가들이 주권 독립 국가가 되었다. 그리하여 모든 국가들이 독립적인 외교를 행할 수 있는 여건은 마련되었다. 그러나 실질적으로 이들 유럽의 국가들은 정치적 가치나 국가의 이해까지도 같이하고 있었고 각 군주의 왕가들이 많은 인척 관계를 맺고 있었다. 따라서 외교의 발전 측면에서 보면, 외교의 실질적 발전 요소들이 작용할 수 없었기 때문에 결국 외교의 발전을 도모하지 못했다. 역사의 발전이라는 관점에서 보면 외교는 국가간 대립 경쟁이 치열할 때 발전할 수 있다. 그리스 도시국가 시대나 중세 이탈리아 반도의 도시국가 시대에 외교가 발전했던 것은 비슷한 국력을 가진 국가들이 서로 대립하고 경쟁했기 때문이다. 17, 8세기는 이러한 발전 요소들이 크게 작용하지 못했기 때문에, 외교의 발전이라는 측면에서 보면 외교의 황금시대란 말은 적합하지 않은 면이 있다. 다만 17, 8세기는 유럽 대부분의 군주들이 언어·전통·가치관·이해 관계 등을 같이하고 전쟁으로 모든 문제를 해결하려 하지 않고, 각 국가간 또는 군주간에 문제가 발생하면 전쟁이 아닌 평화적인 방법, 특히 교섭이란 방법으로 국가간의 문제 해결을 도모했기 때문에 외교의 황금기라 부르기도 하는 것이다. 주로 발생된 현안을 해결하기 위한 수단이었던 정적 외교, 즉 교섭은 주권 국가의 탄생과 함께 18세기까지 절대적인 외교 수단으로 이용되었다.

동적인 외교의 역사

　　자연 현상도 시간이 흐름에 따라 변화하는 것처럼 사회의 현상 또한 변화하고 발전한다. 이러한 바탕 위에 전개되는 외교도 변화의 계기를 갖게 되어 점점 새로운 모습을 갖추게 되었다. 외교의 직접적인 변화·발전의 계기는 18세기 말과 19세기 초 유럽 대륙에 작용하기 시작한 민족주의라는 요소에 의해 마련되었다.

Prentice-Hall, Inc., 1983), pp. 53-54

유럽의 민족주의는 영국의 명예 혁명과 1789년 프랑스 혁명이 일어나기 전까지 계몽주의 시대에 영어 사용자들 사이에서 발달되었다. 이때의 민족주의는 개인의 존재를 존중했고, 민족국가는 개인의 능력을 자유롭게 발휘할 수 있게 해주는 보호벽이었다. 이러한 가운데 발생한 프랑스 혁명은 민족주의 사상을 품고 있었고, 이 민족주의는 정치적 행위에 개인의 권리와 존엄성을 강조했으며 민족국가와 시민을 일치시키려고 노력했다. 이와 같은 사상을 갖고 시작된 프랑스 혁명은 17세기 종교전쟁 이래 프랑스와 전 유럽을 가장 길고 처절한 전쟁의 소용돌이 속으로 몰아 넣었다. 이런 와중에 유럽의 구왕조가 붕괴되고 새로운 국가들이 탄생했으며, 민족적인 감정은 아일랜드로부터 세르비아, 러시아, 스페인, 이탈리아 반도, 노르웨이까지 전파되었다. 이 전쟁 중 나폴레옹은 유럽에서 중세의 많은 잔재를 청산하고 근대국가의 기초를 마련해 주면서, 간접적으로 민족주의를 고취시켜 주었다.[11] 이렇게 불어닥친 민족주의의 물결로 유럽의 민족주의 지도자들은 국가의 유일하고 합법적인 기초는 동일한 인종집단이나 동일한 언어집단이라고 주장했다. 다시 말하면, 국가는 민족성에 기초해야 한다는 것이다. 이 결과 19세기 국제 정치의 주요 무대였던 유럽 대륙에 20여 개의 민족국가가 탄생되었다.[12] 1871년 독일과 이탈리아의 민족통일로 유럽에는 14개의 민족국가만이 남았다. 계몽주의 시대의 세계주의(cosmopolitanism)는 민족주의로 대치되었고, 그 후 국가 간의 관계도 군주의 욕망·이익·감정에 의해서가 아니라 국민의 집단적 이익과 욕망 그리고 국민의 집단적 감정에 의해 유지·발전되었다.[13]

19세기에 접어들면서 유럽 대륙의 국가들은 우선 국내적으로 민족을 중심으로 하는 배타적이고 응집력이 강한 민족국가를 구축했고, 산업혁명과 자본주의를 발달시켜 경제적 국부(國富)를 추구했다. 중산

---

11) Hans Kohn, *Nationalism: Its Meaning and History*(New York: Van Nostrand Company, 1971), pp. 23ff

12) K. J. Holsti, *op. cit.*, pp. 61ff.

13) E. H. Carr, *Nationalism and After*(London: Macmilan, 1968), p. 8.

층의 질적・양적 증대로 국민의 영향력이 과거에 비해 상대적으로 강화되었고, 모든 국가가 배타적・경쟁적으로 자국 중심의 국내외 정책을 추구하기 시작했다. 이러한 민족국가의 탄생은 유럽의 국가들을 강대국과 약소국으로 등급을 나누어 놓았고, 동시에 국제 정치의 활성화의 기초를 구축해 놓았다. 특히, 19세기적인 강대국의 개념은 다음과 같다.

첫째, 강대국은 다른 국가보다 월등한 군사력을 갖고 있으려면 자국의 안전뿐만 아니라 동맹국의 안전까지도 보장할 수 있어야 한다. 이와 함께 강대국은 자국의 영토 밖으로 군사 행동을 수행할 수 있고, 거시적인 국제 정치에 영향을 미칠 수 있는 능력을 갖추고 있어야 한다. 둘째, 국가 이익에 있어서도 대륙적 또는 세계적인 이익을 수호할 수 있을 정도로 거대한 국력을 가져야 하며, 또한 대륙이나 세계의 세력 균형을 유지하는 데 관심을 갖고 국제 정치 환경을 자국의 가치관에 유리하게 유도할 수 있도록 국력을 유지하고 행사할 수 있어야 한다는 것이다.14)

이제 유럽 대륙에는 독립적인 민족국가, 강대국과 약소국, 그리고 세력 균형 체제가 등장해 활발하고 실질적인 국제 정치가 전개될 수 있는 바탕이 마련되어 국가간의 경쟁, 대립, 반목을 더욱 가중시켰다. 특히 강대국간의 국력 신장의 노력은 더욱 강화될 수밖에 없어 이들간의 상호 관계 및 작용은 과거에는 볼 수 없었던 새로운 양상을 띠었다.

유럽 민족주의 시대의 개막은 과거 외교의 특성을 근본적으로 파괴시키고, 외교의 본질까지도 새롭게 했다. 19세기 유럽 환경의 특징은 첫째, 현상을 파괴하려는 세력이 팽배해 있었다. 둘째, 현상을 유지하려는 집단과 현상을 뒤엎으려는 집단이 공존했다. 셋째, 국제 관계가 국내 문제에 직접 영향을 미쳤다. 넷째, 각국은 국내 사회의 안정을 위해 외교 관계에 있어 공격적인 행위를 감행하기 시작했다. 다

---

14) Jack S. Levy, "World System Analysis," in William R. Thomson(ed.), *Contending Approach to World System Analysis*(Beverly Hills: Sage Publication, 1983), pp. 194-195.

섯째, 협상보다는 군사력이 국제 관계에서 영향을 더 크게 미치는 주요 수단이 되었다. 여섯째, 시간이 흐를수록 양극 체제적인 성격을 취해서 생긴 현상 유지 집단과 현상 파괴 집단간의 적대 관계가 이 시기의 특징이었다.15)

위에 열거한 현상들은 19세기에 접어들면서 중세는 말할 것도 없거니와 17, 8세기와도 다른 유럽의 새로운 정치적 환경을 조성했다. 유럽 대륙에서는 각국의 국력의 정도에 따라 강대국과 약소국으로 국가의 등급을 결정 짓고, 이들 강대국이 유럽에 새로운 국제 정치 환경인 세력 균형 체제를 창출하고 유지했다. 그렇기 때문에 이 강대국들은 서로 치열한 경쟁과 대립 속에서 대외 관계를 갖고 대외 행위를 하지 않을 수 없었다. 19세기 초에 이르러 등장한 세력 균형 체제는 당시 유럽의 현상(status quo)을 변경시키지 않고 5대 강대국인 영국, 프랑스, 러시아, 독일 그리고 오스트리아의 이익과 안전이 보장되어야 한다고 전제했으며, 이 강대국들로 하여금 필연적으로 전쟁이 아닌 다른 방법으로 강대국간에 상호 관계와 작용이 이루어져야 한다는 생각을 갖게 했다. 이제 유럽 대륙은 강대국간의 맹목적이고 경쟁적인 대립과 경쟁만으로는 국가간의 문제를 해결할 수 없었다. 그리하여 19세기 초부터 외교는 평화적인 방법을 통한 주권 독립 국가의 관계를 관리하는 수단으로 정의되었다. 이 평화적인 방법이란 교섭을 의미하며 외교가 교섭을 강조하는 한, 힘의 뒷받침 없는 교섭은 의미가 없는 것이다.16) 유럽에는 19세기 비엔나 회의 등 강대국들이 교섭을 통해 국제 문제를 해결하면서 유럽에는 교섭이 전쟁에 못지않은 주요한 수단으로 정착되기 시작했다. 그리하여 19세기 유럽에서는 국가간의 대외 문제는 교섭을 통해 해결해야 한다는 의식이 높아졌다.

강대국이 등장하면서 교섭에 힘이 사용될 수 있는 계기가 마련되었다. 이로써 19세기 유럽에는 강대국이 힘에 근거한 외교를 전개할 수

---

15) Richard N. Rosecrance, *Action and Reaction in World Politics*(Boston: Brown and company, 1963), pp. 52-53.

16) René Albrecht-Carrié, *A Diplomatic History of Europe*(New York: Harper & Row, Publisher, 1973), pp. 3-4.

있는 국제 정치 환경이 조성되었으며, 이러한 환경은 국가로 하여금 동적인 외교를 전개할 수 있게 했다. 예를 들면 1820년대 유럽의 강대국들이 각각 자국의 이익과 안전에 밀접한 관계를 갖고 있는 이탈리아 반도나 스페인 등지에서 유럽 대륙의 안정을 해칠지도 모르는 전제주의와 반동복고주의의 타도를 부르짖는 혁명적인 일이 발생했을 때, 5대 강국은 회의 외교라는 형식을 통해 문제의 해결을 도모했다. 이 하나의 예는 이제 유럽에서 전쟁 또는 무력 행사가 아닌 외교로 정치적 문제를 해결할 수 있다는 전례를 남기며 외교의 새로운 장을 열었다. 그러나 1820년대 터키의 지배하에 있던 그리스에서 독립운동이 시작되었다. 이때 특히 그리스에 커다란 이해 관계를 갖고 있던 러시아는 단독으로 그리스 독립운동에 직접 개입하려는 욕심에서 1826년 3월에 그리스의 자치 허용을 골자로 하는 최후 통첩을 터키에 보내는 직접적인 의사 전달 행위를 행했다. 또 그 후 1827년에도 영국, 프랑스, 그리고 러시아 3개국이 그리스의 독립 문제를 조정이라는 방법을 통해 해결할 것을 요구하는 외교 문서를 전달하고, 이 제의를 거부하는 경우에는 3개국의 무력 개입 의사를 전달하는 외교 행위를 했다. 터키는 이 3대 강국의 제의를 거부했고 이 3개국은 터키에 무력 공격을 감행해 터키를 굴복시켰다. 이 예는 평화적인 방법인 외교로 문제를 해결하지 못하고 결국 무력 행위로 문제를 해결한 경우이다. 1853년에도 러시아의 황제 니콜라이 I세는 멘시코프 (prince Menchikoff)를 콘스탄티노플에 파견해 반 러시아적인 입장을 갖고 있던 터키의 외상 파샤(Faud-Mehemed Pasha)를 파면하고, 터키에서 그리스 정교의 보호권을 러시아 황제에게 이양하도록 압력을 가했다. 이러한 러시아의 터키에 대한 행위는 동적인 외교 행위였다. 그러나 러시아의 터키에 대한 직접적인 외교 행위는 성공을 거두지 못하고 결국 무력 행사를 통해 문제의 해결을 모색한 경우였다.

19세기 후반에 들어서도 유럽 강대국들의 약소국에 대한 대외 행위는 무력에 의한 정복이나 식민지 정책으로 일관했다. 강대국과 약소국간의 힘의 차이에도 불구하고, 강대국은 평화적인 수단인 외교로서가 아니라 무력에 의한 대외 행위를 자행했다. 이와 함께 강대국간의 대외 행위는 제국주의 정책에 초점을 맞추어 동맹이나 군사협정을 체결하는 것이 고작이었다. 한 마디로 19세기의 모든 국가의 문제 해결과 국가의 이익을 증대시키는 방법은 무력 행위에 크게 의존하고 있었다. 특히 19세기에는 평화적 수단인 외교가 전개될 수 있는 국제 정치의 환경이 확립되었고, 강대국과 약소국의 존재가 뚜렷해 전쟁보다는 외교가 잘 전개될 수 있는 여건이 조성되었음에도 불구하고 이 여건을 활용하지 못했다. 그리하여 실제로 외교, 특히 동적 외교가 전개될 수 있는 분위기는 마련되었지만, 19세기에는 실질적인 동적 외교가 제대로 전개되지 못했던 것이다. 이러한 이유는 강대국들에게 외교적 역량을 발휘할 수 있는 능력과 수단이 없었기 때문이다.

강대국은 자국의 영향력이 행사되고 효력이 발휘될 수 있는 기초나 관계, 예를 들어 무력이나 군사력이 아닌 다른 요소와 수단 등을 행사할 수 있는 바탕이 되는 일방적 및 의존적 관계를 구축하지 못해 영향력이나 압력 행사 등으로 평화적인 외교를 전개하지 못했다. 19세기 유럽의 강대국들은 강한 군사력을 갖고 있었으나 앞에서 설명한 바와 같이 군사력의 행사 위협으로 소기의 목적을 달성할 수 없었다. 그리하여 19세기 유럽의 강대국들은 궁극적으로 무력의 행사로 문제를 해결하고 목적을 달성하려 했다. 이처럼 19세기에는 평화적인 수단에 의한 동적 외교는 잘 전개되지 못했다.

외교에 있어 19세기적인 상황은 제2차 세계대전 이전인 20세기 전반까지도 크게 변하지 않았다. 이 시기에도 강대국들은 전쟁 수행 능력인 무력만이 강했을 뿐, 외교를 통해 정치적 목적을 달성할 수 있는 능력을 갖고 있지 못했다. 그렇기 때문에 20세기 전반의 강대국들은 평화적 수단이 아닌 전쟁으로 국가의 모든 문제를 해결하려는 경향이 농후했다. 제1차 세계대전 후에도 시간적으로는 20세기이지만 외교의 양상은 크게 달라지지 않았다. 제1차 세계대전이 끝난 후인 20세기 전반의 국제 정치 환경은 19세기적 세력 균형 체제에 의해 주도되지는 않았으나, 실질적으로 거시적인 국제 정치 측면에서 19세기적인 요소들이 크게 작용했다.

독일과 오스트리아가 패전국이 되었지만 유럽의 국제 정치 환경은 여전히 영국·프랑스·독일 등에 의해 주도되었다.17) 제1차 세계대전 후 유럽은 소위 베르사이유 체제에 의해 국가간의 관계가 이루어졌다. 물론 일본과 미국이 새로이 강대국의 대열에 등장했지만, 미국은 유럽에 대해 새로운 고립 정책을 취해 유럽의 국제 정치 환경 밖에서 활동했고, 일본은 아직 유럽에 영향력을 행사하기에는 여러 면에서 역부족이었다. 그래서 형식적인 체제는 달리했지만 제1차 세계대전 후에도 19세기적인 유럽의 국제 정치 분위기가 국가간의 관계나 상호 작용에 영향을 미치고 있었다.

제1차 세계대전 이후에도 국제 정치나 외교에 있어 가장 결정적으로 작용한 요소는 역시 무력과 군사력이었다. 전후 워싱턴 군축 회담이나 런던 군축 회담이 강대국의 해군력에 대한 군비 축소와 군사력의 균형을 위해 노력했지만, 항공기의 발달로 강대국들은 비행기 제작과 항공모함 건조에 광분했으며 군비 증강에 박차를 가했다. 그뿐만 아니라 프랑스는 말할 것도 없고 독일까지도 더 많은 동맹국을 얻기 위해 모든 노력을 아끼지 않았다. 여전히 모든 강대국들은 군사력이나 무력, 군사 동맹 등이 국가의 생존을 위해서뿐만 아니라 국가의 대외 행위에 필수적인 요소라고 생각했기 때문에 군비 증강이나 군사 동맹을 크게 강조했다. 1931년 일본의 만주 침략, 1934년 이탈리아의 에티오피아 침공, 독일의 재무장, 프랑스의 대독(對獨) 동맹 정책 등이 제1차 세계대전 이후 유럽의 국제적 환경과 강대국들의 군사적 제국주의 정책의 단면을 보여 주는 것이다.

이와 같은 분위기는 동적인 외교가 전개되고 발전될 수 있는 상황이 아니라는 것을 말해 주는 것이며, 모든 국가들이 아직도 전쟁이나 군사력이 국가간 문제 해결의 최선의 수단이라는 생각을 갖고 있음을 보여 주는 것이다. 실제로 이를 입증해 준 것이 중일전쟁, 유럽 강대국들의 식민지 정책, 그리고 제2차 세계대전이다. 모든 국가들이 평화적인 방법으로는 국가의 목표 달성이 불가능하다고 생각하고 있었기 때문에 전쟁이라는 방법뿐이라고 믿지 않을 수 없었을 것이다. 적어

---

17) *Ibid*, p. 430

도 전쟁이나 무력 행사가 국가 정책 실현의 유일한 방법이자 최선의
수단이 될 수 있다고 인정하는 분위기가 팽배해 있다면, 외교에 관한
한 아무것도 기대할 수 없다. 무엇보다도 모든 국가가 전쟁이나 무력
으로는 정책 목표의 달성이 불가능하다고 생각해야 한다. 또한 전쟁
이나 무력이 아닌 다른 수단으로도 국가의 정책 목표 달성이 가능할
수 있어야 동적인 외교가 전개될 수 있으며, 그러한 분위기가 고조되
어야 외교가 발전할 수 있다.

현대적 의미의 외교가 전개될 수 있는 분위기가 어느 정도 조성된
것은 제2차 세계대전 이후이다. 제2차 세계대전 이후에도 전쟁이 없
었던 것은 아니다. 또 강대국이 전쟁에 직·간접으로 개입했던 경우
도 있었다. 미국이 직접 개입했던 한반도에서의 무력 충돌이나 월남
전에서는 전쟁 당사국 누구도 승자가 되지 못했고, 자국의 목표들이
성취되지 못했다. 또 4차례의 중동전쟁에 있어서도 부분적으로 전쟁
터에서의 승자나 패자가 있었지만, 어느 당사국도 궁극적으로 그리고
정치적으로 자국의 정책 목표를 달성하는 최후의 승자가 되지는 못했
다. 또한 1979년 2월 중국과 베트남간의 전쟁에서도 어느 측도 확실
한 승자도 못 되고 목적한 바를 달성하지 못했다. 그 외에도 여러 차
례의 국지전이 있었지만 전쟁의 확실한 승자가 없었을 뿐만 아니라
얻은 것보다는 잃은 것이 더 많았다. 8년간의 전쟁 끝에 1988년에 종
전된 이란과 이라크와의 전쟁에 있어서도 다른 전쟁과 마찬가지로 그
결과는 이란과 이라크 어느 측도 승자가 되지 못했다. 누구도 크게
이득을 보지 못했으며, 어느 당사국도 그의 정책 목표를 달성하지 못
했다. 이와 함께 제2차 세계대전 후 베트남이 공산화된 것을 제외하
고 지구상의 어느 국가도 다른 국가에 의해 정복되거나 식민지가 된
일이 없다. 다시 말하면, 제2차 세계대전 이후의 상황은 국가에 의한
국가의 정복 또는 식민지화가 국가 이익의 증대나 안전보장의 수단이
아니라는 것을 단적으로 말해 주고 있다. 또한 전쟁이 정책 목표 실
현의 수단이 아니라는 사실도 잘 설명해 주고 있다. 제2차 세계대전
후 이와 같은 분위기가 만연될 수 있었던 배경은 다음과 같다.

첫째는 미국과 소련, 두 강대국 중심의 양극 체제의 형성과 양극화

현상18)이 그 원인이다. 이 두 강대국은 지구를 서쪽의 민주 진영, 동쪽의 공산 진영으로 양분해 장악하고 있었고, 이 두 진영에 속해 있는 국가들은 각각 미국 및 소련과 군사 동맹 체제를 형성하고 있었다. 그리하여 이 진영 내 국가의 안정은 두 강대국의 국가 이익과 밀접한 관계를 갖게 되어 누구도 이들의 안전을 위협할 수 없었고, 이들 국가의 안전보장은 미국과 소련의 최대의 대외 정책 목표였다. 비동맹 노선(non-alignment orientation)을 걷는 국가도 비록 미국이나 소련과 동맹 관계는 없었지만, 전적으로 두 강대국의 관심 밖에 있지 않았다. 뿐만 아니라 미국과 소련은 음으로 양으로 이들 국가에 대해서도 지원을 보내며, 어떤 비동맹 국가가 미국이나 소련에 지나치게 접근하거나 편향되는 것을 막으려는 노력을 게을리하지 않았다. 이렇게 볼 때, 지구상에 있는 거의 모든 국가가 다소 차이는 있지만 미국과 소련의 관심 대상 국가여서 이제 정복이나 식민지화가 가능한 국가가 지구상에 존재하지 않게 되었다. 이와 함께 미국과 소련은 원자탄 등 가공할 만한 핵무기를 보유하고 있어 이 두 국가간의 직접적인 충돌은 핵전쟁으로 발전될 소지를 갖고 있었다. 따라서 미국과 소련의 군사적 충돌은 두 강대국 국민의 생존을 위협할 수 있기 때문에, 전쟁이나 무력 행사를 자제하지 않을 수 없었다. 실제로 제2차 세계대전 이후 미국과 소련은 한반도 및 월남전에서 직접적으로 충돌할 수 있는 기회가 있었으나 서로 직접적인 충돌은 회피해 왔다.

둘째로, 전쟁에서 어느 일방이 절대적인 승리를 거두는 것이 쉽지 않을 뿐 아니라 이 승리가 곧 정복을 의미하지 않는다. 또 정복으로 타국의 영토를 장악하고 그 국가의 국민을 지배해 영토와 인구를 많이 갖는다고 해서 국력의 절대적 신장을 보장할 수는 없었다. 타국의 영토와 국민을 다스리는 일 자체가 오히려 정신적·물질적으로 부담이 된다. 자국의 발전, 자국민의 복지 증진에도 어려움과 부담이 많이 따르는데, 다른 국가의 안전과 국민의 생활을 보장하는 것은 당연히

---

18) 양극 체제와 양극화 현상에 대해서는 David P. Rapkin, William R. Thompson and John A. Christopherson, "Bipolarity and Bipolarization in the Cold War Era," *Journal of Conflict Resolution*, vol. 23, no. 2(June 1979), pp. 263ff 참조.

얻는 것보다 잃는 것이 더 많다. 그 좋은 예가 1979년부터 약 9년간 아프가니스탄을 실질적으로 지배해 온 소련의 경우이다. 소련의 지배가 아프가니스탄의 많은 국민들로부터 정당성을 인정받지 못해 정신적 및 물질적으로 많은 손실을 가져오자, 소련은 1988년 아프가니스탄으로부터 철수하기로 결정했다. 그리하여 제2차 세계대전 후에는 어느 국가가 다른 국가를 식민지화하거나 영토를 지배하는 일이 없어졌다.

이와 함께 이러한 행위 없이, 국력을 신장하고 또 군사적 정복 행위 없이 실질적으로 다른 국가를 정치적으로 움직일 수 있는 여러 수단이 강구되었다. 오늘날은 정치적 영향력으로 다른 국가를 움직이며 국가의 정책 목표를 달성하고, 국가의 이익을 증진시킬 수 있게 되었다. 이는 과학 기술 및 경제의 발달에 기인한 것이며, 군사력과 함께 경제적 역량의 극대화를 가져왔기 때문이다. 막강한 경제력은 대외 정책 목표의 달성을 추구하는 국가가 손실 없이 다른 국가를 원격 조정할 수 있게 했다. 강력한 군사력의 소유가 다른 국가에 대해 위협이 될 수는 있다. 그러나 막강한 경제력은 다른 국가에 원조, 지원 등으로 혜택을 줄 수 있다. 뿐만 아니라 경제적 제재로 다른 국가에 불이익을 줄 수 있어, 실질적으로 군사 행동이나 정복보다 훨씬 능률적이고 효과적으로 대외 정책 목표를 성취할 수 있는 수단이 되었다. 그리하여 오늘날은 총포나 군인을 많이 갖고 있어 전쟁 수행 능력을 크게 가진 국가가 반드시 대외 정책 목표를 성공적으로 성취할 수 있다는 보장이 없다. 그보다는 정치적 영향력을 행사할 수 있는 요소를 더 많이 갖고 있는 국가가 대외 정책 목표를 성취시킬 수 있었다. 과거 핵무기를 포함해 강한 군사력을 갖고 있는 소련도 강대국의 하나로 취급되고 있었지만, 핵무기도 없고 자체 방위 능력도 갖추지 못한 일본이 강대국으로 평가받고 있다. 그 이유는 일본이 군사력은 크게 갖고 있지 않더라도 정치적 영향력의 요소인 상당한 과학 기술과 경제력 등을 갖고 있기 때문이다.

이와 같이 국제 정치 환경의 변화는 힘있는 국가로 하여금 동적 외교가 전개될 수 있게 만들었다. 그리고 오늘날은 총포가 아닌 평화적인 요소인 경제·과학 기술 등을 통해 한 국가가 그의 대외 정책 목표를 성취시킬 수 있어서 동적 외교가 실제적으로 전개될 수 있는 분위기와 틀이 성숙되었다.

동적 외교, 다시 말하면 외교를 통해 한 국가의 외교 정책이나 목표를 성취할 수 있게 된 시기는 제2차 세계대전 이후이다. 제2차 세계대전 후 핵무기가 발달되어 그 위력은 세계 전 인류를 파멸시킬 수 있는 정도가 되었다. 그러나 이러한 무기는 전쟁의 억지 수단으로는 작용되었지만 실제로 외교 정책의 수단으로 사용된 일은 없었다.

그러나 제2차 세계대전 이후에도 군사력을 외교 정책의 수단으로 사용한 경우가 있다. 예를 들면, 소련은 1968년 체코슬로바키아의 정치적 변화를 억압하기 위해 군사력을 사용했고, 1970년 요르단 위기가 발생했을 때 소련의 해군을 개입시키기도 했으며, 1975~1976년 앙골라 내전에 있어서도 소련의 해군과 공군이 개입해 이 내전의 결과에 영향을 미치기도 했다. 그뿐만 아니라 미국도 제2차 세계대전 이후 외교 정책의 수단으로 군사력을 200여 회 이상 이용했다. 이러한 군사적 행위는 미국의 관심이나 지원의 의사 표시로 함정이나 함대를 파견하는 행위로부터 육·해·공군의 병력을 위기가 발생한 지역에 전진 배치하는 방법으로 수행되었다. 이와 같이 군사력을 정치적 수단으로 이용하는 목적은 다른 국가의 행위에 영향을 미치려는 것이다. 즉, 어떤 국가에 대해 어떤 행위를 하게 하거나 또는 하지 못하게 하려는 것이 그 목적으로, 특히 이러한 군사적인 행위가 직접 어떤 군사적인 목적을 달성하려는 것이 아니라 군사적 행위의 효과를 통해서 국가가 대외 정책을 성취하려는 것이다.19)

제2차 세계대전 이후에도 군사력이 과거와 같이 외교 정책의 수단으로 사용되었지만 그 사용의 행태는 다르다. 과거에는 무력이나 군사력이 적나라하게 직접 목적을 달성하기 위해 사용되었지만, 현대에는 상징적으로나 위협적으로 그 효과를 얻기 위해 주로 사용되고 있다. 오늘날은 외교 수단으로서의 군사력이나 무력 행사의 방법과 의

---

19) Stephen S. Kaplan, *Diplomacy of Power*(Washington, D.C.: Brookings Institution, 1981), pp. 1ff.

도와 의미가 달라졌다. 오늘날은 군사력이나 무력의 행사 그 자체가 목적이 아니라, 군사력의 행사 위협을 통해 정치적 목적을 달성하려 한다. 그러나 국가가 군사력이나 무력의 행사 위협으로 소기의 목적을 달성할 수 없기 때문에 오늘날은 이것 이외의 다른 수단이 요구된다. 외교의 다른 수단은 제2차 대전 이후 큰 국가들이 막강한 경제력을 가지면서, 이것을 이용해 다른 국가와 일방적인 의존적 관계를 형성하고 또 불평등 관계를 구축해 이것을 근거로 다른 국가에 영향력이나 압력을 행사해 정치적 목적을 달성하고 있다. 한 국가가 성공적으로 대외 정책 목표를 달성하기 위해서는 다른 국가와 불평등 관계를 갖고 또 무력 행사로 위협할 수 있을 때 그 동적 외교가 성공을 거둘 수 있다.

전통 외교와 현대 외교

전통 외교와 현대 외교를 가늠하는 시간적인 기준은 제2차 세계대전이 종식된 때이다. 이때를 현대 외교의 시작으로 보는 이유는, 이때부터 국가간의 문제 해결과 국가 이익 증대의 결정적인 수단으로, 더 이상 전쟁 행위나 무력 사용이 효율적이고 바람직한 것이 될 수 없음을 인식하게 만들었기 때문이다. 제2차 세계대전 이후의 국제 정치 체제가 구축되어 폭력으로 다른 국가를 정복하거나 지배할 수 있는 여지는 극도로 제한받았다. 특히, 적대적이고 극단적인 경쟁 관계를 갖고 있던 미국과 소련 두 초강대국이 명예와 국가 이익의 차원에서 첨예하게 대립하고 있어 비평화적 수단을 국제 정치에서 쉽게 사용할 수 없어 전쟁 행위나 무력 행사의 가치와 유용성이 크게 상실되었다. 미국과 소련은 그들의 국가 이익을 폭넓게 갖고 있었고 이를 위해 두 강대국은 세계 경찰의 임무 수행을 그들의 중대한 국가적 임무로 생각해 세계의 군사력을 거의 독점하고, 두 국가를 포함한 모든 국가의 전쟁 또는 폭력 행사를 국제 정치의 수단으로 사용하지 못하도록 견제해 왔다.

이와는 대조적으로 19세기와 20세기 전반에는 군사적 행위를 제한하거나 견제할 수 있는 제도적 장치가 마련되지 못해 무력 행사가 국제 정치의 수단으로 이용되어 왔다. 19세기 프로이센의 독일 민족 통일도 전쟁을 통해 이루어졌고, 제1·2차 세계대전도 강대국들이 전쟁을 통해 영토 확장과 식민지 쟁탈이라는 대외 정책 목표를 추구한 것이었다. 1900년을 전후해 유럽 국가들은 무역 항로와 무역 중심지를 보호하던 것에 그치지 않고, 정치와 경제의 수단을 통해 제국주의적 식민주의 정책을 전개하면서 군사력을 통한 영토 확장이 일반화되었다. 그 예로 1898년 미국과 스페인간의 전쟁, 1899년 보어 전쟁(Boar War) 등을 들 수 있고, 또 20세기에 접어들면서 아시아·아프리카에 있어서의 강대국간의 영토 쟁탈전은 제1차 세계대전의 결정적인 원인 중의 하나였다. 그 외에도 1894년 중일전쟁은 양국이 한반도를 차지하기 위한 전쟁이었고, 1904년 러일전쟁(露日戰爭)도 한반도와 만주를 장악하기 위한 전쟁이었다.

제2차 세계대전 전까지 이와 같은 국제 정치의 양상은 외교를 필요로 하지 않았기 때문에 외교가 더 발전할 여지가 없었다. 전쟁이나 무력 행사가 국가의 목적을 성취시킬 수 있고, 국가간의 문제를 해결할 수 있었기 때문이다. 제2차 세계대전 후에는 전쟁이나 무력 행사가 소기의 목적을 달성할 수 없다는 사실이 실증되었다. 1950년 한반도에서 있었던 무력 충돌은 미국, 소련, 중국 그 어느 측도 한반도에서 얻은 것이 없었으며, 1960년대 후반 베트남 전쟁에서도 월등한 힘을 갖고 있던 미국은 명예와 실리를 잃었다. 또 1956년 영국과 프랑스는 이집트와의 중동전쟁에서 나세르 대통령을 굴복시키지 못했다. 이와 같이 전쟁이나 무력 행사가 대외 정책 목표를 달성하는 수단이 될 수 없다는 사실이 실증되면서, 한 국가의 이익과 정책 목표 달성의 실질적인 수단으로 외교가 등장하게 되었다. 동시에 현대에는 영토가 크고 인구가 많은 것이 반드시 국력 증대의 요소가 아니며, 또 이것이 다른 국가에 대한 영향력 행사의 밑거름이 되지도 않는다. 인구와 영토의 측면에서 보면, 중국·인도·인도네시아가 가장 영향력 있는 국가여야 하나 실제는 그렇지 않다. 오늘날은 영토나 인구 대신 과학 기술 및 경제력이 곧 국력 증대의 최고 수단이 되었다. 오늘날은 이것들을 통해 무한대로 국력 신장이 가능해졌고, 이러한 힘은 정치적 역량으로 국가의 목표 달성의 초석이 된다.

제2차 세계대전 후 핵무기는 군사적으로나 정치적으로나 국제 정치의 총아(寵兒)였다. 그럼에도 불구하고 국제 정치에 있어 핵무기가 가지는 정치적 위력은 그다지 크지 못했다. 핵무기를 갖고 있지 않은 국가가 핵 보유국을 두려워하지 않아 핵 보유 국가는 이것을 자국의 정책 목표를 추구하는 데 이용할 수 없었다. 소련은 1950년대에 핵무기를 보유했으나 중국은 그 당시 핵실험조차 실시하지 못했다. 그러나 중국이 소련의 대미 정책 및 대중 정책에 불만을 품고 소련과 실질적인 단교 상태에 이르러 소련의 휘하에서 이탈했다. 그럼에도 불구하고 소련은 이를 수수방관할 수밖에 없었다. 이 하나의 예는 국제 정치에 있어 핵무기를 포함한 군사력이 정치적 효력이나 외교의 밑거름으로서의 위치를 상실했음을 보여 주는 것이다. 1987년 12월 미국과 소련이 중거리 핵 미사일 폐기 조약(INF)을 체결한 것은 이와 같은 사실을 잘 입증해 주고 있다. 20세기 전반까지는 평화적 수단인 외교를 통해 국가간의 문제 해결을 도모해 보고, 또 외교 정책 목표를 실현시켜 그것이 실효성이 없으며 곧 무력을 통해 국가의 목표를 달성하거나 국가간의 문제 해결을 꾀했다. 그러나 현대는 핵무기로도 국가간의 문제 해결이나 목표 달성이 불가능하다는 사실이 입증되어 오늘날은 어떤 경우에도 외교를 통해 국가간의 문제 해결과 정책 목표 달성을 성취시켜야 한다는 생각이 일반화되었다. 그러면서 외교의 기초·기술 등이 다양화되고 발달했었다.

현대 외교는 국가간의 관계를 우호적이고 협조적으로 유지하고, 국가간의 문제 해결을 원만히 도모하기 위해 외교의 행태를 정적 외교와 동적 외교로 나누어 전개한다. 정적 외교는 오랜 역사를 갖고 있는 외교의 행태이다. 그러나 전통적 외교에 있어 정적 외교는 국가간에 발생된 문제의 성격에 관계없이 모든 문제를 이 방법을 통해 해결하려 했기 때문에 그의 실효성이 크지 못했고, 그래서 문제의 해결을 위해 필연적으로 무력을 동원하거나 전쟁이라는 방법을 사용했다. 그러나 현대 외교에 있어서는 문제의 해결에 있어 문제의 성격에 따라 외교의 방편을 달리 강구한다. 국가간에 발생된 문제가 국가의 중대한 이익과 직접적인 관련을 갖지 않는 경우에는 당사국간에 쉽게 합의에 도달할 수 있으므로 정적인 외교의 수단을 통해 문제를 해결하므로 정적 외교의 효율성이 높아졌다. 한편 국가간 중대한 이익과 명예에 직결된 문제가 발생했을 때라면 정적 외교로는 문제를 풀 수 없다.

20세기 전반까지는 정적 외교에 의해 문제 해결이 불가능해지면 무력 사용이나 전쟁 이외에는 방법이 없었지만, 현대 외교에 있어서는 이러한 폭력적인 수단 대신 동적 외교를 이용하게 되었다. 오늘날 모든 국가는 동적 외교가 성공할 수 있도록 국가의 능력을 극대화하기에 모든 노력을 기울이고 있고, 개발된 능력은 정치적 목적을 위해 다른 국가에 꾸준히 투자되고 필요한 경우 이 투자가 정치적 영향력으로 직접 활용될 수 있도록 힘쓰고 있다. 국가간에 발생된 문제가 정치적 문제라고 생각되면, 이러한 문제의 해결은 정적 외교로는 불가능하다고 판단하고 처음부터 동적 외교를 통해 문제의 정치적 해결을 도모한다. 물론 동적 외교가 국가간의 모든 문제를 원만하게 해결할 수 있는 것은 아니다. 비록 동적 외교로 완벽하게 문제 해결이 되지는 않더라도 무력 행사나 전쟁이라는 수단의 사용은 상당히 자제되고 있는데, 바로 이것이 외교를 발달시킨 가장 중요한 요인이다.

이상을 종합해 보면, 제2차 세계대전을 기점으로 해서 외교가 전개되는 환경이 크게 바뀌었다. 제2차 세계대전 이후에는 국제 사회의 정치 체제와 세계적 권력 구조가 거의 체계적으로 확고하게 정립되었으며, 어느 국가도 이 정치 체제와 권력 구조의 변화를 추구하기 어려워졌다. 이와 함께 핵무기가 개발되어 무기의 위력이 대단히 강화되었지만, 정치적으로는 사용할 수 없는 무기로 전락해 그의 정치적 효력이 반감되었다. 물론 재래식 무기도 발전되었지만, 앞에서 지적한 바와 같이 어느 국가도 재래식 무기로 각국이 뜻하는 소기의 목적을 달성할 수 없다는 사실을 잘 알고 있다. 아울러 국제 정치에 있어 폭력적 수단이 정치적으로 이용되는 것은 실효성이 없어지면서, 상대적으로 평화적 수단이 보다 더 유용하고 효과적이라는 인식이 일반화되었다. 다시 말하면, 국제 정치 환경은 폭력적인 수단보다는 비폭력적인 수단이 더 큰 효과를 거둘 수 있는 환경으로 바뀌었다.

그 다음으로 폭력적인 수단에 의해 행해졌던 대외 행위가 사라지면서 평화적인 수단인 외교가 발달했다. 이제 외교가 국가와 국가간의 사안에 따라 정치적으로 해결해야 할 사안인 경우에는 동적인 외교를 통해, 비정치적인 사안은 정적인 외교를 통해서 각 문제를 해결할 수 있도록 발달했다. 제2차 세계대전 이전까지는 동적인 외교가 발달되지 못해 문제를 폭력적인 방법으로 해결했다. 그러나 현대는 외교의 기초가 강화되어 외교를 뒷받침하는 요소들이 확대되었다. 이같이 외교의 역량이 확대·강화된 것은 오늘날 국가간의 정치적 관계가 경제적 기초에 의존해 있고, 국가간의 경제적 관계는 정치적 관계에 그 뿌리를 내리고 있기 때문이다. 또 오늘날은 세계의 힘은 무기를 소유하고 있는 국가로부터 천연 자원을 지배하는 국가로 옮겨 가고 있다.[20] 이와 같이 현대는 경제력이 군사력을 대신해서 외교적 역량의 기초를 이루며 외교 행위를 뒷받침하는 수단들이 다양하고 풍부해졌다. 이것이 현대 외교를 발달시킨 절대적인 초석이다. 그리하여 등장한 것이 정치적인 사안들을 정치적으로 해결할 수 있는 동적 외교이며, 이 동적 외교는 오늘날 외교 정책을 실현시키는 가장 효율적인 수단이 되고 있다.

---

20) Charles W. Kegley, Jr., "Political Economy and the Study of Foreign Policy," in Charles W. Kegley, Jr. and Pat McGowan(eds.), *The Political Economy of Foreign Policy Behavior*(Beverly Hills: Sage Publication, 1981), p. 8.

Ⅱ. 국가간 외교

1. 강대국과 약소국

국가간의 외교에 있어 가장 중요한 것은 국력이다. 국가간 어떠한 형태의 외교 관계를 갖고 있든 간에 국력의 정도는 국가간의 외교에 지대한 영향을 미친다. 모든 외교는 군사적·경제적·기술적·심리적 힘의 그늘 아래서 행해진다는 것이 진실로 인정되고 있다. 그러므로 외교를 행할 때에는 각 국가의 힘의 정도를 고려해야 한다.[1]

국가간에 유지되고 있는 외교 관계에 상관없이 강대국간의 외교, 강대국과 약소국간의 외교 등은 여러 측면에서 다른 양상을 나타내고 있다. 외교에서 어떤 국가가 강대국이나 약소국이냐를 명확히 구분하는 것은 국가간의 외교의 과정, 방법, 양태 등을 설명하고 분석하는 데 있어 매우 중요한 요건이다. 강대국이나 약소국의 기준을 갖는 것은 중요하지만, 매우 어려운 일 중의 하나이다. 왜냐하면 외교는 국력을 반영하는 수단이지만, 한 국가의 국력을 평가하는 기준이 매우 복잡하고 다양하기 때문이다. 국가의 등급을 나누는 데에는 몇 가지 기준이 있을 수 있다. 전통적인 방법으로는 객관적인 국력의 요소로 국가의 등급을 나눌 수 있다. 이것도 하나의 기준은 될 수 있으나, 그 자체만으로는 정치적으로 큰 의미를 갖지 못한다. 이러한 예로서 1950년대의 중국을 보면 잘 알 수 있다. 중국은 세계에서 가장 많은 인구와 세 번째로 큰 영토를 갖고 있으며, 천연 자원도 어느 국가 못지않게 풍부할 뿐만 아니라 적지 않은 군사력을 보유하고 있었다. 그렇지만 그 당시 중국을 강대국이라고 인정하는 사람은 아무도 없었다.

또 다른 하나의 기준은 전쟁 수행 능력이나 군사력 또는 안전보장의 능력이다. 강대국이란 자력으로 자국의 안전을 보장할 수 있는 능력을 갖고 있을 뿐만 아니라 동맹국의 안전을 보장할 수 있는 능력

---

1) Herman F. Eilts, "Diplomacy-Contemporary Practice," in Elmer Plischke(ed.), *Modern Diplomacy*(Washington, D.C.: American Enterprise Institute, 1981), pp. 11-12.

과 영토 밖으로 군사 행동을 전개할 수 있는 능력이 있으며, 국제 정치 환경을 자국의 가치 증대에 유리하게 만들 수 있는 능력을 유지하고 행사할 수 있는 국가를 지칭한다. 한편, 자력으로 자국의 안전을 보장할 수 없고, 외국과의 동맹, 원조, 국제 기구 등의 지원에 의해서만 안전을 도모할 뿐 아니라 군사적으로도 취약해, 외교상으로도 자국의 정치적 목표를 성취시킬 수 없는 국가를 약소국가로 정의하기도 한다.[2]

이와 같은 기준에 입각해 강대국을 찾아보면, 19세기 세력 균형 체제하의 영국, 프랑스, 독일, 러시아, 오스트리아가 대체로 이러한 범주에 속할 수 있고, 1950년대와 1960년대 양극 체제하의 미국과 소련을 강대국으로 분류할 수 있다. 이들은 모두 한 시기 국제 정치 체제의 중심 국가들이었다. 이러한 논거에 입각해서 강대국을 생각해 본다면, 한 시기 국제 정치 체제의 중심 국가를 강대국으로 정의할 수 있을 것이다. 각 국제 정치 체제의 중심 국가는 체제의 본질을 결정하고, 거기에 영향을 미쳐 국제 정치 체제를 변경시킬 수 있는 국가이므로 강대국이라고 정의할 수 있다.[3] 1970년대 이후에는 정치적으로 미국과 소련은 물론이고, 중국, 프랑스, 서독 등 유럽 공동체 회원국들을 강대국으로 인정하고 있어 이 시대를 다극 체제라 한다. 실제로 이 국가들은 국제 정치 체제를 변경시키고 유지하는 데 결정적 역할을 했다.

제2차 세계대전 이후 미국과 소련은 극단적으로 경쟁적이고 대립적

---

2) Robert L. Rothstein, *Alliances and Small Powers*(New York: Columbia University Press, 1968), pp. 24-29.; Jack S. Levy, "World System Analysis," in William R. Thompson(ed.), *Contending Approach to World System Analysis*(Beverly Hills: Sage Publication, 1983), pp. 190-195.; George Liska, *Alliance and the Third World*(Baltimore: Johns Hopkins University Press, 1968), p. 16.; Michael Handel, *Weak States in the International System*(London: Frank Cass and Company Ltd., 1981), p. 37.

3) Stanley Hoffmann, *Gulliver's Troubles*(New York: McGraw-Hill, 1968), p. 57.; Robert O. Keohane, "Lilliputians Dilemmas: Small States in International Politics" *International Organization,* vol. 23, no. 2(Spring, 1969), pp. 259-296.

이었다. 그러나 이러한 관계를 종식시키기 위해 두 강대국은 1971년
핵전쟁의 위험을 줄이기 위한 협정(Accidents Measures Agree
-ment)을 체결하고, 이어서 1972년 5월에는 제1차 전략 무기 제한
협정(SALT Ⅰ)을, 같은 해 5월에 미국 대통령으로서는 처음으로 닉
슨이 소련을 방문해 '미·소 관계의 기본 원칙'(Basic Principles of
Relations between the United States and USSR)에 관한 협정을
체결했다. 또 미국과 중국은 상호 적대 관계를 해소하고 관계 개선에
합의했고, 소련도 1970년 8월에 서독과 우호조약을 체결했다. 또
1960년 이후 실질적 단교 상태로 적대적 관계를 지속해 오던 소련과
중국은 1970년 10월 서로 대사를 교환하고 새로운 무역 협정을 체결
하는 등 양국 관계의 개선을 추진했다. 프랑스도 이미 1960년대부터
중국과의 관계를 개선했다. 또 프랑스의 드골 대통령은 소련을 방문
해 양국 관계를 증진시키고 소련에 차관을 제공하는 등 이념을 초월
해 동·서 장벽을 뛰어넘는 적극적인 외교를 전개했다. 서독 또한 동
방 정책을 추진해 동독, 중국, 폴란드 등과 관계를 개선하며, 양극 체
제하에서 금기시되었던 공산국가들과의 활발한 외교를 추진했다. 이
러한 국가들의 탈 이념적이고 획기적인 외교의 전개는 양극 체제적인
국제 정치 환경을 바꾸어 놓았고, 동시에 새로운 체제인 다극적 국제
정치 체제를 탄생시켰다.

이러한 사실로 미루어 보아 그 체제를 유지하는 데 커다란 역할을
수행하고 있는 이들 국가들은 체제 변화에도 결정적 역할을 했으므로
강대국으로 정의할 수 있을 것이다. 그러므로 1970년대 이후는 양극
체제를 다극 체제로 변질시키는 데 결정적 영향을 미쳤던 미국, 소련,
영국, 프랑스, 서독 등 서유럽 국가들과 일본, 중국 등을 주요 강대국
으로 분류하는 것이다.4)

지금까지 설명한 내용에 근거해서 보면, 한 시대의 국제 정치 체제
에서 주요 국가(major powers)로 인정받고 있는 국가들은 대체로 강
대국으로 분류할 수 있다. 19세기 유럽의 세력 균형 체제하에서 주요

---

4) Paul Kennedy, *The Rise and Fall of the Great Powers*(New York: Random
   House, 1987), pp. 538-540.

국가는 영국, 프랑스, 독일, 러시아 그리고 오스트리아이며, 이들 5개 국을 당시의 강대국이라고 하는 것은 인정된 사실이다. 이들 국가는 한 체제의 주역이 되는 국가로 그 체제가 지속되는 동안 자국의 가치를 증대시킬 수 있었고, 정치적 목표를 어느 정도 성취시킬 수 있었던 국가들이다. 이렇게 볼 때, 한 체제의 주요 국가들이 그들의 안전을 보장할 수 있었느냐는 문제 제기에 그렇다고 확실히 답할 수는 없겠지만, 이 국가들은 자신의 능력에 의한 안전보장보다 하나의 국제 정치 체제가 유지되는 동안 그들의 존립이나 영토적 안전을 결정적으로 위협받지 않았다. 만약 이것이 보장되지 않는다면 그 체제는 소멸되고 말기 때문이다. 물론 어느 시대, 어떠한 주요 국가들도 부분적으로 전혀 안전의 위협을 느끼지 않는 국가는 없겠지만, 한 국제 정치 체제가 존속하는 동안 그 체제의 주요 국가가 소멸되는 일은 없었다.

이상의 사실들을 종합하면, 하나의 국제 정치 체제의 주요 국가로 각기 독자적인 외교 정책을 실천해 자국의 가치를 극대화할 수 있고, 그렇게 하는 국가를 강대국이라고 정의할 수 있다. 그러므로 여기에서 말하는 강대국은 어떤 의미나 측면보다도 다른 국가에 대해서 자국의 정치적 목표나 외교 정책을 성취시킬 수 있는 정치적인 영향력과 능력이 있는 국가로 대외적으로 정치적 역량이 큰 국가들이다. 그러므로 이러한 국가들을 정치적 강대국이라 할 수 있다.

국제 정치에 있어 진정한 강대국이란, 특히 현대 국제 정치에 있어 대외적으로 정치적 역량이 매우 크고 자국의 가치의 증대나 외교 정책 목표를 성취시킬 수 있는 국가이다. 또 이렇게 할 수 있는 국가는 어느 시대를 막론하고, 국제 정치 체제의 핵심 국가로서 자국이 지향하는 바를 추진시킬 수 있고 성취시킬 수 있는 국가이다. 그러므로 이러한 국가들이 정치적 강대국(major power)인 것이다.

이와 같은 기준에 의하면, 한 국제 정치 체제의 비핵심적 국가(minor power)는 강대국이 아니라는 의미를 내포한다. 이러한 것은 물론 절대적이 아니라 상대적인 것이다. 다시 말하면, 비핵심 국가는 핵심 국가에 비해 상대적으로 그들의 가치 증대의 기회나 외교 정책 목표의 성취도가 낮기 때문에 (물론 국가마다 또 경우에 따라 정도의 차이는 있을 수 있다) 강대국이 아닌 것으로 분류된다. 이러한 국가들은 정치적인 측면에서 질적·양적으로 차이가 많을 수 있으나 그 정도를 정확히 측정하기가 매우 어렵기 때문에, 한 마디로 비핵심 국가 또는 약소국으로 분류하는 것도 가능하다고 생각된다. 실제로 한 국제 정치 체제의 핵심적인 국가는 그 체제를 주도할 수 있는 능력이 있기 때문에 핵심 국가가 되는 것이다. 그리고 실질적으로 이들의 정치적 역량이나 영향력은 다른 비핵심 국가들과 상당히 차이가 있다는 것은 어느 정도 객관적으로 판단이 가능하다.

국제 정치적인 측면에서 외교를 논할 때 외교는 한 국가의 외교 정책과 그 목표의 실천 행위이고, 그 성취도의 높고 낮음은 강대국과 약소국을 분류할 수 있는 하나의 기준이 될 수 있다. 국제 정치에서 힘의 비교 우위만으로 다른 국가에 영향력5)을 행사하는 것, 자국의 가치 증대나 외교 정책의 실현을 위해 다른 국가의 정책, 행위, 태도 등을 자국에 적응시키는 일은 실제로 불가능하지는 않지만 용이한 일도 아니다. 이런 측면이라면 국제 정치 체제에 결정적 영향을 미칠 수 있는 한 국가가 다른 비핵심 국가에 비해 외교 정책과 그 목표의 성취도가 훨씬 높을 것이다. 상대적으로 자국의 가치 증대를 위해 다른 국가의 정책, 행위, 태도 등에 영향을 미치고 다른 국가들을 움직일 수 있는 힘이 비교적 큰 국가는 당대 국제 정치 체제의 핵심 국가들이다. 그러므로 이들이 정치적 강대국이고, 그 외의 다른 국가들은 정치적 약소국이라고 분류할 수 있다.

어떤 국제 정치 체제의 핵심 국가들은 거시적으로 국제 정치를 그들 중심으로 유지했고, 미시적으로도 상대적으로 우월하고 월등한 위치에서 대외 행위를 했다. 이러한 사실들은 실증적으로 입증하지 않더라도 역사적으로 각 국제 정치 체제의 핵심 국가들의 행적을 더듬어 보면 간단히 알 수 있다. 19세기 세력 균형 체제에서는 영국, 프랑스, 독일, 러시아 그리고 오스트리아가 중심 국가였고, 양극 체제에서

---

5) Bruce Russett and Harvey Starr, *World Politics*(San Francisco: W. H. Freeman and Company, 1981), p. 130 참고.

는 미국과 소련이, 그리고 1970년대 이후 다극 체제에서는 미국, 소련, 영국, 프랑스, 독일 등 유럽 공동체의 중심 국가와 중국, 일본이 핵심 국가들이다. 이 핵심 국가들은 국제 정치 환경을 그들에게 유리하게 유지했고, 이에 편승해 미시적 국제 정치도 운영했다. 이러한 환경은 이들의 국가 이익의 극대화 그리고 외교 정책 목표를 실현하는 데 작용했고, 이들 국가는 정치적으로 소기의 목적을 달성했다. 그러므로 이들은 정치적 강대국이다.

1990년대 소련이 붕괴되어 이후로는 기존의 국제 정치 체제의 흔적을 찾아볼 수 없어 이제 국제 정치 체제는 존재하지 않고 있다. 그 대신 오늘날은 국제 정치가 경제 중심으로 이루어지고 있다. 그리하여 경제 강국이 그들 중심의 국제 질서를 형성해서 유지하고 있다. 이름하여 오늘날 서방 경제 선진국들(G-5 또는 G-7)이 현재의 국제 질서를 그들 중심으로 유지하고 있고, 국제 정치의 논리 역시 그들의 국가 이익과 불가분의 관계에 있다. 서방 선진 5개국 또는 7개국의 국가 원수나 재무장관들은 수시로 모임을 갖고 국제 질서를 점검하고, 그의 유지를 논의한다. 이러한 모임은 두말할 나위 없이 이 국가들의 이익에 반하는 결정을 하지 않을 것이다. 이 경제 선진국들은 언제나 그들의 국가 이익이 보호되고 극대화될 수 있는 환경이나 질서 유지를 위해 공동으로 노력할 것이다. 이렇게 자국에 유리한 국제 질서를 유지하고 있는 국가는 국제 정치 체제를 유지하는 국가와 마찬가지로 G-5 및 G-7국가로서, 이 국가들은 국제 정치에 있어 강대국으로 분류되어야 할 것이다.

지금까지 열거한 국가들은 공통적으로 그들의 외교 정책이 영향을 미치는 범위가 넓다. 어느 시대를 막론하고 정치적 강대국들이 결정한 외교 정책은 비교적 많은 국가에 영향을 미친다. 19세기 말 독일의 대 프랑스 정책은 프랑스에만 영향을 미친 것이 아니라, 당시의 강대국인 영국, 러시아 등에게 영향을 미쳤다. 물론 다른 약소국가에도 영향을 미쳤다. 제1차 대전 후 소위 '베르사이유 체제'하에서 프랑스의 독일 고립 정책은 전 유럽 국가들에게 반 독일적인 정책을 갖도록 만들었다. 두 말할 나위도 없이 제2차 대전 후의 미국이나 소련의 대외 정책은 세계 많은 국가의 대내외 정책에 영향을 미쳤다. 예를 들면, 1972년 미국의 대 중국 정책은 서방 자본주의 국가들로 하여금 대외 관계에 있어 이념의 벽을 초월할 수 있게 했고, 1970년 소련과 서독간의 상호 무력 행사 포기 협정의 체결은 거의 모든 국가의 대외 정책의 기본 입장을 바꾸게 했다. 경제적인 측면에서도 G-5 중의 하나인 일본이 만일 동북아 국가들에게 자국 상품에 대한 수입을 또는 수출을 제한하는 정책을 결정한다면 이 결정은 동북아 국가뿐만 아니라 아시아 지역 국가는 물론 다른 지역 국가들에게도 적지 않은 영향을 미칠 것이다. 일본은 이러한 정책을 결정할 수 있는 국가이기 때문에 일본 대외 정책이 영향을 미치는 범위는 매우 크다. 그러므로 한 국가의 외교 정책이 영향을 미치는 범위가 크면 그 국가는 강대국이라고 할 수 있다.

2. 강대국의 외교와 약소국의 외교

모든 국가는 자국의 안전을 공고히 하고 국가 이익을 극대화하기 위해 외교를 수행한다. 그러나 강대국의 외교와 약소국의 외교는 그 기초·과정·방법 등을 달리한다. 그 이유는 외교가 국제 정치에 있어서 하나의 수단이며, 국제 정치는 힘을 기초로 하여 이루어지는 국가간의 정치적 행위이기 때문에 강대국의 외교와 약소국의 외교는 질과 양을 달리한다. 외교의 질과 양을 달리한다는 의미는 외교 정책 및 그의 목표를 성취시키는 외교 역량[1]의 강약에 따라 외교를 적극적으로 또는 공세적으로 그렇지 않으면 소극적으로 또는 수세적으로 전개한다는 것을 말하는 것이다. 그러므로 강대국의 외교는 적극적이고 공세적이기 때문에 강대국의 외교는 그 질이 우수할 뿐만 아니라 양도 풍부하며, 외교의 효율도 매우 클 것이다.

강대국의 외교

외교는 두 말할 나위도 없이 평화적인 방법으로 국가의 이익을 극대화하기 위해 외교 정책이나 외교 정책 목표를 성취시키는 행위이다. 무정부적인 국제 사회에서 이러한 행위는 힘이 뒷받침되어야 소기의 목적을 달성할 수 있다. 여기서 말하는 힘이란, 전쟁 수행 능력뿐만 아니라 대외적인 정치적 역량을 의미하는 것이다. 정치적 역량이란 외교 정책이나 그 목표를 성취시키는 능력을 말한다. 이 역량은 한 국가가 갖고 있는 잠재력 그 자체에서 자연적으로 만들어지는 것이 아니라, 잠재력을 가공해서 사용 가능한 힘으로 만들고, 그 만들어진 힘을 필요한 경우와 적절한 시기에 사용할 수 있도록 여러 곳에 뿌려 놓을 때 정치적 역량으로 발휘될 수 있다. 이렇게 정치적 역량을 가질 수 있거나 또 갖고 있는 국가는 자국의 외교 정책 목표를 효과적

---

1) Glenn H. Snyder and Paul Diesing, *Conflict among Nations*(New Jersey: Princeton University Press, 1977), p. 189.

으로 달성할 수 있다. 이렇게 할 수 있는 국가가 강대국이며, 이러한 국가는 한 시기 국제 정치 체제에서의 주도적 국가이다. 물론 국제 정치 체제를 형성하고 유지하는 핵심적 국가 가운데 이들이 대외적으로 행사하는 정치적 역량에는 차이가 있지만, 상대적으로 한 국제 정치 체제의 비핵심적 국가보다는 비교적 막강한 정치적 역량을 갖고 있다. 또한 막강한 국력을 갖고 있으나 이것이 정치적으로 역량화되지 않는다면, 이 국력은 대외적인 정치적 역량으로서 그 위력을 발휘할 수 없다. 그렇다면 이러한 국가는 외교적 목표를 효과적으로 달성할 가능성도 많지 않을 것이다.

제2차 세계대전 후 미국은 세계 최대의 강대국으로 부상하면서, 공산주의와 소련을 적으로 하는 봉쇄 정책2)을 외교 정책의 기초로 해 세계를 동·서로 나누어 냉전 체제를 구축했다. 그 후 미국은 그간 축적된 국력을 서유럽 등, 서방 자본주의 국가에 정치적 목적을 가지고 제공해 미국의 외교가 서유럽에서 위력을 발휘할 수 있는 발판을 마련했다. 특히, 미국은 1947년 마샬 계획(Marshall Plan)을 만들어 서유럽의 전후 복구를 위해 집중 투자했다. 또 미국은 공산주의와 소련의 세력 확장을 막고, 서유럽의 안전을 도모하기 위해 북대서양 조약기구(North Atlantic Treaty Organization-NATO)를 만들어 실질적으로 이 지역의 국가들을 그의 휘하에 두었고, 아울러 이들 국가의 외교권을 관리하였다. 미국과 서유럽간의 이와 같은 관계는 미국의 외교 역량이 서유럽에서 전횡적(專橫的)으로 발휘될 수 있다는 것을 의미한다. 소련 역시 동유럽 국가들을 자국의 위성국가로 만들어 이들 국가에 대해 절대적인 외교 역량을 발휘했다.

냉전 체제하에서 막강한 정치적 역량을 지녔던 미국도 아프리카 제국에 대해서는 서유럽에 대해 행사했던 것과 같은 외교 역량을 발휘하지 못했다. 그 이유는 아프리카 제국이 미국에게 정치적으로나 전략적으로 큰 가치가 있다고 생각하지 않았기 때문에 미국은 아프리카에 대해 정치적 의미를 가진 원조를 거의 제공하지 않았다. 그래서

---

2) James Burnham, *Containment or Liberation?*(New York: The John Day Company, 1953), pp. 32ff.

아프리카에 대해 적극적인 외교를 전개할 수 있는 바탕을 마련하지 못했다. 강대국이라 하더라도 적극적 외교를 전개할 수 있는 바탕을 갖지 못하면 강대국다운 외교를 전개할 수 없다.

다극 체제하에서 중국을 강대국이라고 하는 데에 이의를 제기할 사람들은 많지 않을 것이다. 중국은 1970년부터 커다란 잠재력을 갖고 국제 사회의 전면에 등장했기 때문에, 그리고 특히 미국과 소련이 중국을 그들의 동반자로 삼으려 했기 때문에 중국은 다극 체제하에서 주도적 역할을 하는 국가로 자리를 확보하였다. 그러나 실질적으로 중국은 큰 잠재력을 갖고 있는 국가이기는 하지만, 이 잠재력의 가공 능력이 아직 충분하지 못해 이 잠재력을 정치적 역량으로 승화시키지 못하고 있다. 그리하여 해외에 그의 정치적 역량을 뿌리내리지 못해 그의 외교 정책 목표의 성취도가 높이 평가되지 못한다. 다시 말해서 중국은 현재로서는 다른 국가의 정책, 태도 등을 그의 뜻에 맞도록 적응시킬 만한 역량을 갖지 못했다는 것이다. 이렇게 볼 때, 중국은 정치적으로 명실상부한 강대국이라고 할 수 없다.

강대국 외교는 잠재력이 있고, 그것을 가공해 정치적 역량으로 승화시키고, 이것을 다른 국가에 정치적 목적을 위해 투자해 이것을 기초로 하여 외교가 전개된다. 강대국의 외교가 성공을 거둘 수 있는 것은 강대국이라는 이름 때문이 아니라, 외교가 전개될 수 있는 기초가 튼튼하게 뿌리내려져 있기 때문이다. 그러므로 한 마디로 말해, 강대국의 외교는 외교적 기초를 구축한 위에, 적극적이고 공세적으로 전개되는 것이 특성이라 할 수 있다.

약소국의 외교

외교가 정치적 역량에 근거해서 행해진다고 할 때, 약소국은 강대국에 비해 상대적으로 외교 정책 목표를 성취시켜 국가 이익을 극대화할 수 있는 성공적인 외교의 전개를 기대하기는 어렵다. 약소국은 외교 역량이 취약해, 강대국과 직면할 때나 강대국의 지원을 받는 다른 약소국과 직면할 때 외교 행위에 제한을 받는다. 외부의 압력에도 취약해 그의 외교에는 한계가 있게 마련이다.

강대국은 장기적이고 중대한 이익이 포함되어 있는 경우 주저 없이 약소국을 희생시킬 것이다.3) 일반적으로 강대국과 약소국간의 외교에 있어 강대국은 강압적인 협상(coercive bargaining)으로 상대 약소국에 대해 자신의 의사를 수용하도록 영향력을 행사하며 목적 관철의 의지를 확고히 밝히거나, 그렇지 않으면 위협이나 또는 경고 등을 통해 압력을 가할 것이다. 이러한 압력은 대체로 한 당사국으로부터 다른 당사국에 일방적으로 행사된다. 한 당사국이 압력을 행사하면 다른 당사국은 그에 대응할 뿐이다.4) 영향력이나 압력은 일방적으로만 작용한다. 약소국은 본질적으로 국력이 약하므로, 정치적 역량이 취약해 외교적 기초 없이 외교를 전개해야 한다는 공통점을 갖고 있다.

그 다음 약소국의 외교가 안고 있는 가장 큰 제한 중의 하나는 강대국과 주종 관계(patron-client relations) 또는 일방적인 의존 관계를 가질 때이다. 약소국과 강대국 사이에 주종 관계 또는 일방적인 의존 관계가 설정되었다는 것은 불평등 관계가 확립되어 있다는 의미이다. 이러한 관계하에서 외교의 과정은 형식상 대등하게 전개될지 모르지만, 결과는 강대국에 유리하게 이루어진다. 약소국과 강대국간의 주종 관계 또는 일방적 의존 관계는 표면적으로 명확히 노출되지는 않지만, 강대국의 압력, 조작(manipulation) 또는 권위가 이면에 깔려 작용한다. 강대국과 약소국간에 주종 관계 또는 일방적 의존 관계가 설정되어 있다면, 강대국이 갖고 있는 외교적 역량과 그가 제공할 수 있는 보호는 독점적이며 약소국은 강대국에 적응하지 않을 수 없다. 이러한 경우에 강대국의 외교적 역량은 약소국의 그것보다 질적·양적인 면에서 압도적으로 강하고 크다.5) 이와 같은 관계라면 약소국의 강대국에 대한 외교는 수동적이고 수세적일 뿐이므로, 강대

---

3) Michael Handel, *Weak States in the International System*(London: Frank Cass and Company, Ltd., 1981), p. 120, p. 180.

4) Glenn H. Snyder and Paul Diesing, *op. cit.*, pp. 195-198.

5) Michael Handel, *op. cit.*, pp. 132-133.

국 일변도의 외교가 전개될 것이다.

1950년대 냉전 체제하에서는 미국과 서방 동맹국간 그리고 소련과 동유럽간에 주종 관계가 형성되어 있어 이들 국가에 대한 미국과 소련의 외교는 일방적으로 행해졌다. 이 시기에 강대국과 약소국간에 주종 관계 또는 일방적 의존 관계는 강대국의 필요에 의해 설정되었다. 강대국은 자국의 필요를 충족시키기 위해 약소국과 긴밀한 관계를 유지하는데, 이때 약소국의 외교권은 필연적으로 제한받게 될 것이다.

약소국으로서는 강대국과의 주종 관계가 형성되어 있지 않더라도 그 자체 외교 역량이 취약해 외교를 성공적으로 전개하는 데에는 한계가 있다. 그렇기 때문에 그의 외교 정책이나 그 목표를 달성하는 일이 매우 어렵다. 역설적이기는 하지만, 어떤 경우 강대국과 주종 관계 또는 일방적 의존 관계를 갖고 있는 약소국은 그렇지 않은 약소국에 비해 어떤 경우에는 외교적으로 유리한 입장에 설 수가 있다. 주종 관계 또는 일방적 의존 관계를 형성하고 있는 강대국이 약소국을 전폭적으로 지원해 준다면, 약소국은 이 힘을 외교 역량으로 이용할 수 있다. 이러한 상황은 약소국이라도 다른 국가에 대해 유리한 외교를 전개할 수 있는 바탕이 될 수 있다.

소극적인 측면이기는 하지만, 강대국과 주종 관계 또는 일방적 의존 관계를 갖고 있는 약소국은 그렇지 않은 국가보다는 강대국과 더욱 밀접한 관계를 갖고 있다고 말할 수 있다. 이러한 관계 때문에 그 강대국은 자국과 주종 관계 또는 일방적 의존 관계를 갖고 있는 약소국에 대해 희생이나 불이익을 강요하는 경우가 상대적으로 적을 수 있다. 왜냐하면 강대국은 자국과 특정 관계를 갖고 있는 약소국을 어느 정도 보호할 의무와 책임을 갖고 있기 때문이다. 이러한 측면에서 볼 때 냉전 체제하에서라면 어느 정도 강대국에 대한 외교적 역량을 강하게 가질 수 있기 위해서 약소국이 강대국과 군사적 동맹 관계를 갖는 외교 노선을 취하는 길도 생각해 볼 수 있다.6)

---

6) Robert L. Rothstein, *Alliances and Small Powers*(New York: Columbia University Press, 1968), p. 119, p. 269.

　　냉전 체제하에서 강대국과 주종 관계 또는 일방적 의존 관계를 가짐으로써 가장 성공을 거둔 약소국 중의 하나가 일본이었다. 일본은 패전국으로서 정치적 역량이 크게 쇠잔했을 뿐만 아니라 자국의 안전을 보장할 수 있는 능력도 없었다. 미국은 태평양을 자국의 세력권으로 간주하고 있었으며, 또 소련을 봉쇄 정책의 주요한 대상국으로 생각하고 있었다. 이 때문에 미국은 어느 정도 발전 잠재력도 있고 정치적·전략적으로 가치가 있다고 판단되는 일본을 필요로 했다. 그리하여 미국은 일본 양국은 군사 동맹을 형성하고, 주종 관계를 수립했다. 미국과 일본의 상호 방위 조약에는 미국만이 군사적으로 일본을 보호하고 지원할 의무를 갖고 있다. 또 이 조약의 주요 목적은 소련의 위협으로부터 일본을 보호하고 소련의 팽창을 봉쇄하려는 것이었다. 이 조약을 통해 미국은 소련에 대해 보다 유리한 군사적 입장을 확보했고, 지역적으로 동북 아시아에서 군사적 이점을 가짐으로써 소련에 대한 효과적인 억지력을 가질 수 있었다. 이와 함께 미국은 동북 아시아에서 일본과 함께 외교 정책과 외교 행위를 효과적으로 조정할 수 있기 위한 수단으로 여러 국가들과 군사 동맹을 체결했다.[7] 미국과 일본간에 형성된 주종 관계는 일차적으로 미국의 필요에 의해서 생성된 관계였기 때문에, 미국은 일본의 안전보장 이외에 일본을 자국의 동맹국으로 하고 외교권을 제한하며 일본에 대한 지원, 특히 일본의 발전을 지원했다. 당시 미·소 냉전적인 환경하에서 일본에게는 미국과의 주종 관계 이외에 더 바람직한 외교 노선의 선택 여지는 없었을 것이다.

　　약소국의 입장에서는 국제 정치 환경을 정확히 간파하고 신속히 그 환경에 적응하는 것이 우선 희생을 최소화할 수 있는 방법 중의 하나이다. 약소국이 특히 강대국에 대해 보다 유리한 입장에서 외교를 전개하기 위해서는 '외적인 힘의 바탕'(external sources of strength)[8]을 활용할 수 있어야 할 것이다. 이것은 한 국가가 자국이

---

7) Paul F. Langer, "Changing Japanese Security Perspectives," in Richard H. Solomon(ed.), *Asian Secutity in the 1980s*(Cambridge, Massachusetts: Oelgeschlager, Gunn & Hain, Publishers, Inc., 1980), p. 73.

갖고 있는 힘이 아닌 외적 환경이나 상황을 자국에 유리하게 이용하는 것을 의미한다. 바로 냉전 체제하에서 비동맹 외교 노선(non-alignment orientation)을 취하는 것이 그것이다. 물론 이러한 노선을 걷는 모든 국가가 반드시 강대국에 대한 외교적 역량이 강화되는 것은 아니다. 이 노선을 걷는 국가 중 다른 비동맹 국가에 영향을 미칠 수 있고, 이들 국가들을 영도할 수 있는 국가의 경우는, 이러한 외교 노선이 외교 역량 제고에 효과가 있었다. 그 좋은 예가 아시아의 인도, 아프리카의 이집트 등이다. 이 두 국가는 외교적·군사적으로 미국이나 소련과 주종 관계가 아닌 독자적인 외교 관계를 가짐으로써, 이들 국가로부터 어떠한 제한이나 압력도 받지 않았을 뿐만 아니라 오히려 정치적 지원과 경제 원조를 받았다. 미국과 소련은 외교적인 경쟁에서 승리하기 위해 비동맹 국가들 가운데 주도적 역할을 하는 인도, 이집트 등을 자국 편에 두는 것이 다른 비동맹 국가들을 더 많이 자국 편으로 끌어들일 수 있다고 판단해 인도와 이집트를 경쟁적으로 지원했다. 이러한 이유로 인도와 이집트는 냉전 체제하에서 약소국이었지만, 강대국인 미국과 소련에 대해 비교적 강한 외교적 역량을 발휘할 수 있었다. 이 두 약소국의 미국과 소련에 대한 강한 외교적 역량은 자력에 기초한 것이라기보다는 두 강대국의 경쟁적 관계에 의거한 것이기 때문에, 인도와 이집트의 두 강대국에 대한 외교적 역량에는 물론 한계가 있었다. 미국과 소련 두 강대국간의 긴장이 고조되고 경쟁이 심하면 심할수록 비동맹 외교 노선을 걷는 국가들은 보다 큰 가치를 부여받았고, 이들의 강대국에 대한 외교적 역량은 더욱 강화될 수 있었다. 반대로 긴장과 경쟁이 심각하지 않으면 이들 약소국의 가치가 하락하고 외교적 역량도 감소되었던 것이다.9) 이집트는 1956년 영국과 프랑스가 소유하고 있던 수에즈 운하회사를 국유화했다. 이 수에즈 운하는 영국, 프랑스 등의 생명선과 같은 존재인데, 이집트의 나세르 대통령은 이 운하를 봉쇄했다. 이집트의 이러한 조치에 영국, 프랑스, 이스라엘 등이 수수방관하지 않고

---

8) Michael Handel, *op. cit.,* p. 171.

9) *Ibid.,* pp. 194-195.

무력의 행사로 이집트의 조치를 번복시키려 했다. 당시 객관적인 군사력으로 보아도 영국, 프랑스 등이 우세했고, 이 국가들은 냉전 체제 유지의 가장 핵심적인 존재인 북대서양 조약기구(NATO)의 회원국이었다. 그러므로 영국, 프랑스 등은 그들의 동맹국인 미국의 지원이 있을 것도 예상하며 이집트에 대해 무력 공격을 감행했다. 이것이 소위 제2차 중동전쟁이다. 이와 같은 상황에도 불구하고, 궁극적으로 이집트가 수에즈 운하회사를 국유화하는 데 성공했다. 이집트가 그의 목적을 달성할 수 있었던 이유는 미국이 영국이나 프랑스로 하여금 이집트에 대한 무력 행사를 자제시키며 이집트의 입장을 지지했기 때문이다. 미국은 그의 동맹국인 영국, 프랑스 등의 입장을 지지하지 않고 지원도 하지 않았다. 왜냐하면 이집트가 아프리카의 비동맹 국가 가운데 영향력이 큰 국가이기 때문에 미국과 소련은 경쟁적으로 이집트를 지원하고 있었다. 그리하여 미국이 영국, 프랑스의 입장을 지지하면 이집트는 자연히 소련과 긴밀한 관계를 가질 것이다. 이렇게 되면 미국은 소련과의 경쟁에서 패배할 뿐만 아니라 미국은 다른 비동맹 국가들로부터도 지지를 받을 수 없기 때문에 미국은 그의 동맹국들인 영국, 프랑스, 이스라엘을 저버리고 이집트의 입장을 지지했던 것이다. 바로 이집트의 이러한 외교적 성공이 외적인 힘을 잘 이용한 경우이다.10)

이와 같은 비동맹 외교 노선을 걷는 국가는 강대국에 의해 외교권을 제한받지 않을 것으로 보이고 외교 역량이 강한 것으로 비치기도 하지만, 이러한 외교 역량은 절대적인 것이 아니다. 즉, 외교 역량은 다른 국가의 외교 행위나 외교 관계에 따라 상대적으로 나타나는 것이기 때문에 이 약소국들의 외교적 역량에는 질적·양적으로 한계가 있고, 또 그 외교적 역량을 자국이 필요한 경우에 사용할 수 없다는 제약이 있다.

다극 체제하에서 약소국의 강대국에 대한 외교적 역량은 냉전 체제하에서보다 오히려 더 위축되지 않을 수 없었다. 약소국의 강대국에

---

10) John Spanier, *American Foreign Policy Since World War II*, 8th ed.(New York: Holt, Rinehart and Winston, 1980), pp. 83ff.

대한 외교 역량은 강대국의 필요성의 크기에 따라 다르게 나타난다. 강대국의 약소국에 대한 필요성이 크면 강대국에 대한 약소국의 외교 역량은 커질 수 있고, 그렇지 않으면 줄어든다. 그런데 다극 체제하에서는 강대국의 약소국에 대한 필요성이 상대적으로 경감된다. 우선 강대국간의 긴장이 완화되어 이들 국가간의 극단적인 대립과 경쟁이 심각하지 않기 때문에, 완승 또는 완패의 경쟁(zero-sum game)을 지양하고 공존공생을 모색하므로 동맹국을 더 많이 가지려 하지 않는다. 냉전 체제하에서 약소국은 강대국과의 동맹 또는 비동맹 외교 노선 등으로 강대국에 대한 외교 역량을 제고시켜 왔다. 그러나 이러한 것들이 다극 체제하에서는 그 가치를 상실하였다. 예를 들면, 강대국은 동맹국을 더 늘리거나 이미 형성된 동맹 관계를 계속 유지하기 위한 정치적 지원, 경제 및 군사 원조를 제공하는 데 과거보다 인색할 것이고, 또한 강대국의 요구에 순응하는 대가로 강대국에 대해 행사해 온 약소국의 정치적 이점을 가질 수 없었다. 그리하여 다극 체제하에서 약소국은 양극 체제에 비해 강대국에 대한 외교 역량의 제고 기회를 가지는 것이 어려워졌다.

약소국은 근본적으로 자체의 외교 역량이 약하기 때문에 국제 정치 환경에 의해 커다란 영향을 받는다. 그렇기 때문에 국제 정치 환경에 편승하는 외교의 방법을 모색하지 않으면 안 된다. 이와 함께 약소국에게는 강대국들의 외교 노선 또는 외교 정책 등에 편승한 외교의 전개도 필요하다. 그런 중에도 다른 국가에 대해 외교 역량을 제고시킬 수 있는 요소를 갖고 있는 국가는 비교적 국제 정치 환경이나 강대국의 정책에 의해 큰 영향을 받지 않을 수 있다. 지정학적으로 매우 가치 있는 지역에 위치한 국가라든지 또는 중동 여러 국가들처럼 석유를 많이 생산하고 있는 국가들이, 위에 말한 바와 같이, 비교적 외교적 역량을 제고할 수 있는 고유의 요소를 갖고 있는 국가들이라고 할 수 있다.

약소국의 약소국에 대한 외교는 원칙적으로 외교 역량의 우열이 그다지 크지 않기 때문에 이들간의 외교는 호혜적이고, 이해의 분담 차원에서 상호 관계나 작용이 이루어진다고 보아야 할 것이다. 어느 한 약소국이 자국의 목적을 달성하기 위해 다른 약소국을 정치적 외교의 대상으로 삼기는 어렵다. 그러나 현실적으로 약소국 가운데 정치·경제 또는 전략적으로 매우 가치 있다고 생각되는 약소국이라면 강대국은 이 가치 있는 약소국과 밀착될 수 있는 여러 장치, 예를 들면 동맹 조약이나 또는 그 국가의 보호를 위한 특별선언—예컨대, 카터 독트린—등 여러 측면에서 이 국가에 도움을 제공할 것이다. 이같이 강대국의 절대적인 지원을 받는 약소국이 이러한 강대국의 지원이 없는 약소국과 외교를 전개한다면, 이는 전자의 약소국에게 유리한 외교가 전개될 수 있을 것이다. 이렇게 볼 때, 약소국이 자체 역량으로 그의 목적 달성을 위한 외교를 전개하는 것은 실질적으로 매우 어려울 것이라 생각된다.

1990년대에 들어와서는 이렇다 할 국제 정치 체제가 존재하지 않고 있다. 국제 정치 체제가 분명했던 시기에는 정치적 강대국의 대외 전략 및 대외 정책을 중심으로 외교를 전개했다. 그러나 1990년대에는 국제 정치 체제가 존재하지 않기 때문에 이제는 정치적 강대국도 존재하지 않을 뿐만 아니라 모든 국가의 외교는 경제 대국의 경제적 실익 중심으로 전개된다. 국제 정치 체제가 존재하지 않지만, 경제 대국인 G-5 또는 G-7이 국제 경제 질서를 유지하고 있다. 이 국제 경제 질서는 이들 경제 대국의 국가 이익과 궤를 같이하기 때문에 이들 국가들의 대내외 경제 정책이 각 국가의 대외 정책 및 대외 행위의 중심이 된다. 이들 경제 대국들은 그들이 구축해 놓은 국제 경제 질서의 유지와 함께 이 대국들의 개별 국가 이익도 얻을 수 있는 외교를 전개할 것이다. 예를 들면, 미국은 G-5의 한 국가로서 국제 경제 질서도 유지하고, 또 미국의 국가 이익도 극대화할 수 있는 대외 정책을 수립하고, 이것을 성취시킬 외교를 전개할 것이다. 이제 경제 대국들은 다른 국가에 대한 정치적 배려 없이 자국의 국가 이익 차원에서 외교를 전개할 것이다.

이와 같이 경제적 강대국이 순수하게 자국의 실질적인 국가 이익 차원에서 경제 논리에 의해 외교를 전개한다면, 경제 강대국의 약소국에 대한 외교는 대단히 경직되고 단호할 것이다. 강대국의 약소국에 대한 외교는 정치적 배려가 있다면 강대국이 어떤 경우에는 약소국에 양보도 하고 혜택을 줄 수도 있겠지만, 경제적인 고려에 입각한 강대국의 약소국에 대한 외교는 약소국에 양보하거나 어떤 실익이 돌아가게 하기 어렵다. 오히려 약소국의 희생 위에 강대국의 경제 실익을 극대화하려 할 것이다. 그러므로 강대국 중심의 국제 경제 질서의 유지, 그리고 개별 강대국의 경제적 실익 극대화는 약소국에게는 매우 어렵고 불리한 외교 환경을 조성할 것이다. 강대국의 약소국의 시장 개방에 대한 압력이 이러한 상황을 단적으로 잘 설명해 주고 있다.

3. 국가간의 외교 관계

지구상의 국가는 어떠한 이념, 체제를 갖고 있든지 간에 고립되어 살 수 없다. 문명, 과학 기술 등의 발달은 더욱이 국가가 고립되어 살 수 없게 만들었으며, 한 걸음 더 나아가 국가간의 상호 의존도는 날이 갈수록 높아 가고 있다. 그리하여 오늘날 모든 국가들은 보다 많은 국가와 우호적이고 협조적인 외교 관계를 갖기 위해 이념, 체제, 인종 등 모든 장벽을 뛰어넘어 국가간의 관계의 폭을 넓히려고 노력하고 있다.

국가간의 외교 관계에는 협조적 관계(cooperative relations), 갈등적 관계(conflicting relations), 그리고 무관심한 관계(indifferent relations)의 세 가지 형태가 있다. 그리하여 모든 국가는 다른 국가와 이 세 가지 형태 가운데 하나의 외교 관계를 갖고 있다.1)

협조적인 외교 관계를 갖고 있는 국가간에는 원칙적으로 새로운 물질적 및 정신적 가치를 창출하고 나누어 가질 수 있도록 상호 작용하며, 상호간의 모든 대외 행위도 일방적이 아니라 상부상조의 정신에 입각해 서로 적응하고 조화를 이룰 수 있는 행위로 일관한다. 이러한 관계를 갖고 있는 국가간에는 모든 면에서 상부상조하는 행위를 해왔고, 앞으로도 그렇게 하겠다는 명시적이고 묵시적인 약속을 갖고 있다.

우리가 구분해서 생각해야 할 것은 협조적 관계와 우호적 관계이다. 국가간의 우호적인 관계란 형식적으로 공식적인 외교 관계를 갖고 있으며, 상대 국가의 영토적 안전과 주권을 존중해 적어도 상대국

---

1) Klaus Knorr, *The Power of Nations*(New York: Basic Books, Inc., 1975), p. 3.; Charles McClelland and Gary Hoggard, "Conflict Patterns in the Interaction among Nations," in James N. Rosenau(ed.), *International Politics and Foreign Policy*(New York: Free Press, 1969), pp. 711ff.; Maurice A. East, Stephen A. Salmore and Charles F. Herman(eds.), *Why Nations Act*(Beverly Hills: Sage Publications, 1978), p. 41.

의 중대한 가치를 저해하지 않는 관계를 의미한다. 그러나 우호적인 관계를 갖고 있다고 모든 면에서 서로 적응하고 조화를 이루는 것은 아니다. 한국과 칠레도 위에서 말한 관점에 의하면 틀림없이 우호적 외교 관계를 갖고 있다고 말할 수 있다. 양국은 상대방의 존재를 부정하거나 가치를 해치는 정책이나 행위를 지금까지 자행하지 않고 있다. 그렇다고 양국이 언제나 새로운 가치를 창출해 그것을 함께 나누어 가질 수 있는 관계를 형성하고 있지도 않다. 그러므로 한국과 칠레는 우호적인 외교 관계는 가지고 있으나, 협조적 외교 관계를 가지고 있다고 말하기는 어렵다. 국가간의 우호적인 관계는 공식 외교 관계를 수립하고, 서로 적대적인 행위를 일삼지 않을 경우 형성될 수 있는 관계이다. 다시 말하면, 외교적인 수사로서 국가간의 평범한 관계를 일컫는 말이다.

국가간의 협조적 관계는 일방적으로 또는 쌍방의 필요에 의해서 형성된다. 어느 일방이나 쌍방이 적응하고 가치를 나누어 갖는 것이 국가적으로 필요하다고 판단될 때 협조적 관계가 형성될 수 있다. 쌍방이 협조적 관계가 필요하다고 인정되는 경우라면 이러한 관계는 잘 유지될 것이다. 그러나 어느 일방만이 협조적 관계가 필요하다고 느끼는 경우에도 이러한 관계는 형성될 수 있다. 이 경우에 협조적 관계의 필요성을 느끼는 국가는 상대 국가에 대해 많은 대가와 희생이 요구된다. 제2차 세계대전 후 미국은 서유럽 국가 및 다른 국가들과 반공·반소를 위해 협조적 관계를 희망했다. 미국은 이들 국가들과 동맹 등의 관계를 유지하며 협조적 관계를 유지했고, 그 대가로 동맹국 등에 많은 경제 및 군사 원조를 제공했고, 이들 국가들의 안전을 보장하기 위해 필요한 조치를 취했다.

국가간의 외교 관계가 협조적이고 우호적이라는 것은 근본적으로 상호간 물질적·정신적 가치에 대한 이해를 나누어 가질 수 있을 만큼 밀접한 관계에 있다는 것을 의미한다. 하지만 협조적 관계라고 해서 언제나 어떤 문제에 대해서나 국가간 이해를 똑같이 나누어 갖는다는 절대적인 의미가 아니라, 국가간에 원칙적으로 상부상조하고 이해를 균점할 의지를 갖고 있음을 뜻하는 것이다. 서로 우호적이고 협조적인 관계를 가질 수 있는 두 국가는 공동의 외교 목표를 갖고 있으며,2) 그 목표 추구의 방법 또한 어느 정도 일치하고 있다.

제2차 세계대전이 끝난 후 미국은 서유럽 국가들을 망라해 북대서양 조약기구(NATO)를 만들어 이들 국가들과의 유대를 공고히 했는데, 미국과 이 기구의 회원국간의 외교 관계를 대표적인 협조적·우호적인 관계라 할 수 있다. 이때는 동·서 및 미·소의 냉전 체제하에서 미국과 서유럽 국가들이 모두 반공에 기초해 소련 등 공산국가들의 세력 확장을 저지한다는 공동의 외교 목표를 갖고 이를 위해 일치된 외교 정책을 추진했다. 그뿐만 아니라 미국은 서유럽 국가들의 안전보장을 전적으로 책임지고 있었고, 1947년 이후 마샬 계획(Marshall Plan)에 의해 이들 국가들의 경제 부흥을 적극적으로 지원했다. 이 경우 미국은 서유럽 국가들과의 이해의 분담뿐만 아니라 이들 국가의 안전과 경제 발전을 위해 일방적이고 헌신적으로 지원했다. 이러한 정도의 관계라면 미국과 서유럽 국가들 간의 관계는 대단히 협조적인 외교 관계를 갖고 있다고 말할 수 있다. 이와 함께 한국과 미국간의 관계에 있어서도 양국은 우선 상호 방위 조약을 체결하고 있고, 한국 영토 내에 미군이 주둔하고 있으며, 아울러 미국이 한국의 안전보장에 큰 몫을 담당하고 있다. 뿐만 아니라 그간 한국에 경제·군사 원조를 제공해 왔고, 한국의 경제 발전을 위해 적지 않은 지원을 해왔다. 한·미 양국은 대외 정책 기조에 있어 반공을 외교 정책의 근간으로 삼았고, 외교 정책 목표도 일치해 협조적 관계를 유지해왔다. 소련도 제2차 세계대전 이후 반자본주의 및 반미를 공동의 외교 정책 목표로 하여 동구 국가들과 바르샤바 조약기구(Warsaw Treaty Organization-WTO)를 결성해서 협조적 외교 관계를 유지해왔다.

갈등적 외교 관계란 국가간에 강도 높은 갈등이 장기적으로 지속되는 경우 또는 무력 충돌이 산발적으로 일어나는 경우, 또는 분쟁이 명백하게 종결되지 않는 경우를 말한다.3) 그리하여 국가간에 지속적

---

2) K. J. Holsti, *International Politics,* 5th ed.(Englewood Cliffs, New Jersey: Prentice-Hall, Inc., 1983), pp. 154-155.

으로 상호 배타적인 정책을 결정하고 행위하는 국가간의 관계를 의미
한다. 이러한 관계를 갖고 있는 국가간에는 상대방의 가치를 저해하
고, 상대 국가의 희생 위에 자국의 가치를 증대시키는 행위를 할 수
있다. 이들 국가는 본질적으로 배타적이고 투쟁적인 행위로 일관하며,
상대 국가에 대한 행위나 결정이 그 상대 국가의 가치를 저해해 왔
고, 앞으로도 그렇게 할 것으로 예상되는 국가간의 관계를 의미한다.
국가간의 관계가 갈등적이라는 의미는 근본적으로 외교 정책 목표를
달리하고 있다. 따라서 외교 정책이 서로 배타적이며 모든 대외 행위
도 상대 국가의 희생이나 손해를 염두에 두고 행해지는 악의의 대립
및 경쟁 관계를 말하는 것이다. 물론 이와 같은 관계는 공식적 외교
관계를 전제로 한다.

이러한 갈등적 관계의 대표적인 경우로는 제2차 세계대전 이후부터
1970년대 말까지의 미국과 소련간의 관계를 들 수 있다. 1933년 이래
미국과 소련은 공식적 외교 관계를 유지해 왔고, 제2차 세계대전 기
간 동안에는 동맹 국가로 독일, 일본 등을 상대로 전쟁을 수행해 깊
은 협조적 관계를 갖고 있었다. 그러나 미국과 소련은 전쟁이 끝난
다음 양극 체제를 형성해, 어느 한쪽의 이득은 다른 한쪽의 손실이라
는 공식에 따라 극단적인 경쟁·대립 관계를 유지해 왔다. 이 두 국
가는 세계를 거의 둘로 나누어 독점적으로 지배했기 때문에 한쪽의
손실이나 희생 없이 다른 한쪽이 이득을 얻을 수 없었다. 뿐만 아니
라 두 강대국은 특히 1950년대 자본주의와 공산주의의 이념에 기초해
외교 정책 목표를 설정하고, 서로 공존을 거부하며, 상대방에 손해를
입히거나 약화시키는 데 총력을 경주했었다. 이렇다면 이 두 국가의
관계는 틀림없이 갈등적 관계의 전형적인 경우라 할 수 있다.

또 다른 하나의 갈등적 관계는 1960년 이후부터 1970년대 말까지
중국과 소련간의 외교 관계가 그 좋은 예이다. 1949년 10월 중화인민
공화국 수립 직후 양국은 공식적 외교 관계를 가졌고, 1950년 2월 우
호동맹 및 상호 원조 조약을 체결했다. 그리하여 소련은 일본 및 일

---

3) Charlco S. Gochman & Zeev Maoz, "Militarized Interstate Dispute, 1816-1976," *Journal of Conflict Resolution,* vol. 28, no. 4(1984), pp. 585ff.

본의 동맹국에 의한 공격으로부터 중국을 보호할 뿐만 아니라 평등의 원칙하에 상호 이익을 도모하고, 상호 주권과 영토의 독립을 존중하며, 국내 문제 불간섭의 원칙에 따라 행동할 것을 약속했다. 한편 중국은 유보 없이 소련의 외교 정책 노선을 따를 준비가 되어 있었다. 그러나 1956년 2월 제20차 소련공산당 대회에서 흐루시초프는 스탈린주의를 배격했고, 소련의 수정된 마르크스-레닌주의를 소개하는 한편, 자본주의와 사회주의의 공존을 주장했다. 이로부터 중국과 소련 양국은 이념 분쟁을 시작해 실질적인 단교 상태에 돌입하였고, 급기야 소련은 1960년 7월 중국에 파견되었던 소련의 모든 기술자들을 철수시키고 중국에 대한 모든 지원을 중단했다. 그 후 양국은 형식상 외교 관계를 가지고는 있었으나 우호적이거나 협조적인 상호 작용은 전혀 없었다. 이로부터 양국간에 규모는 크지 않았지만 간간이 국경 충돌도 있었고, 외교 정책 면에서도 배타적이고 지극히 경쟁적이었다.[4] 이와 같은 양상은 두 국가가 서로 무관심하지 않고 오히려 깊은 관심을 갖고 있었기 때문인데, 그것은 우호적이 아니라 배타적·갈등적으로 상호 작용이 이루어진 것이다.

셋째로 무관심한 외교 관계란 상호 공식적인 외교 관계는 수립되어 있되, 상호간 또는 어느 일방이 긴밀한 상호 작용의 필요성을 느끼지 않거나 혹은 상호간 가치의 증대를 도모하지 않을 때에 존재하는 외교 관계를 말한다. 그러므로 공식적 외교 관계를 갖고 있다고 하여 모든 국가간의 관계가 협조적인 것은 아니다. 미국은 세계 최대의 강대국으로 거의 모든 국가와 공식적 외교 관계를 갖고 있다. 그러나 미국은 아프리카의 말타 공화국이나 산마리노 공화국 등과는 외교 관계가 있지만, 협조적인 관계뿐만 아니라 갈등적 관계도 갖고 있지 않다. 한국 역시 141개 국가와 외교 관계를 갖고 있지만, 중남미의 에콰도르·과테말라 등과는 협조적 관계나 갈등적 관계도 갖고 있다고 할 수 없다. 미국과 아프리카의 두 공화국간 그리고 한국과 중남미의 국가들 간에는 특별히 서로 상대 국가의 가치를 저해하지도 않고, 상호

---

4) Joseph Camilleri, *Chinese Foreign Policy*(Seattle: University of Washington Press, 1980), pp. 74-76.

이익의 증대를 위한 작용도 없다. 그러므로 이러한 국가간의 관계가 무관심한 외교 관계이다.

　한 국가가 다른 여러 국가와 공식적 외교 관계를 갖고 있지만, 어떤 국가가 정치적으로, 경제적으로 또는 전략적으로 가치가 없다고 생각되거나 또는 어떤 형태이든 교류나 상호 작용이 없는 경우에는 상주공관조차 두지 않는다. 상주공관을 두지 않고 있다는 의미는 외교적인 대상으로서의 비중을 크게 두고 있지 않다. 그리하여 국가간의 외교적 관계도 소원해서 무관심한 외교 관계를 갖고 있다는 뜻이다. 그렇지만 무관심한 외교 관계를 가진 국가라고 하여 모든 국가가 반드시 상주공관을 두지 않는 것은 아니다. 다시 말하면, 상주공관을 두고 있지 않다는 것은 무관심한 외교 관계의 상징적 의미를 갖는 것이다.

　이와 함께 국가간의 관계가 적대적인 경우도 있다. 이는 전쟁 상태 중인 국가간의 관계를 말함은 물론이거니와, 또한 직접적으로 교전하고 있지 않더라도 이에 준하는 상태에 있는 국가간의 관계, 예를 들면 이스라엘과 아랍 국가들 간의 관계를 말할 수 있다. 이들은 상대 국가의 존재를 인정하려 하지 않고, 상대국과 더불어 살기를 원하지 않는다는 뜻으로 이해할 수 있다. 이러한 상황이라면 이들 국가간에 실질적으로 공적인 접촉이나 교류가 있을 수 없기 때문에 외교는 전개될 수 없다. 그러므로 이러한 관계는 외교 관계가 아니라 적대 관계라고 할 수 있다. 그러나 공식적 외교 관계를 가질 때 적대 관계는 해소된다.

　오늘날 모든 국가들이 비록 무관심하거나 갈등적 관계를 가질지라도 거의 모든 국가와 공식적 외교 관계를 갖고 있다. 서로 무관심한 또는 갈등적인 관계라 할지라도 공식적 외교 관계를 가지면 적어도 대화의 기회를 가질 수 있기 때문에 가능한 범위 내에서 많은 국가와 공식적 외교 관계를 갖는 것이다. 한국의 경우도 174개국(1994년 1월 현재)과 공식적 외교 관계를 갖고 있다. 이와 같이 공식적 외교 관계를 갖고 있을 때 국가간의 관계가 협조적일 수도 있고 갈등적일 수도 있다. 국가간에 외교 관계가 없다면 갈등적 관계도 또한 무관심한 관계도 있을 수 없다. 그러므로 국가간에 협조적·갈등적 그리고 무관심한 관계 중 어떤 관계도 갖고 있지 않다는 것은 적대 관계를 갖고 있다는 것으로 해석될 수 있다. 국가간의 관계가 적대적이라는 것은 어느 때나 군사력이나 폭력을 행사할 수 있다는 말이 된다. 또 적대 관계란 다른 국가의 존재를 인정하지 않으려는 태도를 갖고 있는 관계이다.

국가간의 외교 관계를 논의하기 위해서는 외교 행위를 전개하는 국가간에 어떠한 질의 외교 관계를 갖고 있는지를 명확히 밝히는 것이 매우 중요하다. 특히, 국가간의 관계를 분명히 하기 위해서는 국가간 외교 관계를 판가름하는 기준이 있어야 할 것이다.

국가간의 외교 관계가 협조적이라고 할 수 있는 근거는 우선 동맹 관계를 갖고 있는 경우를 들 수 있다. 국가간 동맹 관계를 가질 때에는 공동의 적과 동질적 위협의식을 갖고 있어, 이러한 것들에 공동으로 대처하기 위해 공동의 대외 정책 목표를 갖고, 그 목표를 공동으로 성취할 것을 약속하고 있다. 동맹 구성원 간에 이와 같이 대외적으로 동일한 보조를 취하는 것이 구성원 모두에게 이익이 된다고 생각하기 때문에 이들 구성원 간에는 모든 부문에서 대립적이고 갈등적이기보다는 상부상조하는 자세로 정책을 결정하고 행위할 것이다. 과거 냉전 체제하에서 북대서양 조약기구 회원국간의 관계나 바르샤바 조약기구 회원국간의 관계는 협조적 관계를 갖고 있었다고 말할 수 있다. 왜냐하면 이들은 각기 동맹체의 구성원들이기 때문이다. 그뿐만 아니라 개별 상호 방위 조약을 체결해 동맹 관계를 갖고 있는 경우도 역시 협조적 관계를 갖고 있다고 말할 수 있다. 미국과 한국, 미국과 일본 또한 과거 소련과 북한은 쌍무적 동맹 조약을 체결하고 있어 이들간의 관계도 협조적 관계를 갖고 있는 경우라고 말할 수 있다. 이들 국가들이 모두 공동의 적이 있고, 또 위협이 있다고 생각하는 한 이들 국가간의 관계는 매우 협조적일 것이다. 물론 동맹 관계를 갖고 있더라도 공동의 적이 사라져 공통적인 위협이 없다고 생각되면 동맹 국간의 협조적 관계는 많이 약화될 수도 있다.

한국과 일본 또한 북대서양 조약기구 회원국들 사이에는 직접적으로 동맹 관계를 갖고 있지는 않다. 그러나 이들 국가들은 모두 미국과 직접 동맹 관계를 갖고 있다. 또 이 동맹은 모두 미국을 중심으로 형성되어 있다. 그러므로 한국, 일본, 북대서양 조약기구 회원국들은 모두 공동의 적을 갖고 있고, 또 그 공동의 적으로부터 공통적으로 위협을 느끼고 있다. 그러므로 한국, 일본 그리고 북대서양 조약기구 회원국들은 간접적인 동맹 관계를 갖고 있다고 말할 수 있다. 그러므로 이들 국가간에도 다른 국가를 해치거나 또는 중대한 국가 이익을 침해하는 일은 없을 것이다. 만일 이러한 일이 있다면 미국을 중심으로 하는 동맹 관계는 존속되기 어려울 것이다. 그러므로 이들 국가간의 관계도 협조적 관계라 할 수 있다. 실제로 한국과 일본은 국민 감정이 좋지만은 않지만, 양국은 각각 상대 국가의 중대한 국가 이익을 침해한 일은 없었다. 북대서양 조약기구 회원국과 한국은 크게 대립하고 경쟁하는 경우도 거의 없었다.

국가간 협조적 관계를 갖고 있다고 해서 언제나 모든 문제에 대해 상부상조한다는 의미는 아니다. 즉, 협조적 관계를 갖고 있다는 것은 상대적으로 결정적인 시기나 중요한 문제에 임하는 자세, 태도, 정책 등이 협조적이라는 것을 의미한다.

또 다른 하나의 협조적 관계로 국가간 상호 이익을 도모하기 위해 조약을 체결해 국제 기구를 형성했다면, 이 기구에 가입한 회원국들 간의 외교 관계는 협조적 외교 관계를 갖고 있는 것으로 보아야 한다. 예를 들면, 유럽 공동체(the European Community-EC)의 회원국, 동남아 국가연합(Association of Southeast Asian Nations -ASEAN), 미주 국가 기구(Organization of American States -OAS)의 회원국 또는 석유 수출국 기구(Organization of the Petroleum Exporting Countries-OPEC) 회원국들의 관계는 협조적 외교 관계에 있다고 보아야 할 것이다. 이와 같이 이익 공동체적 성격을 띠고 있는 국제 기구 회원국들의 관계도 협조적 관계를 갖고 있다고 말할 수 있다. 이들은 모두 이익을 극대화하기 위해 권리와 의무를 명문으로 규정하고 있다. 따라서 이 기구의 회원국들은 규정에 따라 행위를 할 것이므로 모두 서로 이익이 되도록 협조할 것이다.

두 말할 나위도 없이 석유 수출국 기구 회원국들은 모두 그들의 권리 및 의무를 충실히 수행할 것이므로 회원국 모두는 상호 이익을 위해 공동 보조를 취할 것이며, 이런 점에서 보면 협조적 관계라 할 수 있다.

이와 함께 조약의 체결로 국제법적 효력을 갖는 국제 기구를 형성하지 않더라도, 상호 협력하기 위해 자주 접촉하고 교류해 여러 현안 문제들에 공동 대처하는 무형의 모임체에 동참하고 있는 국가들의 관계도 협조적 외교 관계를 갖고 있다고 할 수 있다. 이러한 모임체는 실질적으로 이해를 같이하고 새로운 가치를 창출해 이를 서로 나누어 갖고자 하는 모임체이다. 따라서 조약에 의해 만들어진 유형적 국제 기구 못지않게 협조의 정신, 의지 등에 기초해 실질적인 협조는 더욱 잘 이루어질 것이다. 이러한 기구로는 서방 경제 선진국 회의가 있다. 이들 국가의 재무장관들은 반드시 규칙적이지는 않지만 수시로 회합을 갖고 상호간의 경제 문제와 국제 경제에 관한 의견을 교환 또는 조정하며, 이들의 국가 원수들 또한 1975년 이래 공식적인 정상회담을 갖고 여러 경제적 문제들을 협의하며 자국의 국가 이익 증대를 도모한다. 특히, 이러한 회의들은 자국의 국가 이익과 직결되는 문제들을 협의하므로 이 기구의 응집력이나 협조는 어떤 경우보다 더 철저하게 이루어질 것이다.

한국의 대통령은 1988년 11월 아시아-태평양 지역을 순방하며 동남아 국가연합과 공식 협의체제를 수립하기로 합의했다. 호주, 말레이시아 인도네시아 3국과는 각각 정부 차원의 공동위원회를 구성하기로 합의하고, 상호 협력 관계 강화를 위한 창구를 개설했다. 이런 기구들이 원만하게 운영된다면, 국가간에 이와 같은 협조적 기구를 갖는 것도 협조적 외교 관계를 가질 수 있다고 보아야 할 것이다. 동시에 국가간에 정기적으로 정상급 또는 각료급의 협의를 갖기로 되어 있는 경우도 협조적인 외교 관계에 있는 것으로 간주할 수 있다. 한국과 일본은 정기적으로 각료급 회담을 갖고 있다.

이와 같은 유·무형의 국제 기구 또는 협의체들은 모두 가치의 균점 정도가 똑같지 않고, 각기 협조의 정도에도 차이가 있다. 그러나 같은 매체에 참가하고 있다는 것은 모두 협조적인 관계에서 그것을 유지하려는 의지가 있다는 뜻이고, 이들간의 외교 관계는 서로의 가치나 이해의 균점이 가능하다고 보여지기 때문에 모두 협조적 외교 관계라 할 수 있다.

1815년 비엔나 회의 이후 영국, 러시아, 프러시아, 오스트리아 그리고 프랑스는 유럽 협조 체제(the Concert of Europe)를 구축해 매우 돈독한 협조적 관계를 유지했다. 1823년 프랑스군이 스페인에 진주하면서 19세기 유럽의 강대국간에 형성되었던 협조적 관계는 다소 약화된 면이 없지 않았지만, 1853년 크리미아 전쟁이 발생되기 전까지는 이들 5대 강대국간의 관계가 극단적인 경쟁 관계나 갈등적 관계로 발전되지 않아 어느 정도 협조적인 관계는 지속되었다.5) 그러나 크리미아 전쟁 이후 영국, 프랑스와 러시아가 갈등적 관계로 그 관계가 악화되었고, 1870년 보불전쟁 이후에는 프랑스와 독일의 관계가 경쟁·갈등 관계로 변했다. 그 후 1882년 독일, 오스트리아, 이탈리아 3국의 동맹 관계 형성으로 이들은 협조적 외교 관계를 가졌다. 이와 같은 3국 동맹은 자연스럽게 영국, 프랑스, 러시아 3국의 관계를 더욱 밀접하게 만들어, 이들 3국이 구체적인 동맹 관계나 협조체제를 갖기 전부터 독일, 오스트리아, 이탈리아 3국 동맹에 대항하는 의미에서 또는 각기 자국의 안전과 이익을 보호하기 위해 협조적 외교 관계를 갖지 않을 수 없었다. 물론 1890년대에 와서 프랑스와 러시아도 동맹 관계가 되었고, 이어서 영국도 실질적으로 프랑스, 러시아와의 동맹 체제에 가담하여 19세기 후반 유럽 대륙에서 세력 균형 체제를 지탱해 오던 강대국간의 외교 관계는 크게 변질되었다.

1950년대와 1960년대 양극 체제하의 강대국간의 외교 관계는 너무도 극명하게 처음부터 적대적 관계에서 시작해 적대적 관계로 일관했기 때문에 더 이상의 설명이 필요하지 않다. 제2차 세계대전 이후에도 미국과 소련은 외교 관계를 단절하지는 않고 극단적인 대립 및 경쟁 관계를 지속해 왔기 때문에 형식적으로는 적대적 관계가 아니었다.

---

5) René Albrecht-Carrié, *A Diplomatic History of Europe Since the Congress of Vienna*(New York : Harper & Row, Publishers, 1973), p. 81.

그러나 실질적으로 각기 상대국의 가치를 저해하는 정책이나 행위를 지속해 왔기 때문에 두 국가간의 관계는 극단적인 갈등 관계였다고 말할 수 있다.

1970년대 이후 다극 체제하에서 미국과 유럽 공동체의 중심 국가인 영국, 프랑스 그리고 서독 등은 분명히 협조적 외교 관계를 갖고 있었다고 할 수 있다. 이들은 군사적 동맹체인 북대서양 조약기구의 회원국이므로 더 이상의 협조적 외교 관계의 근거는 찾을 필요가 없다. 미국과 일본은 상호 방위 조약을 체결하고 있으므로 이들도 협조적 외교 관계에 있다. 그리고 유럽 공동체의 중심 국가들과 일본간의 관계도 미국을 중심으로 간접적 동맹 관계를 갖고 있었기 때문에 협조적 외교 관계에 있다고 보아야 한다. 그러나 더욱 분명한 사실은 이들은 모두 서방 경제 선진국 회의의 구성원으로 서로의 이익 증진과 5개국 중심의 세계 경제 질서의 유지를 위해 수시로 정상회담을 가지며 유대 관계를 공고히 하고 있어 이들의 관계는 실질적인 협조적 외교 관계를 갖고 있다고 말할 수 있다.

이들 자본주의 국가들과 소련 및 중국간에는 어떤 행태든 각기 공식적 외교 관계를 갖고 있다. 그러나 선진 자본주의 국가와 소련 및 중국간에 협조적 외교 관계를 갖고 있다고 할 수 있는 객관적인 근거는 찾아볼 수 없다. 그러므로 소련 및 중국과 선진 자본주의 국가간의 관계는 경쟁적·갈등적 관계로 보는 것이 옳다. 실질적으로 하나의 국제 정치 체제를 주도하고 있는 국가간에 협조적 외교 관계를 가지고 있다고 할 수 있는 객관적 근거가 없다면 이들 사이에는 갈등적인 결정이나 행위가 있을 수 있다. 이러한 맥락에서 소련과 중국 사이에는 1980년대 접어들어 많은 관계 개선이 이루어지고는 있지만, 이 역시 객관적인 협조적 외교 관계의 근거를 갖고 있지 않기 때문에 갈등적 관계에 있다고 보아야 할 것이다. 중국과 소련은 지리적으로 국경을 접하고 있고, 특히 두 국가는 정치적 강대국이었기 때문에 이들간에는 무관심한 관계가 있을 수 없다. 그러므로 이 두 정치적 강대국의 관계는 갈등적 관계를 갖고 있다고 말할 수 있다.

정치적 강대국 간에는 어떤 형태의 외교 관계이든 그 질과 양이 언제나 똑같지는 않다. 같은 협조적 외교 관계를 갖고 있더라도 (또는 갈등적 관계를 갖고 있더라도) 언제나 어떤 경우나 그 협조 (또는 갈등)의 정도가 같은 것은 아니다. 예를 들어, 미국과 일본의 관계와 프랑스와 일본의 관계를 비교해 볼 때, 이들은 모두 서방 경제 선진국회의의 구성원으로 협조적 외교 관계를 갖고 있는 국가들이지만, 이들의 외교의 질과 양은 다르다. 이 경우 미국과 일본은 직접적인 동맹 관계를 갖고 있지만, 프랑스와 일본은 이런 관계를 갖고 있지 않기 때문에 우선 외교 관계의 질이나 양에서 차이가 나타날 수 있다. 이러한 형식적인 측면을 떠나 실질적인 면에서 보더라도, 아시아-태평양 국가로서 일본의 존재가 미국에게는 절대적으로 필요하기 때문에 미국의 일본에 대한 관심은 그 어느 국가에 비교할 수 없을 만큼 지대하지만, 프랑스는 일본에 대해 미국과 같은 깊은 이해 관계를 갖고 있지 않기 때문에 같은 협조적 외교 관계를 갖고 있다 하더라도 미·일과 불·일의 관계는 다를 수밖에 없다.

1972년 국교를 정상화한 중국과 일본, 1960년 실질적으로 모든 관계를 단절했던 중국과 소련은 모두 갈등 관계를 갖고 있었다. 중국과 일본은 1978년 8월 중일 평화 우호 조약을 체결한 후 양국의 경제 교류는 날이 갈수록 확대되었다. 이 두 국가의 관계는 점차로 발전되었으나, 중국과 일본은 실질적으로 모든 가치를 공정하고 공평하게 나누어 가질 수 있는 장치를 갖고 있지 못했다. 이 두 국가는 협조적 관계를 보장하는 장치를 갖고 있지 못하므로 이 두 국가의 관계는 협조적 관계도 아니다. 물론 경제 등 여러 분야에서 교류가 빈번하므로 무관심한 관계도 아니다. 그러므로 1972년 이후 일본과 중국간의 관계는 갈등적 관계를 갖고 있는 것으로 간주되어야 한다. 그러나 두 국가의 갈등적 관계는 시간이 지날수록 그 갈등의 정도는 점차 약해져 가고 있다. 그러므로 일본과 중국간의 관계는 갈등적 관계의 측면에서 보아야 한다. 그러나 두 국가간의 갈등의 정도는 차등을 두어야 할 것이다. 대체로 중국과 일본의 갈등적 관계는 극단적이 아닌 평범한 갈등 관계이고, 날이 갈수록 그 정도는 약화되었다.

중국과 소련간의 관계도 앞의 중·일 관계와 같다. 중국과 소련은

1960년 실질적으로 모든 관계를 단절했고, 양국간의 국경 충돌도 빈번했다. 1970년대 초 소련은 중·소 국경 지대에 60만의 군대를 집중 배치해[6] 양국 관계는 매우 험악했다. 그러나 1980년대 들어서면서 양국은 관계 개선을 위해 노력했고, 1989년에는 양국 관계 증진을 증명하려는 듯 1989년 5월 소련의 고르바초프 공산당 서기장이 중국을 공식 방문했다. 중·소 양국은 협조적 관계를 갖고 있다고 객관적으로 인정할 수 있는 장치를 갖고 있지 않았으므로 두 국가의 관계를 협조적 관계라고 말할 수 없다. 그렇다고 두 강대국의 관계를 무관심한 관계라고도 말할 수 없다. 그렇다면 중국과 소련 두 국가의 관계는 갈등적 관계이다. 그러나 두 강대국의 갈등적 관계는 시기적으로 그 정도를 달리한다. 1960년대 중·소의 관계는 극단적인 갈등 관계였고, 1970년대는 평범한 갈등적 관계, 1980년대는 약한 갈등적 관계를 갖고 있었던 것으로 보아야 할 것이다.

미국과 중국의 관계 정상화 이후 한때 미국과 중국간의 관계는 준동맹(quasi-alliance)적 관계[7]로까지 발전했다. 미국과 동맹 관계를 갖고 있는 일본과 중국간의 관계는 표면적으로 갈등적 관계에 있다. 또 과거 일본과 소련간의 관계도 갈등적 관계를 갖고 있었다. 미국과 일본은 당연히 협조적 관계이다. 미국과 중국은 준동맹국 관계를 갖고 있어 어느 정도 준협조적 관계를 가질 수 있을 것으로 보인다. 그러므로 일본과 중국의 관계도 부분적이나마 준협조적 관계가 있을 수 있다. 그러나 일본과 소련은 직접적으로나 간접적으로 협조적 관계를 가질 수 있는 바탕이 없으므로 일본과 소련간의 관계는 일본과 중국의 관계보다 더 갈등적이라 할 수 있다. 한편 소련과 중국의 관계가 외교적으로나 실질적으로 우호적인 방향으로 발전했으며 정상적 관계가 이루어졌다고는 하지만, 두 국가는 과거 1950년대와 같이 협조적

---

6) William G. Hyland, "The Sino-Soviet Conflict: A Search for New Security Strategies," in Richard H. Solomon(ed.), *Asian Security in the 1980s*(Cambridge, Massachusetts: Oelgeschlager, Gunn & Hain, Publishers, Inc., 1980), p. 140.

7) Raymond L. Garthoff, *Déntente and Confrontation*(Washington, D.C.: Brookings Institution, 1985), pp. 690ff.

관계를 가질 수 있는 객관적인 근거를 갖고 있지 않았다. 그렇다고 이 두 강대국이 무관심한 관계를 갖고 있지도 않았다. 그렇다면 양국 관계는 갈등적인 관계에 가까웠다고 할 수 있다.

1960년대의 쿠바에 미사일 기지를 설치하려던 행위나 1979년에 아프가니스탄을 무력으로 점령하고 페르시아 만을 장악하려던 소련의 행위들에 대해 미국은 소련이 미국을 위협하고 미국의 가치를 저해하려는 행위로 간주했다. 이에 대한 미국의 대소 곡물 수출 금지 조치 미국의 고급기술 및 다른 전략적 품목의 수출 금지 등은 역시 미국의 소련에 대한 비협조적 행위이다. 이러한 행위나 결정 등이 미국과 소련 두 국가에 의해 되풀이되거나 지속될 때 이 국가간의 외교적 관계는 비협조적이고 갈등적 관계라 할 수 있다.

모든 국가의 외교의 효과와 그 성패 및 득실은 다른 국가와의 외교 관계의 질과 정도에 의해 좌우된다. 다시 말하면, 많은 국가와 질 높은 협조적 관계를 갖고 있다면 그 국가의 외교는 성공률이 높을 것이고, 많은 국가와 극단적 갈등 관계를 오랫동안 지속하고 있다면 그 국가의 외교는 아무것도 얻을 것이 없을 것이다.

국가간의 협조적 외교 관계는 자연적인 요건에 의해서 형성되는 경우가 있고, 또한 인위적으로 수립되는 경우가 있다. 자연적 요건에 의해 협조적 외교 관계가 형성되는 경우는 지정학적 위치나 또는 전략적으로 중요한 자원을 풍부하게 갖고 있는 국가와 이것을 필요로 하는 국가들이 협조적 관계를 갖고자 원하는 때이다. 19세기 영국이 벨기에의 안전을 보장하고 적극적으로 지원하며 협조적 관계를 유지했던 것도 벨기에의 지정학적 위치 때문이다. 또한 오늘날 미국과 일본의 관계를 보더라도 미국은 자신을 아시아—태평양 국가로 자처하고 있기 때문에 태평양에 연해 있는 일본을 전략적으로 매우 중요하게 생각하며 협조적 관계를 유지하고 있는 것이다.

이와 함께 미국은 중동을 그의 외교 정책 순위의 세 번째로 꼽고 있다.8) 1981년 1월 카터(Jimmy Carter) 대통령은 "페르시아 만 지

---

8) Richard H. Solomon, "American Defense Planning and Asian Security," in Richard H. Solomon(ed.), *op. cit.,* p. 3.

역을 장악하기 위해 이 지역에 외부 세력이 무력을 행사하는 행위는 미국의 중대한 국가 이익을 침해하는 행위로 간주될 것이며, 이 지역에 대한 공격은 군사력을 포함한 모든 필요한 조치로 격퇴될 것"9)이라는 내용의 이른바 '카터 독트린'을 선언했다. 이처럼 미국은 중동 국가들을 매우 중요하게 생각하며 모두 협조적 외교 관계를 갖고 있는 것이 사실이다. 이러한 이유는 중동 국가들이 많은 석유 매장량을 갖고 있고, 이 석유는 서방 국가들의 에너지의 근원이 되고 있기 때문이다. 쿠바가 소련으로부터 많은 지원을 받으며 소련의 제3세계 국가 진출에 적극 가담하는 등 두 국가가 협조적 외교 관계를 유지하고 있는 이유도 쿠바가 사회주의 체제가 된 점과 함께 그의 지정학적 위치 때문이다. 쿠바는 바로 미국에 근접해 있어 소련에게는 미국을 위협할 수 있는 기지가 될 수 있고, 아울러 소련의 남미 진출의 교두보가 될 수 있기 때문이다.

한편 인위적으로 국가간의 외교 관계가 변하는 경우도 있다. 국제 정치 환경이나 국제 정치 체제에 따라 국가간에 새로운 외교 관계가 생성되기도 하고 소멸되기도 하는 것이다.

제2차 세계대전 이후 양극 체제의 형성으로 미국은 서유럽 국가들과는 물론, 동남 아시아 국가들과 동남아 조약기구(Southeast Asia Treaty Organization-SEATO)를 만들어 이 지역 국가들과 동맹 관계를 형성해 한때 협조적 외교 관계를 유지했다. 또한 영국도 1950년대 미국의 소련과 중국에 대한 봉쇄 정책의 일환으로 터키, 이란, 이라크, 파키스탄과 중동 조약기구(Middle East Treaty Organization)에 참여해 이들 국가들과 동맹 관계를 형성해 협조적 외교 관계를 가졌다. 그러나 1970년대에 접어들면서 동·서간 긴장이 완화되고 양극 체제가 다극 체제로 전환됨으로써 이러한 동맹 조약의 필요성이나 가치가 감소되어 이들 동맹 관계는 실질적으로 그 의미를 상실했고, 이들의 협조적 외교 관계도 크게 변화되었다. 그뿐만 아니라 미국도 역시 1950년대에 중화민국과 상호 방위 조약을 체결했으나, 미국의 필

---

9) *Weekly Compilation of Presidential Documents*, vol. 16(January 28, 1980), p. 197.

요와 국제 정치 환경의 변화로 인해 중화민국과 단교하고 방위 조약도 폐기했다. 그리고 중화민국이 적으로 생각하는 중화인민공화국과 1979년 1월 1일 외교 관계를 정상화하여 오히려 중화인민공화국과 비우호적이고 적대적인 외교 관계를 청산하게 되었다.

이와 같은 국제 정치 환경이나 국제 정치 체제는 국가간의 외교 관계 변화에 가장 크게 작용하는 요소 중의 하나이다. 그 외에 개별 국가정책의 극단적인 변화도 외교 관계 변화의 주요 요소이다. 소련과 중국간의 관계가 1950년대 후반 협조적 외교 관계에서 극단적인 경쟁적·갈등적 관계로 변한 것은 국제 정치 체제의 변화 때문이라기보다는 소련의 극단적인 정책 변화 때문이었다. 중·소 관계의 변화는 사회주의와 자본주의 공존 불가 입장을 공존 가능으로 바꾸고, 이에 입각한 정책 변화, 특히 소련의 대미 정책 변화가 그 요인이었다. 이스라엘은 중동에 독립 국가를 수립한 이후 여러 차례 전쟁까지 하며 적대 관계였던 이집트와 1978년 9월 적대 관계를 해소하고 상호의 존재를 인정하며 공식 외교 관계를 갖게 되었다. 이는 미국 카터 행정부의 중재 노력도 있었지만, 특히 이집트의 사다트(Anwar Al Sadat) 대통령이 1977년 11월 19일에 극적으로 이스라엘을 방문하는 등 이집트의 적극적인 정책 변화에 기인한 것이었다.

개별 국가의 극적이고 극단적인 대외 정책의 변화와 국제 정치 체제의 변화는 국가간의 외교 관계를 변화시키는 가장 두드러진 요건들이다. 한 국가가 가능한 한 많은 국가와 협조적 외교 관계를 갖지 않고서는 외교 정책을 실천할 수 없고, 국가 목표의 실현이나 이익의 증대도 불가능하다. 어떠한 강대국이라 할지라도 다른 국가와 적대적 관계나 혹은 무관심한 관계만을 갖고 있다면, 이 강대국은 자국의 이익을 증진시킬 수 없다. 중국이 강대국이지만 그들이 폐쇄적이라 고립되었던 1950년대와 1960년대에는 목적했던 어떤 대외적인 정책도 성공적으로 수행할 수 없었던 결과가 중국을 낙후되고 가난한 나라로 만들었던 것이 그 좋은 예이다.

자연적이든 인위적이든 어떠한 조건이든 간에 한 국가가 다른 국가와 협조적 외교 관계를 갖는 것이 중요하다. 그 이유는 협조적 외교 관계를 갖고 있는 국가간에 서로의 이해에 상충되는 면이 있더라도, 서로의 관계가 악화되는 것을 막고 서로의 가치 증대를 위해 노력해야 하기 때문이다. 또한 이들간의 외교 행위도 폭력 등을 동반한 제재나 응징의 방법이 아니라, 상대국의 이익을 해치지 않는 설득이나 타협 등 평화적인 방법으로 모든 문제들을 해결하고자 노력해야 한다는 것이다. 이러할 때 외교는 더욱 성공을 거둘 수 있다. 그러므로 모든 국가는 보다 많은 국가들과 우선적으로 협조적인 외교 관계를 갖고, 그것을 유지하는 것이 외교 정책과 그 목표를 실현해 국가 이익을 증대시키는 최선의 길이다.

국가간 외교의 분석

국가간의 외교를 분석하고, 그 결과를 예측하기 위해서는 다음과 같은 요소들을 검토해야 한다.

어떤 사안을 둘러싸고 대해 국가간의 외교가 전개될 때 제일 먼저 고려해야 할 요소는 어느 정도의 국력을 가진 국가간의 외교인가 하는 점이다. 분석하고 평가해야 할 외교가 국제 정치 체제의 핵심적인 국가(a major power)간의 외교인가, 그렇지 않으면 핵심적인 국가인 강대국과 약소국간의 외교인가를 살펴야 한다는 것이다. 그리고 외교가 전개되고 있는 국가간의 관계가 앞에서 말한 세 가지 외교 관계 중 어떤 관계를 갖고 있는가 하는 점도 중요한 요소이다. 그뿐만 아니라, 만일 강대국과 약소국간의 외교라면 이들 국가간에 의존성은 어느 정도이며, 또 불평등한 관계가 형성되어 있는가 하는 것도 검토의 대상이 되어야 한다. 그리고 외교를 분석하는 데 있어 중요한 것은 외교의 대상이 되고 있는 사안이 결정적으로 어떤 국가에 중대한 문제인가 하는 점이다. 특히, 그것이 외교의 주도적인 국가인 강대국에 중대한 사안인지 아니면 비주도적인 국가에 중대한 문제인지를 확인하는 것은 정확한 결과를 도출해 내는 데 있어 매우 중요하다.

협조적 관계를 갖고 있는 강대국과 약소국간에 어떤 사안에 대해 외교가 전개되는 경우, 이 강대국이 약소국에 대해 정치적 투자를 많이 하여 영향력이 행사될 수 있을 만큼 불평등 관계가 형성되어 있다고 하자. 뿐만 아니라 이 사안이 강대국에 결정적으로 중요한 것으로서 강대국이 이 사안에 대한 외교를 주도한다면 결과는 명확하다. 즉, 강대국이 원하는 방향으로 결론 지어질 것은 분명한 일이다. 이 강대국과 약소국간의 관계가 협조적 외교 관계를 갖고 있더라도, 국제 정치의 속성상 위와 같은 상황에서 강대국은 자국의 이익을 극대화하는 데 소홀히 하지 않을 것이다. 여기에서 간과할 수 없는 사실은 약소국에게 주어진 정치적 투자란 이와 같이 필요한 경우에 활용하기 위해 주어진다는 것이다.

갈등적 외교 관계를 갖고 있는 강대국간에 중대한 사안이 발생한 경우를 상정한다면, 이 경우엔 문제의 해결이 불가능하다고 판단할 수 있다. 이 경우에는 각기 영향력이 행사될 수 있는 바탕을 갖고 있지 않기 때문에, 어느 일방이 유리하게 문제를 해결할 수 있는 방법이 없다. 그리고 갈등적 외교 관계를 갖고 있고, 문제가 매우 중대하기 때문에 상호 적응하기도 어려울 것이다. 19세기적인 상황이라면 전쟁이나 무력을 행사해 문제의 해결을 도모하겠지만, 오늘날의 상황은 전쟁이나 무력의 사용으로 문제의 해결이 불가능하다는 것이 앞에서 살펴보았듯이 명확하기 때문에, 강대국간에 내재하고 있는 중요한 문제는 해결되기 어렵다. 그리고 갈등적 외교 관계가 존속하며, 더 나아가 이 갈등적 관계가 더 악화될 것이다.

강대국에게 중대한 문제가 강대국과 약소국간에 발생하는 경우도 생각할 수 있다. 이 두 국가간의 관계가 무관심한 외교 관계에 있는 데다가 의존적이거나 불평등한 관계도 설정되어 있지 않은 상황이라면, 아무리 강대국이라고 하더라도 약소국을 자국에 적응시키거나 자국의 뜻에 따르게 하기는 어려울 것이다. 이 경우에 강대국은 자국의 외교적 역량으로는 문제 해결이 어렵다고 판단해 필요한 모든 조치, 예를 들면 무력의 행사까지도 강구할 것이다. 물론 표면적으로 보면 강대국의 의도대로 문제가 해결될 것 같지만, 오늘날의 상황에서는 강압적인 외교가 반드시 성공한다는 보장이 없다. 외교적 기초가 없는 강압적인 외교는 정치적 영향력으로 발휘될 수 없기 때문에 강대국이라는 명성만으로는 문제 해결이 불가능하다.

협조적인 외교 관계를 가진 약소국간에 문제가 발생한 경우, 이 국가들은 각각의 사안이 아무리 중대하더라도 일방적인 승리를 거둘 수 없다는 것을 알고, 협조적 외교 관계를 가질 만큼 공동체 의식을 갖고 있기 때문에 서로 적응하려는 의지가 강하게 작용할 수 있다. 그리하여 오히려 이들 국가간에는 어려운 문제를 해결하는 것이 용이할 것이다. 예를 들면, 유럽 공동체의 회원국으로서 협조적 외교 관계를 갖고 있는 네덜란드와 벨기에 간에 중대한 문제가 발생했을 때, 이 두 국가 가운데 어느 한 국가가 다른 국가의 희생 위에 모든 것을 얻으려는 생각을 갖기는 어려울 것이며, 더욱이 무력 행사를 고려한다는 것은 거의 불가능하리라는 것이다.

갈등적 또는 무관심한 외교 관계를 갖고 있는 약소국간에 문제가 발생하는 경우에 외교적인 방법으로 문제의 해결을 기대한다는 것은 어려운 일이다. 이와 같은 외교 관계라면 상호 적응해야 한다는 생각보다는 상대방을 희생시켜서라도 목적을 달성하려는 생각을 쉽게 가질 수 있다. 그러므로 이 경우에는 어느 국가라도 극단적 수단인 전쟁 또는 무력 행사가 가능해 보인다.

4. 협조적 외교 관계를 가진 국가간의 외교

강대국간의 외교

한 시대의 국제 정치 체제의 형성·유지·발전 및 변화라는 대명제를 위해 같은 입장, 같은 노선, 같은 외교 정책 목표를 갖고 있는 정치적 강대국들에게는 무엇보다도 그 체제의 유지가 가장 중요하다. 이러한 체제의 유지는 이 체제를 구성하고 주도하는 강대국(major powers)간의 협조적 관계에 의해서 유지·발전될 수 있다. 그리하여 협조적 외교 관계를 갖고 있는 강대국간에 이 체제를 유지하려는 욕망은 모든 문제에 대해 이해를 같이하고 합의에 도달하기 위한 중요한 동기가 된다. 특히, 동맹 조약에 의해 협조적 관계를 갖고 있는 국가간에는 조약의 의무를 충실히 이행할 것이라는 기대가 너무도 중요하기 때문에, 절박한 위기의 경우를 제외하고 한순간의 이익을 위해 친선을 희생시키는 일은 없다.[1]

협조적 외교 관계를 갖고 있는 국가들은 그들에 의해 합의된 원칙의 위반이 협조적·우호적 관계를 종결 지을지도 모른다는 생각을 갖고 있다. 이들간에는 명백한 거짓말을 회피해야 하고, 약속을 지켜야 하며, 극단적인 비난을 하지 않아야 하고, 위협을 하지 말아야 한다. 또 합의는 일방적으로 파기하지 않아야 하며, 상호 이해(利害)는 나중에라도 잘못 해석하지 말아야 한다. 이러한 원칙의 준수는 협상 과정을 용이하게 하고, 정부 및 고위 관리간의 협조 관계를 촉진하며, 적대 감정을 감소시킬 것이다. 협조적인 국가간에는 눈앞의 이득을 얻기 위해 어떤 원칙을 파괴시키기보다는 우호 관계의 유지를 더 중요시한다.[2] 적어도 협조적 외교 관계를 가진 국가간이라면 명시적으로 또는 묵시적으로 이러한 원칙에 합의하고 있을 것이다. 그러므로

---

1) Fred C. Ikle, *How Nations Negotiate*(New York: Harper & Row, Publishers, 1985), p. 7.

2) *Ibid*, pp. 87-88.

모든 외교 행위는 이러한 원칙에 입각해서 전개될 것이다. 더욱이 협조적인 외교 관계를 갖고 있는 정치적 강대국이라면, 그들의 국가 이익과 함께 국제 정치 체제의 유지를 위해서 합의된 원칙은 더욱 철저하게 지켜질 것이다.

　행정적 외교의 측면에서 보면, 협조적 외교 관계를 가진 국가간에는 문제 해결의 기본 원칙이 이미 합의되어 있기 때문에 원칙으로부터 어떤 결과의 창출 작업을 할 뿐이다.3) 그리하여 협조적 외교 관계를 갖고 있는 국가간에 문제가 발생해 이 문제를 행정적 외교로 처리한다면, 우선 국제법이나 국제 관례에 의해 또는 이미 국가간에 합의해서 같이 갖고 있는 원칙에 의해 문제를 해결하려 노력할 것이다. 협조적 관계를 갖고 있는 정치적 강대국간에는 문제가 발생하더라도, 적어도 상대 국가를 희생시켜 어느 측이 일방적이고 절대적인 가치를 얻으려 하지는 않을 것이다. 이들 국가간에는 어떤 가치보다도 국가간의 관계가 더 중요하게 생각되기 때문이다. 그리하여 이러한 국가간에는 행정적 외교에 있어 타협, 양보, 이해의 분담 등으로 문제의 해결을 도모할 것이다.

　이들 협조적인 정치적 강대국간에는 행정적 외교에서의 비정치적 현안은 어느 측의 손익에 관계없이 원만히 해결될 것이다. 이 국가들은 협조적 외교 관계의 유지를 위한 대원칙에 합의하고 있고, 또 해결해야 할 현안이 비정치적인 것이므로 어느 측도 이해 관계에 얽매이지 않고 문제를 해결하려 할 것이다. 예를 들면, 미국의 어선이 조업 중 부주의로 영국의 영해를 침범했다고 했다면 이 선박 및 선원의 석방 문제는 쉽게 해결될 것이다.

　정치적 현안의 해결을 위해 이들 정치적 강대국들이 행정적 외교를 전개하는 경우에도 어느 일방이 자국에게만 유리하게 문제를 해결하기 위한 외교적 조치, 그것도 상대국의 가치를 저해하는 무력 행사, 무력 행사의 위협, 봉쇄, 수출입 금지 등은 시도되지 않을 것이다. 만약 이러한 조치들이 행해진다면 이들간의 협조적 관계는 파괴된 것으

---

3) K. J. Holsti, *International Politics,* 5th ed.(Englwood Cliffs, New Jersey: Prentice-Hall, Inc., 1983), p. 176.

로 볼 수밖에 없다. 뿐만 아니라 적어도 한 국제 정치 체제의 정치적 강대국간에는 위협적이거나 제재의 성격을 띤 조치들이 문제 해결에 효력을 나타낼 수는 없다. 만약 이러한 비우호적인 조치가 문제 해결의 관건이 된다면, 이 조치의 대상 국가는 정치적 강대국이라 할 수 없다. 그렇기 때문에 이 강대국 사이에는 어느 한 국가에만 결정적으로 중대한 정치적 현안이 행정적 외교의 대상으로 등장하지 않을 것이다. 만약 이러한 중대한 정치적 현안이 협상의 대상이 되는 경우 문제의 해결은 불가능하거나 아니면 당사국간의 협조적 외교 관계에 변화가 있을 수 있다. 또한 협조적 외교 관계를 갖고 있는 정치적 강대국들은 국가 이익에 결정적으로 영향을 미칠 수 있는 문제들이 행정적 외교의 대상이 되지 않도록 하기 위해 어떠한 형태이든 계속적인 공식·비공식의 접촉 또는 의사를 교환하는 것, 그리고 만약 이러한 문제가 발생되더라도 행정적 외교가 아니라 정치적 외교를 통해 문제 해결을 도모하는 것이 그들간의 외교의 대전제이다.

나폴레옹 전쟁 이후 유럽의 5대 강국은 그들이 주도하는 세력 균형 체제를 형성하고, 이의 유지를 위해 유럽 협조 체제를 구축해 유럽 대륙의 현상을 유지하고, 그들의 국가적 이익을 도모하며, 이상적인 협조 관계를 유지해 왔다. 그러나 1822년 10월 이들 국가들은 베로나 (Verona)에 모여 스페인 문제를 논의했는데, 당시 스페인의 처리는 유럽의 현상과 각국의 이해에 커다란 영향을 미칠 수 있는 문제였기 때문에 이에 대한 강대국의 의견은 각기 달랐다. 바로 이 경우가 중대한 정치적 문제를 행정적 외교를 통해 해결하려 했던 경우다. 결국 강대국들은 합의에 이르지 못했고, 드디어 프랑스가 개입해 이들 국가간, 특히 영국과 프랑스의 협조적 관계에 변화가 생기는 계기가 되었다. 그 후 유럽 협조 체제는 더 이상 유럽의 현상을 유지하는 데 적절히 기능할 수 없었다. 따라서 강대국간의 긴밀한 협조적 외교 관계가 이완되어 이로부터 유럽 대륙에는 불안의 싹이 텄다. 이러한 예에서 볼 수 있듯이, 어떤 국제 정치 체제하에서 협조적 외교 관계를 갖고 있는 정치적 강대국간에 결정적으로 중대한 정치적 현안을 행정적 외교로 해결하는 것은 각 당사국에게 모두 만족을 가져다 줄 수 없다. 뿐만 아니라 그 외교 관계를 변질시킬 가능성이 매우 많다. 일반적으로 정치적 문제 해결에 있어 여러 방법과 수단이 이용되지만, 협조적 외교 관계를 갖고 있는 강대국간에 비우호적인 방법을 통한 문제 해결은 바람직하지 않고 효력이 있을 수도 없다. 이들 정치적 강대국간에 설득, 보상의 약속(offer of rewards), 사전대가 보상(granting of rewards) 또는 물리적이고 폭력적인 수단 등이 문제 해결의 방법으로 적절한 것은 아니다. 당대의 강대국이라면 이러한 반대 급부에 현혹되지 않을 것이고, 물리적인 수단의 행사는 강대국의 존재를 부정하여 체제의 존폐 문제까지 야기시킬 수 있다. 그리하여 국제 정치 체제를 주도하고 협조적 관계를 갖고 있는 강대국간에는 정치적 외교가 외교 관계 유지와 문제 해결의 최선의 방법이다.

협조적 외교 관계를 갖고 있는 정치적 강대국들은 언제나 국가 원수로부터 각료급, 관리 등 여러 차원의 공식·비공식 접촉, 대화 등을 통해 서로 의사를 교환하고 협의하는 정치적 외교의 통로를 갖고 외교 행위를 행한다. 이들 강대국간에 문제가 발생하면 이의 정치적 해결을 위해 협의해 해결을 모색한다. 그뿐만 아니라 이들 강대국들은 상호 정기·부정기적 의사 교환을 통해 특히 해결하기 어려운 정치적 현안이 발생되지 않도록 적극적인 외교 행위를 전개한다. 만약 이들 간에 이와 같은 정치적 외교가 원만히 이루어지지 않는다면 이들의 국가 이익이 손상을 입을 수 있을 뿐만 아니라, 더 나아가서는 국제 정치의 환경이나 체제가 그들에게 불리하게 작용할 수도 있을 것이다. 바로 서방 선진 5개국 또는 7개국 회의(G-5 또는 G-7)가 이와 같은 정치적 외교를 모범적으로 행하고 있는 대표적인 경우이다. 또한 유럽 공동체의 회원국들도 이 기구의 정신과 목표를 잘 이해하고 있고, 서로 정치적·경제적 이익과 그 필요성을 충분히 인식하고 있을 뿐만 아니라 상호 작용하는 데 기준이 되는 기본 원칙에 합의하고 있다. 모든 문제를 해결하고 또 분쟁의 불씨가 될 수 있는 문제의 근원을 제거하는 데 정치적 외교를 잘 활용하고 있다.

정치적 강대국간에 이러한 정치적 외교 행위보다 중요한 것은 서로를 보호하고 서로의 이익을 증대시키기 위해 각기 협조적 외교 관계를 갖고 있는 다른 강대국에 적응(accommodation)하려는 의지가 강해야 한다는 점이다. 물론 협조적 외교 관계를 갖고 있어도 이해를 달리하는 경우가 있을 수 있는데, 이런 경우 서로의 이해가 평행선을 긋게 된다면 협조적인 관계의 유지는 어려울 것이다. 19세기 유럽 협조 체제의 붕괴는 강대국들이 이해를 크게 달리해 서로 적응에 실패했기 때문이었다.

1960년대 후반 미국은 반공에 기초한 봉쇄 정책을 포기하지 않고, 인도차이나 반도에서 공산 세력을 저지하기 위한 전쟁을 수행하고 있었다. 다시 말하면, 동·서 냉전 체제가 지속되고 있었던 것이다. 이즈음 미국이 맹주인 북대서양 조약기구의 회원국 프랑스의 드골(Charles de Gaulle) 대통령은 1966년 6월에 소련을 공식 방문했고, 두 개의 독일을 사실상 인정하려 했다. 1966년에는 폴란드, 1968년에는 루마니아를 방문하며 미국의 외교 정책 노선과 상당히 다른 외교 정책을 추진했다. 그뿐만 아니라 1966년에 드골 대통령은 북대서양 조약기구의 통합 군조직으로부터 프랑스군을 철수시키고, 이 기구의 본부 및 부대 시설을 프랑스로부터 다른 국가로 옮기도록 하는 등 이 기구 회원 국가의 의사와 관계없이 일방적으로 모든 정책을 결정하고 실천했다. 프랑스의 이러한 정책 결정은 협조적 외교 관계를 갖고 있는 국가들 간에 쉽게 행해질 수 있는 일은 아니었다. 따라서 이렇게 일방적으로 정책을 결정하고 행위하는 것은 협조적 관계를 파괴시킬 수 있는 일이었다. 그러나 어느 회원국도 프랑스의 이러한 정책에 저항하거나 그것 자체를 부인하려 하지 않았다. 같은 회원국인 서독도 1969년 말부터 동방 정책을 실시해 1970년 8월에 소련과 상호 불가침 조약을 체결했고, 1972년 12월에는 동독과 서로의 존재를 인정하는 평화 조약을 체결하는 등 프랑스 외교 정책 노선과 같은 정책을 실시했다. 이때까지 반공의 보루로서 반공 정책 노선을 고수해 오던 미국은 프랑스와 서독의 정책에 동조하여 대 공산권 화해 정책의 길을 걷기 위한 준비를 했다.4) 그리하여 미국도 중국과 1972년 2

---

4) Henry A. Kissinger, *White House Years*(Boston: Little, Brown and Compay, 1979), pp. 408-412.

월에 관계를 개선했고, 그 해 5월 닉슨이 미국 대통령으로서는 처음으로 소련을 공식 방문해 양국이 정상회담을 갖는 등 소련과의 관계 개선을 위해 노력했다. 이러한 일련의 외교적 행위들은 1960년대 후반 프랑스의 미국 등에 대한 비협조적 행위 및 결정에도 불구하고 북대서양 조약기구의 회원국들 간에 상호 적응하려는 노력의 일환으로 생각된다. 이러한 상호 적응의 태도는 서방 선진국들 간에 협조적 관계가 유지될 수 있게 했다.

1970년대를 맞이해 새로이 등장한 정치적 강대국들인 미국, 프랑스, 서독 등은 서로 적응해 이들간의 협조적 관계 유지를 위해 노력했다. 만약 이들간에 서로 적응하지 않고 배타적으로 또는 대립적으로 정책을 결정하고 행위한다면 이 정치적 강대국간에 협조적 관계가 유지될 수 없다. 이들 국가들이 협조적 관계가 필요하다면 서로 적응하고 조화를 이루어야 할 것이다.5)

1970년대 이후 다극 체제하에서의 미국과 일본은 객관적인 국력의 측면에서 같다고 말하기는 어렵다. 특히, 군사적인 면에서는 자위력이 의심스러울 정도로 차이가 있으며, 실질적으로 일본은 미국에게 군사 기지를 제공하며 자국의 안전을 미국에 의존하고 있다.6) 그런데 현 국제 정치 체제에서 일본은 정치적으로 체제 주도 국가 중 하나로 인정받고 있다. 그러나 국력 면에서 미국과 일본은 큰 차이를 보이고 있기 때문에 힘에 바탕을 두고 행해지고 있는 국제 정치의 속성상 표면적으로 보면, 미국의 일본에 대한 외교나 정책은 일방적이거나 아니면 미국의 영향력이 일본의 정책에 크게 작용할 수 있다고 생각할 수 있다. 그러나 일본이 다극적 국제 정치 체제의 주요 정치적 강대국이라는 것이 인정되고 있기 때문에, 미국과 일본간의 관계는 힘의 논리보다는, 정치적 강대국간 외교의 기본 정신이며 특성인 적응과 조화의 논리로 이해되고 설명되어야 한다.

---

5) Alan S. Alexandraff, *The Logic of Diplomacy*(Beverly Hills: Sage Publications, 1981), p. 78.

6) Paul F. Langer, "Changing Japanese Security Perspectives," in Richard H. Solomon(ed.) *Asian Security in the 1980s*(Cambridge, Mass.: Oelgeschlager, Gunn & Hain, Publishers, Inc., 1980), pp. 69ff.

형식 논리의 측면에서 다극 체제하의 미국과 일본의 외교는 적응과 조화의 논리로 그 설명이 가능하다. 그러나 실질적으로 미국이 일본에 해군 및 공군기지를 두고 있다. 또한 미국이 일본의 안전보장을 책임지고 있다면, 미국의 일본에 대한 정치적 투자이며, 이 두 국가간에 어느 정도 불평등한 관계가 형성되어 있다고 말할 수 있다. 이러한 관계가 설정되어 있다고 하더라도, 미국과 일본은 정치적 강대국이기 때문에 강대국과 약소국간의 불평등 관계와는 다르게 작용할 것이다. 약소국과 강대국간의 불평등 관계라면, 강대국은 필요한 경우 약소국을 희생시킬 수 있다. 그러나 미국과 일본은 다같이 정치적 강대국이기 때문에 미국이 일본을 희생시키기 어렵다. 만약 일본과 불평등 관계가 설정되어 있다고 미국이 일본의 일방적인 희생을 강요한다면, 일본은 그의 능력이나 입장으로 보아 미국과의 협조적 관계를 파기할 수 있다. 더욱이 협조적 관계의 파기뿐만 아니라 역으로 일본이 소련 또는 중국과 협조적 관계를 갖는다면, 미시적인 측면에서 보아 미국에게 도움이 되지 않을 것이다. 또 거시적으로도 국제 정치의 환경이나 구조에 변화를 초래할 수 있다. 국제 정치 체제의 재편이 특히 미국에 불리한 것이라면 미국은 얻는 것보다 잃는 것이 더 많다. 그렇기 때문에 협조적 외교 관계를 갖고 있는 정치적 강대국간의 불평등 관계는 강대국과 약소국간의 그것과는 다르게 보아야 한다. 강대국과 약소국간의 협조적 관계가 파괴되는 것은 그 두 국가만의 문제이고, 또 강대국은 이 협조적 관계가 깨지더라도 국가적으로 큰 위험이 따르거나 큰 부담을 느끼지는 않을 것이다. 그러나 정치적 강대국간에 불화가 심각해 이 국가들 간에 협조적 관계가 깨진다면, 이것은 두 국가의 협조 관계가 깨지는 것에 국한되지 않고 더 나아가서는 강대국에게 유리한 국제 정치 질서가 변질될 수 있다. 정치적 강대국들이 협조적 관계를 유지하는 것은 곧 현재의 국제 정치 질서를 유지하려는 데 있기 때문에 이 정치적 강대국간의 협조적 관계의 유지는 매우 중요한 것이다. 그러므로 정치적 강대국들은 어떠한 경우에도 그들간의 협조적 관계를 유지하려 한다.

협조적 외교 관계를 갖고 있고, 국제 정치 체제를 주도하는 정치적 강대국간에는 정치적 현안을 해결하기 위해 행정적 외교가 전개될 가능성은 거의 없다. 이 강대국들은 많은 접촉, 교류 등을 통해 각국의 목표, 정책, 대외 행위, 태도 등에 대해 의견을 교환하며, 서로 적응하고 조화를 이루기 위해 노력하기 때문에 이들 정치적 강대국간에 절박한 정치적 현안이 발생될 가능성은 거의 없으며, 따라서 정치적 현안을 행정적 외교로 처리하는 경우도 있을 수 없다. 협조적 외교 관계를 갖고 있는 정치적 강대국간의 외교는 기본적으로 모든 크고 작은 문제들을 적응과 조화라는 용광로 속에 넣어 다루기 때문에 이 강대국간에 어렵고 불편한 문제들이 용광로 밖으로 표출되어 문제를 해결하는 경우는 흔치 않을 것이다. 강대국간의 문제가 용광로 밖으로 표출된다면 이러한 현상은 강대국간의 협조적 관계에 대한 위험 신호이며, 이 협조적 관계가 파괴될 위험성이 있음을 암시하는 것이다.

　협조적 외교 관계를 갖고 있는 정치적 강대국간에는 주로 정치적 외교가 전개된다. 이들 국가간에는 대체로 대화를 나누고 의견을 교환할 수 있는 확실한 통로를 갖고 있기 때문에 의사 교환, 인적 교류 접촉 등이 많이 있고, 이에 따라 정치적 외교 행위도 많이 전개된다.

　협조적 외교 관계를 가진 정치적 강대국들이 상호 적응하고 조화를 이루려고 노력하는 이유는 현재의 국제 정치 체제를 유지하기 위해서이다. 현 국제 정치 체제는 정치적 강대국들의 이익을 보호하고 신장시킬 수 있는 체제이기 때문에 강대국들에게는 이러한 체제의 유지가 무엇보다도 중요하다. 따라서 강대국간에는 어려움이 있고 다소 불리한 경우가 있더라도 이것을 감내하고 적응하며, 체제의 유지를 위해 조화를 이루려고 노력한다. 협조적 관계를 갖고 있는 정치적 강대국들은 긴 안목에서 보다 더 큰 이익을 위해, 그리고 그들의 이익을 대변하는 국제 정치 체제의 유지를 위해 목전의 이익을 어느 정도 희생하기도 한다.

　19세기 유럽의 세력 균형 체제하에서 영국, 프랑스, 러시아, 오스트리아, 프러시아 5대 강국은 유럽 협조 체제(the Concert of Europe)를 구축해 이 체제 속에서 서로 적응하고 조화를 이루려 했다. 크리미아 전쟁(Crimean War: 1854-1856)이 발생했을 때에도 영국과 프랑스는 러시아와 전쟁 상태에 돌입하게 되었다. 그러나 그 전쟁을 확대하지 않고, 영국, 프랑스, 오스트리아 그리고 러시아는 1856년 3월 파리에서 회합을 가져 모든 문제를 해결하고, 유럽 대륙에 세력 균형 체제를 계속 유지했다. 1870년 독일 통일전쟁의 경우에도 프랑스와 독일이 전쟁을 했지만, 전쟁이 끝난 다음 이들은 세력 균형 체제를 유지했다. 이와 같이 강대국들은 체제의 유지를 최우선의 외교 정책 목표로 삼고 있다.

오늘날 세계 경제를 주도하고 있는 G-5 또는 G-7 국가들의 경우에도 현재의 국제 경제 질서는 그들의 이익을 대변하고 있는 질서이다. 따라서 이 국가들은 각각 자국의 이익을 극대화하기 위해 회원국과 갈등을 심화시켜 이 국제 경제 질서를 파괴시키지는 않을 것이다. 전통적으로 프랑스와 독일은 반목하고 대립했지만, 오늘날은 G-5의 회원국인 프랑스와 독일 두 국가가 갈등을 심화시켜 오늘의 국제 경제 질서를 파괴시키는 일은 하지 않을 것이다. 왜냐하면 이 질서의 유지가 두 국가 모두에게 매우 유익하기 때문이다.

협조적 관계를 가진 강대국과 약소국간의 외교

강대국과 약소국간의 협조적 외교 관계는 강대국간의 협조적 관계와는 차원을 달리한다. 강대국간의 협조적 관계는 강대국 어느 일방의 필요에 의해서라기보다는 그들이 모두 협조적 외교 관계의 유지가 절실히 필요하다고 느끼기 때문에 그 응집력이 강하다. 그리하여 이들 강대국간 외교의 근본 바탕은 적응과 조화이며, 이 바탕 위에서 외교가 전개된다. 그러나 강대국과 약소국간의 외교 관계는 우선 필요성의 정도가 다르다. 강대국간의 경우에는 협조적 관계 자체가 목적이므로 적응과 조화가 이루어질 수 있다. 그러나 강대국과 약소국간에 협조적 외교 관계가 설정되어 있다면, 강대국에게는 이것이 수단이고, 약소국에게는 목적이 된다. 강대국이 약소국과 협조적 외교 관계를 유지하는 이유는 우선 강대국이 주도하는 국제 정치 체제를 유지하기 위한 수단으로 그들의 외교 정책과 전략의 필요성 때문이다.

19세기 유럽 대륙의 세력 균형 체제에서는 정치적 강대국이 개별적으로 약소국과 협조적 관계를 갖는 것이 금기시되었다. 1815년 비엔나 회의 당시 현상을 그대로 유지하는 것이 유럽의 질서를 유지하는 것이었다. 그런데 어떤 강대국이 특정 약소국과 밀착된 관계를 갖는다면, 그 행위는 자칫 유럽 대륙의 현상을 파괴시킬 수도 있기 때문에 이 시기 유럽 대륙에서 강대국과 약소국이 협조적 관계를 가졌던 기록은 찾기 어렵다. 유럽 대륙 내에서 5개의 강대국들은 악의의 경쟁·대립 관계를 갖고 있지 않았기 때문에 어느 한 강대국이 독자적으로 유럽 대륙 내에서 국력을 강화하려고 하는 경향은 그다지 많지 않았다. 특히, 유럽 대륙 내에서 강대국이 세력 균형 체제 유지의 수단으로 또 강대국의 외교 정책과 전략의 필요성 때문에 강대국이 약소국과 특수하게 협조적 관계를 갖지는 않았다.

1950년대에 미국은 소련 등 공산국가에 대한 봉쇄 정책의 일환으로 바그다드 기구(Baghdad Pact 또는 Middle East Treaty Organization), 동남아 조약기구 등을 형성했다. 그리하여 미국과 이들 회원국들 사이에는 동맹 관계가 유지되어 외교상 협조적 관계가 존재했었다. 그러나 미국과 소련간의 긴장이 완화되고, 미국이 봉쇄 정책을 고수하지 않으면서 이 두 기구는 유명무실해졌다. 따라서 미국과 이 기구 회원국간의 협조적 외교 관계도 크게 약화되었다. 또한 1954년 미국과 중화민국이 상호 방위 조약을 체결함으로써 두 국가는 동맹 관계의 형성으로 협조적 외교 관계를 갖게 되었다. 그러나 1979년 1월 1일 미국과 중국의 관계 정상화로 이 관계는 폐기되고, 형식적으로 단교 상태에 이르렀다. 또 미국은 1963년 베트남 정부의 민주화를 요구하며 원조 삭감의 뜻을 비쳤다. 그러나 베트남 정부가 정치 개혁을 거부하자 원조를 줄이고, 쿠데타를 통해 베트남 정부를 붕괴시켰다. 이러한 사실들로 미루어 볼 때, 강대국과 약소국간의 협조적 관계는 강대국의 입장에서 보면 어떤 목적을 달성하기 위한 수단이라는 것이 입증된다.

한편 약소국의 입장에서 보면, 강대국과의 동맹 관계 형성에 의한 협조적 외교 관계는 그 자체가 목적이다. 약소국이 강대국과 동맹 관계나 협조 관계를 갖는다면 그것으로 인해 자국의 안전과 경제적 발전을 도모할 수 있다. 강대국도 약소국과 협조적 관계를 유지하려면 최소한의 적응과 조화를 위해 노력하지 않으면 안 될 것이다. 그러나 현실은 반드시 그렇지는 않다.

이와 같은 맥락에서 보면, 강대국과 약소국간의 협조적 관계의 유지 여부는 강대국과 약소국의 목표, 정책과 국제 정치 체제의 형태에 따라 결정된다고 할 수 있다. 특히, 강대국의 외교 정책 목표는 국제 정치 체제의 영향을 받는다. 이에 곁들여 한국과 미국간의 동맹 관계와 협조적 관계도 현재까지는 유지되고 있지만, 이러한 관계의 지속 여부는 한국이 아니라 미국이 결정할 것이다. 만일 한국이 미국과의 동맹 관계의 유지가 필요해도, 미국의 대외 정책 목표나 전략이 바뀐다면, 한국의 뜻과는 관계없이 동맹 관계나 협조적 관계가 지속되지 않을 수도 있다.

강대국과 약소국간의 협조적 관계는 이런 맥락에서 유지될 것이며, 실제 외교에 있어 적응과 조화의 질과 양도 강대국간의 그것과는 차이가 있다.

한편 강대국과 약소국간의 협조적 외교 관계는 이 관계를 갖게 해준 매개체에 따라 질과 양을 달리한다. 예를 들어, 서방 자본주의 국가에 대한 주요 석유 공급자인 중동의 주요 산유국들의 안전은 '카터 독트린'에서 밝힌 바와 같이 미국의 중대한 국가 이익이 되고 있다. 중동의 산유국들과 미국 사이의 협조적 관계는 미국의 외교 정책이나 전략 또는 국제 정치 체제에 관계없이 미국이 일차적으로 협조적 관계의 유지를 원하므로, 석유가 생산되는 한 또는 석유를 대체할 수 있는 다른 에너지가 만들어질 때까지 이 협조적 관계는 유지될 것이다. 이 석유는 아직까지 협조적 관계의 전천후 매개체이므로, 상황에 따라 변하는 매개체에 의한 협조적 외교 관계보다 그 외교 관계는 훨씬 밀도 높은 관계가 될 것이다.

약소국이 강대국과 협조적 외교 관계가 설정되어 있다면, 이것은 의존적이거나 불평등한 관계가 확립되어 있다고 보아야 한다. 이러한 관계는 강대국의 필요에 의해서 생성되기 때문에 강대국은 약소국에 반대 급부를 제공하고 협조적 외교 관계를 가질 것이다. 이때의 반대 급부는 대상에 따라 질과 양의 차이는 있겠지만, 대체로 정치적 투자의 의미를 짙게 내포할 것이며, 이것은 약소국과 강대국간의 의존적 관계 또는 불평등한 관계를 형성할 것이다.

강대국과 약소국간의 외교에는 원칙적으로 힘의 논리가 작용한다. 국제 정치의 속성상 국가간에 이러한 논리가 작용하는 것은 당연한 일이다. 그러나 이러한 기본적 논리가 언제나 똑같이 작용하는 것이 아니라, 상황에 따라 다르게 작용하기도 한다. 이처럼 국가간 힘의 논리를 다르게 작용하도록 만드는 것이 국가간의 외교 관계이다. 그 중에서도 국가간의 힘의 논리가 약소국에도 유리하게 작용할 수 있게 하는 것이 협조적인 외교 관계이다. 국가간 협조적 관계는 상호 적응과 조화를 근간으로 하고 있다. 그리고 강대국과 약소국간의 협조적 관계는 우선적으로 강대국의 필요에 의해서 형성되고 유지되기 때문에 이 관계가 지속되는 동안 강대국은 이 협조적 관계의 유지를 위해서 최소한도로 약소국에 대해 어느 정도 적응하려고 노력할 것이다.

그런데 이러한 강대국과 약소국간의 협조적 관계도 상황에 따라 그 정도와 질을 달리하고 있다.

첫째는 절대불변의 매개체에 의해 설정된 협조적 관계이다. 즉, 강대국에게 절대적으로 중요한 매개체에 의해 약소국과 강대국이 협조적 관계를 가지면, 오히려 약소국이 강대국에게 영향력을 행사할 수 있는 근거를 가질 수 있다. 외형적으로 볼 때 강대국과 약소국간의 협조적 관계는 불평등한 의존적 관계로 비춰질 수 있다. 그러나 이 경우에는 실질적으로 약소국이 강대국에 절대적인 가치로 인정받고 있는 것을 갖고 있기 때문에 오히려 약소국이 그것을 정치적 지렛대로 이용할 수 있다. 이러한 관계는 약소국이 강대국을 움직일 수 있는 근거가 될 수 있으므로 약소국에게는 '절대적 협조 관계'라 아니할 수 없다. 한 예로, 중동에서 생산되는 석유는 미국에게 절대적 가치로 간주되고 있다. 중동의 석유를 절대적 가치로 여기고 있는 미국은 중동 산유국의 안전과 미국 영토의 안전을 동일시하고 있다. 그러므로 이들간의 관계가 절대적인 협조 관계라는 것을 의심할 여지가 없다. 약소국의 관점에서 볼 때, 강대국과 약소국간의 협조적 관계는 불평등한 의존적 관계로 생각된다. 그러나 강대국과 약소국간의 '절대적 협조 관계'는 실질적으로 평등한 상호 의존 관계라 할 수 있다. 이런 경우 강대국은 힘을 갖고 있고, 약소국은 강대국에 대한 절대적 가치를 지니고 있기 때문에 이들은 외교적으로 '균형된 상호 의존 관계'(symmetrical interdependence relations)를 가지고 있다고 할 수 있다.

'절대적 협조 관계'를 갖고 있는 강대국과 약소국간의 현안을 해결하기 위한 '쌍무적 외교'는 가장 원만하게 전개될 것이다. 원래 쌍무적 외교의 근본 정신은 공동 이익의 실현과 이해(利害)의 균점이다. 그렇기 때문에 '절대적 협조 관계'를 갖고 있는 국가간에, 그것도 어느 측면에서는 강대국이 약소국에 의존하고 있는 상황에서 강대국은 쌍무적 외교의 근본 정신에 위배되는 협상을 전개하지 못할 것이다. 일반적으로 쌍무적 외교에 있어 국력의 강약, 국가의 의지, 책임 그리고 목표에 대한 인지와 기대는 교섭하는 당사자의 반응, 의사 소통의 정도 그리고 교섭의 전 과정에 영향을 미칠 수 있다. 예를 들면, 위협의 감지는 교섭하는 사람으로 하여금 크게 후퇴하게 만들 수 있다. 한편 그의 상대방은 보다 더 공격적인 자세로 임할 수 있게 한다.7) 그러나 '절대적 협조 관계'를 가진 국가간의 쌍무적 외교에 있어서는 어느 측도 이러한 분위기에서 협상을 전개하지는 않을 것이다. 이러한 관계를 가진 국가간에는 각기 정치적으로 매우 중대한 문제를 쌍무적인 협상의 탁자 위에 올려놓고 교섭하는 일은 없을 것이다.

강압적인 외교는 대체로 국가간의 불평등한 관계에서 전개될 수 있는 외교이다. 즉, 힘있는 국가가 약한 상대방 국가에 영향력을 행사하거나 압력을 가해 얻고자 하는 것을 얻으려는 외교이다. 이러한 측면에서 볼 때 '절대적 협조 관계'를 가진 국가들 간에는 힘의 논리가 작

---

7) Bertram I. Spector, "Negotations as a Psychological Process," *Journal of Conflict Resolution,* vol. 21, no. 4(December 1977), p. 609.

용하는 강압적인 외교는 전개될 수 없을 것이다. 이처럼 대등한 상호 의존 관계를 가진 국가간에는 외교의 주체와 객체가 뚜렷하게 부각될 수 없기 때문에 이러한 일방적 외교가 전개될 여지는 많지 않다. 특히, 강대국과 약소국간에 힘의 논리가 작용될 수 없다면 강대국 중심의 일방적 강압 외교는 전개될 수 없을 것이다. 예를 들면, 미국이 자국의 이익을 위해 사우디아라비아에게 어떤 정책의 변화를 압력이나 영향력을 동원해 강제하는 외교는 전개되지 않을 것이며, 이것이 '절대적 협조 관계'를 가진 강대국과 약소국간 외교의 특징이다.

둘째로 강대국과 약소국간의 또 다른 협조적 관계는 특정 강대국이 자국의 이익을 위해 만든 국제적 또는 지역적 기구에 약소국이 참여해 강대국과 함께 이 기구의 회원국이 되는 경우에 이런 관계가 형성될 수 있다. 이처럼 어떠한 특수 목적을 위해 강대국과 약소국이 하나의 국제 기구의 회원국이 된다는 것은 이 기구의 목적을 위해 상호 적극적으로 적응하고 협조할 것을 약속하는 것을 말한다. 국제적 기구라는 매개체를 통해 협조적 관계를 갖는 경우, 회원국간 상호 적응하고 협조하는 정도는 그 기구를 구성하고 있는 회원국의 질과 이 기구에 대한 회원국이 갖는 중요성에 따라 결정된다.

우선 회원국 중에는 정치적으로든 경제적으로든 강대국이 많이 있는 것이 상호 적응과 협조의 강도를 높일 수 있다. 국제 기구의 회원국 가운데서도 강대국간에 서로 적응하지 못하거나 협조하지 않는다면, 그 기구는 존재의 의의를 상실해 소기의 목적을 달성할 수 없거나 또는 존속한다고 하더라도 유명무실할 것이다. 이 같은 좋은 예가 국제연합(UN)이다. 우선 국제연합에는 안전보장 이사회 상임 이사국들 중에 서로 대립하고 또 배타적으로 행위하는 국가들이 있기 때문에 국제연합 본래의 목적을 달성하지 못하고 있다. 회원국간에 대립하고 반목한다면 그 기구는 존재하는 의미가 없다. 그러나 우선적으로 강대국이나 주요 회원국간에 서로 적응하려고 노력한다면 그 기구 회원국간의 협조 관계는 잘 유지될 수 있다.

그리고 한 기구의 회원국이 협조 관계를 갖기 위해서는 이 기구의 구심적 역할을 하는 주요 회원국들이 이 기구에 대해 갖고 있는 중요성의 정도에 따라 이 주요 회원국들의 적응 및 협조의 정도가 달라질 수 있다. 그렇기 때문에 약소국은 많은 강대국이 참여하고, 또 이들이 그 국제적 기구를 중요시해 효율성을 높이기 위해 노력하는 국제 기구의 회원국이 되는 것이 강대국과 협조 관계를 갖는 최선의 방법 중의 하나이다. 강대국이 그 기구를 중시한다면 다른 회원국의 이익을 쉽게 침해하지 않고, 오히려 다른 회원국에 적응하려 노력할 것이다. 예를 들면, 냉전 체제하에서 미국은 북대서양 조약기구를 세계 전략의 핵심으로 생각했다. 그렇기 때문에 미국은 이 기구의 유지를 국가의 주요 목표로 삼고 있었다. 그리하여 미국은 회원국에 적극적으로 적응했다. 이 기구의 회원국인 프랑스는 1964년 미국과 적대 관계를 갖고 있는 중국과 단독으로 국교를 정상화했다. 또 1966년에는 북대서양 조약기구의 통합군에서 탈퇴하고, 북대서양 조약기구의 본부 및 부속기관들을 파리로부터 다른 곳으로 이전시켜 줄 것을 요구했다. 이처럼 프랑스는 이 기구를 실제로 주도하고 있는 미국의 정책에 반하는 행위를 했음에도 불구하고, 미국은 이 기구의 존립을 중시했기 때문에 프랑스의 요구를 수용하고, 프랑스에 어떠한 불이익도 강요하지 않았다.

국제적 기구를 통해 협조적 관계를 갖게 되었다면 이 기구의 개별 회원국간에 불평등한 의존적 관계를 갖고 있더라도 이러한 관계를 정치적으로 이용할 가능성은 다른 경우에 비해 그다지 많지 않을 것이다. 특히, 힘있는 국가가 그의 필요에 의해서 만든 국제 기구에서 잃는 것보다 얻는 것이 더 많다고 생각한다면, 이 기구의 존속을 위해 강대국은 약소국과의 불평등한 의존적 관계를 정치적 수단으로 이용할 가능성은 많지 않을 것이다. 그러나 국제적 환경의 변화로 강대국 등 주요 회원국이 그 국제 기구에 부여하고 있는 중요성이 줄어든다면, 주요 회원국들의 적응이나 협조의 정도 역시 약화될 것이다. 그러면 국제 기구의 이익보다 개별 국가의 이익이 우선시될 것이고, 그렇게 되면 회원국간 협조적 관계도 약화될 것이다. 그렇기 때문에 이렇게 국제 기구에 의해 갖게 되는 협조 관계는 절대적이라기보다 상대적이라 할 수 있다. 이러한 '상대적 협조 관계'를 가진 국가간에 전개되는 쌍무적 외교에서는 일차적으로 힘의 논리가 작용하지 않을 것이다. 이러한 관계를 가진 국가간의 쌍무적 외교의 대상이 되는 현안들은 대체로 비정치적이고 또 어느 측에도 결정적으로 중대한 것이 아닐 것이다. 다시 말하면, 쌍무적 외교에서는 어느 측에도 희생이나 양보를 요구하지 않는 문제가 쌍무적 외교의 대상이 되기 때문에 이런 경우에 어느 국가에 의한 힘의 논리가 작용되지 않을 것이다. 그뿐만 아니라 기본적으로 이 '상대적 협조 관계'를 가진 국가간에는 그들이 구성하고 있는 국제 기구가 잘 운영되도록 하기 위해 최소한도의 적응을 전제로 하기 때문에 비정치적 현안을 다루는 쌍무적 외교에는 강압적인 수단이 동원되지는 않을 것이다.

그러나 이 '상대적 협조 관계'에서도 강대국이 다른 약소국을 상대로 해서 강압적인 외교를 전개해야 할 중대한 현안이 발생한다면, 강대국은 약소국의 이익을 서슴없이 희생시킬 것이다. 같은 냉전 체제하에서 강대국인 미국은 프랑스 및 영국간의 문제를 다루는 데 있어 앞의 드골의 외교 행태와는 상이한 외교를 전개했다.

1950년대 미국은 영국 및 프랑스와 마샬 계획, 북대서양 조약기구 등으로 '일방적인 협조 관계'를 갖고 있었기 때문에 미국이 영국과 프랑스의 중대한 이익을 희생시킨 일이 있었다. 원래 미국은 중립 노선(non-alignment orientation)을 표방하고 있는 이집트로 하여금 친미적인 태도를 갖게 하기 위해 이집트의 나세르 대통령이 계획하고 있는 아스완 댐(Aswan Dam) 건설을 지원하려 했다. 그런데 나세르 대통령은 비동맹 중립 노선을 걷는 국가로서 미국으로부터 보다 많은 재정적 지원을 얻기 위한 방편으로 미국과 경쟁 관계에 있는 소련에 밀착하려는 태도를 보였으며, 중국과 국교를 정상화하려는 움직임을 보이며 미국을 자극했다. 그러자 미국은 1956년 7월 19일 아스완 댐 건설에 필요한 재정적 지원을 하지 않을 것이라고 이집트 정부에 통고했다. 이러한 결정에 대한 반작용으로 나세르 대통령은 영국과 프랑스가 대주주로 되어 있는 수에즈 운하회사를 국유화하고, 서유럽 국가 선박들의 이 운하 통과를 금지시키는 결정을 했다. 이러한 결정에 반발해 영국과 프랑스는 이집트와 전쟁 상태에 돌입했다. 이집트가 친소화하는 행위 및 태도를 취해 미국의 뜻에는 위배되었지만, 이 지역 및 비동맹권에서 이집트의 정치적 지도력, 아랍인들의 민족주의 감정 자극, 반미·친소 감정의 고조 및 소련의 이 지역에 대한 적극적인 진출 등을 우려해 미국은 영국과 프랑스에 경제적 제재를 위협해 이들의 이집트에 대한 공격 행위를 자제시키고, 영국과 프랑스의 수에즈 운하에 대한 권리 회복을 포기시켰다. 미국은 영국 및 프랑스와 전통적으로 깊은 유대 관계를 갖고 있지만, 이들간의 '상대적 협조 관계' 그리고 미국의 정치적 실리 때문에 미국은 이 두 국가의 이익을 희생시키고 미국이 정치적 실리를 얻은 것이다.

'상대적 협조 관계'를 가진 국가간에 강대국에 의한 일방적 외교는 이 관계를 갖게 해준 매개체가 상대이기 때문에 이 매개체가 강대국의 중대한 국가 이익보다 더 우선할 수는 없다. 국제 기구를 통한 '상대적 협조 관계'를 가진 국가간에 강대국의 실질 이익이 국제 기구의 그것보다 더 중요하다고 생각되면 후자보다 전자를 우선시할 것이다.

행정적 외교

강대국과 약소국간의 외교에 있어 힘의 강약 논리는 작용하겠지만, 그 논리가 언제나 또한 어느 국가간에나 똑같이 작용하는 것은 아니다. 우선 어떠한 요소에 근거하든지 협조적 외교 관계를 갖고 있다면 강대국과 약소국간의 외교에 힘의 논리가 적나라하게 작용하지는 않는다. 그 이유는 강대국과 약소국간의 협조적 외교 관계는 일차적으로 약소국보다는 강대국의 필요에 의해서 형성되고 유지되기 때문에, 이러한 관계가 지속되는 동안에 강대국은 관계의 유지를 위해서라도 최소한 약소국에 대해 어느 정도 적응하려고 노력할 것이다. 이와 함께 약소국은 협조적 외교 관계의 설정 동기나 배경에 관계없이 강대국과 협조적 외교를 유지하는 것은 관계의 유지 및 발전에 매우 필요한 것이다. 강대국이 약소국과 협조적 외교 관계를 유지하는 이유는 강대국의 미시적 국가 이익과 거시적 국가 이익을 동시에 충족시키기 위해서이고, 약소국은 다만 미시적 국가 이익만을 위해서 강대국과 협조적 관계를 유지한다. 그리하여 강대국과 약소국간에 미시적 국가 이익에 대해 외교적 행위를 주고받을 때에는 쌍방이 어느 정도 적응이 가능하겠지만, 강대국의 거시적 이익을 위해 쌍방이 외교적 행위를 전개해야 하는 경우 약소국은 자국의 미시적 국가 이익과 전혀 관계없는 문제에 대해서도 강대국에 적응하지 않을 수 없다. 왜냐하면 강대국과 약소국이 협조적 외교 관계를 갖는 이유는 우선적으로 강대국의 거시적 국가 이익을 위한 것이기 때문이다.

쿠바에 카스트로 정권이 등장해 소련과 쿠바가 협조적 외교 관계를 가진 것과 1954년 한국과 미국이 상호 방위 조약을 체결해 협조적 외교 관계를 가졌던 것은, 모두 일차적으로는 각각 소련과 미국의 거시적 국가 이익을 위해서였다. 강대국의 거시적 국가 이익과 약소국의 가치가 완전히 또는 부분적으로나마 유리되면 강대국과 약소국의 협조적 관계는 변질된다. 동남아 조약기구 국가들과 미국간의 협조적 관계가 1950년대 내지 1960년대 미국과 소련의 극단적인 경쟁 및 대립적인 국제 환경하에서는 원만히 유지되어 왔다. 그러나 1970년대 이후 냉전 체제가 상당히 완화되어 미국과 소련의 경쟁 및 대립도 어느 정도 약화되었다. 그러자 동남아 조약기구 국가들의 전략적 가치가 하락해 이 기구에 대한 미국의 거시적 이익도 감소되어 이 기구와 미국간의 협조적 외교 관계는 많이 퇴색되었다. 북대서양 조약기구와 동남아 조약기구는 같은 국제적 상황과 같은 맥락에서 탄생했다. 북대서양 조약기구는 국제 정치 체제의 변화에 관계없이 정치적으로 기능하고 있다. 그렇기 때문에 이 기구의 회원국과 미국간의 협조적 외교 관계는 지속되고 있지만, 동남아 조약기구 국가들과 미국간의 협조적 관계는 존재하고 있지 않아 미국과 이들 회원국간의 외교 관계도 변질되었다. 이러한 사실은 북대서양 조약기구와 그 회원국들에 대한 미국의 거시적 이익이 아직도 크다는 것을 의미한다.

이와 같은 관점에서 협조적 외교 관계를 갖고 있는 강대국과 약소국의 외교를 분석해 보면, 이들간의 행정적 외교 중에서 비정치적 현안에 대한 행정적 외교는 원만하게 전개될 것이다. 왜냐하면 외교적으로 다루어야 할 현안이 비정치적일 경우에 국가의 국력보다는 외교 관계에 기초해서 해결을 도모할 수 있기 때문이다. 비정치적 현안은 어느 측에 대해서도 국가 이익에 직접적인 영향을 미치지 않기 때문에 이 문제의 해결에는 정치적인 수단이나 힘의 적용이 요구될 필요가 없다. 예를 들면, 영사협정(領事協定)이나 범죄인 인도협정 등의 체결을 위한 비정치적 현안에 대한 외교를 전개하는 경우, 비록 어느 한 측은 이러한 협정의 체결을 절실하게 필요로 하고 다른 한 측은 그다지 필요하다고 느끼지 않더라도, 이러한 문제들은 국력의 격차보다는 협조적 관계에 기초해서 서로 적응하므로 원만히 해결될 수 있다.

협조적 외교 관계를 갖고 있는 강대국과 약소국간의 정치적 현안에 대한 행정적 외교는 다음의 세 가지 측면에서 생각해 볼 수 있다. 첫째, 강대국에게 절대적으로 중대한 문제가 강대국과 약소국간에 발생한다면, 강대국은 모든 역량과 수단을 동원해 강대국에게 일방적으로 유리하게 문제를 해결하려 할 것이다. 둘째, 양국 모두에게 똑같이 국가 이익에 중대한 영향을 미치는 문제가 생긴다면, 이해를 나누어 갖는 경우보다는 강대국이 더 많은 것을 얻는 방향으로 문제의 해결을 모색할 것이다. 그리고 셋째, 강대국보다는 약소국의 이익에 결정적으로 중요한 문제가 발생한다면, 이 경우는 이해의 균점을 상정할 수 있다. 그러나 강대국과 약소국간에 협조적 외교 관계를 갖고 있다 하더라도 실제적으로 외교에 있어서는 위와 같은 도식적인 외교 행위가 반드시 전개되는 것은 아니다. 왜냐하면 강대국은 매우 중요하다고 생각되는 문제를 협상의 탁자 위에 놓고 협상하지는 않기 때문이다. 강대국은 이렇게 중대한 정치적 현안이 발생하지 않도록 정치적 외교를 전개할 것이다. 그리고 만약 문제가 발생한다고 하더라도 정치적으로 해결하려 할 것이다. 왜냐하면 강대국은 약소국에 대해 정치적 영향력을 행사할 수 있기 때문이다.

강대국과 약소국이 협조적 관계를 갖고 있다는 것은 상호 적응하고 조화를 이룰 수 있다는 측면이 있으나, 반면 강대국과 약소국간 협조적 외교 관계는 강대국의 필요에 의해 형성되고 유지되기 때문에 불평등 관계 또는 주종 관계를 형성할 수 있어서 이들간의 실제 외교는 균형을 이룰 수 없다. 그렇기 때문에 강대국과 약소국간의 정치적 현안이 행정적 외교의 방법으로 해결되기를 기대하는 것은 어려운 일이다.

그러한 협조적 외교 관계를 갖고 있는 강대국과 약소국간의 외교에 있어 강대국이 정치적 현안을 행정적 외교를 통해 해결하려 한다면, 그것은 최소한 행정적 외교의 논리를 따르겠다는 의지의 표현으로 생각된다. 다시 말하면, 당사국간의 이해의 분담 또는 이해의 균점이라는 논리를 부분적으로나마 적용해 어느 일방의 완승 또는 완패의 결과를 피하려는 뜻을 갖고 있다는 것을 암시하는 것이다. 그러므로 강대국과 약소국간에 모든 문제를 행정적인 측면에 끌어 넣는다는 것은 성공적인 외교의 결과이며, 이것이 문제 해결의 방법을 제공하기도 한다.8) 약소국이 강대국과의 문제 해결을 행정적 외교를 통해 모색하는 것은 강대국과의 이해의 균점을 가능하게 하는 방편이 되기 때문에 약소국으로서는 성공적인 외교라 할 수 있다. 반면 강대국으로서는 자국의 우월한 힘과 지위를 이용해 약소국과의 정치적 현안이 발생되지 않도록 예방에 노력하겠지만, 만일 발생한다면 일방적인 승리 또는 이득을 얻기 위해 행정적이 아닌 정치적 외교를 통한 문제의 해결을 도모할 것이다.

결론적으로, 약소국과 강대국간에는 강대국이 예방하려는 노력을 하기 때문에 정치적으로 중요하고 민감한 문제는 발생할 가능성이 많지 않다. 그러나 이러한 문제들이 발생한다면, 힘을 바탕으로 전개할 수 있는 정치적 외교를 통해 문제 해결을 모색하려는 것이 강대국 외교의 일반적인 속성이라 할 수 있다.

정치적 외교

약소국과 강대국간의 정치적 외교란 일방적 또는 상호간의 의사 표시 및 의사 전달 행위를 통해 의사, 정책 등을 상대국에 강요하는 대

---

8) Joseph Frankel, *International Relations in a Changing World*(Oxford: Oxford University Press, 1979), p. 99.

외적 행위를 의미한다. 물이 위에서 아래로 흐르듯이, 국가간의 힘도 크고 강한 곳에서 작고 약한 곳으로 흐른다. 그리하여 협조적 외교 관계를 갖고 있더라도 강대국과 약소국간에 정치적 외교가 전개된다면 이와 같은 원리가 작용한다. 약소국이 강대국과 어떠한 매개체로도 연관되어 있지 않아 무관심하고 냉담한 관계를 갖고 있다면, 오히려 직접적인 의존적 관계 또는 불평등한 관계가 성립되지 않을 것이다. 그러나 약소국이 강대국과 협조적 관계를 갖게 되면, 오히려 이들간에는 '불평등한 동반자 관계'가 존재한다. 외교에 있어 '불평등한 동반자 관계'라고 하는 것이 모두 같은 것은 아니다. 이는 종속적인 위치에 놓여 있는 약소국의 강대국에 대한 의존 정도에 따라, 그리고 보호자적 위치에 놓여 있는 강대국의 입장에 따라 달라진다.

첫째, 보호를 받거나 도움을 받는 약소국의 강대국에 대한 유용성(availability)과 약소국의 기동성(mobility)에 의해, 그리고 강대국의 약소국에 대한 의존성의 정도에 따라 약소국의 강대국에 대한 지위가 결정된다.9) 예를 들면, 냉전 체제하에서 미국은 북대서양 조약기구의 회원국인 프랑스와 협조적 외교 관계를 갖고 있었고, 중화민국과도 상호 방위 조약을 체결해 협조적 외교 관계를 갖고 있어 프랑스와 중화민국은 모두 미국과 불평등한 동반자 관계였다. 그러나 강대국인 미국의 입장에서 보면 두 약소국의 비중은 다를 수밖에 없었다.

냉전 체제하에서 미국 대외 정책의 핵심은 대소 정책이었고, 특히 서유럽을 그 중심지로 생각하고 있었다. 그렇기 때문에, 이런 측면에서 볼 때 프랑스의 유용성과 미국이 프랑스를 필요로 하는 정도가 중화민국보다는 훨씬 크게 작용했다. 그리하여 같은 불평등한 동반자 관계를 유지하고 있었지만 미국의 프랑스와 중화민국 두 국가에 대한 적응의 정도는 프랑스 쪽이 훨씬 더 클 수밖에 없었다. 물론 불평등한 동반자 관계를 갖고 있는 약소국은 대외 정책 결정이나 행위에 있어 자유를 제한받고 있다. 그러나 이것은 약소국의 지위에 따라 그 자유의 제한 정도가 다르다. 강대국이 약소국의 유용성과 이용 가치

---

9) Michael Handel, *Weak States in the International System*(London: Frank Cass, 1981), p. 133.

를 높이 평가한다면 정책 결정이나 행위에 대한 제한의 폭은 적을 것이고, 약소국에 대한 평가가 높지 않으면 상대적으로 자유의 제한 폭은 훨씬 클 것이다. 1960년대에 프랑스가 미국보다 먼저 중국을 공식 승인하고 중국과 외교 관계를 정상화할 수 있었던 것은, 비록 프랑스가 미국과 불평등한 관계는 갖고 있었지만 비교적 정책 결정의 제한을 크게 받지 않았고, 게다가 미국에 대한 유용성이 컸기 때문이었다. 프랑스가 이렇게 미국의 입장과는 달리 대외 정책을 결정하고 실행할 수 있었던 배경은 프랑스에 대한 미국의 가치 평가가 높았으며, 이것을 프랑스가 인지했기 때문이다.

강대국과 약소국간의 '불평등한 동반자 관계'에도 정도가 다른 몇 가지 유형이 있다. 하나는 보호국과 피보호국 관계(a patron-a client)이고, 또 다른 유형은 보호령(protectorates), 괴뢰 정권(puppet states) 또는 위성국(satellites)의 형태들이다. 보호국과 피보호국 관계는 불평등한 관계를 갖고 있지만 일방적인 주종 관계가 아니고 어느 정도 상호 의존적이고 보완적인 관계를 갖고 있다. 그리고 그 나머지 관계는 완전히 수직적인 주종 관계만이 존재한다. 이들이 모두 강대국과 협조적이고 동반자적인 관계를 갖고 있기는 하지만, 강대국이 이들 관계에 대해 갖는 필요성 및 가치에 따라 각 국가에 대한 정책이나 행위에는 큰 차이가 있다. 강대국은 수직적이고 일방적인 관계만을 갖고 있는 국가에 대해서는 자국의 정치적 목적을 달성하기 위해, 적응이나 조화보다는 위협이나 강제적 행위를 더 많이 사용할 것이다.10) 경우에 따라 이와 같은 차이가 있을 수 있으나, 원초적으로 강대국에게 중대한 문제가 발생되면 강대국은 자국과 협조적 외교 관계를 갖고 있는 약소국의 이익을 희생시키는 것을 주저하지 않는다.11)

1950년대에 미국은 영국 및 프랑스와 불평등한 협조적 관계를 갖고 있었으나, 자국의 거시적인 이익을 위해 동반자적 위치에 있던 영국과 프랑스의 이익을 희생시킨 일이 있었다. 원래 미국은 이집트의

---

10) *Ibid.,* p. 137.
11) *Ibid.,* p. 180.

아스완 댐 건설을 위해 재정적 지원을 하려 했다. 그러나 이집트의 나세르 대통령은 미국으로부터 보다 많은 재정적 지원을 얻기 위한 방편으로 소련에 지나치게 접근했다. 또한 중국을 승인하려는 움직임을 보이는 등 미국 정책과 반대되는 입장을 보이며 미국을 자극했다. 그러나 미국은 1956년 7월 19일 아스완 댐 건설에 필요한 재정적 지원을 하지 않을 것을 이집트 정부에 통고했고, 이에 이집트의 나세르 대통령은 미국의 조치에 대한 보복으로 7월 26일 수에즈 운하회사를 국유화했다. 이 운하는 영국·프랑스 등 서유럽 국가들에게는 생명선과 같은 것이어서 영국과 프랑스는 이 운하의 원상 회복을 위해 이스라엘이 시나이 반도에서 이집트 군을 격퇴시킨 다음날인 10월 30일 이집트와 전쟁 상태에 돌입했다. 이집트가 친소화하는 등의 정책과 행위는 미국의 뜻에 맞지 않았다. 하지만 미국은 이 지역에서의 이집트의 정치적 지도력, 아랍인들의 민족주의 감정 자극, 반미·친소 감정의 고조 및 소련의 적극적인 진출 등을 우려해 영국과 프랑스의 이집트에 대한 무력 행사를 자제시키기 위해 경제적 제재를 가하겠다는 위협으로 이집트에 대한 공격을 중지시켰으며, 수에즈 운하에 대한 영국과 프랑스의 권리 회복을 저지했다.12) 이 경우 미국은 영국과 프랑스의 국가 이익보다는 미국의 거시적인 세계 전략적 가치를 더 중요시해 이집트의 입장을 지지한 것이다. 이러한 미국과 영국 및 프랑스간의 외교에서 미국은 불평등하지만 협조적 관계를 갖고 있는 국가간에는 흔히 사용되지 않는 외교의 최후 수단인, 제재의 위협을 구사해 영국과 프랑스를 희생시키고 자국의 정치적 이익을 충족시켰다. 협조적 외교 관계를 가지면서 동반자적 관계를 갖고 있더라도 강대국과 약소국간에 주종 관계가 존재할 때, 강대국이 반드시 성취시키고자 하는 목표를 이용 가능한 모든 수단을 강구해 성취시킨다. 이런 경우 강대국은 약소국과 어떤 협의도 없이 일방적으로 문제를 처리한다. 강대국과 약소국간에 일방적인 의존 관계나 주종 관계가 설정되어 있고, 강대국이 반드시 성취시켜야 할 목표가 있다면, 강대

---

12) John Spanier, *American Foreign Policy Since World War II,* 8th ed.(New York: Holt, Rinehart and Winston, 1980), pp. 83ff.

국은 약소국의 이익이나 정책에 적응하려는 의지보다는 약소국의 이익을 희생시킬 수 있다는 의지가 더 강하다. 강대국과 약소국간의 정치적 외교는 대체로 강대국 중심으로 또 강대국에 의해 일방적으로 행해지는 특성을 갖고 있다.

강대국과 약소국간의 평등한 협조적 관계는 국제 정치의 속성으로 보아 생각할 수 없다. 만약 강대국과 약소국간에 평등한 관계가 성립될 수 있다면 강대국의 정치적 외교는 크게 제한받을 것이다. 국제 정치에 있어 힘의 논리가 배제될 수 있는 경우가 생긴다면 강대국 중심의 일방적인 정치적 외교가 전개되기는 어려울 것이다. 하지만 오늘날까지 힘의 논리가 작용하지 않는 국제 정치는 생각할 수 없으므로 강대국과 약소국간의 평등한 협조적 관계도 형성될 수 없다. 만약 약소국이 강대국과 평등한 협조적 관계를 고집한다면 약소국과 강대국간의 협조적 관계는 이루어지기 어렵다.

불평등한 협조적 관계 중에서도 동반자적 관계가 아니라 완벽한 상하 관계를 갖는 보호령 또는 위성국 위치에 놓여 있는 약소국과 강대국간의 정치적 외교는 매우 적나라하다.

제2차 세계대전 이후 소련과 동유럽 국가는 바르샤바 조약기구(Warsaw Treaty Organization)의 회원국이 되면서 동맹 관계를 형성해 분명히 불평등하기는 하지만 협조적 외교 관계를 갖는 국가가 되었다. 이러한 관계라면 상호간 가치의 공유 또는 분담이 이루어져야 할 것이다. 그러나 그 관계는 동반자적 관계가 아니라, 동유럽 국가들이 소련의 위성국이 된 것이었다. 소련과 위성국들은 협조적 관계를 갖고 있었다. 하지만 이들 국가간에 가치의 공유는 없고, 모든 것이 소련 중심적으로, 더 나아가서는 동유럽 국가들의 희생 위에서 상호 작용이 이루어졌다. 그렇기 때문에 소련과 동유럽 국가는 외교 관계상으로는 협조적 관계를 갖고 있었지만, 실질적으로는 갈등적 관계와 같은 상호 작용이 많이 전개되었다. 그러므로 소련과 동유럽 국가간에는 정치적 외교의 전개가 거의 불가능할 정도로 바로 무력 행사의 위협 또는 그의 사용이 일반적인 외교의 수단으로 이용되었다.

실제로 1968년 9월 26일 소련공산당의 기관지 『프라우다』에 소련군의 체코슬로바키아 침공을 정당화하는 소위 '브레즈네프 독트린'(Brezhnev Doctrine)이 공식적으로 발표되었다. 이 선언의 골자는 "사회주의로 가는 길은 여러 개가 있다. 그러나 어떤 사회주의 국가나 정당은 사회주의의 발전을 위해 노력하는 모든 노동자 계급의 운동에, 그리고 모든 사회주의 국가의 기본적인 이익을 저해하는 행위를 해서는 안 된다. 모든 공산당이 마르크스-레닌주의의 기본 원칙을 적용하는 것은 자유이다. 하지만 이 원칙과 결별하는 것은 자유가 아니며, 또 다른 사회주의 국가에 대해 용납되지 않는 태도를 취하는 것도 자유가 아니다. 세계 사회주의는 분열될 수 없으며, 이의 수호는 각 국가의 권리"라는 것이다. 이렇게 선언한 소련은 동유럽 국가들에 군대를 파견해 사회주의를 위협하는 행위를 할 때에는 무력을 사용할 준비를 하고, 동시에 이들 국가의 지도자들을 위협해 그들의 행위를 제한하고, 그들로 하여금 전적으로 소련과 협조 관계를 갖도록 압력을 가하며 소련에 대한 충성을 강요했다.13)

쿠바는 동유럽 국가들과 같은 성질의 위성국가는 아니지만, 소련과의 관계에서는 실질적으로 동유럽 국가들과 차이가 없었다. 소련은 쿠바에 대해서도 똑같이 소련에 대한 충성을 강요했다. 1968년 여름 소련이 체코슬로바키아를 무력 침공한 후 공산국가 중 쿠바만이 소련의 무력 행위를 공개적으로 지지하지 않았다. 그러자 소련은 불만을 표시하며 쿠바에 석유 공급을 중단하고, 매년 정기적으로 체결하는 무역협정을 지연시켰다.14) 이렇게 소련이 쿠바에 압력을 가하자, 쿠바는 이에 굴복해서 소련의 체코슬로바키아 침공 행위를 추인하는 표시로 1974년 소련을 돕기 위해 시리아에 쿠바 군대를 파견했다.15) 비록 소련과 쿠바 양국은 협조적 외교 관계를 갖고 있었지만, 소련은 자국의 정치적 목적을 달성하기 위해 비우호적인 수단으로 정치적 외

---

13) Alvin Z. Rubinstein, *Soviet Foreign Policy Since World War II: Imperial and Global*(Cambrige, Mass.: Winthrop Publishers, Inc., 1981), pp. 82ff.

14) Jorge I. Dominguez, "Taming the Cuban Shrew," *Foreign Policy,* no. 10(Spring 1973), p. 95.

15) *The New York Times,* April 1, 1974, p. 1.

교 행위를 전개했다. 이 단적인 현상이 협조적 외교 관계를 갖고 있는 위성국가라고 이름 붙여진 국가와 강대국간 외교의 현실이다. 이런 정도의 관계라면 여기에는 협조적 관계도 의미가 없고, 진정한 외교도 존재할 수 없을 것이다.

소련이 자국과 불평등한 관계를 갖고 있는 위성국 등 약소국에 대해 폭력을 행사하는 이유는 평화적으로 정치적 외교를 전개할 수 있는 바탕을 갖지 못했기 때문이다. 소련은 핵무기로 그의 강대국의 지위를 유지했으며, 이것이 소련의 국제적 위상의 기초가 되었다. 그리하여 소련은 재래식 무기 및 핵무기를 외교의 최고의 수단으로 사용했다.16)

협조적 외교 관계를 갖고 있는 강대국과 약소국간의 외교, 특히 정치적 외교에 중요하게 작용되는 요소 중의 하나는 국제 정치 체제이다. 강대국은 약소국보다 국제 정치 체제에 더 민감해 이 체제와 강대국의 외교 정책은 매우 밀접하게 작용한다. 약소국은 국제 정치 체제에 크게 영향을 미칠 수 없을 뿐만 아니라 강대국에 비해 영향을 크게 받지도 않는다. 그러나 강대국은 국제 정치 체제에 따라 그의 강대국으로서의 위치 또는 강대국과의 상호 관계에 직접적인 영향을 받는다. 국제 정치 체제는 강대국의 정치 무대이다. 앞에서 살펴본 바와 같이, 강대국과 약소국간의 협조적 외교 관계는 약소국보다는 강대국의 필요와 강대국에 의해 만들어지는 매개체로 이루어진다. 그렇기 때문에 국제 정치 체제는 강대국과 약소국의 외교 관계에 절대적인 영향을 미친다.

강대국이 약소국과 불평등하지만 동맹 등을 통해 협조적 외교 관계를 갖는 주요한 변수는 국제 정치 체제이다. 냉전 상황에서 미국이나 소련은 많은 약소국가들과 군사 동맹 관계를 가지고 있었다. 그 이유는 정치적·전략적으로 이들 약소국이 강대국의 거시적 국가 이익을 보호하는 데 필요했기 때문이다. 그러나 1970년대부터 냉전 상황이 완화되면서 강대국과 약소국의 동맹은 질적·양적으로 크게 축소되었

---

16) Stephen S. Kaplan, *Diplomacy of Power*(Washington, D.C.: The Brookings Institution, 1981), p. 3.

다. 특히, 1980년대 이후의 다극 체제하에서 영국, 프랑스, 중국, 일본 등 정치적 강대국들은 어느 약소국가와도 군사적 동맹 관계를 갖고 있지 않다. 미국도 서유럽에서는 북대서양 조약기구의 회원국들과, 아시아에서는 한국, 일본 등과 군사 동맹을 맺고 있을 뿐이다. 1980년대 말 소련은 동유럽 국가들의 공산당의 포기, 민주화 등을 저지하지 않았다. 그 결과 바르샤바 조약기구의 존재 여부와 또한 만약 존재하더라도 그의 결속이 얼마나 강할까 하는 점이 의문시된다. 이와 같은 상황은 미국, 소련을 포함한 다극 체제하의 강대국들이 군사 동맹을 통해 거시적인 측면에서 국가의 이익을 보호하려 하고 있지 않다는 것을 말해 준다. 다극 체제하에서는 강대국이 약소국과 동맹을 통한 협조적 관계의 설정으로 크게 얻을 것이 없다고 해석할 수 있다. 그러므로 강대국과 약소국간의 협조적 관계와 국제 정치 체제는 매우 밀접한 연관성이 있음을 알 수 있다. 미국과 베트남간의 외교 관계에서 미국에 결정적인 영향을 미친 요인 중의 하나도 국제 정치 체제이다.

1950년대 중반 미국은 인도차이나 반도는 미국의 거시적 안전에 매우 중요한 지역으로, 그의 공산화를 용납하지 않을 것이라는 성명을 여러 차례 발표했다. 그리고 1954년 9월 동남아 조약기구(Southeast Asia Treaty Organization)를 만들어 집단 안전보장 체제를 구축했다. 이 조약은 월남, 라오스, 캄보디아까지를 보호하도록 규정했다.17) 이러한 맥락에서 미국은 1960년대 후반 월남공화국을 공산주의의 침략으로부터 보호하기 위해 막대한 군대와 군비를 투입해 월맹과 전쟁까지 했다.

그러나 1970년을 전후해서 국제 정치 환경은 이념과 사회 체제를 초월한 외교의 전개를 가능하게 했다. 그리하여 미국은 1972년 2월 중화인민공화국과의 관계를 개선했다. 또한 미국 대통령으로서는 처음으로 닉슨 대통령이 1972년 5월에 소련을 방문해 '미·소 관계의 기본 원칙'에 서명했고, 또 미국과 소련은 제1차 전략 무기 제한 협정

---

17) John Spanier, *op. cit.*, pp. 75-79.

을 체결했다. 이미 닉슨 대통령은 1969년에 소련의 위성국가인 루마니아를 방문했고, 또 사회주의 체제를 가진 유고슬라비아를 방문하는 등 양극 체제하에서는 생각하기 어려운 탈 이념적 외교를 전개한 바 있었다. 그뿐만 아니라 프랑스, 서독 등도 1970년을 전후해 사회주의 국가들과 폭넓은 외교를 전개했다. 이와 같이 국제 정치적 상황이 바뀌자, 미국은 자유민주주의 체제를 갖고 있는 월남공화국을 수호하기 위해 수년간 지속한 전쟁을 종결 짓고 월남으로부터 철수했다. 그 결과 월남공화국은 1975년 패망해 국가로 존재할 수 없었다. 그 후 미국은 중국과의 관계를 정상화했고, 중국을 정치적 강대국의 하나로 부상시키며 다극 체제의 탄생을 가능케 했다.

미국과 소련 중심의 양극 체제에서 이들은 상호 영향력의 극대화를 위해 극단적인 경쟁을 계속했다. 특히, 이러한 체제에서는 두 강대국 간에 모든 것의 양립이나 공존이 거의 불가능했기 때문에 경쟁이 더욱 치열했다. 다시 말하면, 서로 하나라도 더 많은 국가를 자국의 영향력 아래에 두려고 경쟁했다. 1956년 나세르의 수에즈 운하회사 국유화 결정에 대한 미국이나 소련의 대응에서 볼 수 있었던 것처럼, 미국과 소련은 이집트 그 자체뿐만 아니라 이집트의 아프리카 국가에 대한 영향력을 감안해 이집트를 자국 편에 두는 것이 더욱 필요했다. 그리하여 나세르는 그의 개인적 능력과 함께 미국과 소련의 경쟁적이고 대립적인 양극 체제를 잘 활용했기 때문에, 미국과 절대적인 협조적 외교 관계를 갖고 있는 영국과 프랑스의 저항을 물리치고 수에즈 운하를 국유화하는 데 성공할 수 있었다.

양극 체제하에서는 강대국인 미국이나 소련이 약소국들과 협조적 외교 관계를 갖는 것이 절실히 필요했기 때문에, 약소국의 강대국에 대한 정치적 영향력(political leverage)이 어느 정도 작용할 수 있었다. 소련의 경우를 보면, 1948년에 유고슬라비아가 소련의 위성국으로부터 이탈해 서방 자본주의 국가들과 교류하기 시작했다. 물론 유고슬라비아가 곧 미국과 어떤 특수한 관계를 가진 것은 아니었지만, 우선 소련에게는 미국과 경쟁하는 마당에 유고슬라비아의 상실은 정치적으로 큰 손실이 아닐 수 없었다. 그 후 소련은 스탈린 사망 후

1954년 9월 자진해서 코민포름에 의한 유고슬라비아에 대한 경제적 제재 조치(economic blockade)를 철회했고, 1955년 5월에는 흐루시초프와 다른 소련공산당 정치국원들이 유고슬라비아의 독자적이고 독립적인 노선을 인정했다. 또한 서방 국가들과의 유대 관계를 약화시키고, 1954년 유고슬라비아가 터키 및 그리스와 체결한 발칸 조약(Balkan Pact)의 가치를 떨어뜨리기 위해 소련은 유고슬라비아와의 관계 개선을 추진했다. 소련은 아시아에서 주도적인 역할을 할 수 있다고 생각하는 인도에 대해서도 협조적 관계를 갖기 위해 1955년 2월에 인도 중부 지역(Bhilai region)에 수백만 톤 규모의 철강 공장 건설을 약속했다. 그러면서 소련은 인도와 매우 긴밀한 관계가 되었다. 이즈음 소련공산당 서기장 흐루시초프와 수상 불가닌(Nikolai Bulganin)이 1955년 12월에 인도를 방문해 우호 관계를 공고히 했다. 그 후 1962년 소련은 인도의 환심을 사기 위해 미그 전투기, 샘 미사일, 전투 함정 등 많은 군사 장비를 인도에 제공했고, 1964년에는 흐루시초프가 미그 전투기 공장을 인도에 판매할 것에 동의했다. 이러한 소련의 조치들은 비동맹 국가 가운데에서 영향력을 크게 행사할 수 있는 국가인 인도가 반소 군사 동맹에 가입하지 못하게 하기 위해 취해진 것들이었다.[18]

미국 역시 트루먼 독트린, 마샬 계획, 북대서양 조약기구 등 다변적 또는 쌍무적 군사 동맹으로 많은 국가들을 포용하며 많은 약소국들과의 협조적 관계를 유지하기 위해 경제 및 군사 원조를 제공했다. 그뿐만 아니라 미국은 세계 여러 곳에 군사 기지를 갖고 있었으며, 군사 기지를 제공한 국가들에게도 원조를 제공해 원조를 받는 국가들의 경제 발전과 군사력 증강을 뒷받침했다. 특정 약소국가들은 미국과 소련의 극단적인 대립 및 경쟁체제로 인해 두 강대국에 필요로 하는 존재가 되었다. 이들 약소국들은 그 자체로 강대국에 대해 절대적인 가치를 가진 국가도 있었지만, 상대적으로 각기 더 많은 약소국들을 자국의 세력권 안에 두기 위한 두 강대국의 치열한 경쟁 때문에 매우

---

18) Alvin Z. Rubinstein, *op. cit.*, pp. 221ff.

귀중한 존재가 되기도 했다. 따라서 약소국들의 강대국에 대한 정치적 영향력도 어느 정도 작용될 수 있었다. 그리하여 양극 체제하에서 강대국과 협조적 관계를 갖고 있는 약소국에 대한 정치적 외교는 비교적 강하게 전개될 수 없었다. 강대국의 사활적인 국가 이익을 저해하지 않는 범위 내에서 강대국은 약소국에 적응하고 그들의 정책을 수용하는 입장을 취하려고 노력했다. 1960년대 중반 프랑스가 소련 및 중국과의 관계 개선 정책을 취했던 획기적인 정책에 미국이 적응했던 이유 중의 하나도 양극 체제가 갖고 있는 특성 때문이다. 이러한 양극 체제하에서는 국제 정치에 작용하는 힘의 논리, 특히 강대국의 약소국에 대한 힘의 행사가 논리적으로만 작용할 수 없었다. 이것이 양극 체제의 특징 중의 하나이다.

그러나 양극 체제하에서 같은 약소국일지라도 중화민국, 월남공화국, 한국과 같은 분단 국가들은 다른 약소국가들에 비해 상대적으로 미국에 대한 정치적 영향력이 크지 않았다. 미국도 자유민주주의 체제를 갖고 있는 이들 세 국가들을 필요로 했지만, 이들 국가들이 미국과의 협조적 관계와 지원을 자국의 생존을 위해 절대적으로 필요로 했기 때문에 다른 약소국들보다 상대적으로 강대국인 미국에 대해 운신의 폭이 좁았다. 분단되지 않은 약소국들은 미국 측에 가담하거나 소련 측에 가담해도 국가 그 자체를 유지할 수 있었으며, 어느 강대국으로부터도 지원을 받을 수 있어 국가 존립에 대한 위협 없이 두 강대국을 상대할 수 있었다. 그러나 이 세 분단 국가들이 만일 미국과의 관계가 단절된다면, 소련 측에 가담해 원조나 지원을 받을 수도 없었다. 뿐만 아니라 소련의 지원을 받는 공산주의 체제 중 하나의 다른 분단 국가에 흡수되어 국가를 상실하게 될지도 모르는 것이었다. 월남공화국이 미국에 버림받아 소련의 지원을 받는 월맹으로 흡수된 것이 그 좋은 예이다. 같은 분단 국가이지만 서독은 서유럽의 중심에 위치하고 있다는 지정학적 이점과 함께 비교적 강한 국력을 갖고 있어 중화민국, 월남, 한국과는 다소 차이가 있었다. 그렇지만 특히 이 세 분단 국가는 지리적 위치나 능력으로 인해 미국에 대한 정치적 영향력이 다른 약소국에 비해 현저하게 취약했다.

다극 체제하에서 협조적 외교 관계를 갖고 있는 강대국과 약소국의 관계는 어떠한가?

다극 체제는 강대국간의 극단적인 경쟁 및 대립 관계가 양극 체제에 비해 많이 약화된 체제이다. 다극 체제는 반드시 어느 한쪽의 손실이 있어야 다른 한쪽의 이득이 있을 수 있는 체제가 아니기 때문에 상대 강대국의 희생을 강요하는 경쟁 및 대립 관계가 크게 완화된다. 1970년대 이후의 국제 정치는 정치적으로는 다극 체제의 형태를 취했지만, 거시적인 군사적 측면에서는 양극 체제에 바탕을 두고 미국과 소련의 상호 작용이 전개되었다. 그뿐만 아니라 강대국간의 관계도 미국, 서유럽 공동체의 회원국 그리고 일본은 상당히 동반자적 관계를 갖고 외교를 전개했다. 그리고 이들 서방 자본주의 국가들과 소련 및 중국도 양극 체제에 비해 상당히 완화되고 상대방의 존재를 모두 인정하며 공존을 전제로 하는 외교 관계를 갖고 있어 극단으로 치닫지는 않았다.

일반적으로 다극 체제는 양극 체제에 비해 정치적·외교적으로 약소국에 더 유리한 체제가 아니다. 양극 체제하에서 모든 약소국가는 미국이나 소련 두 강대국에 매우 필요한 존재였으나, 다극 체제하에서는 정치적 강대국의 약소국에 대한 절대적 가치가 더 이상 존재할 수 없었다. 이제 다극 체제하에서는 약소국을 회유하기 위해 강대국이 무조건 원조를 제공하고 안전을 보장하는 것과 같이 일방적으로 지원하는 정책은 사라졌다. 또 약소국이 강대국과 협조적 외교 관계를 갖는 일도 강대국에 의해 선별적으로 이루어졌다. 강대국 중심으로 이루어졌던 약소국과의 협조적 외교 관계는 질적·양적으로 줄어들었다. 동시에 비동맹 외교 노선을 추구하는 국가들의 정치적 가치도 크게 감소되어 이들과 강대국간의 외교도 많이 변질되었다. 예를 들면, 1950년대와 1960년대 미국이 아시아 지역의 여러 국가들과 쌍무적 또는 다변적으로 맺었던 동맹 관계는 양극 체제의 붕괴 이후 대부분 유명무실해졌다. 따라서 이들과의 협조적 외교 관계도 자연적으로 희석된 것이 그 좋은 예이다. 미국은 소련, 중국 등에 대해 더 이상의 봉쇄 정책을 추진하지 않았기 때문에 많은 약소국가들과의 동맹 관계나 많은 군사 기지가 필요치 않게 되어, 미국의 약소국에 대한 무분별한 동맹, 원조, 지원이 줄어들어 약소국과의 협조적 외교 관계를 갖는 경우도 크게 감소되었다.

그러나 현재의 다극 체제하에서도 과거와 같은 매개체를 통해 강대국과 협조적 외교 관계를 갖고 있는 특정 약소국들이 있다. 소련과 바르샤바 조약기구의 회원국들, 또 소련과 베트남 등의 국가들은 동맹 조약을 매개체로 해 협조적 외교 관계를 갖고 있고, 미국도 북대서양 조약기구의 회원국들이나 한국, 필리핀 등에 군사 기지를 두고 이들 국가들과 협조적 외교 관계를 갖고 있다.

그러나 다극 체제하에서 약소국과 강대국간의 협조적 외교 관계의 질은 양극 체제하의 그것과 같지 않다. 절대적인 협조적 외교 관계의 매개체 중 하나인 군사 동맹, 군사 기지 등이 다극 체제하에서는 강대국이나 약소국 모두에게 절실하지 않았다. 우선 약소국의 입장에서 보면, 양극 체제하에서는 강대국과의 군사 동맹 관계가 자국의 안전 보장과 경제 및 군사 원조를 제공받는 근거가 되었으나, 다극 체제하에서는 그 필요성을 크게 느끼지 않게 되었다. 약소국들도 다극 체제하에서는 안전의 위협을 크게 받지 않을 뿐만 아니라, 이념이나 사회 체제가 다르다는 이유로 외교 관계의 제한을 받았던 양극 체제와는 달리 이런 이유들을 초월해 외교를 폭넓게 전개할 수 있었다. 따라서 강대국들도 이러한 약소국의 행위를 제한할 수 없었다.

1980년대 후반에는 소련과 동맹 관계를 갖고 있으며 미국과 전쟁을 치렀던 공산 베트남이 미국과의 관계 개선을 희망해 접근을 시도했다. 오늘날 다극 체제하에서의 협조적 외교 관계는 과거에 비해 그 실제적 의미나 가치를 달리하고 그 효용성도 많이 감소되었기 때문에, 강대국과 약소국간의 협조적 외교 관계가 반드시 새로운 이익의 창출과 그것의 공유를 보장하지는 않았다. 이러한 외교 관계를 갖고 있는 약소국과 강대국간의 외교, 특히 정치적 외교는 협조적 외교 관계보다 미시적이고 실질적인 국가 이익의 측면에서 전개하게 되었다. 다극 체제하에서의 강대국과 약소국간의 협조적 외교 관계는 상호 국가 이익이 교차하는 경우가 아니면 외교에 있어 그 의미, 즉 상부상조하는 정신은 크게 작용하지 못한다. 강대국이나 약소국이나 특수한 매개체가 아닌 일반적인 매개체에 의해 지금까지 형성되고 유지되어 온 협조적 관계는 그 매개체 자체의 가치가 감소되었기 때문에, 또 이것이 국가간의 협조적 관계를 강화시키는 역할을 할 수 없기 때문에 거의 와해되었다. 그리하여 다극 체제하에서는 비록 협조적 외교 관계를 갖고 있다고 하더라도 협조의 정도는 과거 양극 체제하의 그것과는 다르다. 그러나 그 매개체가 특수한 경우, 예를 들면 중동의 산유국과 강대국간 또 쿠바와 같이 미국에 인접해 있고, 중남미의 관문 역할을 할 수 있어 소련이 아직도 그 가치를 크게 인정하고 있는 경우를 제외하고, 다극 체제하의 강대국과 약소국간의 협조적 외교 관계는 양측 모두 절대적인 가치 및 필요성이 크게 감소되었다. 다극 체제하에서 이와 같은 관계를 갖고 있는 강대국과 약소국간에는 상호 적응의 폭이 좁아지고, 적응의 질도 낮아진다. 따라서 강대국의 약소국에 대한 정치적 외교, 특히 강대국 중심의 정치적 외교가 더 강하게 전개될 가능성이 많다. 이 말은 협조적 외교 관계를 갖고 있더라도 강대국이 약소국의 이익을 희생시키지 않을 수 없다고 판단하면 언제라도 희생을 강요할 수 있는, 즉 힘에 기초한 정치적 외교가 전개될 수 있다는 의미이다. 강대국 쪽에서 보면, 협조적 외교 관계를 갖는 약소국의 수가 줄어드는 대신, 무관심하거나 냉담한 외교 관계를 갖는 국가가 많아질 것이다. 그러므로, 영향력보다는 물리적 힘에 기초한 정치적 외교를 전개할 수 있는 대상 국가들의 수가 증가된다는 뜻이다.

약소국의 측면에서 보면, 강대국과 협조적 외교 관계가 줄어드는데, 이는 다르게 말하면 강대국과 의존 또는 불평등한 관계를 갖는 약소국도 줄어든다는 것이다. 이러한 현상은 강대국의 약소국에 대한 정치적 외교가 효력을 크게 발휘할 수 있는 대상이 되는 반면, 약소국 외교의 자주권을 신장시킨다.

상대적으로 다극 체제는 양극 체제보다 약소국으로 하여금 독자적 외교를 손쉽게 전개할 수 있게 하는 환경을 제공한다. 이러한 환경을 가장 잘 활용하고 있는 국가가 바로 동유럽 국가들이다. 1985년 소련

공산당 서기장 고르바초프(Mikhail S. Gorbachev) 등장 이후 이들 국가들은 소련과 함께 적극적인 개방 정책을 추진했다. 루마니아는 비교적 일찍이 서방 자본주의 국가에 대한 개방적인 외교 정책과 외교를 전개하고 있었지만, 헝가리, 폴란드 등도 1989년 이후 한국과 공식적 외교 관계를 갖는 등 외교의 자주권을 행사하고 있다. 이러한 측면에서 볼 때, 다극 체제는 약소국들에게 보다 자주적이고 독자적인 외교를 전개할 수 있게 하는 국제 정치 환경이다.

양극 체제하에서 강대국은 협조적 관계를 갖고 있는 약소국의 외교에 있어 미시적 또는 거시적인 두 측면을 고려해 외교를 전개했다. 그 중에서도 비교적 거시적인 측면에 더 역점을 두며 외교를 전개했기 때문에, 미시적 측면에서 약소국이 어느 정도 유리한 상황에서 강대국과 외교를 전개할 수 있었다. 그러나 다극 체제하에서는 오히려 거시적인 측면보다 미시적인 측면에 입각해 외교를 전개한다. 다극 체제하에서는 상대적으로 각 강대국의 경쟁과 대립이 약화되어 이들 국가간에는 가치에 대한 배타적인 경쟁 없이도 상호 가치의 증대가 가능했다. 특히, 정치적인 측면에서 공존을 전제로 상호 작용을 했기 때문에 거시적인 측면에서의 정치적 경쟁 및 대립은 크게 완화되었다. 그렇기 때문에 각 강대국도 약소국과의 외교를 미시적인 관점에서 전개할 수 있었다. 그 결과 협조적 외교 관계를 갖고 있더라도 강대국의 약소국에 대한 외교가 너그럽게 전개될 수 있는 여지가 없어졌다. 따라서 약소국에 대한 외교는 더욱 어려워졌다. 그렇기 때문에 다극 체제하에서는 양극 체제하에서보다 오히려 강대국의 약소국에 대한 압력·영향력 행사 등이 가중된다.

약소국간의 외교

약소국간에는 협조적 관계를 가질 수 있는 직접적이고 응집력 있는 매개체가 쉽게 등장할 수 없다. 왜냐하면 외교는 국력을 바탕으로 해서 전개되는 행위인데, 이들은 모두 국력이 제한되어 있어 적극적인 외교를 전개할 수 있는 힘이 없기 때문이다. 또 외교의 궁극적인 목적은 국가 상호간에 주고받음으로써 국가의 이익을 증대시킬 수 있고, 그래야만 밀접하고 적극적인 외교가 전개될 수 있다. 그런데 약소국은 다른 국가에게 큰 혜택을 베풀 수 없기 때문에 어느 측도 적극적인 협조적 관계를 수립하기는 어렵다. 약소국간에 새로운 가치 창출이 가능하다거나 혹은 가치의 균등한 분배가 흔히 이루어질 수 있는 여지가 충분하다면, 이들간에도 협조적 외교 관계가 형성될 수 있겠으나 그 가능성이 많지 않은 것이 현실이다.

그러나 약소국간에도 그들이 성취해야 할 인정된 동일한 목표를 갖고 있는 국가들이 단합된 힘을 발휘하기 위해 국제 기구를 만들거나 구속력을 지니는 약속을 한다면, 이들간에도 협조적 관계가 형성될 수 있으며, 또한 협조적인 외교를 전개할 수 있을 것이다.

협조적 외교 관계를 가지고 적극적 외교를 전개할 수 있는 바탕을 가지고 있는 국가들은 동남 아시아 국가연합(ASEAN)의 회원국들이라고 생각할 수 있다. 이들 회원국들은 이 기구의 창립 선언에서 경제, 사회, 문화, 기술, 과학, 행정 등 여러 분야에서 공동의 이익을 위해 적극적으로 협력하고, 상호 원조를 촉진시키는 것을 주요 목적으로 선언했다. 그러나 이 회원 국가들은 선진국들로 구성된 유럽 공동체(EC)의 회원국들과는 달리 모두 개발도상국들로, 동남아 국가들은 가진 것이 넉넉하지 못해 주고받을 것이 많지 않다. 그리하여 이들은 새로운 가치를 창출하는 것이 어렵기 때문에, 오히려 각각 자국의 안전과 발전을 위해 다른 지역의 선진국가들과의 적극적 관계를 모색하고 있는 실정이다. 이들 회원국들은 이 기구를 만들어 많은 것을 주고받으려 했으나, 그것이 원만히 이루어질 수 있는 여건을 갖추고 있지 못하고 있다. 따라서 자연히 이 기구 자체가 이 국가들의 응집력을 약화시키기 때문에 형식적으로는 협조적 외교 관계를 유지하고 있지만 실질적으로는 적극적인 외교가 충분히 이루어지지 못하고 있다.

이 동남아 국가연합에서 볼 수 있듯이, 국가간에 협조적이고 적극적인 관계를 갖고 외교를 전개하기 위해서는 정치적인 구속력을 가진 매개체에 의해서 외교 관계가 형성되어야 한다. 다시 말하면, 국가간 의무와 권리의 불이행이 그 국가의 중대한 이익에 영향을 미칠 수 있는 장치를 갖춘 매개체에 의해 협조적 외교 관계가 형성되었을 때 적극적이고 협조적인 외교의 전개가 가능한 것이다. 이런 측면에서 볼 때, 약소국간에는 정치적으로 구속력을 갖는 매개체에 의해 적극적이고 협조적인 외교 관계를 갖는 일은 쉽지 않다. 일반적으로 말해, 어느 한 약소국이 약속된 권리나 의무를 이행하지 않았을 때 부정적인 반대급부가 주어질 수 있는 경우라면 적극적이고 협조적인 외교의 전개가 가능하다. 그러나 약소국간에는 정치적으로 직접적인 매개체에 의해 협조적 외교 관계를 갖는 경우가 많지 않다는 것이다.

석유 수출국 기구(OPEC)는 각 국가에 영향을 미칠 수 있는 매개체에 의해 만들어진 국제 기구이다. 이 기구의 회원국들은 모두 석유를 생산하고, 그것을 수출해 국가의 부를 축적시키는 국가들이다. 그러므로 이 회원국들은 공통적인 이해 관계를 갖고 있고, 이들 국가들의 권리 및 의무의 불이행은 이 국제 기구 및 회원국들에게 불이익을 가져다 줄 수 있다. 그렇기 때문에 이 기구의 회원국들은 어느 국제 기구의 회원국들보다 응집력이 강하고 매우 협조적이다. 예를 들면, 이 석유 수출국 기구 회의에서 원유의 생산량이나 또는 원유 가격을 결정하면 이 기구의 회원국들은 이 결정을 모두 잘 준수한다. 만일 어느 회원국이 이 결정을 위반한다면 순간적으로 조금은 이익을 얻겠지만, 긴 안목으로 볼 때 이 기구는 제대로 기능하지 못할 것이다. 또 각 회원국이 독자적인 행위를 한다면 궁극적으로 모든 회원국은 석유 생산과 수출에 중대한 어려움이 따를 것이다. 회원국들이 이러한 사실을 인식하고 있기 때문에 이 석유 수출국 기구 회원국들의 적응력은 매우 강하다. 따라서 이 회원국간의 협조적 관계는 매우 적극적인 것이다.

약소국간에 협조적 외교 관계를 가질 수 있는 경우는 강대국을 매개체로 하는 경우가 있을 수 있다. 한국이 미국과 동맹 관계를 갖고 있고, 미국이 필리핀에 군사 기지를 두고 있어 한국과 필리핀 양국은 미국을 통해 간접적으로 협조적인 외교 관계를 가질 수도 있다. 이와 같은 간접적인 협조적 관계는 형식상으로 의미를 부여할 수도 있겠지만, 실질적으로는 정치적 구속력이 없기 때문에 직접적이고 적극적인 외교를 전개하지는 못한다. 그러나 한국과 필리핀의 관계는 간접적인 협조적 외교 관계의 매개체인 미국의 역할에 따라 적극적일 수도 있고 소극적이 될 가능성도 있다. 유엔 총회에서 미국의 발의에 의해 한국에 관한 문제가 제기된다면, 이 문제에 대해 미국이 적극적으로 지지한다는 것을 의미한다. 이때 필리핀은 미국이 제의한 한국 문제에 대해 관심이 없어 지지하지 않을 수도 있겠지만, 미국이 필리핀에 대해 미국의 입장을 지지하도록 요청한다면 필리핀은 미국의 요구를 받아들일 수 있을 것이다. 또 한국과 필리핀간에 해결하기 어려운 현안이 발생했을 때, 미국이 양측 모두에 호의적인 중재자 역할을 할 수도 있을 것이다. 이렇게 볼 때, 국가간 간접적인 협조적 외교 관계도 그 매개체의 비중과 역할에 따라 외교상 실질적 의미를 가질 수 있다.

양극 체제하에서 서독과 한국은 모두 정치적으로는 약소국에 속한다고 할 수 있다. 서독과 한국은 협조적 외교 관계를 가질 수 있는 직접적인 매개체는 없지만, 각기 미국과 동맹 관계를 갖고 있다. 이 경우, 한국과 서독은 미국으로 인해 간접적인 협조적 외교 관계를 갖는 것이 된다. 만일 동·서 냉전 체제하에서 한국과 서독간에 바람직하지 못한 경쟁적·대립적 관계가 형성된다면, 자유 진영의 지도자 역할을 하는 미국에게는 소망스러운 일이 아닐 것이다. 만약 이런 현상이 발생한다면 미국이 주도적으로 작용해 이를 해소시키려고 노력할 것이다. 그러나 양극 체제하에서 간접적 동맹 관계를 갖고 있기 때문에 간접적인 협조적 관계에 있는 국가간에는 갈등적 또는 대립적 관계가 발생하더라도 잘 수습될 수 있다. 왜냐하면 매개체의 역할을 담당하는 동맹의 축이 되는 국가가 있기 때문이다.

이와 같은 여러 정황으로 보아 약소국간에도 어떤 매개체를 통한 간접적인 협조적 외교 관계를 가질 수는 있다. 그러나 이러한 관계는 직접적인 매개체에 의한 것이 아니고 간접적인 매개체에 의해 형성된 관계이기 때문에, 역시 이들 국가간의 외교 관계는 소극적인 협조적 관계에 그치기 쉽다.

국력의 측면에서 볼 때, 약소국이라고 하여 힘의 크기가 모두 같은

것은 아니다. 약소국간에도 국력의 차이는 있다. 약소국들에 등급을
부여해 중위권 국가(middle powers), 소국가(small powers) 그리고
초소형 국가(mini-states) 등으로 분류하기도 한다.19) 이러한 분류는
국력상의 비교 우위를 나타내는 것으로, 어느 약소국이 상대적으로
국력이 더 크거나 강하다는 것을 의미한다. 이러한 국력의 비교 우위
는 그것이 정치적인 역량으로 발휘될 수 있을 때 그 의미가 있다. 그
러나 한 국가의 국력이 정치적 역량으로 발휘되기 위해서는 이 국력
이 여러 과정을 거쳐서 다른 국가에 영향력을 행사할 수 있고, 또 이
영향력의 행사가 다른 국가의 안전이나 이익에 직접 또는 간접적으로
이익이 될 수도 있고 손해도 끼칠 수 있어야 한다. 그런데 일반적으
로 말해 국력의 비교 우위만으로 다른 국가에 영향을 미칠 수 있는
것은 아니기 때문에, 비록 약소국간에 국력의 차이가 있더라도 이것
에 비례해 정치적 역량에 격차가 생겨 이들 국가간 정치적 외교에
의한 손익이 발생할 수 있는 여지는 별로 없다. 그리하여 약소국간의
국력에 다소 차이가 있더라도 정치적 또는 외교적 측면에서 그러한
차이는 크게 고려하지 않아도 좋을 것이다. 실제로 한국과 필리핀간
에는 국력의 차이가 있다. 그러나 두 국가간에 존재하는 힘의 비교
우위가 정치적 역량으로 발휘되지는 못하는 것이다. 한국의 정치적
영향력이 필리핀에 행사될 수 있기 위해서는 국력의 상대적 우위가
아니라 절대적 우위가 요구된다. 이렇게 볼 때, 약소국간에 정치적
외교가 전개될 수 있는 소지는 배제되어도 좋을 것이다.

　외교의 당사국들이 약소국이고, 더욱이 직접적이든 간접적이든 협
조적 외교 관계를 갖고 있다면, 이들간의 행정적 외교나 정치적 외교
는 가장 이상적인 외교의 형태가 될 것이다. 이들간에는 상호 상대국
의 외교적 역량을 제한할 수도 없고 또 제한받지도 않기 때문에 비교
적 평등한 입장에서 외교를 전개할 수 있다. 외교에 있어 어떠한 힘
도 작용되지 않고, 합리적·합법적으로 모든 현안을 해결하며, 상호
이해를 같이 할 수 있다면, 그것이 가장 이상적인 외교라 할 수 있다

---

19) Michael Handel, *op. cit.,* pp. 10ff.

약소국간에는 어느 정도 이러한 외교의 전개가 가능하다고 생각되기 때문에, 협조적 외교 관계를 가진 약소국간의 외교를 모범적이라 할 수 있다. 이들간의 외교는 처음부터 어느 측의 일방적이고 절대적인 승리가 전제될 수 없다. 다시 말하면, 이들 국가간에는 원칙적으로 이해와 분담이 전제된다는 의미이다.

약소국간에도 행위의 측면에서만 본다면 외교의 한 형태인 정치적 외교 행위가 있을 수 있다. 명시적이든 묵시적이든 또는 간접적이건 직접적이건 어떠한 의사 표시 또는 의사 전달행위가 전개될 수는 있다. 그러나 이러한 의사 표시, 의사 전달행위가 어떤 정치적 목적을 달성할 수 있다고 생각되지는 않는다. 앞에서도 살펴본 바와 같이, 약소국들은 정치적 외교를 전개할 수 있는 바탕을 갖고 있지 않기 때문에 정치적 외교 행위가 행해진다고 하더라도 효력이나 목적의 달성은 어려울 것이다. 그렇다면 협조적 외교 관계를 가진 약소국간에는 행정적 외교가 외교의 주류를 이룰 것이다. 이론상으로 행정적 외교가 가장 바람직하다. 그러나 외교에 있어 정치적 현안, 특히 각 당사국에 결정적으로 중요한 정치적 문제가 야기되었을 때에는 정치적 외교로만 해결이 가능하다. 약소국간에는 정치적 외교의 전개가 용이하지 않기 때문에 이렇게 중요한 문제도 행정적 외교의 방법으로 해결을 모색할 수밖에 없다. 그렇다면 외교의 속성으로 보아 이 당사국간의 정치적 문제의 해결은 불가능하다고 보아야 할 것이다.

협조적 외교 관계를 갖고 있으므로 약소국간에도 외교적으로 적용이 가능하겠지만, 발생한 현안이 매우 중대한 국가 이익과 직결되는 문제라면 적응은 기대할 수 없을 것이다. 물론 적극적인 협조적 외교 관계가 수립되어 있고, 또한 적극적인 정치적 외교가 전개된다면 이처럼 중대한 정치적 현안이 발생되지 않겠지만, 약소국간에는 적극적인 정치적 외교가 전개되기 어렵기 때문에 이러한 문제 발생의 가능성을 완전히 배제할 수는 없다. 협조적인 외교 관계를 갖고 있더라도 약소국간에는 외교 관계가 악화되는 경우도 있고, 심지어 국지적인 분쟁 또는 군사적 충돌도 발생한다. 이러한 이유는 국가간에 발생된 정치적 문제를 해결할 수 있는 수단인 정치적 외교가 충분히 전개되지 못하기 때문이다. 이러한 측면에서 볼 때, 정치적 외교가 활발하게 전개될 수 있는 국가간에는 모든 문제의 평화적 해결이 가능할 것이다.

협조적 외교 관계를 가지고 있는 약소국간에는 정치적 외교보다는 실제로 행정적 외교가 많이 행해진다. 약소국간에는 적극적인 협조적 외교 관계를 가진 국가들이 많지 않고, 소극적 또는 간접적인 매개체에 의한 협조적 외교 관계를 가진 국가들이 많다. 그러므로 이들 국가간의 외교는 소극적일 수밖에 없다. 본질적으로 협조적 외교 관계를 갖고 있더라도 약소국간에는 적극적이고 활발한 정치적 외교가 전개되지 않는다. 그리하여 이들 약소국간에는 행정적 외교가 필요에 따라 전개된다. 그렇지만 이들은 외교 역량도 부족하고 외교적 수단도 갖고 있지 않기 때문에 행정적 외교 역시 소극적으로 전개될 수밖에 없다.

약소국간의 외교는 거의 전적으로 미시적인 측면만을 고려하며 전개된다. 왜냐하면 약소국은 거시적인 국제 정치를 주도할 수 없기 때문이다. 그렇지만 약소국간에도 불평등한 관계를 확립해 정치적 외교를 전개하는 경우가 있다. 인도는 네팔을 그의 추종 국가로 만들기 위해 정치적·경제적 압력을 행사해 왔다. 네팔은 대외무역의 90%가 인도와 이루어지고 있고, 무역 통로도 인도에 전적으로 의존되어 있다. 따라서 네팔은 인도의 의사에 민감하지 않을 수 없고, 인도의 정치적 입장을 수용하지 않을 수 없었다. 만일 네팔이 인도에 비우호적인 정책이나 태도를 취한다면, 인도는 네팔에 즉각적으로 경제적 압력을 가할 것이다. 네팔은 외교 정책을 결정할 때 우선 인도에 문의를 해야 할 정도로 의존적 관계가 심화되어 있다.[20] 네팔 정부는 인도 정부의 노선을 순순히 따를 뿐만 아니라 주도적으로 인도 정부의 입장을 따르려고 한다.[21] 네팔은 중국과 공식적 외교 관계를 수립했으나, 인도의 반대로 중국은 네팔의 수도 카트만두에 상주공관을 설

---

20) Leo E. Rose, *Nepal Strategy for Survival*(Berkeley: University of California Press, 1971), p. 20.

21) *Ibid.*, p. 195.

치하지 못했다. 일찍이 인도의 수상 네루는 중국에 대해 "네팔은 인도의 영향권하에 있음을 인식하고, 중국이 네팔을 국가로 승인하려면 우선 인도와 협의해야 한다"고 강조했다.22) 이와 같이 약소국간에도 불평등한 관계를 만들어 적극적인 협조적 관계를 갖고, 정치적 외교를 자유로이 전개하는 경우가 있다.

결론적으로, 약소국간에는 적극적인 협조적 외교 관계를 갖는 일이 쉽지 않다. 그 이유는 적극적으로 주고받을 것들이 많지 않기 때문이다. 동시에 국력의 측면에서도 약소국들은 외교 정책 목표를 달성할 수 있는 역량이 부족해 실질적인 정치적 외교의 전개가 매우 어렵다.

---

22) *Ibid.*, p. 208.

5. 갈등적 외교 관계를 가진 국가간의 외교

일방이 타방에 대해 그의 가치를 어느 정도 저해하거나 가치의 취득을 방해하는 행위 또는 앞으로 그렇게 하겠다고 위협하는 행위를 '갈등적'이라 정의할 수 있다.1) 더욱이 '갈등적'이란 말은 타방의 희생 위에서 어떠한 가치를 획득하기 위해 행위할 수 있다는 뜻도 포함하고 있다.

국가간에도 당사국의 한쪽 또는 양쪽이 이와 같은 행위를 할 의사가 있고, 직접 또는 간접적으로 이와 같은 행위를 할 수 있는 관계가 형성될 수 있다. 이러한 국가간의 외교 관계를 갈등적 외교 관계라 한다. 일반적으로 협조적 외교 관계를 갖고 있는 국가간에 각 당사국들이 상호 가치의 증대를 위해 협력하고 합의에 도달하려는 것을 '적응의 외교'라 한다. 거기에 대해 갈등적 외교 관계에 있는 국가간의 외교는 상대 당사국에게 하기 싫은 또는 손실을 가져오는 결정이나 행위를 하도록 강요하고, 또 이 요구를 받아들이지 않으면 그것을 수용함으로써 생기는 희생이나 손실보다 더 큰 피해를 입을 것을 인지시키는, 강압적인 상황하에서 전개되는 외교가 '배타적 외교'이다. 이러한 외교에는 위협(intimidation), 갈취(blackmail), 힘의 사용(the use of power of some kind to force)이라는 비평화적인 수단들이 이용되기도 한다.

이렇게 갈등적 외교 관계를 가진 국가간에는 외교가 합의에 도달하는 것이 목적이 아니라, 상대국의 가치에 손상을 입히고 적의를 표시하는 것을 목적으로 한다.2)

---

1) Charles F. Herman, "Foreign Policy Behavior: That Which is to Be Explained," in Maurice A. East, Stephen A. Salmore and Charles F. Hermam(eds.), *Why Nations Act*(Beverly Hills: Sage Publications, 1978), p. 41.

2) Glenn H. Snyder and Paul Diesing, *Conflict among Nations*(Princeton, New Jersey: Princeton University, 1977), p. 22.; Joseph Frankel, *International Relations in a Changing World*(Oxford: Oxford University Press, 1979), p. 128.

　갈등적 외교 관계는 앞의 외교의 범위에서 설명한 바와 같이 공식적 외교 관계를 갖고 있는 국가간이어야 그 형성이 가능하다. 왜냐하면 갈등적 관계도 외교 관계 중의 하나이기 때문이다. 갈등적 외교 관계가 형성되어 있다고 해서 언제나 모든 문제에서 상대 국가의 가치의 저해나 희생을 전제로 외교를 전개하는 것은 아니다. 다만 협조적 외교 관계를 갖고 있는 국가간의 외교에 비해 상대적으로 갈등적인 결정이나 행위가 많을 수 있다는 것을 의미한다. 카터 대통령도 1980년 1월 23일 미국의 상하 양원 합동회의에서 행한 연설에서 "미국과 소련의 관계는 그렇게 단순한 것도 아니며 정적인 것도 아니다. 미국과 소련간에는 협조(cooperation)도 있고 경쟁도 있으며, 어떤 때에는 대치 상태(confrontation)도 있었다."[3]고 말했다. 이와 같은 미국과 소련간의 관계가 갈등적 외교 관계의 전형이다.

　국가간의 갈등적 관계를 갖고 있는 국가간에도 극단적인 갈등 관계를 갖고 있는 국가도 있고, 일반적인 갈등 관계를 갖고 있는 국가도 있다. 극단적인 갈등 관계는 1960년대 중국과 소련, 1970년대에는 중국과 베트남같이 국경에서 무력 충돌이 자주 있는 경우를 들 수 있다. 또 일반적인 갈등 관계는 미국과 소련같이 배타적인 행위도 있으면서 협조적인 행위도 행하는 국가간의 관계를 말한다. 소련은 한때 쿠바에 미국을 겨냥한 미사일 기지를 건설하려 했는가 하면, 핵무기 강대국인 미국과 소련은 제1차 전략 무기 제한 협정(SALT Ⅰ)을 체결하기도 했다. 그러나 일반적 갈등 관계라 하더라도 이러한 관계를 가진 국가는 협조적이기보다는 배타적인 것이 더 많다.

　어떠한 국가간에 갈등적 외교 관계가 형성되어 있는지를 진단하는 기준은 우선 국제 기구, 조약 등 어떠한 매개체를 통한 협조적 외교 관계를 갖고 있지 않으며, 강압적인 상황하에서 강대국의 가치를 저해하는 행위를 일방 또는 쌍방이 계속해서 되풀이하고 있는가의 여부이다. 정치적 구속력이 없는 매개체에 의한 협력체의 구성원간에 강

---

3) "The State of the Union: Address Delivered before A Joint Session of the Congress, January 23, 1980," *Weekly Compilation of Presidential Documents,* vol. 16(January 28, 1980), p. 195.

압적 상황에서 상대국의 가치 저해 행위가 되풀이된다면, 이러한 외교 관계도 갈등적 관계라 할 수 있다. 갈등적 외교 관계인지를 가늠할 수 있는 또 다른 기준은 공개적인 매체, 예를 들면 정부의 공식성명서, 국가나 정부기관 하에 있는 언론매체 등을 통해 상대 국가의 결정, 행위, 태도 등을 자주 비난하거나 반박하는 경우를 들 수 있다. 대체로 협조적 외교 관계를 갖고 있는 국가간에는 상대 국가에 대한 비난이나 반박 등의 행위를 삼가한다. 또한 무관심한 외교 관계를 갖고 있는 국가간에도 서로 무관심하기 때문에 비난이나 반박과 같은 불만스러운 의사 표시가 있을 여지는 거의 없다. 예를 들어, 무관심한 외교 관계를 갖고 있는 것으로 알려진 국가간에 비난의 성격을 띤 공식적인 성명이 발표된다면, 이 국가간의 외교 관계는 무관심한 관계에서 갈등적인 관계로 변화될 조짐이 있다고 판단할 수 있다.

강대국간의 외교

19세기 말부터 20세기 초의 유럽 대륙에서 영국, 프랑스, 러시아 3개국과 독일, 오스트리아는 각각 상대방을 적대시하는 동맹 체제를 형성해 갈등적 외교 관계를 갖고 있었고, 이들은 모두 당대의 강대국들이었다. 이들 국가간의 극단적인 갈등적 관계는 결과적으로 제1차 세계대전을 유발시켰고, 영국, 프랑스와 독일, 이탈리아 등과의 갈등적 관계가 확대되어 제2차 세계대전의 원인을 제공했다.4) 가장 극명한 강대국간의 갈등적 외교 관계는 제2차 세계대전 후 양극 체제하의 미국과 소련간의 관계였다. 특히, 1950년대와 1960년대 미국과 소련의 관계는 갈등적 관계를 넘어 적대적 관계를 가진 것 같은 외교 행위를 전개하기도 했다. 양국이 직접 전쟁행위를 하지는 않았지만, 그와 유사한 또는 간접적으로는 전쟁 상태에 돌입했던 경우들은 분명히 갈등적 외교 관계를 갖고 있는 것으로 판단된다. 그러나 1970년대 이후 동·서간의 긴장 완화로 인해 강대국간의 갈등적 관계가 상대

---

4) René Albrecht-Carrié, *A Diplomatic History of Europe Since the Congress of Vienna*(New York: Harper & Row, Publishers, 1973), pp. 253ff & p. 461.

적으로 명확히 나타나지 않는 경우도 있었다. 왜냐하면 이들 강대국간에는 거시적 또는 세계적 측면에서의 외교와 국가간 미시적 측면에서의 외교가 다소 차이가 있었기 때문이다. 예를 들면, 미국과 중국은 1980년대 초 거시적으로는 협조적 관계의 요구 때문에 서로 적응하려는 측면이 없지 않았으나, 미시적으로는 협조적 관계가 원활하게 이루어지지 못하고 있었다. 세계 정치 및 전략적으로 미국과 중국은 소련을 겨냥한 대외 관계의 필요성을 인정하고 있었지만, 특히 미국의 경우 중국과 협조적으로 쌍무적인 행위를 하는 것은 주저하고 있었다. 경제적 측면만 보아도 미국은 중국의 현대화를 위한 적극적 지원을 소홀히 했다. 중국과 소련간의 관계도 미국 및 중국간의 관계와 거의 유사하다. 그러나 총체적으로 말하면, 미국, 영국, 프랑스, 서독 등의 서방 선진 자본주의 국가들은 소련 및 중국과 갈등적 외교 관계를 갖고 있었다고 할 수 있다. 특히, 동·서간의 긴장 완화로 이들 강대국간의 관계는 비정치적인 측면에서는 갈등적인 관계가 거의 사라진 것 같은 인상을 주었다. 그러나 미국, 소련, 중국의 세 강대국간의 관계는 정치적으로 갈등적 관계가 엄연히 존재하고 있었다. 특히, 1980년 이후 미국 레이건 행정부가 대소 강경책을 취하면서 미국과 소련의 경쟁과 대립이 강하게 표출되었기 때문에 이 시기를 신냉전 시기라 한다.5) 그 극단적인 예로, 1985년 12월 17일자 『프라우다』지는 "미국은 동구를 공산주의로부터 해방시키기 위해 오랫동안 불신되어 온 덜레스 정책을 재현하려고 꿈꾸고 있으며, 얼마 전 서베를린에서 행한 슐츠 미 국무장관의 연설은 냉전의 냄새가 난다."6)고 지적했다. 한편 미국도 소련에 대한 적의의 표시로 레이건 대통령은 소련을 '악의 제국'(an evil empire), 소련 지도자들을 '현대 세계 악의 근원'이라고 비난했다.7) 이러한 예를 보아도 미국과 소련간의 정치적

---

5) Fred Halliday, *The Making of The Second Cold War*(London: Verso Editions and NLB., 1984), pp. 20ff.

6) *The Current Digest of the Soviet Press*, vol. XXXVII, no. 50(January 8, 1986) p. 24.

7) *Weekly Compilation of Presidential Documents*, vol. 19(March 14, 1983), p. 369.

관계는 갈등적이라는 것을 알 수 있다. 이와 함께 중국과 소련간의 관계도 1960년대와 같은 적대적 관계는 해소되었지만, 다극 체제하에서의 양국 관계는 갈등적이다. 양국간에도 1980년대에, 특히 비정치적 분야에서 많은 교류가 이루어지고 있지만, 정치적인 면에서는 아직도 갈등적이라 할 수 있다. 중국은 소련을 여전히 위험한 존재로 보고 있었다. 예를 하나 들어 보면, "중국과 소련간의 관계 중에서 가장 본질적인 문제는 지배와 지배를 반대하는 것이다. 소련은 중국을 지배하려 하고, 중국은 소련의 지배를 반대하는 것이 실질적인 문제이다. 양국간에 견해 차이가 생기면, 소련은 정치적으로 중국을 적대시하고, 경제적으로 압력을 가하고, 군사적으로 국경을 강화했다. 오늘날에도 이러한 관계는 변치 않고 있다. 현재 양국간에 경제, 문화, 교육 등 비정치적 교류는 증대하고 있지만, 여전히 양국의 관계 증진은 느리고 멀었다는 것이 많은 사람들의 생각이다."[8]라는 지적이 나오고 있다. 또한 1985년 3월 등소평(鄧小平)도 "소련과 보다 발전된 경제 관계를 갖기를 희망하나, 정치적 관계가 밀접해지는 것은 아직 어렵고, 또 그렇게 되기에는 시간이 필요하다."[9]고 말함으로써 중국과 소련관계가 특히 정치적으로 협조 관계에 있지 않음을 명확히 시사했다.

미국과 중국간에도 원천적으로 협조적 관계를 가질 수 없는 바탕의 일면을 찾아볼 수 있다. 1983년 3월 5일 슐츠 미 국무장관은 세계 문제 위원회에서 '미국과 동아시아 : 장래의 동반자'라는 주제로 강연하는 가운데 "미국의 입장에서 볼 때 세계적으로나 지역적으로 중국보다는 일본의 역할이 훨씬 더 중요하며, 중화민국(대만)을 포함한 미국의 다른 우방 국가와의 관계를 희생시키면서까지 미국이 중국과의 관계를 증진시킬 필요성을 느끼지 않는다."[10]고 말했다. 이러한

---

8) Wang Jinging, "Why the Sino-Soviet Straints?" *Beijing Review*, no. 28(July 9, 1984), pp. 31-32.

9) 大公報 , 1985年 3月 8日.

10) Raymond L. Garthoff, *Détente and Confrontation*(Washington, D.C.: The Brookings Institution, 1985), p. 1044.

미국 국무장관의 말은 중국과의 관계의 한계를 잘 설명해 주고 있으며, 외교적으로 협조적 관계를 갖고 있지 않은 미국의 입장을 나타내 주는 것이다.

한편 서유럽의 선진 자본주의 국가들과 사회주의 국가인 소련, 중국간의 관계에도 배타적인 입장과 정책이 있다. 1988년 1월 파리에서 열린 연례 대 공산권 수출 조정 위원회(Coordinating Committee for Export to Communist Area)에서 미국과 이 회담에 참석한 유럽의 대표들은 한국, 중화민국, 싱가포르, 홍콩 등 아시아 신흥공업국가들이 군사적으로 중요한 목적에 이용될 가능성이 있는 민감한 기술이 소련 및 공산권 국가로 유출되는 것을 막는 데 협조해 주도록 설득작업을 전개했다. 그리고 이 위원회의 비회원국인 이들 아시아 신흥공업국가의 공산국가에 대한 기술적 우위는 서방의 안전보장 유지에 중요한 부분을 차지한다고 말했다. 이 대 공산권 수출 조정 위원회는 1949년 미국의 제안으로 설립된 것으로, 무기 개발 및 전투력에서 서방 국가들이 기술적 우위를 계속 유지해 공산국가들에 대한 견제력을 확실히 하자는 취지에서 생긴 기구이다. 이 기구의 명칭과 목적을 보아도 서방 선진 자본주의 국가들과 소련, 중국 등간의 관계가 배타적이고 갈등적이라는 것을 알 수 있다. 그뿐 아니라 실제로 서방 선진 자본주의 국가들의 고급 기술이 공산국가로 이전되는 것을 금지하고 있는 것도 이 위원회의 중요한 임무 중의 하나이다. 이와 같은 사실들이 실제로 정치적 목적을 위해 행해진다면, 이들 국가간에는 이해의 분담, 새로운 가치 창출, 균등한 가치 배분 등이 이루어질 수 있는 관계라고 믿어지지 않게 된다. 그렇기 때문에 외교 관계는 갈등적이고, 경쟁적 외교 관계에 의한 외교 행위가 행해질 수 있는 것이다. 바로 아시아 신흥공업국가들이 갖고 있는 기술이 공산국가로 이전되지 않도록 설득하는 행위 그 자체가 갈등적 외교 관계에 의한 것이다.

갈등적 외교 관계를 갖고 있는 강대국간에 행해지는 행정적 외교는 일반적인 행정적 외교가 갖는 특성 이외에도 다른 특성을 갖고 있다. 이들 국가들이 당대의 국제 정치 체제를 주도하는 강대국이기 때문에, 거시적 또는 미시적인 국제 정치의 이해가 일치되면 행정적 외교가 갖고 있는 원래의 취지에 입각해 합의에 도달할 수 있다. 이러한 경우로 미국과 소련은 정치적 강대국일 뿐만 아니라 군사적으로도 초강대국이지만, 특히 전략적인 측면에서 이해 관계를 같이 하는 경우 전략적 문제들에 대해서 쉽게 합의에 도달할 때가 있다. 1963년 미국과 소련은 지상, 대기권 및 수중에서 핵실험을 금지하는 '핵실험 금지 조약'(Nuclear Test Ban Treaty)을 체결했다. 미국과 소련은 핵무기를 독점하려는 의도를 같이 갖고 있었기 때문에 양국이 행정적 외교로 핵실험 금지 조약을 체결하자는 데 합의할 수 있었다. 이와 함께 미국과 소련 양국은 1972년 5월 제1차 전략 무기 제한 협정(SALT Ⅰ)을 체결하는 데에도 합의했다. 이 협정은 동·서간의 긴장 완화 분위기가 작용한 측면도 있으나, 그것보다는 두 개의 군사적 초강대국이 어느 정도 전략적인 핵무기 면에서 대등한 힘을 갖게 되었다. 뿐만 아니라 그와 함께 이들 두 국가가 전략 핵무기를 거의 독점하게 되었고, 이러한 상태하에서 더 이상의 군비 경쟁은 어느 측에도 도움이 되지 않는다고 생각했기 때문에 전략 무기의 제한에도 쉽게 합의할 수 있었다. 이와 같이 정치적으로 이해를 같이할 때에는, 강대국간에 갈등적 외교 관계를 갖고 있더라도 행정적 외교에 있어서는 국가간의 관계나 강대국간의 상호 작용의 논리보다는 행정적 외교의 특성이 더 앞선다는 사실을 알 수 있다. 갈등적 관계를 갖고 있는 강대국간에는 세계적, 거시적 차원에서 정치적 문제를 행정적 외교로 해결하는 경우가 있다. 왜냐하면 강대국들이 현재의 국제 정치 체제를 유지하려는 논리가 강하게 작용하기 때문이다.

강대국의 행정적 외교에 있어서 다른 하나의 특징은 비록 갈등적 관계에 있더라도 비평화적인 외교 수단은 잘 사용되지 않으며, 또한 효력도 없다는 것이다. 강대국간의 행정적 외교에 있어 어느 일방의 절대적 승리는 있을 수 없다. 이들간의 행정적 외교에 있어 어떤 강대국도 가치의 박탈 또는 무력 행사의 위협 등과 같은 외교적 수단에 굴복하지는 않을 것이다. 이에 대한 굴복은 강대국의 명예뿐만 아니라 실질적으로도 그의 위치를 의심케 할 수 있기 때문에 강대국간에는 어떠한 외교적 수단도 쉽게 활용되지 않는다. 특히, 갈등적 외교 관계를 갖고 있는 강대국간에는 영향력을 주고받는 외교적 기초를 서로 갖고 있지 않기 때문에 어느 한 측의 일방적 승리라는 것은 있을 수 없다.

그러므로 강대국간의 행정적 외교에서는 자의에 의한 양보, 타협, 적응 등은 있을 수 있지만, 강압에 의한 타율적인 합의나 굴복은 기대될 수 없다. 행정적 외교의 현안이 정치적이든 비정치적이든 간에 모든 현안에 대한 합의는 완전히 자의적이다. 한편 갈등적 외교 관계를 갖고 있는 강대국간에는 정치적인 현안이 사전 협의나 정치적 외교의 과정을 거치지 않고 행정적 외교의 협상 대상이 되는 경우를 생각할 수는 없다. 만일 이러한 현안이 여과 과정을 거치지 않고 행정적 외교의 탁자 위에 오른다면, 이는 문제의 해결을 목적으로 하는 것이 아니라 다른 부수적 목적, 예를 들면 선전이나 상대국의 의사 타진 등을 위해 행하는 외교로 생각할 수 있다. 대체로 갈등적 외교 관계를 가진 모든 국가간의 외교가 그러하듯이, 이러한 관계를 가진 강대국간의 행정적 외교도 이 범주를 벗어나지 않는다.

갈등적 외교 관계를 갖고 있는 강대국간 외교의 절정은 정치적 외교이다. 본질적으로 정치적 외교는 한 국가의 대외적인 의사 표시 또는 의사 전달 행위이다. 이러한 행위는 구체적이고 명시적인 행위 또는 묵시적인 암시를 대상 국가에 전해, 그 대상 국가의 행위 또는 결정을 유지시키거나 변경시키기 위한 목적으로 행해진다. 이러한 정치적 외교는 영향력에 기초해 행해지는데, 국가간의 상호 작용에 있어 영향력은 어느 한쪽에서 다른 한쪽으로만 작용하는 속성을 갖고 있다. 강대국간의 상호 작용에 있어서도 역시 그 영향력은 서로 주고받는 것이 아니라, 한쪽에서 다른 한쪽으로 일방적으로 행사된다.[11] 어떤 국가간이라도 영향력이 침투되지 않는다면 정치적 외교는 효과를 거둘 수 없다. 갈등적 외교 관계를 갖고 있는 강대국간에 어느 한 국가의 영향력이 다른 국가에 침투되는 경우는 쉽게 생각할 수 없다. 같은 시대의 강대국간이더라도 그들의 힘, 특히 정치적 역량은 질

---

11) K. J. Holsti, *International Politics*, 5th ed. (Englewood Cliffs, New Jersey: Prentice-Hall, Inc., 1983), p. 143.

적·양적으로 반드시 똑같지는 않다. 그러나 강대국간 정치적 역량의 다소간의 차이로 한 강대국의 영향력이 다른 강대국에 침투되어 다시 효력을 발생하는 경우는 흔치 않다.

일반적으로 정치적 영향력의 효력은 국력에 의한 일방적 의존 관계, 그리고 그에 따른 정치적 역량이 현격한 차이가 있을 때 발휘될 수 있고, 이에 기초해 행해지는 정치적 외교는 성공할 수 있을 것이다. 특히, 정치적 영향력의 가장 중요한 요소는 정치적 투자이다. 그러나 강대국간, 특히 갈등적이고 경쟁적인 관계를 갖고 있는 국가간에는 정치적 투자가 쉽게 이루어지지 않을 것이다. 한 시대의 강대국이라면 최소한의 자생력을 갖고 있을 것이며, 더욱이 정치적 투자를 직접 행하고 있는 국가로서 그 위력을 잘 알고 있기 때문에 이 강대국들은 정치적 투자의 대상이 되는 것을 방지하려 노력할 것이다. 그러므로 이들 강대국간에는 일방적 의존 관계나 불평등 관계가 쉽게 형성되지 않는다. 그렇다면 이들 강대국들은 모두 정치적 외교가 효력을 발휘할 수 있는 기초가 없다고 보아야 할 것이다.

국제 정치 체제의 변화로 정치적 강대국으로 부상된 중국은 다른 강대국에 비해 자생력이 뒤떨어지고 있다. 그리하여 중국은 1980년대 이후 자생력의 제고를 위해 현대화 정책을 추진하고 있다. 이를 위해 중국은 개혁·개방 정책을 추구하고 있으나, 현대화를 가속화하기 위한 무분별한 개방 정책을 지양하고 조심스럽고 선별적인 개방 정책으로 일관하고 있다. 그 이유는 무분별한 개방 정책으로 인해 다른 경제 선진 국가의 정치적 투자의 대상이 되지 않기 위해서이다. 1981년 8월 중국의 실권자인 등소평은 "중국은 미국의 도움을 원하고 있지만, 실제로 도움을 얻기 위한 행위를 하고 있지 않다는 것을 미국은 알아야 한다. 중국은 미국과의 관계가 증진되기를 희망하고 또 그 필요성을 느끼고 있다. 그렇지만 양국의 관계가 최고로 악화된다 하더라도, 아니 1972년 이전의 상태로 악화되더라도 중국은 붕괴되지 않을 것이다. 중국과 미국은 같은 입장에서 협력해야 한다"12)고 중국을

---

12) Foreign Broadcast Information Service, *Daily Report: Peoples Republic of China*, August 25, 1981, p. W6.

방문한 헤이그(Alexander Haig) 국무장관에게 말했다. 이 말의 의미는 중국은 지나치게 미국에게 의존하지 않을 것이며, 미국의 정치적 영향력이 쉽게 침투될 수 있는 여지를 주지 않을 것이라는 중국의 입장을 나타낸 것으로 보인다. 만약 중국이 미국에 크게 의존한다면, 중국은 미국의 정치적 외교가 쉽게 성공을 거둘 수 있는 대상 국가가 될 것이며, 이는 오늘날 중국이 누리고 있는 정치적 강대국의 지위를 위협할 것이다.

어떤 강대국에 의해 정치적 외교가 행해지며, 그것이 효력을 발휘할 수 있는 바탕을 제공하는 강대국이라면, 이 국가는 실질적인 강대국이라 할 수 없다. 다른 국가에 의해서 어떤 국가의 정책이나 행위가 결정된다면, 그 국가는 국력도 빈약하고 정치적 역량도 취약한 국가이다. 이러한 것을 역으로 다른 국가에 행할 수 있어야 강대국이라 할 수 있다.

갈등적 외교 관계를 갖고 있는 강대국간의 정치적 외교는 국력이나 정치적 역량에 기초해서 행해지기보다는 강대국간의 외교적 역학 관계에 의해서 이루어진다. 갈등적 관계를 갖고 있는 강대국간에는 서로 적응하기도 하고 배타적으로 행위하기도 한다. 이는 대체로 국가적인 실질적 이익보다 거시적 국제 정치의 득실에 따라 달라진다.

미국의 소련에 대한 정치적 외교가 성공한 경우가 있다. 미국의 케네디 대통령이 1962년 10월 16일 쿠바에 소련의 미사일 기지가 건설된다는 사실을 알았을 때, 다른 관리에 의한 개별적인 의사 표시 행위 대신 대통령 자신이 직접 텔레비전 연설을 통해 "쿠바에 설치되는 소련의 미사일 기지가 철수되지 않는다면 미국은 핵무기로 소련을 공격할 것"이라는 뜻을 소련에 전달했다. 그 직후 소련은 쿠바에서 미사일 기지를 철수했다. 이와 같은 소련의 행위는 미국에 굴복했다는 것을 의미하는 것이다.13) 미국 대통령의 의사 표시로 소련의 결정을

---

13) Stephen S. Kaplan, *Diplomacy of Power*(Washington, D.C.: The Brookings Institution, 1981), p. 675.; James A. Nathan and James K. Oliver, *United States Foreign Policy and World Order,* 2nd ed.(Boston: Little, Brown and Company, 1981), p. 296.

바꾼 것은 미국으로서는 소련에 대한 정치적 외교의 커다란 성공이다. 미국의 입장에서 보면, 양극 체제하에서 갈등적 외교 관계를 갖고 있는 두 강대국간의 외교에서 어느 한 측의 일방적인 승리만 있었다면, 소련의 강대국으로서의 지위를 의심하지 않을 수 없다. 그러나 소련 측에서 보면 일방적인 패배로만 볼 수 없다. 소련 수상 코시긴은 1962년 11월 7일 소련 혁명 기념일 보고에서 "소련이 쿠바에서 미사일 기지의 철수를 결정한 배경은 미국이 쿠바를 침공하지 않겠다는 약속을 했기 때문"14)이라고 말했다. 그뿐만 아니라 소련이 쿠바에서 미사일 기지를 철수한 대가로 미국도 소련의 미사일 철수 요구를 받아들여, 소련의 쿠바 미사일 기지 철수 3개월 후 미사일이 쓸모없이 낡은 것이라는 이유를 들어 이탈리아와 터키로부터 미국의 미사일을 철수했다.15)

쿠바에 설치하려던 미사일 기지 철수에 대한 미국과 소련의 정치적 외교는 미국의 선제 정치적 외교 행위에 소련이 적응한 결과가 되었다. 이렇게 보면, 양국간의 외교에서 미국이 승리한 것 같고, 미국의 승리는 곧 소련의 외교적 패배를 의미할 수도 있겠으나 실제로는 그렇지 않다. 외교상으로는 미국에 승리를 안겨 준 결과가 되었지만, 실질적으로는 소련이 자국 고유의 것을 미국에 빼앗긴 것이 아니고, 다만 얻으려 했던 것을 얻지 못한 것뿐이었다. 물론 미국의 정치적 외교가 효력을 발휘했기 때문에 이러한 결과를 가져온 것은 부인할 수 없는 사실이다. 그러나 실제로 미국이 쿠바를 무력으로 침공하지 않을 것을 약속했고, 또 미국도 소련의 요구를 수용해 이탈리아와 터키로부터 미사일을 철수했다. 그렇기 때문에 종합적으로 말하면, 쿠바 미사일 기지 철수 사건은 반드시 미국의 완전 승리나 소련의 완전 패배라고 단정하기 어렵다. 이번 사건이 이 정도로 마무리될 수 있었던 것은 미국과 소련이 각각 어느 정도 상대방의 입장이나 명예를 고려한 결과이다. 이는 두 국가가 정치적 강대국으로서 비물질적인 정신

---

14) *Current Digest of the Soviet Press,* vol. 14(December 5, 1962), p. 7.

15) Fred C. Ikle, *How Nations Negotiate*(Millwood, New York: Harper & Row, Publishers, 1985), p. 86.

적 가치의 교환을 이룰 수 있었기 때문이다. 이러한 정신적 및 정치적 가치에 입각해서 문제의 해결을 도모하는 것을 외교적 역학 관계에 의한 정치적 외교라 한다. 이 쿠바 사건을 통해서 갈등적 외교 관계를 갖고 있는 강대국간의 정치적 외교는 대체로 정신적 가치에 입각한 역학 관계에 의해 어떤 결과를 낳을 수 있음을 알 수 있다.

1980년 12월 폴란드 노동자들의 공산정권에 도전하는 자유화운동이 확대되고 있을 때 소련은 군사 개입을 위해 소련군 27개 사단을 폴란드 국경에 집결시키고, 소련 공수부대의 폴란드 침공을 위해 장비를 공수하고 있었다. 카터 대통령은 소련의 이와 같은 움직임에 대해 "우리는 소련이 폴란드에 개입하는 사태가 발생하지 않기를 희망하며, 미국 정부는 소련이 폴란드에 군사적 개입을 단행한다면 미국과 소련간의 관계는 좋지 않은 결과를 초래할 것"이라고 두 차례의 성명을 발표했다. 미국은 이 성명에 담긴 뜻을 영국, 프랑스, 캐나다, 이탈리아, 오스트리아, 일본 등에 전달했고, 북대서양 조약기구 사무총장과 유엔 사무총장에게도 발송했다.16) 그뿐만 아니라 미국과 북대서양 조약기구의 경고를 브레즈네프(Leonid I. Brezhnev) 소련공산당 서기장에게도 전달했다.17) 이에 대해 소련은 어떠한 반응도 보이지 않았다. 그러던 가운데 폴란드 인의 격렬한 반정부시위는 진정되었을 뿐만 아니라 소련의 군사적 개입도 실행되지 않았다. 이 경우 미국이 정치적 외교를 구사했으나, 이것이 소련의 행위를 저지시킨 것으로 보이지는 않는다. 오히려 소련의 군사적 개입의 위협이 폴란드의 국내 위기를 진정시켰다고 보인다. 이렇게 보는 근거로, 동유럽 국가는 미국에게는 결정적으로 중대하거나 미국의 국가 이익과 밀접한 관계를 가진 국가는 아니지만, 소련에게는 외교상 소련의 사활이 달려 있는 생명과 같은 존재이다. 따라서 미국이 소련에 대해 경고한다고 해도 소련의 행위를 저지시킬 수는 없었던 것이다. 이와 함께

---

16) Zbigniew Brzezinski, "White House Diary," *ORBIS*, vol. 32, no. 1(Winter 1988), pp. 40ff.

17) Zbigniew Brzezinski, *Power and Principle: Memoirs of the National Security Adviser, 1977-1981*(Farrar, Straus, Giroux, 1983), pp. 466-467.

아프가니스탄에 대한 소련의 개입도 같은 맥락에서 설명될 수 있다. 이 관계 역시 국가간에 명분과 실리가 조화를 이루어야 효과적으로 작용될 수 있다.

소련은 1956년에는 헝가리에, 그리고 1968년에는 체코슬로바키아에 각각 공산정권을 유지하기 위해 직접 군사력을 사용한 바 있지만, 바르샤바 조약기구의 회원국 이외에는 처음으로 1979년 12월 아프가니스탄에 군사 개입을 감행했다. 물론 소련의 아프가니스탄에 대한 직접적인 군사적 개입이 있기 전에 간접적으로나마 소규모의 지원을 반정부군에게 주었었다.18) 아프가니스탄은 소련과 2,500km의 국경을 접하고 있어 소련의 뒷마당과 같은 존재였다. 미국에게는 그렇게 중요한 국가가 아니었지만, 소련에게는 아프가니스탄이 중요한 국가 이익과 직결되어 있는 국가였다. 그러므로 소련의 군사적 개입은 예정되어 있었다.19) 미국은 소련의 군사적 행동이 있은 후 여러 계통의 대소련 경고와 함께, 1979년 12월 28일 카터 대통령은 소련과 직통전화(hot line)를 통해 "소련군이 아프가니스탄으로부터 철수하지 않으면 분명히 미·소 양국 관계를 위협할 것이다. 이에 소련의 철군과 아프가니스탄에 대한 내정 간섭을 즉시 중지할 것을 강력히 요구한다."20)는 의사를 표시했다. 그러나 소련의 아프가니스탄에 대한 군사 개입은 소련으로서는 이념적인 차원에서뿐만 아니라 정치적 의미 및 국가 안전의 필요성에 입각해 행해진 결정이었다.21) 결국 미국의 소련에 대한 정치적 외교는 성공하지 못했다. 갈등적 외교 관계를 갖고 있는 강대국간의 정치적 외교는 외교적 역학 관계에 의해서 성공할 수 있다. 그런데 소련에 있어서 아프가니스탄은 국가 이익에 절대적으로 직접적인 영향을 미치는 문제였기 때문에 양국간 외교적 역학 관계가 작용할 수 없었다. 그러므로 처음부터 미국의 정치적 외교는

---

18) Raymond L. Garthoff, *Détente and Confrontation*(Washington, D.C.: The Brookings Institution, 1985), p. 923.

19) *Ibid.*, p. 924.

20) Jimmy Carter, *Keeping Faith: Memoirs of President*(New York: Bantam, 1982), p. 472.

21) Raymond L. Garthoff, *op. cit.*, p. 929.

효력을 발휘할 수 없었던 것이다.

여기서 한 가지 생각해야 할 것은 강대국의 명예와 위상이다. 아프가니스탄 사태에 대한 미국의 정치적 외교 행위는 명예로운 결과를 가져오지 못했다. 미국의 소련에 대한 경고, 위협 등으로 소련을 움직일 수 없는 것은 자명한 일이었다. 갈등적 외교 관계를 갖고 있는 강대국간에는 힘에 기초한 외교가 성공할 수 없고, 다만 외교적 역학 관계에 의해서만 가능하다고 말한 바 있다. 이 경우는 힘도 외교적 역학 관계도 작용될 수 있는 상황이 아니었기 때문에, 소련에 대한 미국의 외교 행위가 반드시 미국에 유익했다고 할 수가 없다. 그렇다면 일방적인 외교 행위라 할지라도 그 득실을 감안해서 행하는 것이 바람직하다. 카터의 이러한 대소외교는 무의미한 것이었으며, 이 외교는 미국의 명예에 손상을 입혔다.

다극 체제라고 하는 1980년대의 미국과 중국의 관계를 살펴보면, 갈등적 관계를 갖고 있는 국가간에는 외교적 역학 관계에 의해서만이 정치적 외교가 효과적이라는 사실을 보다 잘 알 수 있다.

1988년 4월 페르시아 만에서 미국과 이란의 군사적 충돌이 있은 후 미국은 중국에게 이란에 대한 무기 수출을 중지할 것을 요구했다. 그러나 중국은 미국의 요구를 거절하는 내용의 서한을 북경 주재 미국 대사에게 전달했다. 이 경우, 미국은 국력 면에서 중국보다 월등히 크고 강하지만, 중국에 대한 정치적 영향력이 그다지 크게 작용할 수 없었기 때문에 그의 뜻을 관철시킬 수 없었다. 이와 동시에 이러한 미국의 요구가 양국의 외교적 역학 관계에서 양측 모두를 충족시킬 수 있는 정신적 가치를 창출하지 못했기 때문에 미국의 정치적 외교는 소기의 목적을 달성하지 못했던 것이다.

그러나 외교적 역학 관계에서 정치적 가치를 잘 활용해 정치적 외교가 성공한 경우가 있다. 미국이 중화민국과 단교하며 상호 방위 조약을 폐기했을 때, 미국은 중화민국에 무기 판매를 약속한 바 있어 1982년 1월에 중화민국에 대한 무기 판매를 결정했다. 이에 대해 중국 정부는 "미국간의 대만에 대한 무기 판매는 중국과 미국간의 관계를 심각하게 만들 것이며, 앞으로 양국 관계는 더 악화될 수 있을 것"22)이라는 경고성 성명을 발표했다. 사태가 여기에 이르자, 미국 정부는 1982년 5월에 부통령 부시(George Bush)를 중국에 보내 호요방(胡耀邦) 중국공산당 총서기와 조자양(趙紫陽) 총리에게 레이건 대통령의 친서를 전달했다. 또한 미국은 동년 8월 "미국의 대만에 대한 무기 판매는 질·량(質量) 모두 점진적으로 감소시켜 일정한 기간을 거쳐 최종적으로 해결할 것이며, 무기의 판매는 1979년의 수준을 유지한다."는 내용의 공동성명을 발표했다.23)

중국은 관계 악화의 위협 성명을 통해 미국으로 하여금 황급히 중국에 적응하게 만들었고, 또 미국의 대만에 대한 무기 판매의 내용을 일부나마 수정할 수 있었다. 이는 한마디로 말해, 미국에 대한 중국의 정치적 외교의 성공이었다. 중국의 이 정치적 외교가 성공할 수 있었던 배경으로는 다음과 같은 사항들을 들 수 있다. 첫째, 미국의 대만에 대한 무기 판매 정책이 미국의 중대한 정책이 아니고 또 중요한 국가 이익에 영향을 미치는 일이 아니었기 때문에 미국은 중국에 쉽게 적응할 수 있었다. 둘째, 이보다 더 중요한 것은 미국·소련 및 중국의 삼각 외교에서 미국이 소련에 대해 유리한 입장을 견지하기 위해 중국을 정치적·외교적으로 이용할 목적으로 중국에 적응한 것이다. 이는 미국이 소련에 대해 소위 '중국 카드'를 이용하는 것과 마찬가지로, 중국도 '미국 카드'를24) 역으로 이용한 결과 얻어진 외교적인 성과이다. 미국의 대만에 대한 무기 판매 문제로 전개되었던 미국과 중국의 정치적 외교는 양 강대국간의 외교적 역학 관계에 입각해 전개되고 마무리되었던 좋은 본보기이다. 미국이 중국에 적응했던 배경은 미국이 중국의 힘에 굴복한 것이 아니라, 정치·외교적으로 중국을 필요로 했기 때문이었다.

이와 같은 맥락에서 1986년 11월 5일 중국 건국 이후 처음으로 3척의 미국 군함이 중국의 청도항(靑島港)에 입항했다. 미국과 중국은 특히 소련에 대해 양국이 군사적으로도 밀접한 관계를 갖고 있음을

---

22) *The New York Times,* April 19, 1982.

23) *Beijing Review,* no. 35(August 30, 1982), p. 25.

24) Raymond L. Garthoff, *op. cit.,* pp. 718 & 982ff.

상징적으로 나타내기 위한 정치적 외교 행위를 했던 것이다. 이는 역시 앞의 대만에 대한 무기 판매의 경우와 같이, 미국과 중국은 각각 서로 적응하고 있다는 사실을 표현하기 위해 정치적 외교 행위를 한 것이다.

다극 체제하에서는 양극 체제에서와는 달리, 갈등적 외교 관계를 갖고 있는 강대국간에 갈등적인 외교도 전개되지만, 한편 적응하는 외교도 비교적 많이 전개된다. 왜냐하면 다극 체제는 갈등적 관계가 강대국간에 질적으로나 양적으로 다양해, 양극 체제보다는 적응할 수 있는 폭을 넓게 갖고 있기 때문이다. 같은 강대국간의 갈등적 관계라도 미국과 중국간의 관계는 미국과 소련간의 관계와는 질적으로 다르고, 또 서유럽의 프랑스와 중국, 프랑스와 일본의 관계 또 일본과 중국의 관계가 각각 다르다. 이들 세 국가들은 각각 지정학적 위치, 경제적 능력 또는 군사력 등에 차이가 있고, 상호 정책도 달라서 대응하는 태도, 방법 등에서 많은 차이가 있기 때문에, 또 경쟁이나 대립의 정도가 다르기 때문에 극단적인 대립 관계가 존재하지 않았다. 그리하여 이들 국가간의 적응 정도나 폭은 미국과 소련간의 그것보다 더 크다고 할 수 있다. 제2차 세계대전 후 미국의 세계적인 정책이나 전략은 모두 소련에 초점이 맞추어져 결정되고 전개되었다. 미국의 세계적인 정책이나 전략을 체계적으로 나타내 주고 있는 것은 미국 대통령들에 의해 선언된 소위 '독트린(doctrine)'이다. 1947년에 발표된 '트루먼 독트린'으로부터 1980년대의 '레이건 독트린'에 이르기까지 7개의 독트린은 모두 소련을 대상으로 선언된 것이었다.25) 이러한 일련의 사실들에서 볼 수 있듯이, 냉전 체제하에서 미국 대외 정책의 기조는 소련을 대상으로 했다는 것을 알 수 있다. 그러므로 미국과 소련간의 갈등적 관계는 다른 강대국간의 갈등적 관계와 많은 차이가 있다는 것도 알 수 있다. 외교상 똑같이 갈등적 외교 관계를 갖고 있다 하더라도 갈등의 정도는 다르기 때문에, 어떤 국가간에는 갈등의 정도가 극단적일 수 있고, 한편 이완된 갈등적 관계를 가질 수도 있

---

25) Cecil V. Crabb, Jr., *The Doctrines of American Foreign Policy*(Barton Rouge: Louisiana State University Press, 1982), pp. 107ff.

다. 제2차 세계대전 후 미국과 소련간의 관계는 미국이나 소련의 정책, 태도 등으로 보아 극단적인 갈등 관계를 갖고 있었던 것으로 보여진다. 물론 극단적 갈등 관계를 갖고 있더라도 시기적으로 또는 사안에 따라 그 정도가 달라질 수는 있다.

특히, 갈등적 외교 관계를 갖고 있는 강대국간의 외교의 핵심적 요건은 비물질적 가치인 정치적 가치의 존재 여부 또는 정치적 가치의 질이다. 이에 따라 강대국간의 외교는 성공도 하고 실패도 한다. 미국과 소련간에 대체적인 핵전력이 균형을 이룬 다음의 정치적 가치는 '핵균형의 공포'(nuclear balance of terror)였다.26) 양국이 핵전력의 균형을 이룬 상태에서 더 이상의 적대적 또는 극단적인 갈등적 행위가 누구에게도 도움이 되지 않는다고 판단해, 양국은 이 정치적 가치에 입각해 서로 충돌을 피하고 경쟁을 완화했다. 그리하여 제2차 세계대전 이후 미국과 소련은 1950년 한반도에서의 전쟁, 베트남 전쟁, 쿠바, 헝가리 등 어디에서도 직접적으로 정면 충돌한 일이 없었다. 양국이 이렇게 할 수 있었던 것은 핵전력의 균형이라는 정치적 가치에 의미를 크게 부여해 이것을 통해 외교적 역학 작용을 해왔기 때문이다.

소련은 1970년대 후반에 앙골라, 모잠비크, 에티오피아, 남예멘, 니카라과, 수리남, 아프가니스탄 등에 정치적·군사적으로 개입, 이 국가들을 공산화했고, 또한 자국의 세력을 확장시켜 왔다. 그러나 1981년 미국 대통령에 취임한 레이건은 "우리는 힘을 가지고 소련과 협상에 임해야 하며, 미국의 이익을 보호하고 신장시키기 위해 우리의 힘을 사용할 수 있다는 강한 의지를 소련에 보여 주어야 한다."27)고 선언했다. 또한 그는 "직접적이든 간접적이든 군사력은 미국 대외 정책의 실행에 가장 유효하게 사용할 수 있는 부분이어야 한다."28)며 모

---

26) Cecil V. Crabb, Jr., *Nations in a Multipolar World*(New York: Harper & Row, Publishers, 1968), pp. 635ff.

27) Russell J. Leng, "Reagan and The Russians: Crisis Bargaining Beliefs and Historical Record," *The American Political Science Review*, vol. 78, no. 2(June 1984), p. 339.

28) Terry L. Deibel, "Why Reagan Is Strong," *Foreign Policy*, no. 62(Spring

든 수단을 이용해 미국의 넓은 국가 이익의 수호 의지를 천명했다. 이후 1980년대에 들어 소련의 다른 약소국에 대한 정치·군사적 개입은 계속되지 않았다. 이렇게 소련이 더 이상의 세력 확장을 도모하지 않게 된 중요한 이유 중의 하나는, 이제 세계 어디서나 미국의 강한 저항이나 충돌 없이 세력 확장을 하는 것이 불가능해졌다는 것을 인식했기 때문이다. 소련의 이러한 인식과 판단은 미국과의 핵전력의 균형이라는 정치적 가치에 적응하는 것이 잃는 것보다 얻는 것이 더 크다는 데에서 연유한 것이다. 미국과 소련간에는 소련이 인식하고 있는 가치가 외교적 역학 관계에 크게 작용했다.

소련에 대해 외교적으로 우월한 지위를 얻으려는 '미국 카드' 또는 '중국 카드'가 미국과 중국의 정치적 가치이다. 1980년대에 양국을 서로 적응하거나 반목하게 한 것은 모두 이 정치적 가치에 의해 결정되었다. 그러나 소련과 중국간에는 1980년대에도 이 두 강대국을 외교적으로 연결시킬 수 있는 정치적 가치를 갖지 못해 외교적 역학 관계가 제대로 작용되지 못했다. 그리하여 소련과 중국간에 중대한 정치적 문제가 발생할 경우, 양국은 활용할 수 있는 정치적 가치를 갖고 있지 않아 상호 적응하기 어려웠고, 외교의 폭도 좁아지지 않을 수 없었다. 일본이나 서유럽의 강대국들과 소련 및 중국은 갈등적 외교 관계를 갖고 있지만, 다극 체제하에서는 정치적 갈등 관계가 심각하지 않기 때문에 그 관계가 극단적이지는 않다. 유럽 공동체의 중심 국가인 영국, 프랑스, 서독 등의 국가와 소련 및 중국은 우선 세계적인 정치나 전략적인 측면에서 서로 주된 대상 국가로 생각하고 있지 않기 때문에 경쟁이나 대립이 극단적으로 치닫지 않았다. 그렇기 때문에 갈등적 외교 관계를 가진 이들 국가간의 관계는 극단적이 아닌 이완된 갈등 관계의 맥락에서 설명할 수 있다.

갈등적 외교 관계를 갖고 있는 강대국간의 외교에 있어 생각할 수 있는 가장 중요한 요소는 이들간에 공통적이고 정신적인 정치적 가치의 존재 여부이다. 이러한 가치는 갈등적인 강대국간에 상호 적응의

1986), p. 117.

기회를 제공할 수 있다.

19세기 유럽의 세력 균형 체제하에서 강대국들이 약 100여 년 가까이 공존할 수 있었던 것은 이들이 공통적으로 유럽의 현상(status quo) 유지를 그들의 정치적 가치로 인정하고, 이것을 외교적 역학 관계에 활용했기 때문이다. 그러나 19세기 말에는 '현상의 유지'라는 정치적 가치가 점점 퇴색하여, 이것을 통한 외교적 역학 관계가 이루어지지 못한 결과 제1차 세계대전이 발발하고 말았다.

양극 체제하에서는 미국과 소련이 전면전의 회피를 그들의 정치적 가치로 생각하고, 이것을 양국 외교 관계에 적용해 왔다. 다시 말하면 전쟁 회피를 전제로 두 강대국이 외교적 역학 관계를 유지해 온 것이다. 앞에서 살펴본 쿠바 사건도 미국과 소련 양국간의 전쟁을 피해야 한다는 정치적 가치가 작용했기 때문에 충돌을 회피했다. 즉, 전쟁 회피라는 정치적 가치가 존재하지 않았더라면 쿠바 사건은 평화적으로 해결되지 못했을 것이다.

1950년대와 1960년대의 미국과 소련은 많은 국제적 문제에서 극단적인 경쟁 관계를 갖고 있었지만 서로 충돌을 회피하려고 노력했다. 그렇기 때문에, 긴장이 고조된 가운데에서도 이것이 전쟁 등의 행위로 나타난 일이 없었다. 미국과 소련 두 강대국이 전쟁 회피를 그들 최대의 정치적 가치로 생각했던 이유는 전쟁이 발생했을 때 누구의 승리도 보장받을 수 없었기 때문이다. 이런 불확실한 상황에서 두 강대국이 전쟁을 한다는 것은 자살 행위에 가까운 일이었다. 위와 같은 맥락에서 제2차 세계대전 이후 지금까지 미국과 소련의 정면 충돌이 한번도 없었다는 설명이 가능하다.

다극 체제하에서는 정치적 강대국이 두 개 이상으로 증가했다. 그리하여 이들 강대국간에 갈등적 외교 관계가 있더라도 극단적인 것은 아니었다. 어떤 강대국이 다른 강대국과 극단적 갈등 관계를 가지면, 이런 상황은 오히려 다른 강대국을 유리하게 할 수 있기 때문이다. 예를 들어, 일본과 소련이 극단적인 경쟁·대립 관계로 치닫는다면, 소모적인 외교가 전개될 것이다. 반면에 같은 갈등적 관계를 갖고 있는 중국과 미국이 외교적으로 상호 적응의 폭을 넓혀 모든 면에서 공동의 보조를 맞춘다면, 소련보다는 중국이 더 유리한 입장에서 다른 국가와 외교를 전개할 수 있을 것이다. 다극 체제하에서는 양극 체제와는 달리 갈등적 관계가 다원화될 수 있기 때문에 각기 갈등적 관계를 완화하려는 경향을 보인다. 그리하여 이 체제하에서의 정치적 가치는 극단적인 갈등 관계의 완화로, 이것이 이들 강대국간에 외교적 역학 작용을 한다. 바로 이런 것이 날이 갈수록 국제 사회의 긴장을 완화시키는 요인이 되었다. 특히, 갈등적 요소가 질적으로 약화되고 수적으로 감소되는 것은 갈등적 외교 관계를 갖고 있는 강대국들의 정치적 가치에 대한 깊은 인식에서 비롯된다. 1989년의 독일 베를린 장벽의 붕괴도 소련과 미국 등 서방 국가들 간의 갈등적 요소가 질적·양적으로 극소화되었기 때문에 가능했다.

강대국과 약소국간의 외교

갈등적 외교 관계를 갖고 있는 국가간에 양측 모두 정상적이고 바람직한 외교가 전개되기는 어렵다. 외교가 전개될 수 있는 바탕이 갈등적이고, 국력이나 정치적 역량에 차이가 있기 때문에 필연적으로 강대국에게 유리한 외교가 전개될 수밖에 없다는 것은 자명한 일이다. 특히, 강대국과 약소국간에 현안의 중대성이 크면 클수록 가치의 공유나 균점은 불가능하다.

더 나아가 갈등적 외교 관계를 갖고 있는 강대국과 약소국간에는 상대방의 희생 위에 자국의 이익을 극대화하려는 생각이 언제나 작용한다. 그렇다면 약소국의 이익은 희생될 것이고, 강대국은 약소국의 희생을 국익 증대의 수단으로 삼을 것이다.

외교적 측면에서 볼 때, 물질적 또는 정신적 가치가 당사국간에 상충되거나 혹은 이러한 가치를 경쟁적으로 다툴 때 갈등적 외교 관계를 가진 강대국간에는 더 많은 것을 얻기 위해 대립하고 경쟁할 수 있지만, 강대국과 약소국간에는 경쟁이 있을 수 없다. 만일 경쟁이 있다면 강대국은 이 경쟁에서 더 많은 것을 얻고 독점하기 위해 필요한 수단들을 동원해 일방적으로 경쟁의 대상이 되는 가치를 독점할 것이므로 정상적인 외교가 전개되지는 못할 것이다. 강대국과 약소국간에는 힘의 격차가 크고 또한 외교 관계의 질로 보아 본질적으로 상호 적응하는 외교, 다시 말하면 이견의 조정이나 해소 또는 이해의 분담을 전제로 하는 외교가 전개되기 어렵다. 그렇기 때문에 이들간에 가치 획득을 위해 경쟁하거나 해결해야 할 중대한 현안이 발생한다면, 여기에는 강대국의 강압적인 외교가 일방적으로 전개될 것이다.

약소국과 강대국이 갈등적 관계를 갖고 있다는 것은 각기 독자적인 길을 걷고 있어 정상적이고 원만한 외교를 전개할 수 있는 기초를 갖고 있지 않다는 것을 의미한다. 약소국은 갈등 관계를 갖고 있는 강대국과 의존적 관계이거나 불평등 관계를 갖지 않으면서 자주 충돌하고 대립한다. 또한 강대국 역시 커다란 국력을 갖고 있고 강한 정치적 역량을 갖고 있지만, 외교의 대상이 되는 약소국과는 어떠한 외교적 기초도 갖고 있지 않기 때문에 이 강대국은 그 약소국과 바람직한 외교를 전개할 수 없다. 강대국과 약소국 사이에 어떤 가치의 다툼이 있거나 또는 양 당사국에 중대한 현안이 발생한다면, 강대국은 비우호적이고 비평화적인 방법을 동원해 소기의 목적을 달성하려 할 것이다. 다시 말하면, 강대국과 약소국간의 관계가 갈등적이고 원만한 외교를 전개할 수 있는 외교의 기초를 갖고 있지 않다면, 여기에는 문제 해결을 위해 강대국의 일방적인 폭력적 행위만이 자행될 것이다.

일반적으로 약소국이 강대국과 극단적인 갈등 관계를 갖는 경우는 흔치 않다. 앞에서 설명한 바와 같이, 약소국과 강대국이 극단적인 갈등 관계를 갖는다면, 약소국에게는 대단히 불리할 것이다. 그러므로 약소국이 먼저 강대국과의 극단적인 갈등 관계를 회피하려 할 것이며, 또한 강대국과 해결해야 할 문제의 발생을 미연에 방지하거나 회피하려 할 것이다. 그러나 강대국으로서는 어떤 약소국과도 협조적 관계를 갖는 것이 바람직하지만, 갈등적 관계를 갖고 있더라도 크게 불리할 것은 없다. 강대국은 자신과 협조적 관계를 갖고 있는 약소국에 대해서는 비협조적인 행위를 자제하겠지만, 갈등적 관계를 가진 약소국에 대해서는 자국의 목적 달성을 위해 수단과 방법을 가리지 않을 것이다.

　19세기 유럽의 세력 균형 체제하에서 강대국과 약소국이 갈등적 관계를 갖는 경우는 없었다. 유럽 대륙 내에서 강대국의 개별적인 대외 행위는 대체로 억제되었기 때문에 어떤 강대국이 특정 약소국과 갈등적 관계를 갖지 않았다.

　엄밀히 말해서 양극 체제하에서는 강대국과 약소국이 갈등적 외교 관계를 갖는 경우가 흔치 않았다. 우선 서방 진영에 속해 있는 약소국이 공산 진영의 강대국과 공식적 외교 관계를 갖고 서로 가치를 다투는 일은 있을 수 없었다. 왜냐하면 공산 진영의 강대국인 소련과 서방 진영의 약소국간에 직접적인 외교의 전개가 있을 수 없었기 때문이다. 그러므로 양극 체제하에서 이념과 사회 체제를 달리하는 강대국과 약소국간에 긴밀한 상호 작용이 있을 수 없었으므로 해결해야 할 현안이 발생할 가능성도 매우 적었고, 가치를 다투는 일도 발생하기 어려웠다.

　양극 체제하에서 1960년대 강대국인 소련과 중국은 갈등적 관계를 갖고 있었으나, 양국간에 직접적인 외교를 전개하지 않았다. 따라서 두 국가간에 해결해야 할 긴급한 현안도 발생하지 않았을 뿐만 아니라 이해를 다투는 경우도 없었다. 비록 소련과 중국은 갈등적 관계를 갖고 있었지만, 모두 공산주의 국가였다는 것이 두 국가간의 갈등적 관계가 극단적으로 치닫지 않은 이유라고 생각된다.

　역시 냉전 체제하에서 1960년대 이후 미국과 쿠바는 갈등적 관계를 갖고 있었다. 그러나 미국은 일방적으로 쿠바의 희생을 강요하지 않았다. 왜냐하면 쿠바는 소련의 보호를 받고 있었기 때문에 미국이 쿠바에게 희생을 강요한다면 소련과 충돌할 가능성이 있었다. 그래서 미국은 소련과의 충돌을 피하기 위해 쿠바의 희생을 강요하지 않았다.

　국제 정치 체제가 다극화됨으로써 강대국과 약소국간의 협조적 관계가 크게 줄어들었다. 강대국과 약소국간의 협조적 관계는 강대국의 필요에 의해서 형성되는데, 다극 체제하에서는 강대국이 많은 약소국가들과의 협조적 관계를 가질 필요성이 적어졌다. 왜냐하면 강대국간의 경쟁, 대립 등이 치열하고 극단적이지 않기 때문이다. 따라서 약소국은 강대국으로부터 외교적으로 자유로우며 독립적으로 행동할 수 있었다. 또한 강대국도 이제 수적으로 증가했고, 약소국도 독자적인 외교를 전개할 수 있게 되어 강대국과 갈등적 관계를 가질 가능성이 많아졌다.

강대국과 약소국간에 비정치적 현안이 발생한다면, 양국이 갈등적 관계에 있더라도 공식적 외교 관계를 갖고 있기 때문에 행정적 외교를 통한 문제의 해결이 가능하다. 형식적인 행정적 외교가 전개될 수 없더라도 외교 관계를 가지고 있으므로 대화나 접촉의 창구를 가질 수 있어 이를 위한 정치적 외교도 가능할 것이다. 그러나 중대한 국가 이익과 직결되는 정치적 현안이 발생한다면 정상적인 외교로는 그 해결이 불가능할 것이다. 갈등적 외교 관계를 갖고 있고 또 강대국과 약소국간의 외교이므로 이해의 분담을 쉽게 생각할 수 없을 것이며, 이 경우는 강대국의 일방적 승리로 끝날 것이다.

갈등적 외교 관계를 갖고 있는 강대국과 약소국간에는 정치적 외교가 전개될 수 있는 기초가 형성되어 있지 않은 것이 일반적인 현상이다. 강대국과 약소국간에 의존적 관계나 불평등한 관계가 형성되어 있다면, 이 관계는 갈등적 관계가 아닐 것이다. 그러므로 갈등적 관계에서는 정치적 외교가 전개될 수 없기 때문에, 중요한 문제가 발생한다면 강대국은 상대 약소국을 희생시켜서라도 자국의 목적을 달성하려 할 것이다. 강대국과 약소국이 갈등적 외교 관계를 갖고 있다면, 정상적인 외교가 전개될 수 없다. 그러나 강대국의 경우에는 필요하다면 목적의 달성을 위해 필요한 조치를 강구할 것이다.

약소국간의 외교

갈등적이라는 요소와 약소국이라는 요소는 외교에 있어 그 폭을 가장 좁게 하고, 외교 행위를 가장 소극적으로 만드는 요소이다. 이러한 요소들을 갖고 있는 국가간에는 외교적인 상호 작용이 매우 적다. 외교의 근본 목적은 새로운 가치를 창출하고, 각 당사국이 이를 균점해 국가 이익을 극대화하는 데 있다. 그러나 외교의 각 당사국이 갈등적인 데다 약소국이라면 창출될 가치가 많지 않기 때문에 이들간의 외교는 지극히 제한적일 수밖에 없다. 그러므로 이들 국가간에는 일반적이고 정상적인 외교가 전개될 수 있는 바탕을 갖지 못한다.

약소국간의 외교는 국제 정치 체제와도 거의 관계가 없다. 일차적으로 국제 정치 체제의 변화로 약소국의 지위가 변하지 않는다면, 이 체제의 변화는 약소국들에게 큰 의미를 부여하지 않는다. 물론 약소국간이라도 상대적으로 국력이 강하고 다른 약소국보다 정치적 역량을 좀더 발휘할 수 있는 국가가 있을 수 있다. 그러나 이들의 외교관계는 갈등적이기 때문에 정치적 역량을 발휘할 수 있는 터전을 마련하기는 어려울 것이다. 정치적 역량을 발휘할 수 있는 터전은 적어도 상대 국가의 이익을 저해하지 않는 관계여야 마련될 수 있는데 이들이 갈등적 관계라면 영향력 행사의 바탕을 가질 수 없다. 그러므로 약소국간에 정치적 외교가 전개될 수 있는 가능성은 배제되어도 좋을 것이다.

이들간에도 비정치적 현안이 발생한다면, 역시 갈등적이지만 외교관계를 갖고 있기 때문에 행정적 외교를 통해 문제 해결을 모색할 수 있을 것이다. 만약 이들 국가간에 행정적 외교가 전개된다면, 물리적 힘의 행사나 정치적 역량이 발휘될 수 있는 여지가 적기 때문에 원칙에 입각한 모범적인 외교의 전개가 가능할 것이다.

한편, 이들간에 중대한 정치적 현안이 발생한다면, 당사국들은 어려운 국면에 접어들 것이다. 이러한 문제는 정치적 외교에 의해 해결이 가능하지만, 약소국간에 정치적 외교의 전개가 불가능하기 때문에 각 당사국은 첨예한 대립을 면할 수 없다. 이들 국가간에는 갈등적 외교관계를 갖고 있어, 평상시 어려운 정치적 현안을 미연에 방지하는 정치적 외교가 전개되기 어렵다. 만약 정치적으로 중요한 현안이 발생한다면 그 해결이 매우 어려워질 것이다. 그렇다면 이런 문제의 해결은 외교 이외의 방법에 의해서만 가능할 것이다. 그것은 물리적 힘의 행사에 의한 충돌, 다시 말하면 전쟁 행위로써 문제 해결을 모색하는 것이다. 약소국간 갈등적 외교 관계를 갖고 있는 국가라면 어떠한 국제 정치 체제하에서도 물리적 힘에 의한 충돌 행위는 흔히 발생될 수 있는 일이다. 1980년대 이란과 이라크의 전쟁이 그러한 예의 하나이고, 그 외에도 약소국간에 발생되는 국지전은 대체로 위에서 말한 요소들이 그 원인이 되는 경우가 많다. 만약 이들 국가들이 무력 충돌을 회피하기 위해 정치적으로 중대한 현안을 행정적 외교를 통해 해결하려 한다면, 이 행정적 외교는 각 당사국이 문제의 해결에 접근하기보다는 행정적 외교의 부수적 효과를 최대한으로 얻기 위한 행위로 일관할 것이다.

결론적으로, 갈등적 외교 관계를 가진 약소국간에는 활발하고 적극적인 외교가 전개될 수 있는 기반이 조성되어 있지 않기 때문에 일반적인 외교의 형태를 정립하기가 어렵다. 이러한 국가간의 관계가 실제로 존재한다고 하더라도, 외교적 행위가 전개될 수 있는 터전을 갖고 있지 않아 이들간의 외교 행위는 평상시 거의 전개되지 않고 있다. 비록 갈등적 외교 관계에 있더라도 지리적으로 인접한 국가간이라면 우호적이든 비우호적이든 소극적인 외교가 전개될 수 있겠지만, 지리적으로 멀리 떨어져 있는 국가간의 활발한 외교는 기대하기 어렵다.

6. 무관심한 외교 관계를 가진 국가간의 외교

국가간의 관계가 '무관심한 관계'(indifferent relations)라는 말은 국가간에 공식적인 외교 관계는 가지고 있지만, 외교적 관계의 질이 모든 가치를 나누어 가질 수 있을 만큼 명백한 협조적 관계를 가지고 있지도 않고, 다른 국가의 가치를 해치는 대립적·갈등적 관계도 갖지 않는 국가간의 외교 관계를 뜻한다.

이 같은 경우는 영국과 시에라리온 또는 프랑스와 다호메이 등의 관계에서 볼 수 있는데, 이들 사이에는 공식 외교 관계는 있으나, 약간의 무역 거래만이 존재할 뿐 접촉이나 교류는 활발하지 않다. 이러한 국가간의 관계를 무관심한 외교 관계라 할 수 있다. 또 한국은 중남미의 에콰도르 공화국, 아프리카의 말라위 공화국과 외교 관계를 정상화하고, 그곳에 우리의 상주공관을 두고 있다. 그러나 한국과 이들 국가간에는 접촉이나 교류도 활발하지 않고 또 정신적 및 물질적 가치를 창출해서 나누어 갖는 경우도 매우 드물다. 그 뿐만 아니라 서로 비난도 비판도 하지 않으며 이 지구상에 공존하고 있다. 그러므로 한국과 이 두 국가간의 외교 관계는 무관심한 관계라 할 수 있다. 한 국가가 다른 국가와 무관심한 외교 관계를 갖고 있을 때, 갈등적 또는 협조적 관계를 갖고 있는 국가보다는 외교의 폭을 더 크게 가질 수 있다. 다른 국가와 무관심한 외교 관계를 갖고 있는 국가는 일시적으로 또는 잠정적으로 어떤 사안이나 상황에 따라 협조적 관계를 가질 수도 있고, 갈등적 관계를 가질 수도 있다. 무관심한 외교 관계를 갖고 있는 국가간에는 외교 관계의 축을 협조적인 측면에 더 크게 두는 것도 아니고 또 갈등적 관계에 비중을 더 크게 두는 것도 아니다. 이들간의 외교는 일정한 정향(orientation)을 갖고 있지 않아 외교적 상호 작용의 틀이나 범위가 없다. 그 대신 이들의 외교는 시간이나 공간 또는 사안에 따라 외교 행위를 크게 달리할 수 있다. 그리하여 이런 외교 관계를 가진 국가간에는 거의 교류가 없는 국가들도 있

고, 사안에 따라서는 잠정적으로 협조적 관계 못지않은 관계도 가질
수 있다.

무관심한 외교 관계를 갖고 있는 국가간의 외교를 결정 짓는 중요
한 요소는 적대적이거나 배타적인 태도, 행위, 정책 등을 갖지 않도록
하는 것이다. 국가가 이러한 태도나 정책을 가지면 국가간의 관계는
갈등적인 관계로 발전할 수 있을 뿐만 아니라 그것이 더 악화될 수
있는 소지를 갖고 있기 때문이다. 국가간에 이와 같은 상황을 인식할
수 있다는 것은 실질적으로 밀접한 상호 작용이 필요하고, 또 그렇게
해야 할 이유가 있기 때문이다. 이렇게 밀접한 상호 작용의 필요성을
갖는 데에는 지리적 · 정치적 · 경제적 · 전략적인 측면의 여러 이유가
있을 수 있다.

그럼에도 불구하고, 협조적 외교 관계를 갖지 않는 이유는 외교 당
사국의 일방 또는 쌍방이 일정 기간 동안 외교적 자유와 권리의 제
한이 수반되는 협조적 관계의 설정을 원하지 않기 때문이다. 그 대표
적인 예가 제2차 세계대전 이후 양극 체제하에서 강대국과 비동맹
외교 노선(non-alignment orientation)을 채택한 국가간의 관계이다.
비동맹 외교 노선을 채택한 국가들은 자국의 필요에 의한 대외 정책
결정과 독자적인 외교 행위의 자유를 향유하고, 두 강대국으로부터
경제 원조를 받으며 자율적인 경제 발전을 이룩하기 위해서 두 강대
국과 협조적 외교 관계를 갖지 않으려 했다.1) 뿐만 아니라 이들 국
가는 두 강대국과 갈등적 관계도 갖지 않았다. 그러나 강대국들은 비
동맹 외교 노선을 걷는 국가 중 특히 영향력이 있는 국가와 긴밀한
유대 관계를 갖는 것이 필요했기 때문에 그들과의 소원하고 무관심한
외교 관계를 탈피하려 했다. 그러나 비동맹 국가들이 미국과 소련 두
강대국과 협조적 관계를 원하지 않았기 때문에 미국과 소련은 이들과
협조적 외교 관계를 가질 수 없었지만, 외교상 무관심한 관계를 유지
하며 이들 국가들이 자국에 대해 적대적이거나 배타적인 태도, 정책
등을 갖지 않으려고 노력했다.

---

1) K. J. Holsti, *International Politics,* 5th ed.(Englewood Cliffs, New Jersey: Pr
   entice-Hall, Inc., 1983), pp. 96ff.

이와 같은 경우는 비교적 특수한 경우이고, 일반적으로 협조적·갈등적·무관심한 외교 관계 중에서 가장 많은 국가간의 관계는 무관심한 관계이다. 대체로 강대국들은 많은 국가와 공식적 외교 관계를 갖고 있지만, 이들 국가는 자국의 입장에서 거시적 또는 미시적으로 가치가 있다고 생각되는 국가와 농도 짙은 협조적 외교 관계를 갖는다. 양극 체제하에서 강대국들은 미시적 측면보다는 거시적 측면에서 다른 국가들과 협조적 관계를 설정했다. 그리하여 비교적 많은 국가와 협조적 관계를 갖고 있었다. 그러나 다극 체제하에서 강대국은 양극 체제하에서와는 달리 미시적 측면에서 외교 관계의 질을 결정한다. 다극 체제하에서는 어떤 특정 강대국이 독단적으로 국제 정치 체제의 유지 및 관리를 책임질 수가 없고, 또 그렇게 하려고 하지도 않는다. 그러므로 외교에 있어 미시적 측면이 보다 강조됨으로써 강대국의 외교 관계의 영역도 자연히 좁아진다. 따라서 강대국의 외교 관계는 협조적 외교 관계나 갈등적 외교 관계는 줄어들고, 오히려 무관심한 외교 관계가 증가한다. 양극 체제하에서는 약소국의 경우도 마찬가지로 외교 관계의 제한 요소인 이념, 동맹 등으로 외교의 폭이 넓지 못했으나, 외교 관계의 질은 협조적 관계 또는 갈등적 관계로 극명하게 나뉘어져 있었다. 그러나 약소국도 다극 체제하에서는 외교 관계의 제한적 요소가 거의 제거되어 외교의 폭은 넓어졌지만, 외교 관계의 질은 떨어졌다. 다시 말하면, 강대국이나 약소국이나 국가간의 외교 관계는 무관심한 관계가 확대되어 가고 있다.

강대국간의 외교

어느 시대, 어떤 국제 정치하에서도 강대국간에는 무관심한 외교 관계가 형성될 수 없다. 강대국간이라면 서로 상대국을 관심 밖에 둘 수 없고, 협조적이든 갈등적이든 관계를 가지게 되며, 서로 무관심할 수는 없다. 강대국이라면 모든 가치가 제한적인 19세기 세력 균형 체제나 양극 체제하에서는 말할 것도 없고, 비교적 가치가 제한적이지 않은 다극 체제하에서도 강대국으로서의 지위를 유지하기 위해서 필연적으로 다른 강대국을 의식해 행위하고 정책을 결정한다. 만약 강대국이 각기 다른 강대국에 관심을 갖지 않는다면 국제 정치 체제는 형성되지 않을 것이고, 또 형성되더라도 그 유지는 불가능할 것이다.

국제 정치 체제는 19세기 초 강대국의 탄생과 더불어 생성되었다.2) 그리고 국제 정치의 일정한 법칙과 그 범위는 강대국의 상호 작용에 의해서 만들어지는데,3) 강대국이 서로 무관심한 관계를 갖는다면 국가간의 관계나 세계적인 국제 정치는 질서도 틀도 없는 상태에서 전개될 수밖에 없다. 그러므로 국제 정치 체제가 형성된 이래 오늘까지 강대국들이 자국의 지위를 포기하지 않는 한, 무관심한 관계가 형성될 수 없었다. 그러므로 강대국간의 무관심한 외교 관계는 실제로 존재하지 않는다. 역설적으로 강대국간의 외교 관계가 무관심한 관계라면, 세계는 매우 평화롭고, 모든 외교는 합법적·합리적으로 전개될 수 있을 것이다. 왜냐하면 이러한 강대국간에는 국제 정치 질서나 체제의 유지 또는 전복을 위한 대립이나 경쟁이 없어질 것이다. 따라서 국제 정치 체제가 없다면 절대적 강대국이나 약소국의 의미도 희석될 수 있어 외교는 비교적 단순하게 전개될 수 있기 때문이다. 그러면 모든 국가간의 외교가 어느 정도 평등한 지위에서 전개될 수 있는 환경이 조성될 수 있을 것이다. 그리고 국제 정치 체제 및 강대국의 의미가 축소되거나 가치가 하락한다면, 모든 국가의 외교는 거시적인 측면에서가 아니라 전적으로 미시적인 측면에서 전개될 것이다. 만일 이렇게 된다면 강대국과 약소국의 외교의 폭은 크게 축소될 것이다. 그러나 국제 정치 체제가 존재하고 그것이 작용되는 한, 강대국간의 외교 관계는 무관심할 수가 없다.

---

2) 拙稿, "國際政治體制의 起源과 展開," 李邦錫 敎授 停年記念論文集, 1987, pp. 411ff.

3) Stanley Hoffmann, "International Organization and the International System," in Leland M. Goodrich and David A. Kay(eds.), *International Organization: Politics and Process*(Wisconsin: The University of Wisconsin Press, 1973), p. 62.

강대국과 약소국간의 외교

일반적으로 말해 강대국과 약소국간의 가장 보편적인 외교 관계는 무관심한 외교 관계라 할 수 있다. 국가간의 외교 관계의 형태와 질은 강대국에 의해서 주도적으로 결정되는 것이 일반적인 현상이다. 약소국은 강대국과 협조적 외교 관계를 가짐으로써 강대국에 의해 자국의 안전을 보장받을 수 있고, 국가간의 정치 또는 국제 기구나 국제회의 등에서 외교적 지원을 받을 수 있을 뿐만 아니라 경제적·군사적 원조도 받을 수 있다. 그리하여 부분적으로 외교나 외교 정책의 제한을 감수하면서도 강대국과 협조적 외교 관계를 갖고자 하는 약소국도 있을 수 있다. 그러나 이러한 외교 관계는 약소국의 필요가 아니라 강대국의 약소국에 대한 가치에 따라 결정되기 때문에, 약소국이 일방적으로 강대국과의 협조적 외교 관계를 희망하는 경우라면 그 협조적 외교 관계는 불가능하다. 그러나 그 반대의 경우, 즉 강대국이 어떤 특정 약소국과의 협조적 관계를 원하는 경우에는 강대국의 뜻에 의해 협조적 외교 관계를 가질 수 있다.

위와 같은 현상이 일반적인 현상이라 할 수 있으나, 양극 체제하에서 미국이나 소련 두 강대국과 비동맹 외교 노선을 채택한 국가 가운데 일부 영향력 있는 국가간의 경우는 예외적이었다.4) 양극 체제하에서 미국과 소련은 정치적 영향력의 경쟁이 극도로 치열했기 때문에, 이들 국가들과 각기 형식적이 아닌 실질적인 협조적 관계를 가지면 외교적 경쟁에서 매우 유리한 고지를 점할 수 있었다. 협조적 관계를 갖지 못하더라도 이 영향력 있는 비동맹 국가가 두 강대국 중 다른 측에 편향되는 것을 막는 것이 절대적으로 필요했다. 때문에 이 국가에 대한 미국과 소련의 경쟁은 매우 치열하게 전개되지 않을 수 없었다. 그 좋은 예가 아시아의 인도와 아프리카의 이집트이다. 이 두 국가가 비동맹권 내에서는 영향력이 크기 때문에, 인도와 이집트

---

4) Michael Handel, Weak States in the International Relations(London: Frank Cass, 1981), pp. 191ff.

가 적어도 상대편 강대국에 밀착되는 것을 막는 일이 강대국에게는 절대절명의 과제였다. 그리하여 이집트와 인도 두 국가는 강대국과 외교상 무관심한 관계를 가지면서도 자국의 특이한 외교 노선을 이용해 약소국의 입장에서 오히려 주도적으로 강대국과 실질적인 협조 관계를 유지했다.

특히, 미국은 1956년 이집트가 수에즈 운하회사를 국유화했을 때 자국의 동맹 국가이자 정치적 가치를 가장 높게 평가하고 있던 영국, 프랑스, 이스라엘의 이익을 희생시키면서까지 이집트를 옹호했다. 또 이에 맞서 소련도 미국에 뒤지지 않기 위해 이집트의 수에즈 운하 국유화 결정을 전폭적으로 지지했다. 이와 함께 이집트의 아스완 댐 공사의 경우에도 미국과 소련은 역시 그것을 경쟁적으로 지원했다. 그 후 미국은 이집트에 대해 호의적인 태도를 보이기 위해 1957년 자국의 우방 국가인 이스라엘에게 시나이 반도로부터 철수하도록 강한 압력을 가했다.5) 그뿐만 아니라 아이젠하워 대통령은 1957년 1월 5일 상하 양원 합동회의의 연설에서 중동에 대한 미국의 기본 정책의 새로운 방향을 발표했다. 이것을 곧 '아이젠하워 독트린'이라 한다. 그 후 미국 의회는 1957년 3월 9일에 행정부가 제출한 '중동 결의안'(Middle East Resolution)을 가결해 미국 대통령으로 하여금 중동 국가들의 독립을 뒷받침할 수 있는 원조를 제공하게 했다. 또 군사적 지원도 제공하게 했을 뿐만 아니라 중동 국가들의 영토적·정치적 독립을 보호하는 데 미국의 군대를 사용할 수 있게 했다.6) 이러한 근거로 미국은 이집트를 포함한 중동 국가들을 적극적으로 지원했다.

미국의 이와 같은 중동 및 이집트 정책에 대항해 소련은 1958년 이집트의 아스완 댐 건설을 지원하기로 했고, 이집트의 아랍 민족 국가의 기수로서의 지위를 높이기 위해 이집트 대통령 나세르(Gamal Nasser)의 반공 정책과 서방 국가와의 폭넓은 관계 개선까지도 용납했다.7)

---

5) *Ibid.*, p. 126.

6) Cecil V. Crabb, Jr., *The Doctrines of American Foreign Policy*(Baton Rouge: Louisiana University Press, 1982), pp. 153-154.

아시아의 비동맹 국가 가운데 가장 영향력이 큰 인도에 대해서도 미국과 소련은 각각 인도가 상대 측에 기울지 않도록 하기 위해 적극적인 정책을 추진했다. 동·서 양진영의 미국과 소련은 인도를 자국의 동맹 진영에 들어오게만 한다면, 경쟁에서 결정적인 승리를 획득할 수 있다고 생각하고 있었다. 그리하여 두 강대국은 인도를 포함한 비동맹 국가들에게 도덕적·경제적·정치적·군사적인 모든 지원을 집중적으로 퍼부어 이들을 자국 진영에 들어오게 하려고 노력했다.8) 강대국들이 이처럼 비동맹 국가, 그 중에서도 영향력 있는 국가들에게 모든 지원과 원조를 아끼지 않았지만, 이들 국가간에는 외교관계상으로는 무관심한 외교 관계가 유지되었다. 양극 체제하에서 강대국과 비동맹 국가간의 실질적인 행위가 실제적 외교 관계를 뛰어넘어 행해졌던 것은 미국과 소련의 필요 이상의 극단적인 경쟁의 결과였다.

그러나 양극 체제를 대신해 다극 체제가 등장하면서 미국과 소련의 극단적인 대립과 경쟁이 완화됨으로써 비동맹 노선 그 자체의 의미가 퇴색했고, 이들 국가에 대한 미국과 소련의 정치·경제·군사적인 공세도 완화되었다. 양극 체제하에서의 강대국과 비동맹 국가간의 외교관계와 실질적 행위는 원칙을 벗어나 비정상적으로 작용했으나, 다극 체제하에서는 이들 국가간에도 실질적 외교 관계와 실질적 외교 행위가 일치했다.

비동맹 국가의 경우와 같이 경제적 이유, 그 중에서도 자원의 위력 때문에 무관심한 외교 관계를 가진 국가들이 실제로 협조적인 외교 행위를 한 경우는 미국의 중동 정책을 통해 잘 살펴볼 수 있다. 1973년 중동의 산유국들은 유럽 공동체 회원 국가와 일본의 석유 금수를 위협했다. 이렇게 위협을 받자 유럽 공동체 회원국의 외상들은 11월 6일, 그리고 일본은 11월 22일에 그들의 원래 입장을 바꾸어 아랍 국

---

7) Alvin Z. Rubinstein, *Soviet Foreign Policy since World War II*(Cambridge, Mass.: Winthrop Publishers, Inc., 1981), p. 242.

8) Hans J. Morgenthau, *Politics among Nations,* 3th ed.(New York: Alfred A. Knopf, 1960), p. 360.

가들을 지지한다는 성명을 발표했다.9)

비동맹 국가와 산유국의 경우는 협조적 외교 관계가 아닌 무관심한 외교 관계를 가짐으로써 약소국들이 그들의 외교 정책이나 외교 행위에 제약을 받지 않고 외교의 자유와 권리를 향유할 수 있었던 경우이다. 전자는 정치적 위력으로, 후자는 경제적 무기로 강대국들을 움직이는 성공적인 정치적 외교를 구사했다.

이런 경우에서 볼 수 있듯이, 정치·경제·지리적인 면에서 가치 있는 요건을 갖추고 있다면, 강대국과 무관심한 외교 관계를 갖는 것이 독립적인 외교 정책을 결정할 수 있고, 자유로운 외교 행위를 할 수 있어 약소국에게는 더 유익할 수 있다. 약소국이 강대국과 무관심한 외교 관계를 가짐으로써 특히 유리했던 것은 양극 체제하에서였다. 왜냐하면 약소국은 특별한 요건을 갖추고 있지 않더라도 그 국가가 위치한 지리적 요건만으로 정치적 위력을 발휘할 수 있었기 때문이다. 1950년대와 1960년대에는 강대국의 군사 기지가 될 수 있는 지역이나 또는 상대국의 정보를 쉽게 얻을 수 있는 레이다 장치를 설치할 수 있는 곳은 강대국과의 실제적인 외교 관계에 상관없이 강대국에게 영향력을 행사할 수 있는 국가가 될 수 있었다. 그러나 강대국간의 긴장이나 경쟁이 완화된 다극 체제하에서 약소국이 강대국과 무관심한 외교 관계를 가지고 자국의 외교적 역량을 발휘할 수 있는 여지는 거의 사라지고 있다. 약소국의 외교 역량이나 무관심한 외교 관계는 강대국간의 대립이나 경쟁이 특히 정치적·군사적으로 치열하게 작용하는 경우여야 효과적인 외교를 전개할 수 있는 바탕을 마련할 것이다. 그러나 다극 체제하에서는 정치적·군사적인 경쟁이나 대립이 강대국간에 극심하지도 않고, 더욱이 이들 강대국간 경쟁의 매체가 가치를 확대 생산할 수 있는 경제적인 것이 아니라면, 강대국과 약소국간의 무관심한 외교 관계의 지속은 그 가치를 더욱 감소시킨다. 석유를 많이 생산하고 있는 국가들이 아니라면 약소국가가 강대국에게 제공할 수 있는 가치는 없기 때문이다.

---

9) Michael Handel, *op. cit.*, pp. 245 & 255.

양극 체제하에서 비동맹 외교 노선을 걷는 국가들이 강대국의 관심과 쟁탈의 대상이 되었던 것은 그의 상대적 가치 때문이었다. 다시 말하면, 비동맹국 그 자체가 가치 있고 중요해서라기보다는 미국과 소련의 필요 이상의 쟁탈의 대상이 되었기 때문이다. 그러나 미국과 소련의 경쟁이 완화되면서 그 국가들의 가치나 중요성은 일과성의 존재로 끝났다. 마찬가지로 지리적 위치로 인해 강대국의 관심의 대상이 되었던 비동맹 국가들도 다른 비동맹 국가들의 경우와 같다. 이러한 국가들의 강대국과의 무관심한 외교 관계는 국제 정치 체제에 의해 가치를 인정받기도 하고 버림받기도 하는 등 지나치게 현실적인 외교를 전개한다. 그러므로 긴 안목에서 볼 때 이러한 외교는 바람직하지 못하다.

약소국으로서 강대국과 무관심한 외교 관계를 갖는 것은 대외적인 결정이나 행위에서 제한받지 않고 자유와 권리를 충분히 만끽할 수 있는 장점은 있다. 그러나 다른 국가들과 새로운 가치를 창출하고, 그것을 나누어 가질 수 있는 기회는 줄어들게 한다. 물론 약소국이 강대국과 협조적 외교 관계를 갖는다고 해서 반드시 가치의 공유가 보장되는 것은 아니지만, 그렇다고 무관심한 외교 관계의 유지가 어떤 가치를 증대시킬 수 있는 바람직한 외교 관계라고는 말할 수 없다.

강대국과 약소국간의 무관심한 외교 관계는 국제 정치 체제와 강대국간의 관계에 따라 그 범위가 커지기도 하고 작아지기도 한다. 19세기적인 세력 균형 체제하에서는 강대국과 약소국간의 관계가 무관심한 것이 당연하다. 이 체제는 강대국간의 현상 유지가 그 목적이기 때문에, 강대국이 약소국과 지나치게 긴밀한 관계를 갖는 것은 현상 유지를 위험하게 할 수 있다. 그리하여 이러한 행위는 금기사항으로 되어 있었다. 실제로 19세기 유럽 대륙에서는 강대국간의 대립 및 경쟁이 없었기 때문에, 유럽의 강대국과 약소국간의 외교 관계는 대체로 무관심한 것이었다. 그러나 19세기 말 강대국간의 경쟁 및 대립이 치열해지면서 강대국과 약소국간의 관계는 무관심할 수 없었다. 왜냐하면 약소국은 강대국의 쟁탈의 대상이 되었기 때문이다.

제2차 세계대전 이후 미국과 소련의 대립 및 경쟁의 터전이었던 냉

전 체제하에서는 역시 많은 약소국이 이 두 강대국의 쟁탈의 대상이
되어 강대국과 무관심한 외교 관계를 유지할 수 없었다. 약소국은 강
대국에게 군사 기지를 제공하기도 하고 동맹 관계도 갖게 되어 협조
적 관계를 가졌다. 그러나 다극 체제하에서는 강대국간들의 경쟁이나
대립이 약화되어 이들의 약소국에 대한 관심이나 필요성이 줄어들었
다. 그래서 동맹 관계도 크게 줄었고, 약소국에 설치되었던 군사 기
지도 많이 폐쇄되어 약소국과 강대국간의 협조적 관계를 만드는 고리
가 풀어져 무관심한 관계가 많이 형성되었다. 냉전 체제하에서 미국
과 동남아 국가간에 협조적 외교 관계를 만들어 주었던 동남아 조약
기구는 쓸모없는 존재가 되어 미국과 이들 국가간의 외교 관계는 무
관심한 외교 관계로 변질되었다. 약소국이 강대국과 갖는 외교 관계
에는 무엇보다도 국제 정치 환경이나 국제 정치 체제가 가장 중요한
요소로 작용한다.

강대국과 약소국간의 무관심한 외교 관계는 외형적으로 보면 양측
이 평등한 입장을 갖는다. 다시 말하면, 강대국의 약소국에 대한 정치
적 투자도 없기 때문에 약소국의 강대국에 대한 의존도 역시 높지 않
다. 이러한 상황이라면 이들간의 정치적 외교는 성공적일 수 없다. 그
대신 강대국과 약소국간에 강대국에게 결정적으로 중요한 문제가 발
생했을 때 정치적으로 강대국의 뜻대로 문제가 해결되지 않는다면,
강대국은 사용 가능한 모든 수단을 동원해 약소국을 희생시켜서라도
자국의 목적을 달성하려 할 것이다.

약소국간의 외교

모든 국가가 적극적으로 외교를 전개하는 목적은 정치적 독립을 보
장하고 국가의 이익을 증대시키기 위해서이다. 그러므로 이를 위해서
는 많은 국가와 활발한 외교를 전개할 수 있어야 한다. 이러한 관점
에서 볼 때, 무관심한 외교 관계는 이러한 것들을 원만하게 수행하는
데 있어 결코 적절하거나 바람직한 관계가 아니다. 더욱이 약소국간
의 무관심한 외교 관계는 어느 국가에도 도움이 되지 않는다. 약소국

간에는 협조적 외교 관계를 갖는다 해도 의존적이거나 불평등한 관계가 쉽게 형성되지 않을 것이고, 또 이 협조적 관계가 약소국들에게 크게 보탬이 되는 경우도 많지 않다. 하물며 약소국간에 무관심한 관계를 갖는다면, 그것 역시 어느 측도 아무것도 얻지 못할 것이다.

그런데 대체로 약소국간의 외교 관계는 무관심한 외교 관계이다. 왜냐하면 약소국간에는 서로 주고받을 가치나 새로이 창출될 가치가 많지 않으므로, 상호 밀접하고 협조적인 외교 관계를 가질 필요성을 느끼지 못하기 때문이다. 외교는 어느 측에서든 강한 필요성을 느낄 때에야 국가간의 상호 작용이 활발하게 작용하는데, 약소국간에는 강한 필요가 발생되지 않는다. 한국과 남미의 어느 작은 국가 또는 아프리카의 어느 빈곤한 국가간에 외교의 필요가 발생되기란 쉽지 않다. 이들 국가와 한국이 협조하고 상부상조할 일도 별로 없고, 국가간에 나누어 가질 정신적 또는 물질적 가치도 존재하지 않기 때문에 한국과 이들 국가간에 무관심한 외교 관계를 갖는 것은 당연하리라 생각된다.

양극 체제하에서는 약소국들간에도 간접적인 매체에 의해 느슨하지만 간접적인 협조적 외교 관계를 가질 수 있었다. 이러한 관계는 주로 동맹에 의해 형성되었다. 그러나 다극 체제하에서는 이러한 동맹 체제가 거의 유명무실해져서 간접적인 협조 관계를 가질 수 있는 기회가 줄어들었고, 그리하여 약소국간의 무관심한 관계는 더욱 증가했다.

이러한 측면에서 볼 때, 과거 동남아 조약기구가 유력한 동맹체로 존재했을 때에는 한국과 태국 등 동남아 조약기구 회원국들을 간접적인 협조적 외교 관계를 가진 국가로 분류할 수 있었다. 그러나 다극 체제하에서 동남아 조약기구의 존재가 유명무실해지면서 한국과 이 기구의 회원국간에는 협조적 외교 관계를 가졌다고 할 수 있는 아무런 연결 고리도 없다. 그러므로 이제는 무관심한 외교 관계를 가진 국가로 분류되지 않을 수 없다.

이와 같은 외교 관계를 가진 국가간에 비정치적인 현안이 발생한다면, 협조적 외교 관계를 가진 국가들처럼 행정적인 외교로 문제의 해결을 모색할 수 있을 것이다. 그러나 정치적인 현안이 발생된다면, 우선 외교 관계로 보아 이러한 문제는 행정적 외교로 해결될 수 없다.

무관심한 외교 관계를 가진 약소국들간에 정치적 외교를 통한 문제의 해결은 불가능하다. 이들간의 외교 관계로 보아 정치적 외교가 서로 적응하는 방향으로 전개되기도 어렵고, 국력이나 외교 역량의 측면에서 보더라도 정치적 외교가 어느 측에 의해 성공적으로 전개될 수 있는 기초를 갖고 있지 않으므로 정치적 현안의 해결은 매우 어렵다. 정치적 외교의 측면에서 정치적 현안을 보면, 무관심한 외교 관계를 가진 약소국간의 외교는 갈등적 외교 관계를 가진 약소국간의 외교와 같다고 할 수 있다. 약소국간이라고 하더라도 무관심한 외교 관계이기 때문에 서로 상대방의 가치를 저해하는 노골적인 행위를 하지 않을지는 모르지만, 이것이 필요하다고 생각되면 상대국의 가치를 저해하는 행위를 자제하는 데에는 한계가 있을 것이다.

약소국간의 무관심한 외교 관계는 평상시에는 냉담하고 또 서로 긴밀한 접촉이나 교류가 없어 어떤 문제도 발생하지 않음으로써 그 관계가 존속될 수 있다. 만약에 이들 국가간에 해결하기 어려운 문제가 발생한다면, 서로 문제 해결의 능력과 수단을 갖추고 있지 못하기 때문에 이들간의 관계는 악화될 소지가 많다. 이렇게 본다면 약소국간의 무관심한 외교 관계는 협조적 외교 관계로 발전하기보다는 갈등적 관계로 변할 수 있는 가능성이 더 많다고 하겠다.

약소국간에는 지리적으로 깊은 유대 관계를 가질 수 있는 국가가 아니면 대체로 무관심한 관계를 갖는다. 그 이유는 지리적으로 격리되어 있는 약소국간에는 적극적인 가치가 등장할 가능성이 많지 않기 때문인데, 이 같은 경우가 외교나 외교 관계에 가장 큰 장애 요소로 작용한다.

부 록

Vienna Convention On Diplomatic Relations
Vienna Convention On Consular Relations

VIENNA CONVENTION ON DIPLOMATIC RELATIONS

United Nations Conference on Diplomatic
Intercourse and Immunities, Vienna, Austria,
signed April 18, 1961.

The States Parties to the present Convention,

Recalling that peoples of all nations from ancient times have recognized the status of diplomatic agents,

Having in mind the purposes and principles of the Charter of the United Nations concerning the sovereign equality of States, the maintenance of international peace and security, and the promotion of friendly relations among nations,

Believing that an international convention on diplomatic intercourse, privileges and immunities would contribute to the development of friendly relations among nations, irrespective of their differing constitutional and social systems,

Realizing that the purpose of such privileges and immunities is not to benefit individuals but to ensure the efficient performance of the functions of diplomatic missions as representation States,

Affirming that the rules of customary international law should continue to govern questions not expressly regulated by the provisions of the present Convention.

Have agreed as follows :

Article 1

For the purpose of the present Convention, the following expressions shall have the meanings hereunder assigned to them :

(a) the "head of the mission" is the person charged by the sending State with the duty of acting in that capacity ;

(b) the "members of the mission" are the head of the mission and the members of the staff of the mission ;

(c) the "members of the staff of the mission" are the members of the diplomatic staff of the administrative and technical staff and of the service staff of the mission ;

(d) the "members of the diplomatic staff" are the members of the staff of the mission having diplomatic rank ;

(e) a "diplomatic agent" is the head of the mission or a member of the diplomatic staff of the mission ;

(f) the "members of the administrative and technical staff" are the members of the staff of the mission employed in the administrative and technical service of the mission ;

(g) the "members of the service staff" are the members of the staff of the mission in the domestic service of the mission ;

(h) a "private servant" is a person who is in the domestic service of a member of the mission and who is not an employee of the sending State ;

(i) the "premises of the mission" are the buildings or parts of buildings and the land ancillary thereto, irrespective of ownership, used for the purposes of the mission including the residence of the head of the mission.

Article 2

The establishment of diplomatic relations between States, and of permanent diplomatic missions, take place by mutual consent.

Article 3

1. The functions of a diplomatic mission consist *inter alia* in :

(a) representing the sending State in the receiving State ;

(b) protecting in the receiving State the interests of the sending State and of its nationals, within the limits permitted by international law ;

(c) negotiating with the Government of the receiving State ;

(d) ascertaining by all lawful means conditions and developments in the receiving State, and reporting thereon to the Government of the sending State ;

(e) promoting friendly relations between the sending State and the receiving State, and developing their economic, cultural and scientific relations.

2. Nothing in the present Convention shall be construed as preventing the performance of consular functions by a diplomatic mission.

Article 4

1. The sending State must make certain that the *agrément* of the receiving State has been given for the person it proposes to accredit as head of the mission to that State.

2. The receiving State is not obliged to give reasons to the sending State for a refusal of *agrément*.

Article 5

1. The sending States may, after it has given due notification to the receiving States concerned, accredit a head of mission or assign any member of the diplomatic staff, as the case may be, to more than one State, unless there is express objection by any of the receiving States.

2. If the sending State accredits a head of mission to one or more other States it may establish a diplomatic mission headed by a *charge d'affaires ad interim* in each State where the head of mission has not his permanent seat.

3. A head of mission or any member of the diplomatic staff of the mission may act as representative of the sending State to any international organization.

Article 6

Two or more States may accredit the same person as head of mission to another State, unless objection is offered by the receiving

State.

Article 7

Subject to the provisions of Articles 5, 8, 9 an 11, the sending State may freely appoint the members of the staff of the mission. In the case of military, naval or air attachés, the receiving State may require their names to be submitted beforehand, for its approval.

Article 8

1. Members of the diplomatic staff of the mission should in principle be of the nationality of the sending State.

2. Members of the diplomatic staff of the mission may not be appointed from among persons having the nationality of the receiving State, except with the consent of that State which may be withdrawn at any time.

3. The receiving State may reserve the same right with regard to nationals of a third State who are not also nationals of the sending State.

Article 9

1. The receiving State may at any time and without having to explain its decision, notify the sending State that the head of the mission or any member of the diplomatic staff of the mission is *persona non grata* or that any other member of the staff of the mission is not acceptable. In any such case, the sending State shall, as appropriate, either recall the person concerned or terminate his functions with the mission. A person may be declared *non grata* or not acceptable before arriving in the territory of the receiving State.

2. If the sending State refuses or fails within a reasonable period to carry out its obligations under paragraph 1 of this Article, the receiving State may refuse to recognize the person concerned as a member of the mission.

Article 10

1. The Ministry for Foreign Affairs of the receiving State, or such other ministry as may be agreed, shall be notified of :

(a) the appointment of members of the mission, their arrival and their final departure or the termination of their functions with the mission ;

(b) the arrival and final departure of a person belonging to the family of a member of the mission and, where appropriate, the fact that a person becomes or ceases to be a member of the mission ;

(c) the arrival and final departure of private servants in the employ of persons referred to in sub-paragraph (a) of this paragraph and, where appropriate, the fact that they are leaving the employ of such persons ;

(d) the engagement and discharge of persons resident in the receiving State as members of the mission or private servants entitled to privileges and immunities.

2. Where possible, prior notification of arrival and final departure shall also be given.

Article 11

1. In the absence of specific agreement as to the size of the mission, the receiving State may require that the size of a mission be kept within limits considered by it to be reasonable and normal, having regard to circumstances and conditions in the receiving State and to the needs of the particular mission.

2. The receiving State may equally, within similar bounds and on a nondiscriminatory basis, refuse to accept officials of a particular category.

Article 12

The sending State may not, without the prior express consent of the receiving State, establish offices forming part of the mission in localities other than those in which the mission itself is established.

Article 13

1. The head of the mission is considered as having taken up his functions in the receiving State either when he has presented his credentials or when he has notified his arrival and a true copy of his credentials ha been presented to the Ministry for Foreign Affairs of the receiving State, or such other ministry as may be agreed, in accordance with the practice prevailing in the receiving State which shall be applied in a uniform manner.

2. The order of presentation of credentials or a true copy thereof will be determined by the date and time of the arrival of the head of the mission.

Article 14

1. Heads of mission are divided into three classes, namely :

(a) that of ambassadors or nuncios accredited to Heads of State, and other heads of mission of equivalent rank ;

(b) that of envoys, ministers and internuncios accredited to Heads of State ;

(c) that of *charge d'affaires* accredited to Ministers for Foreign Affairs.

2. Except as concerns precedence and etiquette, there shall be no differentiation between heads of mission by reason of their class.

Article 15

The class to which the heads of their missions are to be assigned shall be agreed between States.

Article 16

1. Heads of mission shall take precedence in heir respective classes in the order of the date and time of taking up their functions in accordance with Article 13.

2. Alterations in the credentials of a head of mission not involving any change of class shall not affect his precedence.

3. This Article is without prejudice to any practice accepted by the receiving State regarding the precedence of the representative of the Holy See.

Article 17

The precedence of the members of the diplomatic staff of the mission shall be notified by the head of the mission to the Ministry for Foreign Affairs or such other ministry as may be agreed.

Article 18

The procedure to be observed in each State for the reception of heads of mission shall be uniform in respect of each class.

Article 19

1. If the post of head of the mission is vacant, or if the head of the mission is unable to perform his functions, a *chargé d'affaires ad interim* shall act provisionally as head of the mission. The name of the *chargé d'affaires ad interim* shall be notified, either by the head of the mission or, in case he is unable to do so, by the Ministry for Foreign Affairs of the sending State to the Ministry for Foreign Affairs of the receiving State or such other ministry as may be agreed.

2. In cases where no member of the diplomatic staff of the mission is present in the receiving State, a member of the administrative and technical staff may, with the consent of the receiving State, be designated by the sending State to be in charge of the current administrative affairs of the mission.

Article 20

The mission and its head shall have the right to use the flag and emblem of the sending State on the premises of the mission, including the residence of the head of the mission, and on his means of transport.

Article 21

1. The receiving State shall either facilitate the acquisition on its territory, in accordance with its laws, by the sending State of premises necessary for its mission or assist the latter in obtaining accommodation in some other way.

2. It shall also, where necessary, assist missions in obtaining suitable accommodation for their members.

Article 22

1. The premises of the mission shall be inviolable. The agents of the receiving State may not enter them, except with the consent of the head of the mission.

2. The receiving State is under a special duty to take all appropriate steps to protect the premises of the mission against any intrusion or damage and to prevent any disturbance of the peace of the mission or impairment of its dignity.

3. The premises of the mission, their furnishings and other property thereon and the means of transport of the mission shall be immune from search, requisition, attachment or execution.

Article 23

1. The sending State and the head of the mission shall be exempt from all national, regional or municipal dues and taxes in respect of the premises of the mission, whether owned or leased, other than such as represent payment for specific services rendered.

2. The exemption from taxation referred to in this Article shall not apply to such dues and taxes payable under the law of the receiving State by persons contracting with the sending State or the head of the mission.

Article 24

The archives and documents of the mission shall be inviolable at any time and wherever they may be.

Article 25

The receiving State shall accord full facilities for the performance of the functions of the mission.

Article 26

Subject to its laws and regulations concerning zones entry into which is prohibited or regulated for reasons of national security, the receiving State shall ensure to all members of the mission freedom of movement and travel in its territory.

Article 27

1. The receiving State shall permit and protect free communication on the part of the mission for all official purposes. In communicating with the Government and the other missions and consulates of the sending State, wherever situated, the mission may employ all appropriate means, including diplomatic couriers and messages in code or cipher. However, the mission may install and use a wireless transmitter only with the consent of the receiving State.

2. The official correspondence of the mission shall be inviolable. Official correspondence means all correspondence relating to the mission and its functions.

3. The diplomatic bag shall not be opened or detained.

4. The packages constituting the diplomatic bag must bear visible external marks of their character and may contain only diplomatic documents or Articles intended for official use.

5. the diplomatic courier, who shall be provided with an official document indicating his status and the number of packages

constituting the diplomatic bag, shall be protected by the receiving State in the performance of his functions. He shall enjoy personal inviolability and shall not be liable to any form of arrest or detention.

6. The sending State or the mission may designate diplomatic couriers *ad hoc*. In such cases the provisions of paragraph 5 of this Article also apply, except that the immunities therein mentioned shall cease to apply when such a courier has delivered to the consignee the diplomatic bag in his charge.

7. A diplomatic bag may be entrusted to the captain of a commercial aircraft scheduled to land at an authorized port of entry. He shall be provided with an official document indicating the number of packages constituting the bag but he shall not be considered to be a diplomatic courier. The mission may send one of its members to take possession of the diplomatic bag directly and freely from the captain of the aircraft.

Article 28

The fees and charges levied by the mission in the course of its official duties shall be exempt from all dues and taxes.

Article 29

The person of a diplomatic agent shall be inviolable. He shall not be liable to any form of arrest or detention. The receiving State shall treat him with due respect and shall take all appropriate steps to prevent any attack on his person, freedom or dignity.

Article 30

1. The private residence of a diplomatic agent shall enjoy the same inviolability and protection as the premises of the mission.

2. His papers, correspondence and, except as provided in paragraph 3 of Article 31, his property, shall likewise enjoy inviolability.

Article 31

1. A diplomatic agent shall enjoy immunity from the criminal jurisdiction of the receiving State. He shall also enjoy immunity from its civil and administrative jurisdiction, except in the case of :

(a) a real action relating to private immovable property situated in the territory of the receiving State, unless he holds it on behalf of the sending State for the purposes of the mission ;

(b) an action relating to succession in which the diplomatic agent is involved as executor, administrator, heir or legatee as a private person and not on behalf of the sending State ;

(c) an action relating to any professional or commercial activity exercised by the diplomatic agent in the receiving State outside his official functions.

2. A diplomatic agent is not obliged to give evidence as a witness.

3. No measures of execution may be taken in respect of a diplomatic agent except in the cases coming under sub-paragraphs (a), (b) and (c) of paragraph 1 of this Article, and provided that the measures concerned can be taken without infringing the inviolability of his person or of his residence.

4. The immunity of a diplomatic agent from the jurisdiction of the receiving State does not exempt him from the jurisdiction of the sending State.

Article 32

1. The immunity from jurisdiction of diplomatic agents and of persons enjoying immunity under Article 37 may be waived by the sending State.

2. Waiver must always be express.

3. The initiation of proceedings by a diplomatic agent or by a person enjoying immunity from jurisdiction under Article 37 shall preclude him from invoking immunity from jurisdiction in respect of any counter-claim directly connected with the principal claim.

4. Waiver of immunity from jurisdiction in respect of civil or administrative proceedings shall not be held to imply waiver of

immunity in respect of the execution of the judgment, for which a separate waiver shall be necessary.

Article 33

1. Subject to the provisions of paragraph 3 of this Article, a diplomatic agent shall with respect to services rendered for the sending State be exempt from social security provisions which may be in force in the receiving State.

2. The exemption provided for in paragraph 1 of this Article shall also apply to private servants who are in the sole employ of a diplomatic agent, on condition :

(a) that they are not nationals of or permanently resident in the receiving State ; and

(b) that they are covered by the social security provisions which may be in force in the sending State or a third State.

3. A diplomatic agent who employs persons to whom the exemption provided for in paragraph 2 of this Article does not apply shall observe the obligations which the social security provisions of the receiving State impose upon employers.

4. The exemption provided for in paragraphs 1 and 2 of this Article shall not preclude voluntary participation in the social security system of the receiving State provided that such participation is permitted by that State.

5. The provisions of this Article shall not affect bilateral or multilateral agreements concerning social security concluded previously and shall not prevent the conclusion of such agreements in the future.

Article 34

A diplomatic agent shall be exempt from all dues and taxes, personal or real, national, regional or municipal, except :

(a) indirect taxes of a kind which are normally incorporated in the price of goods or services ;

(b) dues and taxes on private immovable property situated in the territory of the receiving State, unless he holds it on behalf of the sending State for the purposes of the mission ;

(c) estate, succession or inheritance duties levied by the receiving State, subject to the provisions of paragraph 4 of Article 39 ;

(d) dues and taxes on private income having its source in the receiving State and capital taxes on investments made in commercial undertakings in the receiving State ;

(e) charges levied for specific services rendered ;

(f) registration, court or record fees, mortgage dues and stamp duty, with respect to immovable property, subject to the provisions of Article 23.

Article 35

The receiving State shall exempt diplomatic agents from all personal services, from all public service of any kind whatsoever, and from military obligations such as those connected with requisitioning, military contributions and billeting.

Article 36

1. The receiving State shall, in accordance with such laws and regulations as it may adopt, permit entry of and grant exemption from all customs duties, taxes, and related charges other than charges for storage, cartage and similar services, on :

(a) articles for the official use of the mission ;

(b) articles for the personal use of a diplomatic agent or members of his family forming part of his household, including articles intended for his establishment.

2. The personal baggage of a diplomatic agent shall be exempt from inspection, unless there are serious grounds for presuming that it contains articles not covered by the exemptions mentioned in paragraph 1 of this Article, or articles the import or export of which is prohibited by the law or controlled by the quarantine regulations of the receiving State. Such inspection shall be conducted only in the presence of the diplomatic agent or of his authorized representative.

Article 37

1. The members of the family of a diplomatic agent forming part of his household shall, if they are not nationals of the receiving State, enjoy the privileges and immunities specified in Articles 29 to 36.

2. Members of the administrative and technical staff of the mission, together with members of their families forming part of their respective households, shall, if they are not nationals of or permanently resident in the receiving State, enjoy the privileges and immunities specified in Articles 29 to 35, except that the immunity from civil and administrative jurisdiction of the receiving State specified in paragraph 1 of Article 31 shall not extend to acts performed outside the course of their duties. They shall also enjoy the privileges specified in Article 36, paragraph 1, in respect of articles imported at the time of first installation.

3. Members of the service staff of the mission who are not nationals of or permanently resident in the receiving State shall enjoy immunity in respect of acts performed in the course of their duties, exemption from dues and taxes on the emoluments they receive by reason of their employment and the exemption contained in Article 33.

4. Private servants of members of the mission shall, if they are not nationals of or permanently resident in the receiving State, be exempt from dues and taxes on the emoluments they receive by reason of their employment. In other respects, they may enjoy privileges and immunities only to the extent admitted by the receiving State. However, the receiving State must exercise its jurisdiction over those persons in such a manner as not to interfere unduly with the performance of the functions of the mission.

Article 38

1. Except insofar a additional privileges and immunities may be granted by the receiving State, a diplomatic agent who is a national of or permanently resident in that State shall enjoy only immunity from jurisdiction, and inviolability, in respect of official acts performed in the exercise of his functions.

2. Other members of the staff of the mission and private servants who are nationals of or permanently resident in the receiving State shall enjoy privileges and immunities only to the extent admitted by the receiving State. However, the receiving State must exercise its jurisdiction over those persons in such a manner as not to interfere unduly with the performance of the functions of the mission.

Article 39

1. Every person entitled to privileges and immunities shall enjoy them from the moment he enters the territory of the receiving State on proceeding to take up his post or, if already in its territory, from the moment when his appointment is notified to the Ministry for Foreign Affairs or such other ministry as may be agreed.

2. When the functions of a person enjoying privileges and immunities have come to an end, such privileges and immunities shall normally cease at the moment when he leaves the country, or on expiry of a reasonable period in which to do so, but shall subsist until that time, even in case of armed conflict. However, with respect to acts performed by such a person in the exercise of his functions as a member of the mission, immunity shall continue to subsist.

3. In case of the death of a member of the mission, the members of his family shall continue to enjoy the privileges and immunities to which they are entitled until the expiry of a reasonable period in which to leave the country.

4. In the event of the death of a member of the mission not a national of or permanently resident in the receiving State or a member of his family forming part of his household, the receiving State shall permit the withdrawal of the movable property of the deceased, with the exception of any property acquired in the country the export of which was prohibited at the time of his death. Estate, succession and inheritance duties shall not be levied on movable property the presence of which in the receiving State was due solely to the presence there of the deceased as a member of the mission or as a member of the family of a member of the mission.

__Article 40__

1. If a diplomatic agent passes through or is in the territory of a third State, which has granted him a passport visa if such visa was necessary, while proceeding to take up or to return to his post, or when returning to his own country, the third State shall accord him inviolability and such other immunities as may be required to ensure his transit or return. The same shall apply in the case of any members of his family enjoying privileges or immunities who are accompanying the diplomatic agent, or travelling separately to join him or to return to their country.

2. In circumstances similar to those specified in paragraph 1 of this Article, third States shall not hinder the passage of members of the administrative and technical or service staff of a mission, and of members of their families, through their territories.

3. Third States shall accord to official correspondence and other official communications in transit, including messages in code or cipher, the same freedom and protection as is accorded by the receiving State. They shall accord to diplomatic couriers, who have been granted a passport visa if such visa was necessary, and diplomatic bags in transit the same inviolability and protection as the receiving State is bound to accord.

4. The obligations of third States under paragraphs 1, 2 and 3 of this article shall also apply to the persons mentioned respectively in those paragraphs, and to official communications and diplomatic bags, whose presence in the territory of the third State is due to *force majeure*.

__Article 41__

1. Without prejudice to their privileges and immunities, it is the duty of all persons enjoying such privileges and immunities to respect the laws and regulations of the receiving State. They also have a duty not to interfere in the internal affairs of that State.

2. All official business with the receiving State entrusted to the

mission by the sending State shall be conducted with or through the Ministry for Foreign Affairs of the receiving State or such other ministry as may be agreed.

3. The premises of the mission must not be used in any manner incompatible with the functions of the mission as laid down in the present Convention or by other rules of general international law or by special agreements in force between the sending and the receiving State.

Article 42

A diplomatic agent shall not in the receiving State practise for personal profit any professional or commercial activity.

Article 43

The function of a diplomatic agent comes to an end, *inter alia* :

(a) on notification by the sending State to the receiving State that the function of the diplomatic agent has come to an end ;

(b) on notification by the receiving State to the sending State that, in accordance with paragraph 2 of Article 9, it refuses to recognize the diplomatic agent as a member of the mission.

Article 44

The receiving State must, even in case of armed conflict, grant facilities in order to enable persons enjoying privileges and immunities, other than national of the receiving State, and members of the families of such persons irrespective of their nationality, to leave at the earliest possible moment. It must, in particular, in case of need, place at their disposal the necessary means of transport for themselves and their property.

Article 45

If diplomatic relations are broken off between two States, or if a mission is permanently or temporarily recalled :

(a) the receiving State must, even in case of armed conflict, respect and protect the premises of the mission, together with its property and archives ;

(b) the sending State may entrust the custody of the premises of the mission, together with its property and archives, to a third State acceptable tot he receiving State ;

(c) the sending State may entrust the protection of its interests and those of its nationals to a third State acceptable to the receiving State.

Article 46

A sending State may with the prior consent of a receiving State, and at the request of a third State not represented in the receiving State, undertake the temporary protection of the interests of the third State and of its nationals.

Article 47

1. In the application of the provisions of the present Convention, the receiving State shall not discriminate as between States.

2. However, discrimination shall not be regarded as taking place :

(a) where the receiving State applies any of the provisions of the present Convention restrictively because of a restrictive application of that provision to its mission in the sending State ;

(b) where by custom or agreement States extend to each other more favourable treatment than is required by the provisions of the present Convention.

Article 48

The present Convention shall be open for signature by all States Members of the United Nations or of any of the specialized agencies or Parties to the Statute of the International Court of Justice, and by

any other State invited by the General Assembly of the United
Nations to become a Party to the Convention, as follows : until 31
October 1961 at the Federal Ministry for Foreign Affairs of Austria
and subsequently, until 31 March 1962, at the United Nations
Headquarters in New York.

Article 49

The present Convention is subject to ratification. The instruments
of ratification shall be deposited with the Secretary-General of the
United Nations.

Article 50

The present Convention shall remain open for accession by any
State belonging to any of the four categories mentioned in Article 48.
The instruments of accession shall be deposited with the
Secretary-General of the United Nations.

Article 51

1. The present Convention shall enter into force on the thirtieth
day following the date of deposit of the twenty-second instrument of
ratification or accession with the Secretary-General of the United
Nations.

2. For each State ratifying or acceding to the Convention after the
deposit of the twenty-second instrument of ratification or accession,
the Convention shall enter into force on the thirtieth day after deposit
by such State of its instrument of ratification or accession.

Article 52

The Secretary-General of the United Nations shall inform all States
belonging to any of the four categories mentioned in Article 48 :

(a) of signatures of the present Convention and of the deposit of
instruments of ratification or accession, in accordance with Articles

48, 49 and 50 ;

(b) of the date on which the present convention will enter into force, in accordance with Article 51.

Article 53

The original of the present Convention, of which the Chinese, English, French, Russian and Spanish texts, are equally authentic, shall be deposited with the Secretary-General of the United Nations, who shall send certified copies thereof to all states belonging to any of the four categories mentioned in Article 48.

In witness whereof the undersigned Plenipotentiaries, being duly authorized thereto by their respective Governments, have signed the present Convention.

Done at Vienna, this eighteenth day of April one thousand nine hundred and sixty-one.

VIENNA CONVENTION ON CONSULAR RELATIONS

Done at Vienna on 24 April 1963
Entered into force on 19 March 1967

The States Parties to the present Convention,

Recalling that consular relations have been established between peoples since ancient times,

Having in mind the Purposes and Principles of the Charter of the United Nations concerning the sovereign equality of States, the maintenance of international peace and security, and promotion of friendly relations among nations,

Considering that the United Nations Conference on Diplomatic Intercourse and Immunities adopted the Vienna Convention on Diplomatic Relations which was opened for signature on 18 April 1961,

Believing that an international convention on consular relations, privileges and immunities would also contribute to the development of friendly relations among nations, irrespective of their differing constitutional and social systems,

Realizing that the purpose of such privileges and immunities is not to benefit individuals but to ensure the efficient performance of functions by consular posts on behalf of their respective States,

Affirming that the rules of customary international law continue to govern matters not expressly regulated by the provisions of the present Convention,

Have agreed as follows :

Article 1

Definitions

1. For the purposes of the present Convention, the following expressions shall have the meanings hereunder assigned to them :

(a) "consular post" means any consulate-general, consulate, viceconsulate or consular agency ;

(b) "consular district" means the area assigned to a consular post for the exercise of consular functions ;

(c) "head of consular post" means the person charged with the duty of acting in that capacity ;

(d) "consular officer" means any person, including the head of a consular post, entrusted in that capacity with the exercise of consular functions ;

(e) "consular employee" means any person employed in the administrative or technical service of a consular post ;

(f) "member of the service staff" means any person employed in the domestic service of a consular post ;

(g) "members of the consular post" means consular officers, consular employes and members of the service staff ;

(h) "members of the consular staff" means consular officers, other than the head of a consular post, consular employees and members of the service staff ;

(i) "member of the private staff" means a person who is employed exclusively in the private service of a member of the consular post ;

(j) "consular premises" means the building or parts of buildings and the land ancillary thereto, irrespective of ownership, used exclusively for the purposes of the consular post ;

(k) "consular archives" includes all the papers, documents, correspondence, books, films, tapes and registers of the consular post, together with the ciphers and codes, the card-indexes and any article of furniture intended for their protection or safekeeping.

2. Consular officers are of two categories, namely career consular officers and honorary consular officers, The provisions of Chapter II of the present Convention apply to consular posts headed by career

consular officers ; the provisions of Chapter Ⅲ govern consular posts headed by honorary consular officers.

3. The particular status of members of the consular posts who are nationals or permanent residents of the receiving State is governed by Article 71 of the present Convention.

CHAPTER Ⅰ.

CONSULAR RELATIONS IN GENERAL

SECTION Ⅰ.

ESTABLISHMENT AND CONDUCT OF CONSULAR RELATIONS

Article 2

Establishment of consular relation

1. The establishment of consular relations between States takes place by mutual consent.

2. The consent given to the establishment of diplomatic relations between two States implies, unless otherwise stated, consent to the establishment of consular relations.

3. The severance of diplomatic relations shall not ipso facto involve the severance of consular relations.

Article 3

Exercise of consular functions

Consular functions are exercised by consular posts. They are also exercised by diplomatic missions in accordance with the provisions of the present Convention.

Article 4

Establishment of a consular post

1. A consular post may be established in the territory of the

receiving State only with that State's consent.

2. The seat of the consular post, its classification and the consular district shall be established by the sending State and shall be subject to the approval of the receiving State.

3. Subsequent changes in the seat of the consular post, its classification or the consular district may be made by the sending state only with the consent of the receiving state.

4. The consent of the receiving State shall also be required if a consulate-general or a consulate desires to open a vice-consulate or a consular agency in a locality other than that in which it is itself established.

5. The prior express consent of the receiving State shall also be required for the opening of an office forming part of an existing consular post elsewhere than at the seat thereof.

Article 5

Consular functions

Consular functions consist in :

(a) protecting in the receiving State the interests of the sending State and of its nationals, both individuals and bodies corporate, within the limits permitted by international law ;

(b) furthering the development of commercial, economic, cultural and scientific relations between the sending State and the receiving State and otherwise promoting friendly relations between them in accordance with the provisions of the present Convention ;

(c) ascertaining by all lawful means conditions and developments in the commercial, economic, cultural and scientific life of the receiving State, reporting thereon to the Government of the sending State and giving information to persons interested ;

(d) issuing passports and travel documents to nationals of the sending State, and visas or appropriate documents to persons wishing to travel to the sending State ;

(e) helping and assisting nationals, both individuals and bodies corporate, of the sending State ;

(f) acting as notary and civil registrar and in capacities of a similar kind, and performing certain functions of an administrative nature, provided that there is nothing contrary thereto in the laws and regulations of the receiving State ;

(g) safeguarding the interests of nationals, both individuals and bodies corporate, of the sending State in cases of succession mortis causa in the territory of the receiving State, in accordance with the laws and regulations of the receiving State ;

(h) safeguarding, within the limits imposed by the laws and regulations of the receiving State, the interests of minors and other persons lacking full capacity who are nationals of the sending State, particularly where any guardianship or trusteeship is required with respect to such persons ;

(i) subject to the practices and procedures obtaining in the receiving State, representing or arranging appropriate representation for nationals of the sending State before the tribunals and other authorities of the receiving State, for the purpose of obtaining, in accordance with the laws and regulations of the receiving State, provisional measures for the preservation of the rights and interests of these nationals, where, because of absence or any other reason, such nationals are unable at the proper time to assume the defence of their rights and interests ;

(j) transmitting judicial and extra-judicial documents or executing letters rogatory or commissions to take evidence for the courts of the sending State in accordance with international agreements in force or, in the absence of such international agreements, in any other manner compatible with the laws and regulations of the receiving State ;

(k) exercising rights of supervision and inspection provided for in the laws and regulations of the sending state in respect of vessels having the nationality of the sending state, and of aircraft registered in that state, and in respect of their crews ;

(l) extending assistance to vessels and aircraft mentioned in subparagraph (k) of this Article and to their crews, taking statements regarding the voyage of a vessel, examining and stamping the ship's papers, and, without prejudice to the powers of the authorities of the receiving State, conducting investigations into any incidents which occurred during the voyage, and settling disputes of any kind between the master, the officers and the seamen in so far as this may be authorized by the laws and regulations of the sending State ;

(m) performing any other functions entrusted to a consular post by the sending State which are not prohibited by the laws and regulations of the receiving State or to which no objection is taken by the receiving State or which are referred to in the international agreements in force between the sending State and the receiving State.

Article 6

Exercise of consular functions outside the consular district

A consular officer may, in special circumstances, with the consent of the receiving State, exercise his functions outside his consular district.

Article 7

Exercise of consular functions in a third State

The sending State may, after notifying the States concerned, entrust a consular post established in a particular State with the exercise of consular functions in another State, unless there is express objection by one of the States concerned.

Article 8

Exercise of consular functions on behalf of a third State

Upon appropriate notification to the receiving State, a consular post of the sending State may, unless the receiving State objects, exercise consular functions in the receiving State on behalf of a third State.

Article 9

Classes of heads of consular posts

1. Heads of consular posts are divided into four classes, namely :

(a) consuls-general ;

(b) consuls ;

(c) vice-consuls ;

(d) consular agents.

2. Paragraph 1 of this Article in no way restricts the right of any of the Contracting Parties to fix the designation of consular officers other than the heads of consular posts.

Article 10

Appointment and admission of heads of consular posts

1. Heads of consular posts are appointed by the sending State and are admitted to the exercise of their functions by the receiving State.

2. Subject to the provisions of the present Convention, the formalities for the appointment and for the admission of the head of a consular post are determined by the laws, regulations and usages of the sending State and of the receiving State respectively.

Article 11

The consular commission or notification of appointment

1. The head of a consular post shall be provided by sending State with a document, in the form of a commission or similar instrument, made out for each appointment, certifying his capacity and showing, as a general rule, his full name, his category and class, the consular district and the seat of the consular post.

2. The sending State shall transmit the commission or similar instrument through the diplomatic or other appropriate channel to the Government of the State in whose territory the head of a consular post is to exercise his functions.

3. If the receiving State agrees, the sending State may, instead of a commission or similar instrument, send to the receiving State a notification containing the particulars required by paragraph 1 of this Article.

Article 12

The exequatur

1. The head of a consular post is admitted to the exercise of his functions by an authorization from the receiving State termed an exequatur, whatever the form of his authorization.

2. A State which refuses to grant an exequatur is not obliged to give to the sending State reasons for such refusal.

3. Subject to the provisions of Articles 13 and 15, the head of a consular post shall not enter upon his duties until he has received an exequatur.

Article 13

Provisional admission of heads of consular posts

Pending delivery of the exequatur, the head of a consular post may be admitted on a provisional basis to the exercise of his functions. In that case, the provisions of the present Convention shall apply.

Article 14

Notification to the authorities of the consular district

As soon as the head of a consular post is admitted even provisionally to the exercise of his functions, the receiving State shall immediately notify the competent authorities of the consular district. It shall also ensure that the necessary measures are taken to enable the head of a consular post to carry out the duties of his office and to have the benefit of the provisions of the present Convention.

Article 15

Temporary exercise of the functions
of the head of a consular post

1. If the head of a consular post is unable to carry out his functions or the position of head of consular post is vacant, an acting head of post may act provisionally a head of the consular post.

2. The full name of the acting head of post shall be notified either

by the diplomatic mission of the sending State or, if that State has no such mission in the receiving State, by the head of the consular post, or, if he is unable to do so, by any competent authority of the sending state, to the Ministry for Foreign Affairs of the receiving State or to the authority designated by that Ministry. As a general rule, this notification shall be given in advance. The receiving State may make the admission as acting head of post of a person who is neither a diplomatic agent nor a consular officer of the sending State in the receiving State conditional on its consent.

3. The competent authorities of the receiving State shall afford assistance and protection to the acting head of post. While he is in charge of the post, the provisions of the present Convention shall apply to him on the same basis as to the head of the consular post concerned. The receiving State shall not, however, be obliged to grant to an acting head of post any facility, privilege or immunity which the head of the consular post enjoy only subject to conditions not fulfilled by the acting head of post.

4. When, in the circumstances referred to in paragraph 1 of this Article, a member of the diplomatic staff of the diplomatic mission of the sending State in the receiving State is designated by the sending State as an acting head of post, he shall, if the receiving State does not object thereto, continue to enjoy diplomatic privileges and immunities.

__Article 16__

Precedence as between heads of consular posts

1. Heads of consular posts shall rank in each class according to the date of the grant of the exequatur.

2. If, however, the head of a consular post before obtaining the exequatur is admitted to the exercise of his functions provisionally, his precedence shall be determined according to the date of the provisional admission ; this precedence shall be maintained after the granting of the exequatur.

3. The order of precedence as between two or more heads of

consular posts who obtained the exequatur or provisional admission on the same date shall be determined according to the dates on which their commissions or similar instruments or the notifications referred to in paragraph 3 of Article 11 were presented to the receiving State.

4. Acting heads of posts shall rank after all heads of consular posts and, as between themselves, they shall rank according to the dates on which they assumed their functions as acting heads of posts as indicated in the notifications given under paragraph 2 of Article 15.

5. honorary consular officers who are heads of consular posts shall rank in each class after career heads of consular posts, in the order and according to the rules laid down in the foregoing paragraphs.

6. Head of consular posts shall have precedence over consular officers not having that status.

<u>Article 17</u>

Performance of diplomatic acts by consular officers

1. In a State where the sending State has no diplomatic mission and is not represented by a diplomatic mission of a third State, a consular officer may, with the consent of the consent of the receiving State, and without affecting his consular status, be authorized to perform diplomatic acts. The performance of such acts by a consular officer shall not confer upon him any right to claim diplomatic privileges and immunities.

2. A consular officer may, after notification addressed to the receiving State, act as representative of the sending State to any inter-governmental organization. When so acting, he shall be entitled to enjoy any privileges and immunities accorded to such a representative by customary international law or by international agreements ; however, in respect of the performance by him of any consular function, he shall not be entitled to any greater immunity from jurisdiction than that to which a consular officer is entitled under the present Convention.

Article 18

Appointment of the same person by two or more States as a consular officer

Two or more States may, with the consent of the receiving State, appoint the same person as a consular officer in that State.

Article 19

Appointment of members of consular staff

1. Subject to the provisions of Articles 20, 22 and 23, the sending State may freely appoint the members of the consular staff.

2. The full name, category and class of all consular officers, other than the head of a consular post, shall notified by the sending State to the receiving State in sufficient time for the receiving State, if it so wishes to exercise its rights under paragraph 3 of Article 23.

3. The sending State may, if required by its laws and regulations, request the receiving State to grant an exequatur to a consular officer other than the head of a consular post.

4. The receiving State may, if required by its laws and regulations, grant an exequatur to a consular officer other than the head of a consular post.

Article 20

Size of the consular staff

In the absence of an express agreement as to the size of the consular staff, the receiving State may require that the size of the staff be kept within limits considered by it to be reasonable and normal, having regard to circumstances and conditions in the consular district and to the needs of the particular consular post.

Article 21

Precedence as between consular officers of a consular post

The order of precedence as between the consular officers of a consular post and any change thereof shall be notified by the diplomatic mission of the sending State or if that State has no such mission in the receiving State, by the head of the consular post, to the Ministry for Foreign Affairs of the receiving State or to the authority designated by that Ministry.

Article 22

Nationality of consular officers

1. Consular officers should, in principle, have the nationality of the sending State.

2. Consular officers may not be appointed from among persons having the nationality of the receiving State except with the express consent of that State which may be withdrawn at any time.

3. The receiving State may reserve the same right with regard to nationals of a third State who are not also nationals of the sending State.

Article 23

Persons declared non grata

1. The receiving State may at any time notify the sending State that a consular officer is persona non granta or that any other member of the consular staff is not acceptable. In that event, the sending State shall, as the case may be, either recall the persons concerned or terminate his functions with the consular post.

2. If the sending State refuses or fails within a reasonable time to carry out its obligations under paragraph 1 of this Article, the receiving State may, as the case may be, either withdraw the exequatur form the person concerned or cease to consider him as a member of the consular staff.

3. A person appointed as a member of a consular post may be declared unacceptable before arriving in the territory of the receiving State or, if already in the receiving State, before entering on this duties with the consular post. In any such case, the sending State shall withdraw his appointment.

4. In the cases mentioned in paragraphs 1 and 3 of this Article, the

receiving State is not obliged to give to the sending State reasons for its decision.

Article 24

Notification to the receiving State of appointments, arrivals and departures

1. The Ministry for Foreign Affairs of the receiving State or the authority designated by that Ministry shall be notified of :

(a) the appointment of members of a consular post, their arrival after appointment to the consular post, their final departure or the termination of their functions and any other changes affecting their status that may occur in the course of their service with the consular post ;

(b) the arrival and final departure of a person belonging to the family of a member of a consular post forming part of his household and, where appropriate, the fact that a person becomes or ceases to be such a member of the family ;

(c) the arrival and final departure of members of the private staff and, where appropriate, the termination of their service as such ;

(d) the engagement and discharge of persons resident in the receiving State as members of a consular post or as members of the private staff entitled to privileges and immunities.

2. When possible, prior notification of arrival and final departure shall also be given.

SECTION Ⅱ.

END OF CONSULAR FUNCTIONS

Article 25

Termination of the functions of a member of a consular post

The functions of a member of a consular post shall come to an end inter alia :

(a) on notification by the sending State to the receiving State that his functions have come to an end ;

(b) on withdrawal of the exequatur ;

(c) on notification by the receiving State to the sending State that the receiving State has ceased to consider him as a member of the consular staff.

Article 26

Departure from the territory of the receiving State

The receiving State shall, even in case of armed conflict, grant to members of the consular post and members of the private staff, other than nationals of the receiving State, and to members of their families forming part of their households irrespective of nationality, the necessary time and facilities to enable them to prepare their departure and to leave at the earliest possible moment after the termination of the functions of the members concerned. In particular, it shall, in case of need, place at their disposal the necessary means of transport for themselves and their property other than property acquired in the receiving State the export of which is prohibited at the time of departure.

Article 27

Protection of consular premises
and archives and of the interests of the sending
State in exceptional circumstances

1. In the event of the severance of consular relations between two States :

(a) the receiving State shall, even in case of armed conflict, respect and protect the consular premises, together with the property of the consular post and the consular archives ;

(b) the sending State may entrust the custody of the consular premises, together with the property contained therein and the consular archives, to a third State acceptable to the receiving State ;

(c) the sending State may entrust the protection of its interests and those of its nationals to a third State acceptable to the receiving State.

2. In the event of the temporary or permanent closure of a consular post, the provisions of subparagraph (a) of paragraph 1 of this Article shall apply.

In addition,

(a) if the sending State, although not represented in the receiving State by a diplomatic mission, has another consular post in the territory of that State, that consular post may be entrusted with the custody of the premises of the consular post has been closed, together with the property contained therein and the consular archives, and, with the consent of the receiving State, with the exercise of consular functions the district of that consular post ; or

(b) if the sending State has no diplomatic mission and no other consular post in the receiving State, the provisions of subparagraphs (b) and (c) of paragraph 1 of this Article shall apply.

CHAPTER Ⅱ.

FACILITIES, PRIVILEGES AND IMMUNITIES RELATING TO CONSULAR POSTS, CAREER CONSULAR OFFICERS AND OTHER MEMBERS OF A CONSULAR POST

SECTION Ⅰ.

FACILITIES, PRIVILEGES AND IMMUNITIES RELATING TO A CONSULAR POST

Article 28

Facilities for the work of the consular post

The receiving State shall accord full facilities for the performance of the functions of the consular post.

Article 29

Use of national flag and coat-of-arms

1. The sending State shall have the right to the use of its national

flag and coat-of-arms in the receiving State in accordance with the provisions of this Article.

2. The national flag of the sending State may be flown and its coat-of-arms displayed on the building occupied by the consular post and at the entrance door thereof, on the residence of the head of the consular post and on his means of transport when used on official business.

3. In the exercise of the right accorded by this Article regard shall be had to the laws, regulations and usages of the receiving State.

Article 30

Accommodation

1. The receiving State shall either facilitate the acquisition on its territory, in accordance with its laws and regulations, by the sending State of premises necessary for its consular post or assist the latter in obtaining accommodation in some other way.

2. It shall also, where necessary, assist the consular post in obtaining suitable accommodation for its members.

Article 31

Inviolability of the consular premises

1. Consular premises shall be inviolable to the extent provided in this Article.

2. The authorities of the receiving State shall not enter that part of the consular premises which is used exclusively for the purpose of the work of the consular post except with the consent of the head of the consular past or of his designee or of the head of the diplomatic mission of the sending State. The consent of the head of the consular post may, however be assumed in case of fire or other disaster requiring prompt protective action.

3. Subject to the provisions of paragraph 2 of this Article, the receiving State is under a special duty to take all appropriate steps to protect the consular premises against any intrusion or damage and to prevent any disturbance of the peace of the consular post or

impairment of its dignity.

4. The consular premises, their furnishings, the property of the consular post and its means of transport shall be immune from any form of requisition for purpose of national defence or public utility. If expropriation is necessary for such purposes, all possible steps be taken to avoid impeding the performance of consul functions, and prompt, adequate and effective compensation shall be paid to the sending State.

Article 32

Exemption from taxation of consular premises

1. Consular premises and the residence of the career head of consular post of which the sending State or any person acting on its behalf is the owner or lessee shall be exempt from all national, regional or municipal dues and taxes whatsoever, other than such as represent payment for specific services rendered.

2. The exemption from taxation referred to in paragraph 1 of this Article shall not apply to such dues and taxes if, under the law of the receiving State, they are payable by the person who contracted with the sending State or with the person acting on its behalf.

Article 33

Inviolability of the consular archives and documents

The consular archives and documents shall be inviolable at all times and wherever they may be.

Article 34

Freedom of movement

Subject to its laws and regulations concerning zones entry into which is prohibited or regulated for reasons of national security, the receiving State shall ensure freedom of movement and travel in its territory to all members of the consular post.

<u>Article 35</u>

Freedom of communication

1. The receiving State shall permit and protect freedom of communication on the part of the consular post for all official purposes. In communicating with the Government, the diplomatic missions and other consular posts, wherever situated, of the sending State, the consular post may employ all appropriate means, including diplomatic or consular, couriers, diplomatic or consular bags and messages in code or cipher. However, the consular post may install and use a wireless transmitter only with the consent of the receiving State.

2. The official correspondence of the consular post shall be inviolable. Official correspondence means all correspondence relating to the consular post and its functions.

3. The consular bag shall be neither opened nor detained. Nevertheless, if the competent authorities of the receiving State have serious reason to believe that the bag contains something other than the correspondence, documents or articles referred to in paragraph 4 of this Article, they may request that the bag be opened in their presence by an authorized representative of the sending State. If this request is refused by the authorities of the sending State, the bag shall be returned to its place of origin.

4. The packages constituting the consular bag shall bear visible external marks of their character and may contain only official correspondence and documents or articles intended exclusively for official use.

5. The consular courier shall be provided with an official document indicating his status and the number of packages constituting the consular bag. Except with the consent of the receiving State he shall be neither a national of the receiving State, nor, unless he is a national of the sending State, a permanent resident of the receiving State. In the performance of his function he shall be protected by the receiving State. He shall enjoy personal inviolability and shall not be liable to any form of arrest or detention.

6. The sending State, its diplomatic missions and its consular posts may designate consular couriers ad hoc. In such cases the provisions of paragraph 5 of this Article shall also apply except that the immunities therein mentioned shall cease to apply when such a courier has delivered to the consignee the consular bag in his charge.

7. A consular bag may be entrusted to the captain of a ship or of a commercial aircraft scheduled to land at an authorized port of entry. He shall be provided with an official document indicating the number of packages constituting the bag, but he shall not be considered to be a consular courier. By arrangement with the appropriate local authorities, the consular post may send one of its members to take possession of the bag directly and freely from the captain of the ship or of the aircraft.

Article 36

Communication and contact with nationals of the sending State

1. With a view to facilitating the exercise of consular functions relating to nationals of the sending State :

(a) consular officers shall be free to communicate with nationals of the sending State and to have access to them. Nationals of the sending State shall have the same freedom with respect to communication with and access to consular officers of the sending State ;

(b) if he so requests, the competent authorities of the receiving State shall, without delay, inform the consular post of the sending State if, within its consular district, a national of that State is arrested or committed to prison or to custody pending trial or is detained in any other manner. Any communication addressed to the consular post by the person arrested, in prison, custody or detention shall also be forwarded by the said authorities without delay, the said authorities shall inform the person concerned without delay of his rights under this subparagraph ;

(c) consular officers shall have the right to visit a national of the sending State who is in prison, custody or detention, to converse and correspond with him and to arrange for his legal representation. They shall also have the right to visit any national of the sending State who is in prison, custody or detention in their district in pursuance of a judgment. Nevertheless, consular officers shall refrain from taking action on behalf of a national who is in prison, custody or detention if he expressly opposes such action.

2. The rights referred to in paragraph 1 of this Article shall be exercised in conformity with the laws and regulations of the receiving State, subject to the proviso, however, that the said laws and regulations must enable full effect to be given to the purposes for which the rights accorded under this Article are intended.

Article 37

Information in cases of deaths, guardianship or trusteeship, wrecks and air accidents

If the relevant information is available to the competent authorities of the receiving State, such authorities shall have the duty :

(a) in the case of the death of a national of the sending State, to inform without delay the consular post in whose district the death occurred.

(b) to inform the competent consular post without delay of any case where the appointment of a guardian or trustee appears to be in the interests of a minor or other person lacking full capacity who is a national of the sending State. The giving of this information shall, however, be without prejudice to the operation of the laws and regulations of the receiving State concerning such appointments ;

(c) if a vessel, having the nationality of the sending State, is wrecked or runs aground in the territorial sea or internal waters of the receiving State, or if an aircraft registered in the sending State suffers an accident on the territory of the receiving State, to inform without delay the consular post nearest to the scene of the occurrence.

Article 38

Communication with the authorities of the receiving State

In the exercise of their functions, consular officers may address :

(a) the competent local authorities of their consular district ;

(b) the competent central authorities if the receiving State if and to the extent that this is allowed by the laws, regulations and usages of the receiving State or by the relevant international agreements.

Article 39

Consular fees and charges

1. The consular post may levy in the territory of the receiving State the fees and charges provided by the laws and regulations of the sending State for consular acts.

2. The sums collected in the form, of the fees and charges referred to in paragraph 1 of this Article, and the receipts for such fees and charges, shall be exempt from all dues and taxes in the receiving State.

SECTION II.

FACILITIES, PRIVILEGES AND IMMUNITIES RELATING TO CAREER CONSULAR OFFICERS AND OTHER MEMBERS OF A CONSULAR POST

Article 40

Protection of consular officers

The receiving State, shall treat consular officers with due respect and shall take all appropriate steps to prevent any attack on their person, freedom or dignity.

Article 41

Personal inviolability of consular officers

1. Consular officers shall not be liable to arrest or detention

pending trial, except in the case of a grave crime and pursuant to a decision by the competent judicial authority.

2. Except in the case specified in paragraph 1 of this Article, consular officers shall not be committed to prison or liable to any other form of restriction on their personal freedom save in execution of a judicial decision of final effect.

3. If criminal proceedings are instituted against consular officer, he must appear before the competent authorities. Nevertheless, the proceedings shall be conducted with the respect due to him by reason of his official position and, except in the case specified in paragraph 1 of this Article, in a manner which will hamper the exercise of consular functions as little as possible. When, in the circumstances mentioned paragraph 1 of this Article, it has become necessary to detain a consular officer, the proceedings against him shall be instituted with the minimum of delay.

Article 42

Notification of arrest, detention or prosecution

In the event of the arrest or detention, pending trial, of a member of the consular staff, or of criminal proceeding being instituted against him, the receiving State shall promptly notify the head of the consular post. Should the latter be himself the object of any such measure, the receiving State shall notify the sending State through the diplomatic channel.

Article 43

Immunity from jurisdiction

1. Consular officers and consular employees shall not be amenable to the jurisdiction of the judicial or administrative authorities of the receiving State in respect of acts performed in the exercise of consular functions.

2. The provisions of paragraph 1 of this Article shall not, however, apply in respect of a civil action either :

(a) arising out of a contract concluded by a consular officer or a consular employee in which he did not contract expressly or impliedly as an agent of the sending State ; or

(b) by a third party for damage arising from an accident in the receiving State caused by a vehicle, vessel or aircraft.

Article 44

Liability to give evidence

1. Members of a consular post may be called upon to attend as witnesses in the course of judicial or administrative proceedings. A consular employee or a member of the service staff shall not, except in the cases mentioned in paragraph 3 of this Article, decline to give evidence. If a consular officer should decline to do so, no coercive measure or penalty may be applied to him.

2. The authority requiring the evidence of a consular officer shall avoid interference with the performance of his functions. It may, when possible, take such evidence at his residence or at the consular post or accept a statement from him in writing.

3. Members of a consular post are under no obligation to give evidence concerning matters connected with the exercise of their functions or to produce official correspondence and documents relating thereto. They are also entitled to decline to give evidence as expert witnesses with regard to the law of the sending State.

Article 45

Waiver of privileges and immunities

1. The sending State may waive, with regard to a member of the consular post, any of the privileges and immunities provided for in Articles 41, 43 and 44.

2. The waiver shall in all cases be express, except as provided in paragraph 3 of this Article, and shall be communicated to the receiving State in writing.

3. The initiation of proceedings by a consular officer or a consular employee in a matter where he might enjoy immunity from jurisdiction under Article 43 shall preclude him from invoking

immunity from jurisdiction in respect of any counter-claim directly connected with the principal claim.

4. The waiver of immunity from jurisdiction for the purposes of civil or administrative proceedings shall not be deemed to imply the waiver of immunity from the measures of execution resulting from the judicial decision ; in respect of such measures, a separate waiver shall be necessary.

Article 46

Exemption form registration of aliens and residence permits

1. Consular officers and consular employees and members of their families forming part of their households shall be exempt from all obligations under the laws and regulations of the receiving State in regard to the registration of aliens and residence permits.

2. The provisions of paragraph 1 of this Article shall not, however, apply to any consular employee who is not a permanent employee of the sending State or who carries on any private gainful occupation in the receiving State or to any member of the family of any such employee.

Article 47

Exemption from work permits

1. Members of the consular post shall, with respect to services rendered for the sending State, be exempt, from any obligations in regard to work permits imposed by the laws and regulations of the receiving State concerning the employment of foreign labour.

2. Members of the private staff of consular officers and of consular employees shall, if they do not carry on any other gainful occupation in the receiving State, be exempt from the obligations referred to in paragraph 1 of this Article.

Article 48

Social security exemption

1. Subject to the provisions of paragraph 3 of this Article, members of the consular post with respect to services rendered by them for the sending State, and members of their families forming part of their households, shall be exempt from social security provisions which may be in force in the receiving State.

2. The exemption provided for in paragraph 1 of this Article shall apply also to members of the private staff who are in the sole employ of members of the consular post, on condition:

(a) that they are not nationals of or permanently resident in the receiving State ; and

(b) that they are covered by the social security provisions which are in force in the sending State or a third State.

3. Members of the consular post who employ persons to whom the exemption provided for in paragraph 2 of this Article does not apply shall observe the obligations which the social security provisions of the receiving State impose upon employers.

4. The exemption provided for in paragraphs 1 and 2 of this Article shall not preclude voluntary participation in the social security system of the receiving State, provided that such participation is permitted by that State.

Article 49

Exemption from taxation

1. Consular officers and consular employees and members of their families forming part of their households shall be exempt from all dues and taxes, personal or real, national, regional or municipal, except :

(a) indirect taxes of a kind which are normally incorporated in the price of goods or services ;

(b) dues or taxes on private immovable property situated in the territory of the receiving State, subject to the provisions of Article 32 ;

(c) estate, succession or inheritance duties, and duties on transfers, levied by the receiving State, subject to the provisions of paragraph (b) of Article 51 ;

(d) dues and taxes on private income, including capital gains, having its source in the receiving State and capital taxes relating to investments made in commercial or financial undertakings in the receiving State ;

(e) charges levied for specific services rendered ;

(f) registration, court or record fees, mortgage dues and stamp duties, subject to the provisions of Article 32.

2. Members of the service staff shall be exempt from dues and taxes on the wages which they receive for their services.

3. Members of the consular post who employ persons whose wages or salaries are not exempt from income tax in the receiving State shall observe the obligations which the laws and regulations of that State impose upon employers concerning the levying of income tax.

Article 50

Exemption from customs duties and inspection

1. The receiving State shall, in accordance with such laws and regulations as it may adopt, permit entry of and grant exemption from all customs duties, taxes, and related charges other than charges for storage, cartage and similar services, on :

(a) articles for the official use of the consular post ;

(b) articles for the personal use of a consular officer or members of his family forming part of his household, including Articles intended for his establishment. The articles intended for consumption shall not exceed the quantities necessary for direct utilization by the persons concerned.

2. Consular employees shall enjoy the privileges and exemptions specified in paragraph 1 of this Article in respect of articles imported at the time of first installation.

3. Personal baggage accompanying consular officers and members of their families forming part of their households shall be exempt

from inspection. It may be inspected only if there is serious reason to believe that it contains articles other than those referred to in subparagraph (b) of paragraph 1 of this Article, or articles the import or export of which is prohibited by the laws and regulations of the receiving State or which are subject to its quarantine laws and regulations. Such inspection shall be carried out in the presence of the consular officer or member of his family concerned.

Article 51

Estate of a member of the consular post
or of a member of his family

In the event of the death of a member of the consular post or of a member of his family forming part of his household, the receiving State :

(a) shall permit the export of the movable property of the deceased, with the exception of any such property acquired in the receiving State the export of which was prohibited at the time of his death ;

(b) shall not levy national, regional or municipal estate, succession or inheritance duties, and duties on transfers, on movable property the presence of which in the receiving State was due solely to the presence in that State of the deceased as a member of the consular post or as a member of the family of a member of the consular post.

Article 52

Exemption from personal services and contributions

The receiving State shall exempt members of the consular post and members of their families forming part of their households from all personal services, from all public service of any kind whatsoever, and from military obligations such as those connected with requisitioning, military contributions and billeting.

Article 53

Beginning and end of consular privileges and immunities

1. Every member of the consular post shall enjoy the privileges and immunities provided in the present Convention from the moment he enters the territory of the receiving State on proceeding to take up his post or, if already in its territory, from the moment when he enters on his duties with the consular post.

2. Members of the family of a member of the consular post forming part of his household and member of his private staff shall receive the privileges ad immunities provided in the present Convention from the date from which he enjoyed privileges and immunities in accordance with paragraph 1 of this Article or from the date of their entry into the territory of the receiving State or from the date of their becoming a member of such family or private staff, whichever is the latest.

3. When the functions of a member of the consular post have come to an end, his privileges and immunities and those of a member of his family forming part of his household or a member of his private staff shall normally cease at the moment when the person concerned leaves the receiving State or on the expiry of a reasonable period in which to do so, whichever is the sooner, but shall subsist until that time, even in case of armed conflict. In the case of the persons referred to in paragraph 2 of this Article, their privileges and immunities shall come to an end when they cease to belong to the household or be in the service of a member of the consular post provided, however, that if such persons intend leaving the receiving State within a reasonable period thereafter, their privileges and immunities shall subsist until the time of their departure.

4. However, with respect to acts performed by a consular officer or a consular employee in the exercise of his functions, immunity from jurisdiction shall continue to subsist without limitation of time.

5. In the event of the death of a member of the consular post, the members of his family forming part of his household shall continue to enjoy the privileges and immunities accorded to them until they leave

the receiving State or until the expiry of a reasonable period enabling them to do so, whichever is the sooner.

Article 54

Obligations of third States

1. If a consular officer passes through or is in the territory of a third State, which has granted him a visa if a visa was necessary, while proceeding to take up or return to his post or when returning to the sending State, the third State shall accord to him all immunities provided for by the other Articles of the present Convention as may be required to ensure his family forming part of his household enjoying such privileges and immunities who are accompanying the consular officer or travelling separately to join him or to return to the sending State.

2. In circumstances similar to those specified in paragraph 1 of this Article, third States shall not hinder the transit through their territory of other members of the consular post or of members of their families forming part of their households.

3. Third States shall accord to official correspondence and to other official communications in transit, including messages in code or cipher, the same freedom and protection as the receiving State is bound to accord under the present convention. They shall accord to consular couriers who have been granted a visa, if a visa was necessary, and to consular begs in transit, the same inviolability and protection as the receiving State is bound to accord under the present Convention.

4. The obligations of third State under paragraphs 1, 2 and 3 of this Article shall also apply to the persons mentioned respectively in those paragraphs, and to official communications and to consular bags, whose presence in the territory of the third State is due to force majeure.

Article 55

Respect for the laws and regulations of the receiving State.

1. Without prejudice to their privileges and immunities, it is the duty of all persons enjoying such privileges and immunities to respect the laws and regulations of the receiving State. They also have a duty not to interfere in the internal affairs of that State.

2. The consular premises shall not be used in any manner incompatible with the exercise of consular functions.

3. The provisions of paragraph 2 of this Article shall not exclude the possibility of offices of other institutions or agencies being installed in part of the building in which the consular premises are situated, provided that the premises assigned to them are separate from those used by the consular post. In that event, the said offices shall not, for the purposes of the present Convention, be considered to form part of the consular premises.

Article 56

Insurance against third party risks

Members of the consular post shall comply with any requirement imposed by the laws and regulations of the receiving State in respect of insurance against third party risks arising from the use of any vehicle, vessel of aircraft.

Article 57

Special provisions concerning private gainful occupation

1. Career consular officers shall not carry on for personal profit any professional or commercial activity in the receiving State.

2. Privileges and immunities provided in this Chapter shall not be accorded :

(a) to consular employees or to members of the service staff who carry on any private gainful occupation in the receiving State ;

(b) to members of the family of a person referred to in subparagraph (a) of this paragraph or to members of his private staff

;

(c) to members of the family of a member of a consular post who themselves carry on any private gainful occupation in the receiving State.

CHAPTER Ⅲ.

REGIME RELATING TO HONORARY CONSULAR OFFICERS AND CONSULAR POSTS HEADED BY SUCH OFFICERS

Article 58

General provisions relating to facilities, privileges and immunities

1. Articles 28, 29, 30, 34, 35, 36, 37, 38 and 39, paragraph 3 of Article 54 and paragraphs 2 and 3 of Article 55 shall apply to consular posts headed by an honorary consular officer. In addition, the facilities, privileges and immunities of such consular posts shall be governed by Articles 59, 60, 61 and 62.

2. Articles 42 and 43, paragraph 3 of Articles 44 Articles 45 and 53 and paragraph 1 of Article 55 shall apply to honorary consular officers. In addition, the facilities, privileges and immunities of such consular officers shall be governed by Articles 63, 64, 65, 66 and 67.

3. Privileges and immunities provided in the present Convention shall not be accorded to members of the family of an honorary consular officer or of a consular employee employed at a consular post headed by an honorary consular officer.

4. The exchange of consular bags between two consular posts headed by honorary consular officers in different States shall not be allowed without the consent of the two receiving States concerned.

Article 59

Protection of the consular premises

The receiving State shall take such steps as may be necessary to protect the consular premises of a consular post headed by an honorary consular officer against any intrusion or damage and to prevent any disturbance of the peace of the consular post or impairment of its dignity.

Article 60

Exemption from taxation of consular premises

1. Consular premises of a consular post headed by an honorary consular officer of which the sending State is the owner or lessee shall be exempt from all national, regional or municipal dues and taxes whatsoever, other than such as represent payment for specific services rendered.

2. The exemption from taxation referred to in paragraph 1 of this Article shall not apply to such dues and taxes if, under the laws and regulations of the receiving State, they are payable by the person who contracted with the sending State.

Article 61

Inviolability of consular archives and documents

The consular archives and documents of a consular post headed by an honorary consular officer shall be inviolable at all times and wherever they may be, provided that they are kept separate from other papers and documents and, in particular, from the private correspondence of the head of a consular post and of any person working with him, and from the materials, books or documents relating to their profession or trade.

Article 62

Exemption from customs duties

The receiving State shall, in accordance with such laws and regulations as it may adopt, permit entry of, and grant exemption from all customs duties, taxes, and related charges other than charges for storage, cartage and similar services on the following articles, provided that they are for the official use of a consular post headed by an honorary consular officer : coats-of-arms, flags, signboards, seals and stamps, books, official printed matter, office furniture, office equipment and similar articles supplied by or at the instance of the sending State to the consular post.

Article 63

Criminal proceedings

If criminal proceedings are instituted against an honorary consular officer, he must appear before the competent authorities. Nevertheless, the proceedings shall be conducted with the respect due to him by reason of his official position and, except when he is under arrest or detention, in a manner which will hamper the exercise of consular functions as little as possible. When it has become necessary to detain an honorary consular officer, the proceedings against him shall be instituted with the minimum of delay.

Article 64

Protection of honorary consular officers

The receiving State is under a duty to accord to an honorary consular officer such protection as may be required by reason of his official position.

Article 65

Exemption from registration of aliens and residence permits

Honorary consular officers with the exception of those who carry on for personal profit any professional or commercial activity in the receiving State, shall be exempt from all obligations under the laws and regulations of the receiving State in regard to the registration of aliens and residence permits.

Article 66

Exemption from taxation

An honorary consular officer shall be exempt from all dues and taxes on the remuneration and emoluments which he receives from the sending State in respect of the exercise of consular functions.

Article 67

Exemption from personal services and contributions

The receiving State shall exempt honorary consular officers from all personal services and from all public services of any kind whatsoever and from military obligations such as those connected with requisitioning, military contributions and billeting.

Article 68

*Optional character of the institution
of honorary consular officers*

Each State is free to decide whether it will appoint or receive honorary consular officers.

CHAPTER Ⅳ.

GENERAL PROVISIONS

Article 69

Consular agents who are not heads of consular posts

1. Each State is free to decide whether it will establish or admit consular agencies conducted by consular agents not designated as heads of consular post by the sending State.

2. The conditions under which the consular agencies referred to in paragraph 1 of this Article may carry on their activities and the privileges and immunities which may be enjoyed by the consular agents in charge of them shall be determined by agreement between

the sending State and the receiving State.

Article 70

Exercise of consular functions by diplomatic missions

1. The provisions of the present Convention apply also, so far as the context permits, to the exercise of consular functions by a diplomatic mission.

2. The names of members of a diplomatic mission assigned to the consular section or otherwise charged with the exercise of the consular functions of the mission shall be notified to the Ministry for Foreign Affairs of the receiving State or to the authority designated by that Ministry.

3. In the exercise of consular functions a diplomatic mission may address :

(a) the local authorities of the consular district ;

(b) the central authorities of the receiving State if this is allowed by the laws, regulations and usages of the receiving State or by relevant international agreements.

4. The privileges and immunities of the members of a diplomatic mission referred to in paragraph 2 of this Article shall continue to be governed by the rules of international law concerning diplomatic relations.

Article 71

Nationals or permanent residents of the receiving State

1. Except in so far as additional facilities, privileges and immunities may be granted by the receiving State, consular officers who are nationals of or permanently resident in the receiving State shall enjoy only immunity from jurisdiction and personal inviolability in respect of official acts performed in the exercise of their functions, and the privilege provided in paragraph 3 of Article 44. So far as these consular officers are concerned, the receiving State shall likewise be bound by the obligation laid down in Article 42. If criminal proceedings are instituted against such a consular officer, the

proceedings shall, except when he is under arrest or detention, be conducted in a manner which will hamper the exercise of consular functions as little as possible.

2. Other members of the consular post who are national of or permanently resident in the receiving State and members of their families, as well as members of the families of consular officers referred to in paragraph 1 of this Article, shall enjoy facilities, privileges and immunities only in so far as these are granted to them by the receiving State. Those members of the facilities of members of the consular post and those members of the private staff who are themselves nationals of or permanently resident in the receiving State shall likewise enjoy facilities, privileges and immunities only in so far as these are granted to them by the receiving State. The receiving State shall, however, exercise its jurisdiction over those persons in such a way as not to hinder unduly the performance of the functions of the consular post.

Article 72

Non−discrimination

1. In the application of the provisions of the present Conventions the receiving State shall not discriminate as between States.

2. However, discrimination shall not be regarded as taking place :

(a) where the receiving State applies any of the provisions of the present Convention restrictively because of a restrictive application of that provision to its consular posts in the sending State ;

(b) where by custom or agreement States extend to each other more favourable treatment than is required by the provisions of the present Convention.

Article 73

Relationship between the present Convention and other international agreements

1. The provisions of the present Convention shall not affect other international agreements in force as between States parties to them.

2. Nothing in the present Convention shall preclude States from concluding international agreements confirming of supplementing or extending or amplifying the provisions thereof.

CHAPTER V.

FINAL PROVISIONS

Article 74

Signature

The present Convention shall be open for signature by all States Members of the United Nations or of any of the specialized agencies or Parties to the Statute of the International Court of Justice, and by any other State invited by the General Assembly of the United Nations to become a Party to the Convention, as follows until 31 October 1963 at the Federal Ministry for foreign Affairs of the Republic of Austria and subsequently, until 31 March 1964, at the United Nations Headquarters in New York.

Article 75

Ratification

The present Convention is subject to ratification. The instruments of ratification shall be deposited with the Secretary-General of the United Nations.

Article 76

Accession

The present Convention shall remain open for accession by any State belonging to any of the four categories mentioned in Article 74. The instruments of accession shall be deposited with the Secretary-General of the United Nations.

Article 77

Entry into force

1. The present Convention shall enter into force on the thirtieth day following the date of deposit of the twenty-second instrument of ratification or accession with the Secretary-General of the United Nations.

2. For each State ratifying or acceding to the Convention after the deposit of the twenty second instrument of ratification or accession, the Convention shall enter into force on the thirtieth day after deposit by such State of its instrument of ratification or accession.

Article 78

Notifications by the Secretary—General

The Secretary-General of the United Nations shall inform all States belonging to any of the four categories mentioned in Article 74 :

(a) of signatures to the present Convention and of the deposit of instruments of ratification or accession, in accordance with Articles 74, 75 and 76 ;

(b) of the date on which the present Convention will enter into force, in accordance with Article 77.

Article 79

Authentic texts

The original of the present Convention, of which the Chinese, English, French, Russian and Spanish texts are equally authentic, shall be deposited with the Secretary-General of the United Nations, who shall send certified copied therof to all States belonging to any of the four categories mentioned in Article 74.

IN WITNESS WHEREOF the undersigned Plenipotentiaries, being duly authorized thereto by their respective Governments, have signed the present Convention.

DONE at Vienna, this twenty-fourth day of April, one thousand nine hundred and sixty-three.

집단 안전보장 체제 219

(ㅊ)

참사 122, 124
초강대국 21, 49, 53, 55, 150, 240
초소형 국가 230
총영사 130
총체적인 능력 40
춘추전국시대 133
취약한 의존성 99
7 · 7 특별선언 35

(ㅋ)

카스트로 정권 210
카터 독트린 43
코민포름 220
콘스탄티노플 협정 63
쿠바 사건 245, 252
크리미아 전쟁 183, 200

(ㅌ)

트루먼 독트린(Truman Doctrine) 32,
    43, 221, 249
특권 18, 111, 125-7, 129, 131

(ㅍ)

파견국 119, 120-2, 124, 126, 128, 130
프라우다 216, 227
프랑스 혁명 139-40
핑퐁 외교 48, 133

(ㅎ)

한국전쟁 35

해외공관   46, 79, 84, 109, 111,
    115-22, 124
해외공관장 119-21
핵균형의 공포 250
핵무기 59, 91, 93, 114, 147-9, 151-3,
    218, 235, 240, 243
핵심적인 국가 160, 190
핵실험 금지 조약 240
행정적 외교 54-8, 60-2, 65-75, 194-5,
    200, 209-12, 230-2, 239-41, 256-8,
    270
현대 외교   11, 42, 53, 113-4, 150,
    152-4
현대화 정책 242
협조적 외교 관계   175-6, 181-5,
    187-9, 191-7, 199-204, 209-18, 220,
    222-36, 260-1, 263, 266-70
호혜의 원칙 57
혼인 동맹 138
회의 외교 42, 143
후지오 망언 68

정치외교학총서 ⑯

현대외교론

초판 발행일/ 1990년 8월 20일
재판 발행일/ 1991년 8월 31일
개정판 1쇄 발행일/ 1998년 8월 24일
개정판 2쇄 발행일/ 2003년 10월 12일

지은이/ 송영우
펴낸이/ 이정옥
펴낸곳/ 평민사

주소/ 서울시 서대문구 남가좌2동 370-40
전화/ 02)375-8571(영업) · 02)375-8572(편집)
fax/ 02)375-8573
e-mail/ pms1976@korea.com
home-page/ www.pyungminsa.co.kr
등록번호/ 제10-328호

값/ 12,000원

ISBN 89-7115-067-X 33350